ISSUE 002

大家论艺·数说艺教·"新课标"专栏·舞蹈教育·音乐教育　北京师范
美术（含书法）教育·影视、戏剧教育·会议综述

第2辑

中小學藝術教育研究

Research on Art Education in Primary and Secondary Schools

周　星　任晟姝　主编

中国国际广播出版社

图书在版编目（CIP）数据

中小学艺术教育研究. 第2辑 / 周星，任晟姝主编. —北京：中国国际广播出版社，2024.5
ISBN 978-7-5078-5560-9

Ⅰ.①中… Ⅱ.①周…②任… Ⅲ.①艺术教育－教学研究－中小学－文集 Ⅳ.①G633.950.2-53

中国国家版本馆CIP数据核字（2024）第096157号

中小学艺术教育研究 第2辑

主　　编　周 星　任晟姝
责任编辑　屈明飞
校　　对　张 娜
版式设计　邢秀娟
封面设计　赵冰波
出版发行　中国国际广播出版社有限公司
　　　　　［010-89508207（传真）］
社　　址　北京市丰台区榴乡路88号石榴中心2号楼1701
　　　　　邮编：100079
印　　刷　北京联兴盛业印刷股份有限公司
开　　本　880×1230　1/16
字　　数　420千字
印　　张　18.75
版　　次　2024 年 6 月 北京第一版
印　　次　2024 年 6 月 第一次印刷
定　　价　88.00 元

目 录

舞蹈教育

音乐教育

美术（含书法）教育

影视、戏剧教育

会议综述

中小学艺术教育改革研究综论*

[摘要] 本文系全国教育科学"十三五"规划重点课题的研究成果概述，在对中国的中小学艺术教育既往历史的考察中，对东西南北中五个地域典型学校的中小学艺术教育进行取样调研，将数据分析和理论论说相结合，展开现状评判，并立足于中国社会发展和中小学艺术教育发展进程，对其所经历的变迁阶段进行分析，试图全方位透视艺术教育在整个教育中的得失。本文还特别聚焦于当下中小学艺术教育现实实证经验，从宏观和微观上把握整个中国艺术教育的发展趋势，从而为中小学艺术教育改革提供理论与实践的参照。

[关键词] 艺术教育　教育改革　中小学教育　教学方法　课程改革

一、历史发展阶段性得失

近年来，在《关于进一步减轻义务教育阶段学生作业负担和校外培训负担的意见》（简称"双减"）、《义务教育课程方案和课程标准（2022年版）》（简称"新课标"）等基本纲领性文件的影响下，我国中小学艺术教育变化较大。教育部发布数据表明，2021年全国义务教育阶段的艺术课程教师达到83万人，相比于十年前增长52.3%，近87%的学生在中小学接受了艺术教育。[①]这对教育师资队伍建设、教材内容革新、教学方法升级、教育理念转变等方面提出了不同的挑战。

（一）艺术教育的三种困局

就既往历史而言，中国的艺术教育经历了不同时期的发展，我国中小学艺术教育已

---

* 本文系全国教育科学"十三五"规划重点课题"中小学艺术教育改革研究"（编号：ALA190017）结题研究成果。

① 人民网-教育频道.教育部：近87%的学生在中小学接受了艺术教育［EB/OL］.（2022-09-27）［2022-12-25］. http://edu.people.com.cn/n1/2022/0927/c1006-32535031.html.

经形成较为明显的教育教学特色。作为"小三科"的艺术教育，一直以音乐和美术为主导，特别是在我国经济条件与教育资源相对发达地区中，音乐和美术教育的课程设置、师资质与量方面均占据显著地位。由此，作为标志的中小学艺术教育，逐渐在人员配置和课程探索上形成了固有特点，以此为出发点，很多学校更多地将其作为中小学生审美培养的美育课程或社会实践活动、作为该学校教学的特色与亮点，显示了艺术教育之于中小学教学建设的重要意义。

但是，在经济欠发达与教学资源匮乏的学校，特别是在偏远地区的中小学校，艺术教育依然阙如。而既往形成的以音乐和美术为主导的艺术教育认知与实践，在当前中小学教育中也遭遇到了一些固有难题。

其一，虽然有些学校设置了艺术教育课程、配备了一定师资，但由于艺术作为"小三科"普遍不受重视，常常存在被语文、数学等科目挤压的现象，中小学教育中的艺术课程及其学科地位缺乏基本保障。笔者及课题组成员在实地调研中发现，中小学艺术学科的教师普遍反映艺术课程的教学时间存在经常被语文、数学等科目占用的情况。

其二，在艺术学科与中小学艺术教育普遍不受重视的语境下，中小学生的审美教育与核心素养难以提升，艺术学科教师的教学热情也受到一定打压，教学计划很难持续。由于现行的教学管理体制与课程机制很难对中小学艺术教育发挥强有力的保障效力，[①]艺术教育的以美育人、立德树人的教育根本目标难以实现。

其三，艺术教育在中小学教育中处于相对弱势的地位，一些学生家长与学生也存在对于艺术教育的认知问题，当"双减"政策出台后，不同年级学生面临着不同的学习任务与升学压力，学校对于艺术教育的漠视与家长强化校外艺术技能学习的要求呈现出两极分化的趋势，导致了中小学生的艺术学习更多地需依赖校园之外的各种渠道获得，而校内的艺术教育资源却相对匮乏，这就造成了校外艺术教育培训机构如日中天，家长也需要付出额外资费的巨大经济代价的局面。最终，我国中小学艺术教育仅作为一种应试的技能，沦为艺术高考或其他加分项目的功利教学。

上述艺术教育的困局呈现出艺术教育的改革目标本应以学生为本、以实现立德树人为根本目标，但却出现了艺术学科教学被进一步挤压、学校艺术教育资源远不能满足学生家长和学生需求的复杂状况。由此，艺术教育变成与艺术审美的非功利性相悖的功利性需求、中小学艺术教育处于"可有可无"的弱势地位，这些都不利于提升中小学生的审美素养。

（二）"三个不平衡"的理论问题

在此意义上，如果将我国"艺考热""艺术教育培训"现象出现之前的中小学艺术教育视为改革开放以来的相对"荒漠期"，则可以看出当时的艺术教育仅出现在艺术专业院校的附属中小学之中，只是为培养艺术精英

---

① 戴轩辕.中小学艺术教育管理体制调适与目标归正［J］.教学与管理，2022（10）：8-10.

而设置的学科。但在其他非艺术院校附属中小学校里，艺术则仅是学生个人的兴趣爱好。

而随着"素质教育"被写入《中华人民共和国义务教育法》，我国的艺术教育课程与教学开始初具雏形，并配备了一定的艺术学科师资和教具。尤其是2022年"新课标"实施方案公布之后，艺术教育正式拥有与语文、数学等科目的同等地位。

目前阶段，我国艺术教育仍存在由于城市与地域之间经济不平衡、中小学校相关管理人员认识不到位、师资力量配比不够等因素而难以真正有效实施的状况。从某种程度上来说，这是一种过渡状态，其所暴露的问题有助于艺术教育得到被全面重视的契机。因此，我国中小学艺术教育仍在积蓄力量，未来也一定会对国家文化发展战略与年青一代的人格塑造起到巨大的引领作用。

根据笔者及课题组成员在全国的东部、西部、南部、北部、中部区域的调查结果来看，我国中小学艺术教育目前所面临的矛盾主要体现出"三个不平衡"问题。

如图1所示，困扰我国中小学艺术教育的"三个不平衡"问题包括：一是中小学艺术教育与"大三科"的教学观念不平衡，二是与各地区的教学资源不平衡，三是与中小学人才培养的教学目标不平衡。这"三个不平衡"使艺术教育被融而统之地作为一个含混的大类别，其短板在于并未将教育目标放置到更高的教育根本理念上，即教育部所倡导的"立德树人"这一根本教育总目标的视野，这阻碍了我国艺术教育将中小学生培养成一个拥有艺术审美素养、积极健康的人格塑形，以及深切的家国情怀的年青一代。

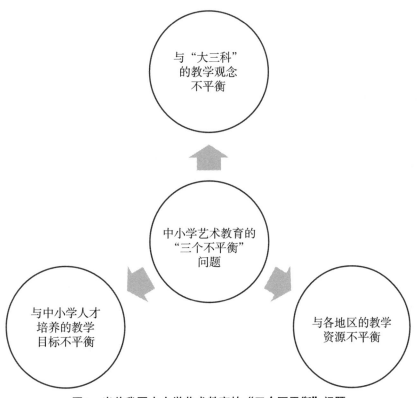

图1　当前我国中小学艺术教育的"三个不平衡"问题

尽管如此，艺术这一大门类学科在中国高校与社会各行各业的地位得到了显著提升，并在理论和实践的基础上得到了很好的培植与积蓄，由此极大地推动了中小学的艺术教育改革，使后者迎来了新的发展阶段。

二、当下艺术教育发展现状

我国艺术教育现状的根本变化，深受国家相关教育政策的影响。首先，在观念上，艺术教育作为素质教育的重要组成部分，自1980年代中期以来逐渐获得人们的认可，艺术成为文化的组成部分。其次，艺术与多学科都有所联系，例如与历史、语文、政治等（后者借助艺术学科以"润物细无声"的方式进行教化）。因此，艺术教育课程也受到了极大的重视。最后，艺术如今成为义务教育阶段必要选修的科目之一，使得艺术知识得到了极大的加强，艺术教育相关的技术、理念、师资、管理等也更加科学合理。

（一）以文化人的核心素养之提升

"新课标"的政策颁布，明确了艺术课程的核心素养聚焦于"审美感知、艺术表现、创意实践、文化理解"，标志着中小学艺术教育已进入了一个全新的阶段，即艺术追求核心素养的提升这一教育阶段，这就从观念上打破了艺术教育不得不遭受重重质疑的困局。

全面加强和改进学校美育应坚持以美育人、以文化人，提高学生审美和人文素养。这是对艺术教育回归育人本位提出的必要要求。[1]艺术教育不能再是以往的课外修炼，而应超越简单的知识素养和作为工具性存在的审美对象，以此显现其育人价值。

目前，课外辅导、培训、学科竞赛等形成了一个影响学校常规教育的产业链，并且借由教育和资本利益链条的形成，严重干扰到学校教育、学科教育、课程教育和人才培养。久之，这无论是对学生的人才培养效果、教师的个人境遇与感受，还是对国家教育体制而言都具有重大干扰与影响。

2021年，随着"双减"政策的正式出台，政府的力量对于混乱的市场起到了规模化的廓清作用。"双减"政策体现了国家对于艺术作为人才培养核心素养的无功利性和审美性需求的认可。这既促使了校园内艺术教育地位的提升，也为校外艺术教育带来了一定支持。"双减"政策进一步确认或明晰了艺术是以提升学生核心素养为主的培育部分，这给校内外的艺术教育带来了良好的发展机遇。

此外，核心素养的提升这一非功利性目的，也推动了艺术样式与文化内涵越来越多样化发展，例如传统戏曲进校园、地方艺术与非遗进校园、书法进校园等。在各地方特色艺术教育政策的出台与鼓励下，艺术教育的理念与认知比以往更加明确。在"双减"政策对艺术教育的鼓励和校内艺术学科课时增加的局面下，人们期待的艺术新的时代高度的确立得到激励。这一系列变化正是当下艺术教育良好局面的呈现，也自然影响到学校教育中艺术课程和艺术价值的提升。

---

① 郭声健，邓茜.让艺术教育回归"以美育人"本位［J］.课程·教材·教法，2019，39（10）：90-97.

（二）以美育人的多元化发展之路

我国中小学校的课程设置，除了传统的音乐、美术课程，还会固定将某一周的下午作为课外活动实践时间，这给艺术课程创造了更大的施展空间。而随着"新课标"的出台，在艺术教育内部，以往以音乐、美术课程占主导地位的教育模式也会受到影响，转而向多元化、异质同构的综合性艺术教育发展。

在具体教学科目上，艺术教育既包括传统的音乐、美术，也包括舞蹈、戏剧、戏曲、电影、电视以及新媒体等多门类学科，体现出以美育人的具体实践应指向一条全面、多元化发展的道路，这既要从外部打破过去艺术教育被忽略的困境，也要从内部纠正以音乐和美术为主导的偏科性的艺术教育。

但需要看到的是，高中艺术相关课标还存在音乐课标、美术课标和艺术课标相并置的现象，因此，综合性的艺术课程显然与传统艺术课程（以音乐、美术为主导）存在一定程度上的矛盾。在这里，师资队伍的既定构成也限制了综合性艺术课程施展的可能，因而，综合性的艺术课程标准的实施还有很多困难和阻碍，这需要我们进一步探讨与解决。

2022年，新的中小学阶段的艺术教育发生了巨大变化，即统一为综合性的艺术课程标准而取消了三门艺术课标并置的状况，这凸显了一门综合性的艺术课程标准如何贯穿九年义务教育的重要性。尽管这一新的课程标准的分解性和分类性还是有所侧重，但整体而言，以核心素养为中心的中小学艺术教育的要求已经明确。高中艺术课标的核心素养教育理念延续到九年义务教育阶段的艺术课标，这完全改变了我国中小学艺术教育的既有传统。

无疑，中国的中小学艺术教育将迎来一个全新发展的黄金时期——既有广域美育的各项国家政策的要求推动，又有包括"双减"的外在限制为艺术教育提供了良好环境，再加上国人对于艺术教育价值意义的认知、以美化人来实现以德育人的目标，以及核心价值观核心素养的确立，中小学艺术教育已经比过去有了更好的发展的可能性，使人看到艺术教育的巨大发展潜力和前景，这也对师资队伍建设、课程内容与教学评价体系改革等方面提出了新的要求。

总之，中国艺术教育将迎来一场根本性变革，师资、设备、教材、课时等方面都会迎来巨大改变，测试标准等方面也会迎来改革与创新。

艺术教育改变了过去受限和被歧视、被挪用等旧俗，本身的力量得到加强。在中考过程中，一些学校重视艺术领域，将考试的刚性目标或者测试目标与艺术能力相结合，进一步推动了中小学教育阶段的艺术教育课程建设和师资队伍的配备。

众所周知，如今高考生中10%以上都是艺术生，这一方面体现了一种不健康的"艺考热"现象[①]，另一方面也昭示了艺术教育的紧迫需求，以及未来庞大的毕业生去向问题，而艺术师资的激增也会反过来对中小学艺术

---

① 郑园.漫谈"艺考"乱象［J］.读与写（教育教学刊），2012，9（4）：248.

教育核心素养的提升与各艺术门类学科的多样化发展起到推波助澜的作用。在具备多样性的艺术师资队伍的支撑的局面下，艺术教育的新局面必然到来。

因此，九年义务教育的艺术课标给中小学艺术教育从发展方向、学科建制、师资队伍、教学模式等方面带来了新的景观，艺术教育是人性德育的教育，是推进艺术教育与德育的有机融合育人策略，[1]是以审美的途径来推动育人的全面性的教育，是实现以文化人、以美育人的立德树人根本教育目标的主要途径，它以综合性的艺术教育，来适应中国社会对于艺术品质和艺术素养作为人成长过程中迫切需要的要求。

三、中小学艺术教育的改革思考

习近平总书记曾指出："做好美育工作，要坚持立德树人，扎根时代生活，遵循美育特点，弘扬中华美育精神，让祖国青年一代身心都健康成长。"[2]我国中小学艺术教育坚持落实立德树人的教育根本目标，从大学到中小学业已迎来势在必行的改革新局面，中小学艺术教育论也需要全新的思考。

（一）摒弃功利性教育目的，建立以德育人的艺术教育改革观念

中小学艺术教育的改革思路必须放置到整个社会要求和艺术发展要求中，尤其是以审美和以德育人的要求作为其的观念形态的认知前提。

在以往以考试结果为唯一目的的背景下，艺术相对而言并不具备功利性的触动力，因此无论是中小学校还是社会层面，艺术教育的具体实践都与人才培养的德育目标相背离，中小学的艺术学科不仅长期受到语文、数学等学科挤压，师资队伍配置也不尽完善，艺术教育从各方面而言都很难拥有更多指标和宽容的个性选择机会。但在新的艺术教育观念和改革契机之下，人们对于中小学校的艺术教育认知亟须根本性转变，即摆脱以高考、中考为首要考虑因素，不再以功利性的指标去衡量中小学教育价值。

因此，只有真正地落实到中央对于艺术教育和审美对人的培育的重要性这一观念思考的基点上，才有可能让教育者更多地以学生为本，认识到艺术对于以德育人的重要意义与价值。否则，即便中小学校依据"新课标""双减"等政策要求而专为艺术教育增设较多师资岗位、增添艺术实践设备等，如果依然以功利性为目的而非以以德育人的人格培养为前提，那么艺术教育的自身自主性力量仍然无法得到真正的解放，我国中小学教育也很难营造起一个良好的艺术教育环境。

（二）重视艺术学科师资队伍建设，优化艺术教育管理机制

除了梳理正确的艺术教育改革观念，大力提升艺术学科的专业师资质量、优化艺术教育管理机制，是实现中小学艺术教育改革的重要路径。

国家出台的各项艺术教育改革政策十分

---

① 吴鸿飞.中小学艺术教育与德育有机融合的育人策略［J］.基础教育论坛，2022（10）：26-27.
② 习近平.做好美育工作 弘扬中华美育精神［N］.人民日报，2018-08-30.

注重教学技术和方法上的创新，强调"艺术课程教学研究中的交互性、案例性、学术性和实效性，有助于发挥艺术课程及教学思想在横向层面的交互作用"[①]。这一新的指导方向需要全新而系统的艺术教育配套措施的全面改革。

这些全面而系统的改革措施，亟须艺术教育质量监督、师资队伍建设与管理等相关手段作为保障。例如制定相关教学制度，如禁止其他科目占用艺术类课程的时间、不可以干扰艺术类教师的教学秩序与进度等，以拓宽艺术教育的施展空间。与此同时，各地方教育局应增设艺术类教师的岗位指标，与其他学科课程师资形成特定的百分比要求，按比例分配艺术师资，以利于改变中小学艺术教育相对弱势的现状。对于一些缺乏条件的学校，也要设置综合性的课程与主干的艺术教师和其他教师兼容政策，因地制宜地改革艺术类师资配置。

师资作为中小学艺术教育改革的关键性因素不容忽视。对经济较为发达的大城市而言，艺术师资的配备有着数量较为充足的应届毕业生和往届生作为支撑，可以借此契机迅速将其吸纳进中小学艺术教育改革之中，使其成为艺术学科的师资，同时也在一定程度上有助于缓解艺术类学生的就业压力。而对于那些相对偏远的地区来说，亦可借用语文老师甚至体育老师、政治老师、历史老师等，结合艺术学科教材的需求进行教学，同时加大艺术学科的师资培训力度，或加大艺术类专业教师的人才引进力度，如教育主管

部门专为师资力量欠缺的中小学校增设编制，而非仅以学校综合价值为排序分配名额，以此进一步强化和弥补艺术教育师资短缺，或者针对偏远地区和农村地区招募退职艺术家和教师承担教学任务，某种程度上亦可作为补救措施，间接增进当地的精神文明建设。

在此意义上，教师的师资配比、类别与所属学科等，则需要进一步细致区分。毕业于综合性高校、艺术类院校，特别是师范类高校的多样化艺术专业的毕业生，都是中小学艺术教育的重要师资来源，他们既有专业技能特别是有实践和动手能力，又有较为丰厚的文化素养，能够加速中小学艺术师资队伍建设。这里需要明确，不能缺少对现有过渡时期中已有的美术与音乐科目的艺术师资，相反的，应对其进行新的艺术课程、授课方式方法的培训。甚至可以给他们加以综合性超越原有基础的增项教育要求，包括给予一些可以兼顾基础艺术课程的如语文、政治、历史老师以综合性的培训，以弥补在短时间不可能一步到位的艺术师资缺憾，以此扩大艺术教育师资的来源。

与此同时，可以适当鼓励城际、校际的师资互用，采用共用和借用艺术师资来满足自身课程的需要，这也是一条重要的发展道路。因为一所中小学校很难也没有必要引进10余种艺术门类的艺术教育体系师资，城际、校际的师资互用有益于增加艺术学科的多样性，推动形成专业化强的艺术主干师资，既充分发挥了特色教学优势、弥补了自身缺憾，也在一定程度上增加了艺术类教师的收入。

---

① 向莉.以美育人：《义务教育艺术课程标准（2022年版）》研读启示 [J].湖北教育（教育教学），2022（11）：31.

（三）创新艺术教育改革模式，增进中小学校人才培养多样化发展

随着时代的迅速发展与数字技术的兴起，我国中小学艺术教育的必备视野还应囊括对于教育模式的创新改革，以增进人才培养的多样化发展。目前，艺术教育存在教材陈旧、讲课方式单一等现象，而"艺术教育课程的知识前景跟随时代发展而不断产生新的变化"，尤其是"关注艺术教育在数字时代的知识前景"[①]，因而，我国艺术教育的改革应旨在借用互联网优势获得创新改革的新途径。

一是硬件设备的多样化发展。艺术教育要注重实践性，艺术的活动、设备、场地等硬件要求，尤其是空间的多样化需求，包括能否兼顾实践演出场所的综合性需要等，会成为各个学校对于艺术教育通常考虑的必要因素。在过去，中国各高校已有相对成功的实践，无论是剧场、展览厅还是黑匣子演出场所，都可以做到兼顾音乐、舞蹈、戏剧、影视等空间的音响、灯光、表演舞台等方面的需要，这些硬件设施购置与使用的经验也可以移植到中小学艺术教育之中。

二是互联网科技赋能的创新手段。网络科技的创新方式，可以为中小学艺术教育提供远程教学的方式和手段，作为线下教学的必要补充。通过互联网的形式进行教学，或者艺术教育领域的名家、名师以跨越空间的方式会聚一堂进行讲解与鉴赏分析等，可以在一定程度上弥补单一学校师资匮乏而带来的艺术教学模块的缺陷。尤其是对于偏远地区的中小学而言，聘请高端艺术师资显然不实际，而互联网的形式则有助于其取得名校资源、拓展学习鉴赏的途径，这也是未来中小学艺术教育的重要途径。

三是艺术教学内容应与时俱进地开阔中小学生艺术审美视野。中小学的艺术教育发展一定要与时俱进。以往仅限于音乐和美术的艺术教育的师资以及相关课程，由于音乐与美术科目自身的特征，内容上大多是古典音乐和经典绘画作品，难以满足与时俱进的现代化视野与知识更新迭代的时代需求。我国新的一代中小学生早已通过互联网、智能手机等现代化电子产品接触到了多样性的艺术，这促使中小学的艺术教育要有新的模式、新的方式，甚至要不断地改进和增加一些地域性的艺术形式，以开阔中小学生视野。

四是从艺术教育新的推动力的角度，提出高校艺术师资培养的新方向。对于师范院校和专业性的艺术院校，如何更好地针对中小学的艺术教育进行专业人才培养已提到议程。此外，还要借助社会上的专业性的艺术师资，无论是戏剧导演、舞台演员，还是美术画师，使其通过社会上的艺术类专业人才的经费支持或政策扶持的方式走进中小学校，例如北京市教委主导的"高等学校、社会力量参与小学体育美育发展"项目（简称"高参小"），使学生享受到更优质的教育资源、提升普通学校的教学水平，进而推动学校的艺术教育建设，使孩子们更好地学习艺术、提高自身的艺术素养和艺术技能技巧。

五是推动大学教育资源走进中小学校。

[①] 胡杨，陈时见.新中国成立以来中小学艺术教育课程的嬗变与启示：基于融合美育的视角［J］.重庆师范大学学报（社会科学版），2022，42（5）：47-55.

随着时代的发展，中小学艺术教育必然要探寻更好的方式或者多样化的方式，比如大学和中小学之间建立的共建关系对于艺术教育的全面发展意义重大。一方面，对于培养艺术师资的学校和艺术生来说，了解了中小学对于艺术教育的特殊要求，比如综合能力、动手实践能力等，甚至培养的师资如何兼备不同艺术学科的培育能力，会推动其自身的艺术教育专业建设。另一方面，我国中小学校教师在经过大学的专业学习之后，更加理解艺术审美内涵及其所承载的历史文化深度，这对于偏远地区中小学校的艺术师资和艺术活动发展具有重要意义。

六是建立偏远地区艺术教育的可持续性发展模式。在"高参小"式的教育教学创新模式中，如何建立可持续性的发展模式，特别是在偏远地区建立行之有效的可持续性发展模式，是中小学艺术教育创新改革的重要保障。

七是有步骤、有计划地进行新时代教学内容改革与教材出版。中小学艺术教育重在培育下一代的审美能力，但当前既有的教材与教学方法过于陈旧，很多艺术教师还停留在以完成教学计划为主、"一言堂"式讲解状态，缺乏互动性和知识点的创新。与其他科目的教学不同，艺术的审美感知与体验需要在实践之中获得、在教师的教学之中一点一滴地积累并感悟，其对于艺术审美、对于人的品性的要求更为注重。因此，尽管所有的中小学课程都有着严格的教学计划与进度，但艺术类教学的时间、空间以及教学形式应更为宽容、开放，并不能仅仅局限于一间教室和45分钟的课堂时间，还应当予以更加灵活的教学形式，以给予学生充分的想象力和创造力的发挥空间。

由此，在中小学艺术教育改革中，我们要特别强调艺术教育能够利用不同地域特点的多样性，给予师资和学校不同特色的艺术教育凸显的可能性。尤其是梳理艺术教育的观念，使学生感知、体验艺术这一重要的审美教育途径，进而对社会文化产生更深入的了解，以及对艺术发展前景产生更前沿的认知，那么立德树人的教育根本目标就能够实现。反之，如果艺术教育偏离了核心素养的提升而成为一种功利性、刻板化、操练式的考试机器，那么它就违背了其自身的性质，以及其自身发展的根本目标。

结　语

中小学艺术教育一定是普惠于中小学生的，其目标是用美的形式让他们形成完善人的、多方面的艺术品质。在我国中小学艺术教育改革之中，要防止艺术教育变成一种功利性、以应试为目的的紧箍咒，从而加重学生负担。艺术教育的重要意义在于以"润物细无声"的方式来引导学生的求知欲、审美力和创造力。艺术教育不能成为简单的艺术知识的堆砌和等级评定，而应该更宽泛地让所有人在不同等级、不同艺术领域中，以及和自己的心灵、趣味爱好相呼应的艺术对象的学习中各展其才。

当前，我国艺术教育最严峻的问题在于，教育者往往以艺术考试为目的，并使之成为强压在学生身上的重担，最后使得年青一代要么厌烦艺术，要么去功利性地迎合艺术消费，从而失去了对艺术认知的丰富性和多元性。因此，艺术教育的评价体系应更注重其实践性与灵活性，构建一种围绕核心素养的提升而开展的艺术教育途径，将艺术类课程转变为一种既可以迎合学生趣味爱好又可以检测艺术教育质量的多样性的课程，这是中国的艺术教育未来发展中极其重要的探索。

作者简介：

周星，"中小学艺术教育改革研究"项目负责人，教育部高校戏剧与影视学类专业教指委主任，教育部"高校网络教育名师培育支持计划"专家，北京师范大学艺术教育研究中心主任，教育部新文科建设小组成员，教育部中国教育发展战略研究会艺术专委会副主任。

陈亦水，北京师范大学艺术与传媒学院副教授，北京师范大学艺术教育研究中心副秘书长。

小学生戏剧教育的体系化建构路径探究

龙 念 罗肖骏

[**摘要**] 小学生戏剧教育具有重要价值，它是美育之基，在中小学美育教育中具有承上启下的作用。当前，我国小学生戏剧教育尚存在教育资源不平衡、教育体系不完备等问题，唯有通过国家、学校与社会等方面的共同努力，才能更加行之有效地建立起科学完备的小学生戏剧教育体系。

[**关键词**] 小学生戏剧教育 美育 教育体系

戏剧是一门古老的艺术，它几乎是伴随着人类文明一同出现与进化的。在漫长的人类历史进程中，戏剧始终作为一个时隐时现的参与者，并在潜移默化中影响着人类的认知与行为习惯。随着社会经济的不断发展与个体认知水平的不断进步，戏剧所具有的社会教育功能逐渐被人们所注意和重视，越来越多的国家和地区开始将戏剧教育纳入基础教育范畴。

近年来，戏剧教育在我国基础教育中的地位日益提升，尤其是随着《义务教育艺术课程标准（2022年版）》的颁布，戏剧教育正式被纳入义务教育阶段的课程体系。这无疑是一个具有里程碑意义的事件，它不仅标志着戏剧艺术普及进程的重要突破，也意味着素质教育的范围得到了进一步的扩大和拓宽。正如艺术教育专家周星所指出的："《艺术课标》认为，艺术不仅仅是艺术，要和自然、社会、生活、科技之间加强关联。这种综合性超越了过去单一性的艺术课程，而站在了时代前沿。"① 本文将着眼于义务教育艺术课程的发展前沿，结合团队多年来的相关实践经验，尤其是小学生戏剧教育教材"创意戏剧"系列教材的编写体会，尝试对我国小学生戏剧教育的整体现状和相关问题进行探究。

---

① 周星，任晟姝，王杰.《义务教育艺术课程标准（2022年版）》与基础艺术教育观念嬗变［J］.课程·教材·教法，2022，42（6）：54.

一、美育之基与众艺之合：小学生戏剧教育的重要性和独特性

我国的戏剧教育有着漫长而辉煌的历史，尤其在20世纪上半叶，戏剧教育拥有广泛而深刻的社会影响力。从历史沿革来看，我国的戏剧教育既与中华民族的文艺传统一脉相承，又与各个时代的现实需要紧密相连，在反映现实、启迪大众与改造社会方面都发挥过积极作用。不过，这些戏剧教育主要集中于成年人群体。相对而言，我国的中小学戏剧教育的整体发展情况明显滞后。而缺失了中小学戏剧教育的艺术教育生态显然是不完备的，也必将影响到美育功能的有效实现。从整个艺术教育生态的视角看，中小学生戏剧教育尤其是小学生戏剧教育非但不是无足轻重的一个模块，而且是相当重要的一个环节，在整个艺术教育中有着不可忽视的重要性和独特性。

（一）戏剧教育在学生成长初期具有重要影响

小学生戏剧教育的重要性在于，小学作为义务教育的开端，在广大学生的成长过程中具有"第一颗扣子"式的重要意义，因此，小学阶段的戏剧教育能够为个体成长打下一个良好的基础。童年对于一个人的成长具有不可估量的重要意义，而小学生戏剧教育便是一种通过戏剧来主动介入学生童年生活并对之产生积极影响的美育手段。对于广大小学生而言，戏剧教育不仅能够让他们更早地接触和了解戏剧这一人类艺术殿堂的瑰宝，而且能让他们在戏剧艺术的特定氛围中培养出更加健全完满的人格。具体来说，戏剧教育至少能够在三个方面对小学生的成长过程产生积极影响。

其一，戏剧教育能够以更具代入感的方式丰富小学生的认知。小学生对于知识和概念的认知普遍远低于成年人甚至是中学生，因此，仅凭教师的口头讲授与课件展示并不能完全保证其对相关内容的接受与理解。而戏剧教育具有更强烈的现场感和代入感，与好动、爱玩的小学生天性之间存在天然的适应性，从而在知识性内容的传授上更具亲和力。同时，戏剧教育是一种更强调互动与交流的教学模式，它既可以鼓励学生的自我表达与亲身参与，又能够让教师兼顾课堂内容的教学与学生行为习惯的管理。

其二，戏剧教育能够提供强有力的情感训练，可以为儿童提供安全的情绪表达场域。因为戏剧是虚拟的，参与者会把自己投射在角色身上，用角色的外衣去表达自我的情感和情绪，所以能够有效地释放其在现实生活中难以表露的情绪。同时，由于有了角色的包裹，这种表达也不会让孩子感到不自在。极易情绪化是儿童的一个普遍心理特点，如果能够在儿童阶段就有意识、有计划、有层次地接受专业化的戏剧教育，小学生便能够更早地掌握好情感唤醒与情绪自控的能力。正如艺术教育专家傅谨所说："戏剧教育不仅是一般意义的情感训练，更重要的是通过假定性的戏剧表演，提高情感掌控与节制的本领的训练。"①因此，让儿童在小学阶段便接受

---

① 傅谨.中小学戏剧课程的时代价值［J］.人民教育，2023（2）：38.

戏剧教育，将有利于其性格的形成与习惯的培养。

其三，戏剧教育能够有效提高小学生的合作能力与共情能力。戏剧是一种高度社会化的艺术形式，它很难像美术与音乐一样在独处状态下完成，戏剧无论是在展示之时还是在创作过程中，都需要各种不同个性的人参与其中。因此，学习与实践戏剧的过程，能够有效地提升个人的交际与合作能力。尤其是对于一些性格相对内向的小学生，戏剧教育能够很好地充当一座促进内外沟通的桥梁。更重要的是，戏剧"是在特定情境中进入另一个人的生活空间乃至精神世界，是促进人与人之间相互理解的最佳方式。努力进入他人的生活与内心，才能摆脱仅从一己立场思考世界的思维局限，提高共情能力"[1]。

（二）戏剧教育在小学生教育中具有独特功能

戏剧是一种综合性的艺术，它能够在一定程度上融合文学、音乐、舞蹈、美术等多个艺术门类中的精华内容。而小学阶段的戏剧教育正好也是在学生已经进行了一定量的音乐、美术以及其他文化课程的基础上所进行的一种综合性训练，它不仅为小学生打开了一扇新的艺术大门，也可以帮助其消化和总结以往的艺术知识。在小学生的艺术教育中，戏剧教育具有其他艺术教育所不能替代的独特功能。

一方面，戏剧教育能够营造出一种融洽有趣的教育氛围，让小学生能够以一种相对自由的形式进行游戏式学习，而不需要拘泥于某个特定的环节或形式。戏剧艺术天生就具有很大的包容性，它能够允许不同外形、不同声音、不同性格习惯的个体找到自己适合的表现方式。同时，正式的戏剧表演往往需要多个工种的参与，即便是对戏剧表演缺乏兴趣的学生，也能够在幕后的相关工作中感受到艺术创作以及与他人合作的乐趣。因此，在戏剧课堂中，小学生可以将自己之前在相关艺术课堂和文化课堂上所积累的知识进行很好的结合，在充分发挥个人特长的情况下找到适合自己的位置。

另一方面，戏剧作为一种非常重视展示的艺术，对于提升学生的自信心和表现能力具有积极意义。与其他艺术形式相比，戏剧作品的展示具有更强的人际性。戏剧的表演者与观众经常处于一种面对面的交流状态中，演出者和其他创作者都能够真切地感受到自己在艺术创作中的努力在他人身上产生的具体反响。在小学生戏剧教育课堂中，孩子们能够通过教师的精心排练和正面激励得到良好的表演反馈，进而能将戏剧展示变身为一场充满爱与鼓励的交际活动，让每一个认真付出的小学生都深切感受到充实感和成就感，从而产生对学习和生活的自信心。正如艺术教育专家吴戈所指出的，"戏剧与教育的相似性在于，都是通过以人为核心的'预设性'准备和'在场性'控制来创造效果影响"[2]。而且戏剧不同于其他艺术课程，其素材全部来源于人的生活，例如争议、困境、现象等，这些素材都具有很强的社会性，是其他艺术课

① 傅谨.中小学戏剧课程的时代价值［J］.人民教育，2023（2）：38.
② 吴戈.中国小剧场戏剧艺术与戏剧教育［M］.北京：文化艺术出版社，2018：215-219.

程无法呈现和提供的。

因此，小学生戏剧教育在当下我国的人才培养体系中是非常值得重视的一个环节，它既能为后续的美育教育打下良好基础，又能对学生的各方面素养提供综合性的提升与展示的空间。

二、高标与高效难两全：小学生戏剧教育的现状分析

当前，我国小学艺术教育的重要性已经取得了较为广泛的共识，然而从整体现状来看，目前，我国小学艺术教育的发展水平与发达国家相比尚存在一定差距，其中，起步较晚的小学生戏剧教育更是相对薄弱的一环。要想让小学生戏剧教育充分发挥其应有的美育功能，还需要在许多的方面进行突破与变革。

（一）全面育人的迫切性与社会资源的有限性之矛盾

推动小学生戏剧教育是时代发展的必然，它不仅有利于全民美育素养的提升，也能满足广大学生家长在孩子素质培养上的迫切需要。在这个竞争日益激烈的社会环境中，人的综合素质尤其是人际沟通能力与临场表现力愈发成为一种核心竞争力，因此，如何让孩子从小就养成这些能力是家长热切关注的问题。

笔者在编写"创意戏剧"系列教材的前期调研中发现，与儿童戏剧相关的教育培训早在10多年前就在部分经济发达地区广泛出现，只不过它们多以课外培训的形式存在。

在北京、广州与长沙等城市，儿童戏剧类的课外兴趣班大多集中于少年宫与一些私人经营的艺术培训学校，而且广受家长欢迎，常年有着较高的招生率。家长选择送孩子来参加这些培训班的原因主要集中在三个方面：一是希望孩子养成阳光开朗的性格，二是希望孩子能够学会更好地与他人相处，三是希望孩子能够从小锻炼组织和表达能力。孩子们也非常喜欢参与这样的课外学习，因为大多数孩子觉得戏剧课程比美术、音乐类艺术培训更具趣味性。然而，这种课外培训形式也存在着很多天然障碍。首先，它在课堂规模方面的限制很严格，因此覆盖范围并不广；其次，它属于自费性质，尤其是一些私人经营的艺术培训学校往往学费较高；再次，它通常在周末进行，且往往需要家长和孩子付出较多的时间和精力；最后，它的办学质量往往得不到很好的保障，许多艺术培训学校中的教师多为兼职身份，很难将主要精力放在相关教学中。

综合上述情况可以发现，尽早地让儿童接触戏剧教育已经成为很多家长的迫切需要，同时也是不少儿童所乐于接受的，只是相对高昂的成本和有限的资源分配在很大程度上限制了这种需求。因此，将小学生戏剧教育纳入义务教育体系，是解决这一痛点的有效举措。

（二）有待开发的制度性保障与规范化运行

当前，我国小学生戏剧教育发展的主要难点集中在制度性保障和规范化运行方式的建立两个方面，二者在很大程度上限制了小学生戏剧教育在全国范围内的普及。

充分的制度性保障不仅可以为小学生戏剧教学活动提供足够的物质条件，还能提供充足的时间和政策层面的支持。客观来说，《义务教育艺术课程标准（2022年版）》的颁布极大地促进了具备相关配套条件的地区的小学生戏剧教育的发展。但这种积极影响主要产生在经济发达地区，对于一些三、四线城市以及广大农村与乡镇地区的影响则相对微弱。其主要原因在于，戏剧教育对场地、物资，尤其是教师的专业性有着较高的要求。因此，这些地区的小学很难像经济发达地区一样，快速实现相关配套建设的到位。

规范化运行则是小学生戏剧教育的另一个重要的检验标准。不少专家指出，当下的小学生教育领域普遍存在着教材与课程体系不规范的情况，"课程内容随意性大，有逐渐偏离教育目的，陷入学校办剧组的模式这一不良趋势"①。出现这种情况的主要原因就是规范化的运行模式尚未真正建立，一些教学单位未能真正理解戏剧教育的初衷，也未能真正发挥好其独特的育人功能。

（三）如何将立德树人与教学考核科学挂钩

部分学校之所以会出现戏剧教育方向上的偏移，主要原因还是缺少科学的引导与考核机制。为了在戏剧教育方面做出成绩，学校往往会采取高度集中化、偏离美育初衷的学校办剧组模式。要想改变这种现状，必须建立更科学的考核机制。

小学生戏剧教育的初衷是非功利的，然而，学校的正式教学活动必然存在相关的考核标准。在传统的考核体系中，教学结果的考核往往是评价一所学校和一位教师工作情况的核心指标，而在艺术教学中，相关奖项又是重中之重。因此，如何调和教学主体和教学对象之间的不同诉求就成了解决当下小学生戏剧教育堵点的关键。

因此，小学生戏剧教育的考核应当朝着重过程轻结果的方向改革，回归美育的初衷。一方面，要打破单一的唯奖项与论文的考核评价方式，避免广大教学主体陷入过度专业化的激烈竞争中；另一方面，要努力建立起更多元化的评价体系，尤其是对教学过程的考核，将如何让更多孩子接受戏剧而非培养出更专业的人才作为考核重点。同时，要努力吸纳、引导广大教育工作者，尤其是年轻教师参与小学生戏剧教育的体系建设工作。

三、完善体系重在共建：小学生戏剧教育的优化路径

小学生戏剧教育的体系建设是一个庞大的工程，需要多方力量共同携手，一起建设开放包容、具有持续发展可能的美育矩阵。本文认为，当前，我国小学生戏剧教育的发展应当从三个方面着手。

（一）持续完善政策

国家的政策支持是小学生戏剧教育发展的最大保障，应不断完善和细化相关政策与

---

① 刘中哲.当下中小学戏剧教育的价值研究与实践思考［J］.艺术评论，2022（9）：116.

管理办法。从长远来看，对于我国小学生戏剧教育事业的发展而言，《义务教育艺术课程标准（2022年版）》的颁布是关键的一步，但目前离真正规范化、科学化、普及化的小学生戏剧教育还存在着一定距离，还需要在不断的探索和改革中持续完善相关政策办法，从而更准确有效地指导小学生戏剧教育的发展。

具体来说，小学生戏剧教育的政策应当从两个方面进行持续探索与改革。一方面要重视小学生教育的普及，强化政策的落实，充分保障政策精神得到有效贯彻，同时要积极向各地区推广先进的办学经验，做到有章可依、有经验可循；另一方面要正视不同地区经济与文化上的差异，保持相关教育政策的灵活性，尤其要加大对相对落后地区的支持力度，要在政策层面扶持、引导小学生教育体系的构建，并在人才引进、经验交流方面给予适当政策倾斜。

（二）充分调动社会资源

小学生戏剧教育不仅能够完善学校的美育教育体系，还能够加强学校与社会之间的联动。因此，要以开放包容的姿态来发展小学生戏剧教育，特别是经济发达地区可以充分利用各种当地资源来提升小学生戏剧教育的质量，扩大其社会影响力。

一方面，戏剧教育的双向交流性很强，可以成为学生与家长、家长与学校之间的特殊桥梁。因此，在小学生戏剧教育的体系建设中，可以尝试调动家庭力量，探索家庭与学校共同育人的模式。同时，在学情分析、课程设计、活动组织方面，也可以适当地吸纳部分有意愿和有能力的家长参与其中。另

一方面，小学生戏剧表演能够在一定程度上与社会组织产生联系，如果能在合理合规的前提下加强学校与社会组织之间的互动，将对小学生戏剧教育的发展提供积极的帮助。

（三）强化教材体系的建设

教材体系的建设是当下我国小学生戏剧教育所亟待解决的重要问题，对于义务教育阶段的戏剧教学而言，教材就是重要的纲领，需要举各方力量去全力打造。一本优秀的小学生戏剧教育教材，不仅能够激发学生的学习兴趣，还能够为教师的业务水平提升提供重要帮助。

客观来说，小学生戏剧教材的编写是有一定难度的。一方面，戏剧艺术必须通过亲身参与以及合作来完成，书本所能提供的只是类似说明书的蓝本，其最终效果还是要通过教师对相关内容的充分掌握和传授来实现；另一方面，小学生戏剧具有一定的特殊性，它既要考虑学校课时与场地条件，又要适应小学生的理解水平和表现能力，同时要尽量让所有学生都能充分参与其中。因此，小学生戏剧教育对教材编写者提出了很高的要求。

面对这些挑战，"创意戏剧"系列教材编写团队进行了多方调研，在了解了当下儿童戏剧教育的现状后，有针对性地进行了全面和细致的编写规划。首先，在编写团队的建构上体现了多元视角，编写者既有来自专业戏剧院校的艺术工作者，也有具备多年一线相关教学经验的教师，还有研究儿童问题的教育专家。其次，在内容的选择上，编写团队建构了较为完整的小学生戏剧教育内容，涵盖了从小学三年级至六年级的学习内容。同时，在故事类型、表现形态方面尽量做到

多元化，努力让各种特点的学生都能获得表现机会。最后，在使用特性上，"创意戏剧"系列教材高度重视可操作性，充分考虑到了不同地区和学校的差异性，对于教学过程中可能面临的一些问题进行了细致的讲解提示，力求最大限度地为教材使用者提供教学上的便利。总之，"创意戏剧"系列教材的编写是在小学生戏剧教育领域进行的一次体系化的努力尝试，尽管该系列教材仍可能存在诸多不足，但相信这些经验或教训能在一定程度上为后续的小学生戏剧教育体系的建设提供借鉴。

结　语

在当下我国的教育生态中，小学生戏剧教育是美育教育中非常重要的环节，尽管目前它已经愈发受到关注和重视，但离真正完备、健全的理想状态尚有一定差距，还需要多方携手推进。可以预期的是，在政策的推动和办学主体的积极参与下，小学生戏剧教育一定能够在全社会范围内引发积极反响，并深刻推动相关教育体系的发展，也会在一定程度上推动人们教育观念和审美观念的变革。

作者简介：

龙念，湖南师范大学新闻与传播学院教授、"创意戏剧"系列教材副主编。

罗肖骏，长沙市人艺话剧团团长、"创意戏剧"系列教材主编。

北京市学前教育阶段传统文化美育实施情况的调查研究
——以北京睿泽府学等机构为例

杨显泽　任晟姝

[摘要] 近年来，我国越来越重视学前教育的发展，其中，美育作为学前教育的重要领域，在促进儿童全面发展中具有不可替代的作用。"双减"政策实施后，艺术类"非学科"培训成为当下北京市学前阶段教育的热点。另外，中国许多优秀传统文化面临着后继无人、不受重视的局面。因此，当今社会亟待推进传统文化美育，使其保质保量地并入教育体系。本文将采用文本分析法、问卷调查法、半结构访谈法等研究方法，综合量化分析与质性研究，从学校教师、家长、社会三方面获取足够的数据与信息，经过综合数据分析得出结论，并针对问题提出相关建议，以促进美育和传统文化教育落到实处，并期望北京市乃至全国学前教育课程改革能够得到全方位的落实。

[关键词] 学前教育　艺术美育　传统文化　文化强国　课程改革

一、研究背景与意义

（一）研究背景

学前教育始终是终身教育体系中极为重要的一环，近年来，我国越来越重视学前教育的发展，相继颁布《3—6岁儿童学习与发展指南》等文件，以此来引导和规范学前教育的发展，从健康、语言、社会、科学、艺术等五个领域描述儿童学习与发展规律，并指出学前教育所应该达到的目标。其中，美育作为学前教育的重要领域，在促进儿童全面发展中具有不可替代的作用。另外，为建设文化强国、坚持文化自信，我国也相继颁布了一系列促进传统文化教育的政策，强调在教育体系中融入传统文化元素。

"双减"政策实施后，北京市教育局积极

响应，对于学前教育也进行了相应整改。结合素质教育对"以人为本""全人教育"的强调，"非学科"培训——尤其是艺术类的培训成为当下学前阶段教育的热点，这有助于促进儿童美育的发展。

《3—6岁儿童学习与发展指南》中指出："艺术是实施美育的主要途径，应充分发挥艺术的情感教育功能，促进幼儿健全人格的形成。"虽然近年来我国对以传统文化为主的艺术美育逐渐重视，但是在这方面教育工作的实际开展中仍然存在一些问题。例如，我国学前阶段以传统文化教育为主的艺术美育更强调其智育和德育的功能，将美育变为枯燥乏味的训练，弱化了提升学前儿童艺术审美素养、培养学生创造力等功能。另外，中国许多优秀传统文化面临着后继无人、不受重视的局面。在全球一体化发展的大背景之下，中西文化的碰撞、交流，促进了跨文化发展的格局。但从实际来看，中国传统文化传承与发展面临困境，尤其在西方文化的冲击下，传统文化在现代文明中的发展空间日益缩减，"过度"的反传统、保护力度的缺乏，都成为当前传统文化传承及发展的重要问题。因此，当今社会亟须将传统文化教育落实落地，使其保质保量地并入教育体系。

（二）研究意义

1.理论意义

中华民族传统文化博大精深，艺术美育中高质量的传统文化教育对儿童的学习和发展具有独特的教育价值。但是，目前关于艺术美育中传统文化教育的相关调查研究在相关领域研究较少。本文调查了学前阶段艺术美育中的传统文化教育现状，既有助于填补目前研究领域的不足、丰富和发展相关的教育理论，又可以在"新文科"建设背景下，进一步探索美育体系在传承传统文化方面更多的可能性。

2.实践意义

学前教育作为终身教育的奠基阶段，强调传统文化教育，不仅有利于儿童从小感受传统文化的魅力、增强文化自信，还有助于提升儿童的艺术审美素养。此外，以传统文化教育为切入点，也有助于解决学前阶段艺术美育中存在的一些问题。

开展学前阶段艺术美育中传统文化美育的研究，有助于达成《3—6岁儿童学习与发展指南》中对艺术方面"感受与欣赏""表现与创造"的教育目标，促进学前儿童对传统文化的内心认同，为传统文化教育提供宝贵的实践经验。本文将通过调查研究，结合儿童的身心发展特点，总结传统文化美育有效的实践经验，在实际艺术美育教学中丰富教学方式、提升教育质量，最终为学前阶段艺术美育课程带来启发性、创新性的实践方案，为在幼儿园和家庭中开展以传统文化教育为主的艺术美育课堂提供借鉴。

二、文献综述

（一）关于艺术美育的相关研究

艺术美育是一个合成词，它包含着"艺术"和"美育"两个维度的意旨，隐含着由"艺术""美育"而至的"艺术美育"的生成性过程。曹廷华等表明，"美就其存在形态而言，可以分为现实美和艺术美两大类。现实美又包括自然美和社会美"①。学者杜禾基于此将美育分为自然美育、社会美育和艺术美育三大类。②艺术美育是面向全体学生之美育的一个重要构成部分，在美育中占有不可或缺的位置。③

艺术美育在高校得到较高的关注，关于艺术美育机制和策略的研究也占据较高的比例。张香君提出，高校思想政治教育和艺术教育相互渗透、优势互补有助于提升对学生综合素质培养的效果。④李可以高等职业院校作为研究对象，指出目前高校美育实施的困境——美育存在"名高位低"的现象，并据此分析美育路径的浅化、硬化、窄化是造成这类现象的主要原因。⑤张英关注到高校艺术美育距离目标存在差距的重要原因在于学生在前期的家庭教育和基础教育中的美育铺垫不足。⑥

研究者也关注到了艺术美育的实践层面。杨馥嫚以音乐名著课程为例，探索高校艺术美育的实施路径，为全面提高学生审美情趣和人文素养提供新的实践路向。⑦范鹏伟呼吁高校在通识课程的教学体系中加入相关美育课程，招聘高素质的专业艺术人才，从专业的角度与深度进行美育课程的教学，比如民歌习唱课程、美术通识课程、舞蹈欣赏与学习课程等。⑧

多位学者均表示美育有利于健全人格，能够使其得到更全面和谐的发展。段国梁认为，艺术美育具有潜移默化的美育作用，可以促进德育、智育、体育的发展。⑨顾平认为，艺术美育是以艺术为纽带，通过感知经典艺术作品所呈现的美感，实现审美教育过程中对"美感"的体验与经验获取，实现自我审美感知与身心沁润。⑩

（二）关于学前阶段的艺术美育研究

艺术美育多以高校、中小学为研究对象，涉及学前阶段的艺术美育研究相对较少。李艺帆在研究丰子恺儿童艺术美育时，简要分析了丰子恺创作的儿童漫画，赞美其在艺术教育和美育方面做出的杰出贡献。⑪黄芳利用东渡资源进行幼儿艺术美育教育，通过赏东渡文化、借东渡教学，来促进幼儿审美感受力，发展他们的艺术表现力和创造力。⑫金庆玲结合常德地区传统舞蹈文化，挖掘地方传统舞蹈文化，开发适宜幼儿学习的美育课程，并且发挥幼儿教师的示范作用，通过家园协

① 曹廷华，许自强.美学与美育［M］.北京：高等教育出版社，1997：45.
② 杜禾.论艺术美育对大学生道德情操的陶冶：基于形式派美学视角［D］.重庆：重庆师范大学，2009.
③ 赵伶俐.德育的疼痛与审美救赎［J］.中国德育，2017（6）：11-15.
④ 张香君.试论高校思想政治教育与艺术美育的相互渗透［J］.教育教学论坛，2021（40）：157-160.
⑤ 李可.新时代高等职业院校艺术美育探索实践与创新［J］.四川戏剧，2021（7）：148-150.
⑥ 张英.关于家庭美育的现代探讨［J］.大众文艺，2022（20）：182-185.
⑦ 杨馥嫚.新时代高校艺术美育的实施路径［J］.中国高等教育，2022（Z3）：61-63.
⑧ 范鹏伟.高校美育课程教育的教学现状与改革实践［J］.艺术评鉴，2020（20）：100-102.
⑨ 段国梁.略论艺术美育及其功能［J］.云南教育学院学报，1999（1）：89-92.
⑩ 顾平.情境、感知与沁润：美育中美感捕获的"自我"姿态［J］.美术，2021（3）：6-13.
⑪ 李艺帆.丰子恺童心说的教育意义［J］.西部皮革，2016，38（8）：220.
⑫ 黄芳.东渡资源开启幼儿艺术美育之路［J］.科学大众（科学教育），2019（11）：118，36.

同，共建传统艺术美育学习环境。①

（三）关于传统文化教育的相关研究

对于传统文化教育，国内研究数量较多且较为广泛。任翔在《中国传统文化教育的目标与内容初探》一文中说："了解中华文化知识、把握中华民族精神、践行知行合一理念是中国传统文化教育的目标。据此目标，围绕传统文化教育内容，遵循青少年认知规律和教育教学规律，按照一体化、分学段、有序推进的原则，把中华文化知识教育、中华民族精神教育、中华文化养成教育贯穿于启蒙教育、初等教育、中等教育、高等教育的全过程。"②康永久在《传统文化的现代教育传承》一文中谈道："建立在相互尊重基础上的各种民间文化意愿的自主表达和自我满足，是实现传统与现代整合目标的主要依靠力量。只有让文化在民间社会中接受人们基于相互尊重的自由选择，传统文化的传承才不会与现代社会要求发生冲突。"③王立刚在《论传统文化教育的内容体系》中强调："从教育实践出发考察纷繁复杂的传统文化，并非所有的传统文化都适合成为教育内容。从教育内容的呈现形式出发，按照工具性、知识性、技能性、实践性四类教育内容的呈现形式，传统文化教育的内容体系包含以文字为载体的传统经典，作为知识形式存在的传统生活与社会常识，与人类的创作、制作有关的传统

技艺，以个人行为为载体的传统道德等四大类内容。这几类传统文化内容从不同方面承担了传统文化教育的不同使命，构成了传统文化教育的基本内容体系。"④

总之，目前国内有关传统文化教育的研究有着一定的共识，即对于传统文化教育应采取全过程、全方位、全自主的态度，而非局限于某一时段或某一形式。

（四）关于学前阶段传统文化教育的相关研究

在学前阶段的传统文化教育研究领域中，高宏钰等学者在《幼儿园教育传承传统文化的内容与方式：基于政策文本的研究》一文中强调："'文化自信从娃娃抓起'，学前阶段是幼儿对中华优秀传统文化认同的关键期。通过对政策文本的研究可以得出，幼儿园传统文化教育在内容上应坚持国家立场与儿童立场相结合、全面性与关键性相结合的原则，加强对适宜幼儿园教育的中华优秀传统文化内容的研制。"⑤另外，王炳照在《中国传统文化与幼儿教育》一文中说："随着中国传统社会的衰落，中国传统文化的缺陷也日益显露，中国传统幼儿教育的弊端也更加突出。我们极有必要认真加以清理，精心地进行研究分析，以现代幼儿教育的现实需要和未来发展为出发点，继承和弘扬传统幼儿教育的优秀遗产，清除和防止腐朽的历

① 金庆玲.湘北鼓舞在常德市幼儿园传统艺术美育实施推广研究［J］.文艺生活（艺术中国），2022（11）：104-107.
② 任翔.中国传统文化教育的目标与内容初探［J］.中国教育学刊，2019（1）：58-63.
③ 康永久.传统文化的现代教育传承［J］.中国教师，2005（6）：4-7.
④ 王立刚.论传统文化教育的内容体系［J］.当代教育与文化，2017，9（1）：10-16.
⑤ 高宏钰，霍力岩，谷虹.幼儿园教育传承传统文化的内容与方式：基于政策文本的研究［J］.基础教育课程，2019（19）：33-40.

史糟粕泛滥，使中国现代幼儿教育更有丰富的民族文化内涵、更健康、更有生气地向前发展。"①

由此可见，虽然有关学前阶段传统文化教育的相关研究数量并不多，质量也参差不齐，但许多研究层次较高、学术性较强的研究成果仍旗帜鲜明地强调了学前阶段传统文化教育的重要性，并对其中可能出现的问题做出了论述，而这种论述本身也仍是在突出母题的价值。

（五）关于学前阶段艺术美育中传统文化教育的相关研究

张卫民与邹文佳在文章《依托民族传统文化，构建幼儿园艺术课程》中谈道："中华文化绵延数千年，经历史沉淀下的民族传统文化更是中华民族的发展命脉。文化与艺术连根一体，文化与艺术是共生的社会精神现象。幼儿园艺术课程如何将艺术与文化相融，实现自身改革和发展？如何依托民族传统文化开设幼儿园艺术课程已成为摆在幼教工作者面前的一个亟待解决的问题。"②钱初熹在《融会中华优秀传统文化智慧的美术教育创新发展》一文中提出："在全球一体化的今天，中国传统文化正以一种润物细无声的姿态卷土重来，突破西式教育与生活方式的局限。从知识的层面来看，以往，我们对美术领域中传统文化的教育主要停留于陈述性知识（是什么）和程序性知识（怎么做）的层面上。如今，我们开展融会中华优秀传统文

化智慧的美术教育，就要引导儿童与青少年对传统文化的学习深入至元认知知识的层面，即认识到传统文化中哪些智慧影响我们的认知活动的过程与结果，这些智慧是如何对过去、现在与将来起作用的，它们之间又是怎样相互作用的。"③

（六）研究述评

综合上述研究得知，学界关于艺术美育的研究呈现了研究领域广，但研究不够深入的特点，重在艺术美育与其他形式的渗透或作用等，还未形成完善的理论体系。关于传统文化教育的研究数量丰富、视角多元、重视传统文化的传承与创造性转化。但有关学前阶段艺术美育中传统文化教育的相关研究则呈现了较为空白的局面。但即便是在屈指可数的文章中，国内学者都共同意识到了结合学前教育、艺术美育、传统文化教育来做"小切口"研究的重要性及其价值。

三、研究设计

（一）研究目标和问题

1.研究目标

以北京睿泽府学教育培训机构为例，调查家长及社会层面对于艺术美育的态度，分析家长及群众心理特征，为进一步探究美育教学机制的缺漏及社会传统文化教育机制短缺提供数据支持。

① 王炳照.中国传统文化与幼儿教育［J］.幼儿教育（教育科学版），2006（1）：51-55.
② 张卫民，邹文佳.依托民族传统文化，构建幼儿园艺术课程［J］.文教资料，2018（18）：125-126.
③ 钱初熹.融会中华优秀传统文化智慧的美术教育创新发展［J］.美育学刊，2017，8（2）：21-28.

2.探究问题

本研究主要针对图1的问题展开探究。

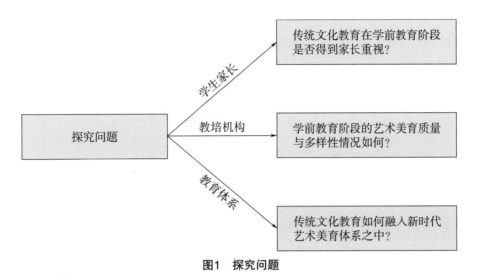

图1 探究问题

图中内容：
- 探究问题 —学生家长→ 传统文化教育在学前教育阶段是否得到家长重视？
- 探究问题 —教培机构→ 学前教育阶段的艺术美育质量与多样性情况如何？
- 探究问题 —教育体系→ 传统文化教育如何融入新时代艺术美育体系之中？

（二）调研思路

调研团队采取多种调研方法，以北京睿泽府学、北京百仔园教育等机构为例对学前阶段艺术美育中传统文化教育展开调查研究，深入了解学前教育阶段艺术美育中传统文化教育展开的现状，并期待提供改进措施。

调研团队在北京睿泽府学、北京百仔园教育等机构实地旁听艺术美育课堂，获取宝贵的一线教学情况案例、聆听家长反馈和教师总结、推进教学反思与改进机制、挖掘课程后续推广价值。在课堂之外，调研团队发放问卷探究家长及社会层面对学前阶段艺术美育和传统文化教育的认识，并进行定量分析和定性研究，了解家长的诉求和社会的期待，以期为儿童美育启蒙提供更加切实和多元化研究视角。同时，调研团队对上述机构的一线教师进行访谈，并对两所教育机构的美育、传统文化美育及二者结合课程的开展情况产生了更深层次的认识。

调研团队综上研究，最终产出调研报告、有关美育课堂设计的学术论文、同学校合作的教研组报告与教案设计，并签订长期合作协议书，确保调研成果能够得到实质性落实。希望进一步推进学前阶段艺术美育中的传统文化教育，并希望能为之后的相关研究提供理论支撑和实践借鉴。

（三）调研方法

1.文本分析法

调研团队通过CNKI、谷歌学术及北京师范大学图书馆等平台对学前教育、艺术美育、传统文化美育的相关文献资料进行搜集、研究、整理。查找并阅读包括国家政策文件、专著、硕士和博士论文、核心学术期刊等，对文献进行聚类分析，并在此基础上形成系统的知识图谱，为研究提供支撑。

2.问卷调查法

如图2所示，本研究将结合文献分析和实际情况进行问卷编写，问卷经过信度、效度检验和试测后正式发放，并随机抽取北京睿泽府学、北京百仔园教育的家长为研究对象进行数据收集。调研团队将根据前期收集整理的文献及收回的初步问卷所反馈的结果，设计更为完整、问题更为深入的问卷，为进一步的数据处理和分析提供实用性基础；并

尝试扩大样本容量与取样范围，减小覆盖误差，使获得的结果与总体的偏差更小。同时，拟采用Excel、SPSS等数学分析工具进行有效问卷的筛选和数据的分析，能够发现更为微观和具体的问题，并反映各项问题之间的联系，以结构化的方式进行呈现。

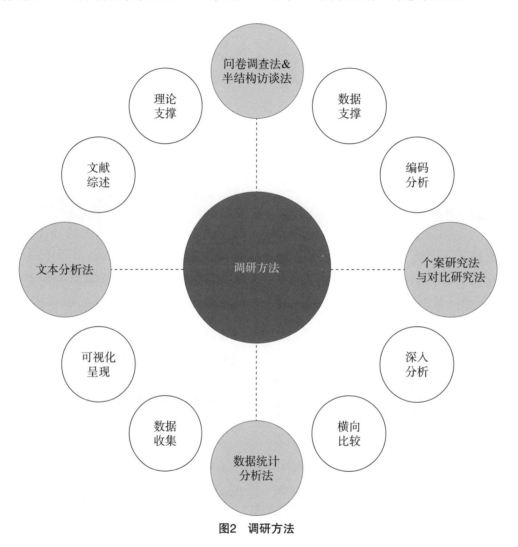

图2 调研方法

3.半结构访谈法

本研究拟选择部分北京睿泽府学教育专家（如校长等）与一线教师进行线上访谈。选择访谈对象时，将考虑到访谈对象的主观意愿，根据访谈对象的职责、教龄、开设课程等进行筛选，以保证访谈对象的多样

性。在访谈提纲上，调研团队将参考国内学者已有的提纲进行设计，设计后采取德尔菲法进行修改。访谈结束后，调研团队会利用MAXQDA软件对访谈内容进行编码分析，以寻求对调查结果的深入解释。

4.个案研究法与对比研究法

调研团队选择北京睿泽府学这一典型案例，广泛搜集政府资料、学校文件等，综合问卷量表的量化分析和访谈的质性分析，总结出相应阶段成果，并结合北京百仔园教育在研究方向上的开展情况与体系进行深入对比探究。

5.数据统计分析法

本次调研将对收集到的问卷数据信息、专家学者观点以及其他线上搜集数据进行系统的整理，并做统计学上的数据分析，形成表格和比例分析图。

（四）调研过程

调研团队的调研过程如图3所示。

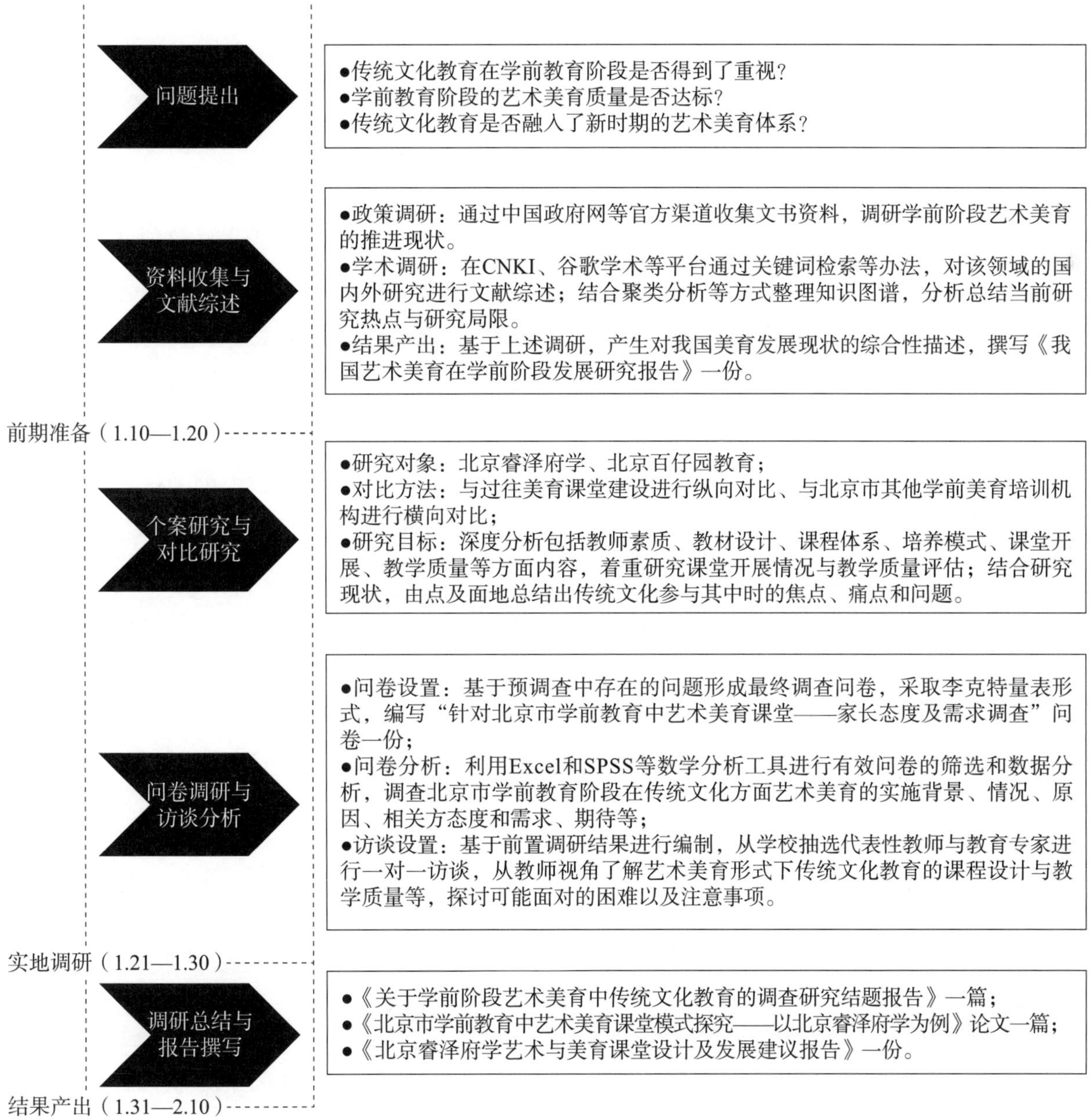

问题提出
- 传统文化教育在学前教育阶段是否得到了重视？
- 学前教育阶段的艺术美育质量是否达标？
- 传统文化教育是否融入了新时期的艺术美育体系？

资料收集与文献综述
- 政策调研：通过中国政府网等官方渠道收集文书资料，调研学前阶段艺术美育的推进现状。
- 学术调研：在CNKI、谷歌学术等平台通过关键词检索等办法，对该领域的国内外研究进行文献综述；结合聚类分析等方式整理知识图谱，分析总结当前研究热点与研究局限。
- 结果产出：基于上述调研，产生对我国美育发展现状的综合性描述，撰写《我国艺术美育在学前阶段发展研究报告》一份。

前期准备（1.10—1.20）

个案研究与对比研究
- 研究对象：北京睿泽府学、北京百仔园教育；
- 对比方法：与过往美育课堂建设进行纵向对比、与北京市其他学前美育培训机构进行横向对比；
- 研究目标：深度分析包括教师素质、教材设计、课程体系、培养模式、课堂开展、教学质量等方面内容，着重研究课堂开展情况与教学质量评估；结合研究现状，由点及面地总结出传统文化参与其中时的焦点、痛点和问题。

问卷调研与访谈分析
- 问卷设置：基于预调查中存在的问题形成最终调查问卷，采取李克特量表形式，编写"针对北京市学前教育中艺术美育课堂——家长态度及需求调查"问卷一份；
- 问卷分析：利用Excel和SPSS等数学分析工具进行有效问卷的筛选和数据分析，调查北京市学前教育阶段在传统文化方面艺术美育的实施背景、情况、原因、相关方态度和需求、期待等；
- 访谈设置：基于前置调研结果进行编制，从学校抽选代表性教师与教育专家进行一对一访谈，从教师视角了解艺术美育形式下传统文化教育的课程设计与教学质量等，探讨可能面对的困难以及注意事项。

实地调研（1.21—1.30）

调研总结与报告撰写
- 《关于学前阶段艺术美育中传统文化教育的调查研究结题报告》一篇；
- 《北京市学前教育中艺术美育课堂模式探究——以北京睿泽府学为例》论文一篇；
- 《北京睿泽府学艺术与美育课堂设计及发展建议报告》一份。

结果产出（1.31—2.10）

图3 调研过程

四、研究发现

（一）实地课程分析——以"传统动画赏析"课程为例

调研团队以线上形式深入两所教育机构美育课堂，进行全过程的记录，最终选择课程形式新颖、课程目标鲜明、课程价值突出的"传统动画赏析"课程为例进行实地分析，直观展示现行学前阶段艺术美育中传统文化教育的情况，为之后的问卷、访谈数据分析提供参考。

1.教学过程

（1）备课工作。在课程正式开始前，学校教学组进行了备课工作，组成了包含进修影视学、教育学与心理学等不同方向教师的教学团队，根据5—6岁儿童注意力集中时间为10—15分钟的特点，制定了以观看为主、分析为辅的授课模式，并在教学组中先行放映全片，由任课教师随时暂停，提出课堂上的思考问题，并由小组决定该问题是否适合5—6岁儿童。后又结合5—6岁儿童对动画影视的认识较为低幼等特点，挑选了简单易懂的关于动画片制作流程的科普视频。

教具方面，机构准备了电子屏幕、多功能投影等显示设备与用作展示视觉滞留原理的翻页书卡。

（2）课程选片《大闹天宫》简介。《大闹天宫》是上海美术电影制片厂于1961—1964年制作的一部彩色动画长片，由法国Les Films de ma Vie公司发行，万籁鸣、唐澄联合执导，李克弱、万籁鸣编剧。该片荣获了中国第二届大众电影百花奖最佳动画电影。

（3）课程过程。在课堂开始时，授课教师向学生询问他们喜欢的动画片，以调动学生情绪，学生踊跃发言，说出了许多动画片或特摄片，得到的多为《变形金刚》（美国）、《奥特曼》（日本）等作品。教师就此引出中国也有很多优秀的动画，并介绍如何制作动画片，随后展示动画制作流程。教师首先播放了迪士尼早期动画与中国传统动画《小蝌蚪找妈妈》《葫芦娃》等底片绘制过程，接着展示了《猫和老鼠》的手翻书，直观地展示了视觉滞留原理。在《大闹天宫》的正式放映环节，教师间歇（以10分钟左右为间隔）提出问题，并与学生互动，对其进行引导和启发（图4）。在课后积极互动，听取学生的反馈，并做好记录，以期改进。

图4　动画课堂

2.教学切入点

本着启发性教学的宗旨，课程主要以提问引导形式推进，问题主要集中于以下四个方面。

第一，传统绘画与人物表现形式。因为《大闹天宫》国画绘画的特殊性，教师提出让学生注意不同人物的绘画形式。例如，学生注意到作为反派出现的玉帝样子滑稽可笑、猴王的表情丰富多样……就可以从中认识到脸谱这一传统艺术形式的特点。

第二，传统音乐与动作表现形式。《大闹天宫》的配乐由上海电影乐团、上海京剧院乐团、新华京剧团乐队共同完成，且采用了京剧中的乐器，人物打斗动作也均取材于京剧，这些元素可培养学生对京剧的审美感受。例如，教师通过提问水帘洞享风景时的背景音乐与打斗时的背景音乐有何不同、为什么打斗动作多为互相转圈等，启发学生在心中描绘出基本的京剧美学。

第三，中华民族优良道德传统。通过影片中的正负反馈，有意识地引导学生遵循中华民族优良道德传统。例如，通过东海龙王的不守信诺导致了龙宫不宁、诡计多端的太白金星遭到小猴子们的取笑等情节培养学生形成诚实守信，善良待人的品质。

第四，基础的戏剧式故事结构。《大闹天宫》的故事来源于古典小说《西游记》，具有很强的戏剧性，叙事手法参考了京剧的故事结构。教师可在关键的事件点以提问的方式启发学生思考故事的发生、发展逻辑，助力其形成基础的叙事逻辑，即具有《3—6岁儿童学习与发展指南》语言部分所建议的基本叙事表达能力。例如引导学生将故事分为东海寻宝、上天做官和大闹天宫三部分，并能分别叙述每部分的开头、经过与结尾，而在东海寻宝情节中，猴王练兵、前往龙宫、遇见神棒、龙宫震荡等就是典型的起、承、转、合的传统戏剧结构。

3.实地调研结果反思

在实地调研中，我们发现课程仍有实践上的不足，主要集中于以下三点：

（1）学生数量的限制性。正如前文所说，根据课程的启发性特点需要时常对学生进行提问，并就问题展开发散讨论，但这也限制了课堂的规模。另外，学生对动画的热情也对课堂秩序产生影响。随着课程实践的展开，我们发现该课程能够支持的学生容量最多为25人，否则将会削弱教学效果。

（2）儿童注意力的有限性。根据研究，5—6岁儿童的注意力集中时间为10—15分钟，虽然提问间隔为10分钟，但传统动画一般90分钟以上的时长难以将学生长时间地吸引在座位上，因此，我们在两节课之间设置了20分钟的课间休息。

（3）部分名词的专业性。教学中即便有意规避太过专业化的名词，但"叙事""视角""透视""戏剧结构"等词语仍是无法避免的，这些专业性较强的名词会给授课带来一定难度，而且在解释名词时又会产生新的名词，这也将拖垮教学节奏，因此，我们尽量使用"讲故事""看懂东西的角度""前后遮挡"等较浅显的解释方法替代。

4.教学改进方案

（1）选片标准。鉴于选片中的问题主要集中在播放时间过长，在之后的课程中将会考虑选择较短的动画作品（如《小蝌蚪找妈妈》），或将长篇动画裁剪为45分钟左右的片段，尽量缩减连续的课时长度，以使学生能够更好地集中注意力，保证良好的教学效果。

（2）教学形式。根据该年龄段儿童的学习特点，在后续开放课程中将考虑加入动手操作环节，让学生制作简易手工翻书动画，并学习基本的国画绘制方法。学生亲自动手可有效提高课堂参与程度，加深对动画原理的认识。另外，在课程安排上将采用多课次、小课时的方式，即缩短每节课时长而增多排课量，使其成为成体系的课程。

（二）访谈结果与分析

1.访谈概况

"艺梦同绘"文化美育调研团队对3名教育行业的一线教师进行了访谈，访谈对象分别为北京睿泽府学的校长、北京百仔园教育的校长及教师。调研团队成员针对访谈对象的个人教育经历、两所教育机构的美育、传统文化教育及二者结合的课程开展情况进行了深入访谈。

2.访谈结果分析方法及理论

访谈是质性分析的主要研究方式之一。为了对访谈得到的结果进行更科学的分析，"艺梦同绘"文化美育调研团队运用扎根理论对本次访谈的结果进行质性分析，运用MAXQDA软件进行编码、数据分析和可视化处理。

扎根理论是质性研究的一种建构理论，它于1967年由两位社会学学者——施特劳斯（Anselm Strauss）和格拉斯（Barney Glaser）提出。扎根理论是运用系统化的程序，针对

某一现象来发展并归纳式地引导出扎根于实际资料的理论的一种新颖的质性研究方法。[①]扎根理论的基本思想是从资料提取理论，对理论保持敏感并进行编码，在资料与理论之间不断进行比较，将资料中提取出的理论作为下一次资料抽样的标准，最后进行理论性评价。本次调研访谈结果的分析以扎根理论为指导，将访谈转录稿进行编码分析并进一步得出结论，增强了结论的可信度与科学性。

本次访谈结果分析采用的软件版本是MAXQDA2022。在当前学界质性分析常用的三款分析软件Nvivo、ATLAS.ti与MAXQDA中，MAXQDA的功能更加强大、操作更加便捷，因此此次访谈结果分析选择了MAXQDA软件。该软件的编码过程能够基本模拟纸、笔对多媒体文件或文本文件进行操作，可以使用不同颜色对已编码的文本加以区分，也可以方便快捷地通过编码查找工具对编码文本进行查找。

3.访谈问题设计及编码思路

本次访谈的问题设计从调查对象的从业信息、美育课程设置、传统文化课程设置、美育结合传统文化课程路径几方面入手，由浅入深地询问他们对于美育结合传统文化的看法和现实实践基础。

访谈问题提纲如图5所示（在具体访谈时，访谈问题根据实际情况稍有变动）。

基于以上问题，调研团队使用MAXQDA软件对访谈结果进行了编码，为了更加直观地呈现访谈问题间的逻辑与不同代码之间的关系，我们生成了编码示意图，如图6所示。

---

① 周海银.扎根理论及其在学校课程管理研究中的运用［J］.教学与管理，2007（12）：3.

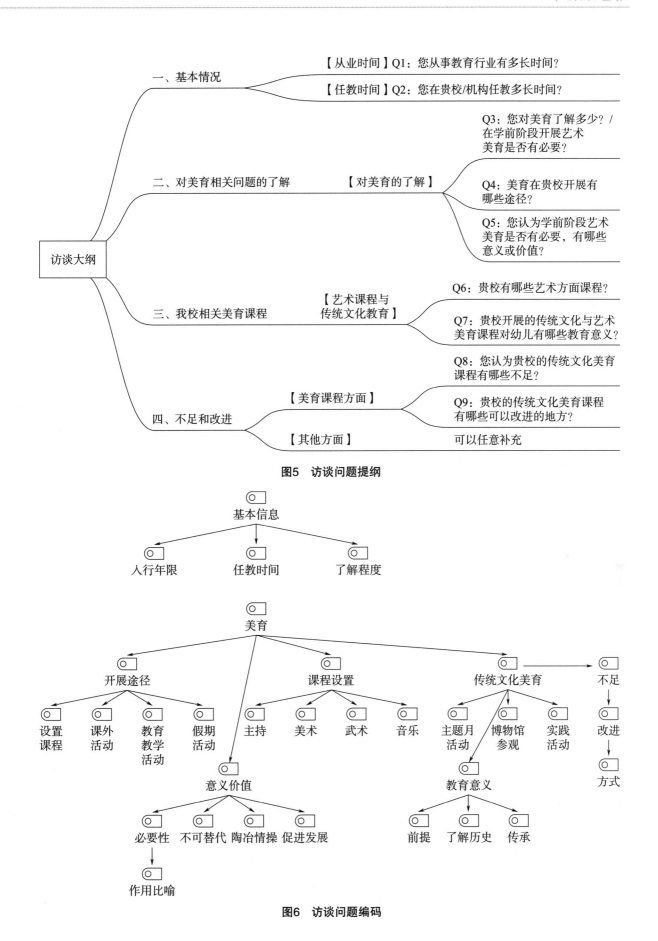

图5　访谈问题提纲

图6　访谈问题编码

4.访谈结果分析

（1）学前教育阶段传统文化美育课程体系现状。

①教师了解程度不足，无法设置针对性、体系化的传统文化美育课程。在本次访谈的三位教师中，有两位是各自教育机构的校长，平均从事教育工作的时长为22年，其中从事教育工作时间最长的北京百仔园教育的校长已经从事教育工作31年。两位校长为北京师范大学校友，有着丰富的教育背景与教育经历。但三位受访教师对美育的了解并不深入。

由此可见，在长期强调德育与智育的社会导向下，美育的内涵与重要性并未得到充分普及。美育在我国起步较晚，直到20世纪80年代才重新回到大众视野，近年来得到重视和强化。2021年3月，教育部发布《教育部办公厅关于成立首届全国中小学美育教学指导专业委员会的通知》；2022年4月，教育部颁布的《义务教育艺术课程标准（2022年版）》明确指出，艺术课程在一至九年级开设，并且课程时长要达到九年课时总比例的9%—11%，帮助学生掌握1—2项艺术特长。上述政策文件的颁布都说明了新时代美育发展的必要性，但访谈中暴露出的教师队伍及其领导者对美育的认知和了解程度的不足与这一发展倾向形成矛盾，不利于美育的落实与发展。

在学校设置的相关传统文化美育课程方面，两所教育机构都开设了主持、美术、武术、音乐等适合学前儿童学习的美育课程以及一些诸如传统戏剧、传统动画赏析等结合传统文化内容的美育课程。尽管课程设置多样，也以实践为导向，但这些课程大多相对独立，没有形成体系化的传统文化美育课程，传统文化与美育结合的方式也不理想。

②传统文化美育师资短缺，教育能力存在局限。教师是教育工作的实施者，直接决定着教育教学的质量，对学生的成长成才起着重要作用。2020年12月，北京师范大学艺术与传媒学院发布的《全国中小学美育教师队伍现状调查报告》显示，在高排课、低授课条件下，按课外美育活动课程化管理进行预算，义务教育阶段的美育教师数量有74.71万人的缺口。几位访谈对象也坦言，尽管开设了多种传统文化美育课程，但授课教师并非专业教师，难以设计出优质的传统文化美育课程。美育专职教师人才短缺的情况严重制约了高水平的美育工作的开展，因此，如何实现"面向人人"的新美育"美人"目标、如何保障美育的师资与教学能力都是当下亟待解决的问题。

（2）学前教育阶段传统文化美育课程体系发展路径展望。

①吸纳专业对口人才，提高传统文化美育专业化水平。代码矩阵浏览器显示，三位受访教师均指出"专业化"对于传统文化美育在学前教育阶段开展的重要性。其中，两所机构的校长均表示需要吸纳更专业的人才加入教育队伍，共同探讨课程设置与活动，以提高美育教师队伍整体专业化水平。师资队伍的建设需要国家、高校与中小学、幼儿园共同努力，国家及有关政府部门要以中共中央 国务院关于《全面深化新时代教师队伍建设改革的意见》为依托，整体规划统筹，制定相应针对性强的方针政策，推动美育师资队伍建设，同时加强监管，保证实施效果；

师范类高校在就业指导时可针对艺术类人才向教育相关方向倾斜，鼓励更多专业美育人才走进校园；各级学校也要改变当前缺乏美育的师资培训模式，建设美育相关的评价与培训系统，提高教师的审美素养，同时也要大力吸引相关人才就业，做好就业保障。

②打破美育课程内容壁垒，让传统文化"活"起来。除了美术、舞蹈等传统美育课程，教师应将美育与传统文化紧密结合，让美育发挥更大功用。美育之"名"虽然是舶来品，但美育之"实"却深植于中华优秀传统文化沃壤之中，孕育着丰厚的美育精神与隽永的经典形象，为中国特色学校美育提供文化滋养和实践参照。一方面，以中华传统美育之"神"，筑牢学校美育文化根底。教师可以深入挖掘与传授动画影片及非遗、民俗中的传统文化元素，提高美育课堂的互动性，利用传统文化提高美育质量。另一方面，借助美育向学龄前儿童弘扬优秀传统文化，引导中小学生以审美的方式重塑自我，以正大、健全的形象为实现中华民族伟大复兴而奋斗。

（三）问卷结果与分析

1.家长版

（1）问卷发放/回收情况。受现实条件限制与传播速度考量，本问卷主要采取线上调查形式，通过联系教师转入家长群进行填写。最后共回收51份调查问卷（有效问卷51份）。

家长版问卷的克朗巴哈系数为0.524，大于0.5，说明本调查结果很可信。

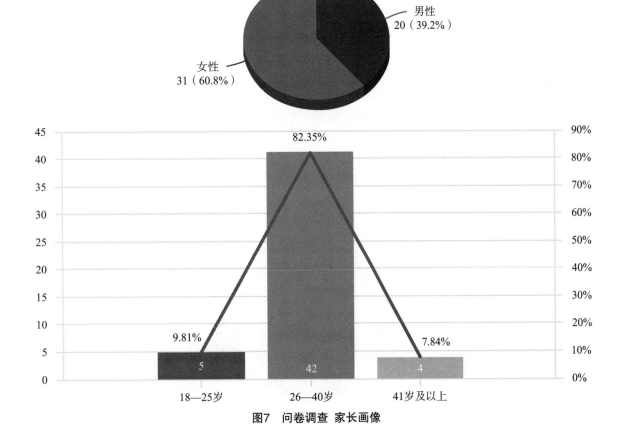

图7 问卷调查 家长画像

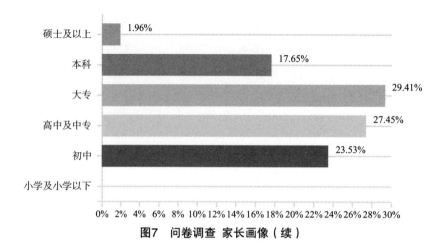

图7 问卷调查 家长画像（续）

渐进显著性值为0.000，小于0.05，说明不同指标项的测量值不相同。秩列表3个子指标项的秩分值均不相同，分布较均匀，也同样证明了不同指标项的测量值是不同的，各个指标项均有自己独立的取值特点。

（2）调研结果统计。

①PART A 家长画像。

如图7所示，家长群体地理位置分布较为广泛，文化涉略范围广，各省市特色传统文化和技艺差异较大。同时，女性家长占比为60.8%，男性家长占比为39.2%，可见在子女教育方面，母亲仍旧作为重要角色发挥兴趣引导作用。在年龄调查中，18—25岁家长占比9.81%，26—40岁家长占比最高，达到82.35%，41岁及以上家

长占比7.84%，家长以青壮年群体为主，其体力较为充沛，且信息接受能力强。在受教育程度中，未受过高等教育家长占比50.98%，受过高等教育家长占比49.02%，基本持平。

②PART B 课程调研。

如图8所示，调研团队对未入学儿童，幼儿园大、中、小班儿童进行了调研。在课程类别选择方面，中国传统戏剧（66.67%）和儿童书法（35.29%）占比最高。传统戏剧在如今"国潮当道"、国家大力支持戏曲传承发展的情况下，因其趣味性和观赏性受到家长欢迎。而儿童书法除了修身养性，也一直被家长视为有利于提升学业成绩的兴趣而广受欢迎。对于非遗手工课程，大家的参与则较少。

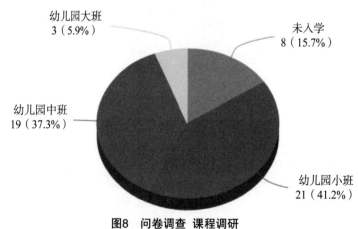

图8 问卷调查 课程调研

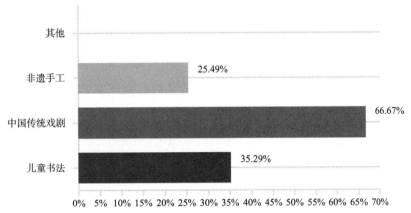

图8　问卷调查 课程调研（续）

③PART C态度分析。

如图9所示，面对"您是否支持孩子学习美育和传统文化教育课程"的问题，有68.6%的家长选择了支持，有31.4%的家长表示"不支持"或"无所谓"。与此相对，在对北京睿泽府学目前课程多样性的评价中，86.28%的家长表示课程"非常好，课程多样"或"较好，基本满足需求"。

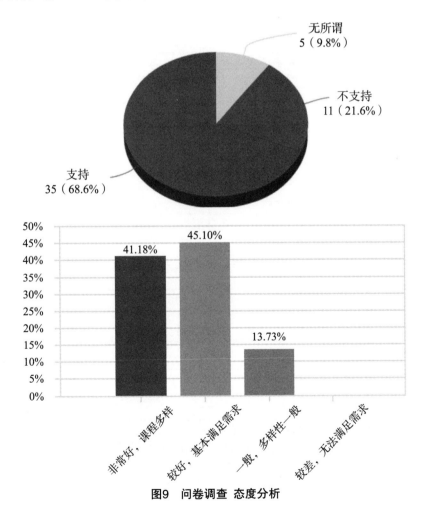

图9　问卷调查 态度分析

④PART D相关性分析。

研究问题：支持程度与受教育程度的关联性分析。

为探究"家长对于孩子接受传统文化美学美育课堂态度"的影响因素，调研团队提出假设：伴随家长受教育程度提升，接触我国传统文化宣传信息增多、理解力增强，对于美育课堂的育人启示作用将有更加深刻的意识和更高的宽容度。

为验证这一假设，调研团队对问卷结果进行分析，结果显示（表1—表3）：卡方检验表格中所获得的Pearson卡方检验、似然比检验的检验概率分别为0.246与0.083，由方向度量的Sig值为0.247可知，检验概率大于0.05，皆表明二者不存在显著相关。因此，假设不成立，受教育程度的提升对改善家长关于传统美育课堂接受度不起主要作用，还需要进一步调查研究。

表1　4.您的受教育程度 * 7.您是否支持您的孩子学习美育和传统文化教育课程 交叉制表 计数

项目		7.您是否支持您的孩子学习美育和传统文化教育课程			合计
		1	2	3	
4.您的受教育程度	1	8	2	2	12
	2	9	5	0	14
	3	8	4	3	15
	4	9	0	0	9
	5	1	0	0	1
合计		35	11	5	51

表2　卡方检验

项目	值	df	渐进 Sig（双侧）
Pearson 卡方	10.281[a]	8	0.246
似然比	13.965	8	0.083
线性和线性组合	1.275	1	0.259
有效案例中的 N	51	—	—

a.11 单元格（73.3%）的期望计数少于 5；最小期望计数为 0.10。

表3　方向度量

项目			值	渐进标准误差[a]	近似值 T[b]	近似值 Sig
按顺序	Somers 的 d	对称的	−0.133	0.114	−1.157	0.247
		4.您的受教育程度 因变量	−0.172	0.148	−1.157	0.247
		7.您是否支持您的孩子学习美育和传统文化教育课程 因变量	−0.108	0.093	−1.157	0.247

a. 不假定零假设。

b. 使用渐进标准误差假定零假设。

2.社会版

（1）问卷发放/回收情况。受现实条件限制与传播速度考量，本问卷主要采取线上调查形式，最后共回收60份调查问卷（有效问卷60份）。

对该份问卷进行效度分析：根据Kendall W检验，渐进显著性值为0.000，小于0.05，说明不同指标项的测量值不相同，且秩列表3个子指标项的秩分值均不相同，分布较均匀，也同样证明了不同指标项的测量值是不同的，各个指标项均有自己独立的取值特点。

（2）调研结果统计。

①PART A 调查对象画像。

本次问卷调查的对象地域分布广泛，涵盖东中部、西部的大多数城市。调查对象的年龄分布合理，包含18岁及以下，19—25岁以及41岁及以上三个年龄段。特别地，因26—40岁年龄段的调查对象大多成家立业，在调查过程中多填写家长版问卷。同时，问卷对象受教育程度较高，以高中及中专、本科和硕士以上为主，能够鲜明代表社会层面上的艺术美育发展状况，有利于我们更好地开展调研分析。

如图10所示，在"对美育概念的了解程度"上，53.33%和41.67%的调查对象认为其处于"基本了解"和"了解不多"的程度，整体了解上不足。这说明社会层面对美育概念的认识与教育仍存在明显不足，较难提供友好的美育氛围。

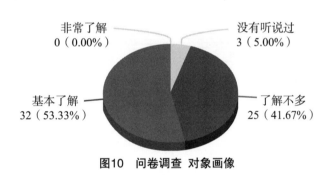

图10 问卷调查 对象画像

②PART B 课程调研。

如图11所示，有40%的调查对象表示，目前学校和机构等开展的美育和传统文化教育相关的课程"一般，多样性一般"，将近三分之一的调查对象认为，在学校和机构中，以传统文化教育为主的美育课程比较少，且很难满足大众的需求。

③PART C 态度分析。

在"学前阶段艺术美育中的传统文化教育重要程度"问题上，如图12所示，95.00%的调查对象认为，对学前阶段的儿童进行艺术美育中的传统文化教育"重要，很有必要"。

只有5.00%的调查对象抱有"不重要，没有必要"或者"无所谓"的态度。

谈及美育方式和形式问题，超过80%的调查对象认为应该以传统文化教育为主，多种美育活动并举，包括"参与相关的活动""学习相关的课程""参观博物馆、美术馆等""看相关的绘本或动画片"等方式。可见，在社会层面上，调查对象对学前阶段美育手段认知是多元的，不是仅局限于课程，而是因材施教，充分利用社会的丰富资源，以更加贴合学前阶段儿童的方式进行美育教育。

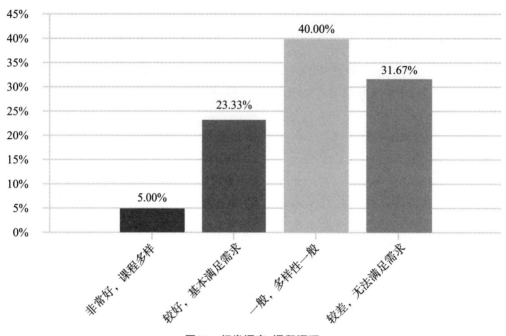

图11 问卷调查 课程调研

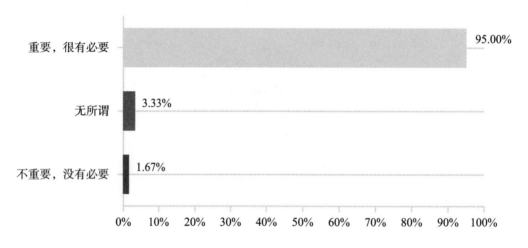

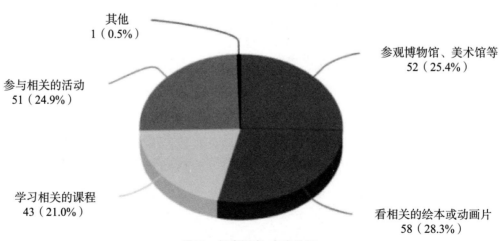

图12 问卷调查 态度分析

在"对于更好地开展美育和传统文化教育课程有什么建议"这个问题上，很多调查对象建议选择适合学前儿童的相关课程，潜移默化地进行，同时增加趣味性，比如将传统文化教育融入游戏、影视、绘本等参与性活动中，以此来调动学生接受相关教育的积极性。

此外，调查对象呼吁学校开设相关的必修课程，家庭支持配合，避免应试化，营造潜移默化的美育环境，比如参观博物馆、非遗进校园等，及时巩固美育成果。

④PART D 相关性分析。

研究问题1：了解程度与受教育程度的关联性分析。

为探究"社会对美育教育的了解程度"的影响因素，调研团队提出假设：伴随受教育程度提升，接触我国传统文化宣传信息增多、理解力增强，对于美育教育的了解程度更深。

为验证这一假设，调研团队对问卷结果进行分析，结果显示（表4—表6）：卡方检验表格中所获得的Pearson卡方检验、似然比检验的检验概率分别为0.783与0.674，由方向度量的Sig值为0.429可知，检验概率大于0.05，皆说明二者不存在显著相关。因此，假设不成立。

表4 教育程度码 * 了解程度码 交叉制表 计数

项目		了解程度码			合计
		1.00	2.00	3.00	
教育程度码	3.00	0	2	3	5
	5.00	3	22	29	54
	6.00	0	1	0	1
合计		3	25	32	60

表5 卡方检验

项目	值	df	渐进 Sig（双侧）
Pearson 卡方	1.741[a]	4	0.783
似然比	2.339	4	0.674
线性和线性组合	0.390	1	0.533
有效案例中的 N	60	—	—

a.7 单元格（77.8%）的期望计数少于5；最小期望计数为0.05。

表6 方向度量

项目			值	渐进标准误差[a]	近似值 T[b]	近似值 Sig
按顺序	Somers 的 d	对称的	−0.080	0.098	−0.792	0.429
		教育程度码 因变量	−0.054	0.068	−0.792	0.429
		了解程度码 因变量	−0.158	0.190	−0.792	0.429

a.不假定零假设。

b.使用渐进标准误差假定零假设。

研究问题2：了解程度与重要性认知的关联性分析。

由表7、表8可知，卡方检验表格中所获得的Pearson卡方检验为0.035，二者存在显著相关，即对美育的了解程度越高，对其美育重要性的认知越高；对美育的了解程度越低，对美育重要性的认知越低。

表7 了解程度码 * 重要性认知码 交叉制表 计数

项目		重要性认知码			合计
		1.00	2.00	3.00	
了解程度码	1.00	2	0	1	3
	2.00	24	0	1	25
	3.00	31	1	0	32
合计		57	1	2	60

表8 卡方检验

项目	值	df	渐进Sig（双侧）
Pearson卡方	10.343[a]	4	0.035
似然比	6.525	4	0.163
线性和线性组合	3.824	1	0.051
有效案例中的N	60	—	—

a.7单元格（77.8%）的期望计数少于5；最小期望计数为0.05。

五、结论与建议

（一）传统文化美育课程体系有待完善

实地开展的课程"传统动画赏析"收到了比较好的效果，家长们认为这类课程有利于传承传统文化，学前阶段的影视美育值得推广。但是，在对教师的访谈中发现，尽管学校开设了传统文化美育课程，如传统戏剧、传统动画赏析等，但没有形成体系，传统文化与美育结合的方式也不理想。根据问卷调查的结果，很多家长也认为当前学前儿童参与的传统文化美育课程种类有待丰富。

（二）教师对于传统文化美育的认识不足

通过访谈发现，学校教师对美育的认知和了解程度不足，这对于美育的落实与发展是不利的。此外，美育专职教师人才短缺，现有的美育教师存在专业化水平不高的问题，这样就无法设计出高质量的传统文化美育课程来对学前儿童开展高质量的传统文化美育。

（三）家长需提高对传统文化美育的重视度

通过问卷调查发现，仍然有部分家长没有意识到传统文化美育课程的重要意义，对于相关课程不够重视。

（四）社会存在不理解、不重视美育的问题

从问卷结果来看，虽然当前社会对美育教育的重视程度较高，但相当一部分人对于美育概念的认识与教育仍存在不足，少部分人抱有不重要或者无所谓的态度，这需要引起重视。

（五）调研建议

综上结果，我们为学前阶段艺术美育中的传统文化教育提出以下建议：

1. 丰富传统文化美育课程教学形式和内容，增加趣味性，提高课程质量

在课程内容方面，继续引入北京民俗、戏曲音乐、传统动画等丰富多元的传统文化教育资源，唤起儿童的本真，激发学前儿童的审美鉴赏力，挖掘儿童表达美和创造美的需求和潜能。在课程形式方面，避免其走向传统的"填鸭式"教学，完善传统文化美育课程教育的形式，如充分利用北京当地的文化资源，在科技场馆、博物馆展开美育教学，积极参与手绘、DIY活动，或进行经典歌曲欣赏、传唱活动等，适应学前儿童的发展规律，遵循学前儿童的内在感受，提升课程质量，尽可能地激发他们学习美、感受美和表现美的兴趣，促进学前儿童审美能力的提升。

2. 打破美育课程内容壁垒，让传统文化"活起来"

打破传统课程认知，让更多传统文化以自由灵活的形式进入课堂，如利用AR、VR新技术手段超越时空限制，去著名人文景点

感受美的熏陶，发现"传统之美""文化之美"，推进美育教育的创新，充分发挥艺术的情感教育功能，让学前儿童在活动中感受美。同时，美无处不在，在幼儿园的一日活动中，教育工作者要有一双发现美的眼睛，挖掘审美题材，适时地进行审美教育，"润物细无声"地融入学前儿童生活的方方面面，比如放学的古典音乐铃声等。

3. 吸纳专业对口人才，壮大师资队伍，提高传统文化美育专业化水平

应该积极吸纳艺术类专业对口人才，重视其职业素质和审美能力的筛选，提升师资力量，顺应新的美育教育改革与发展方向。同时，教师应该提升自身专业技能，培养创新精神和技术意识，完善理论知识储备，在教学过程中不断反思、不断创新美育课程，在课内外推广传统文化，以高雅的审美意识和观念引导学生，重视对学生个性和创新性的培养，提高传统文化美育专业化水平。

4. 家庭积极参与，保障学校美育教学的长效性

家庭是人生的起点，也是美育的起点。家长应正确认识美育的重要性，树立正确的美育观，营造良好的美育环境。家长应突破"特长班"等片面思维，以自然美、社会美、艺术美为内容，借助形象感染的手段，在日常生活中潜移默化地向儿童渗透美学理念，提升儿童的审美能力，陶冶儿童的情操。同时，注意与学校美育衔接，注重家校合育，增进家长对美育课程、学生发展的参与感。

5. 营造潜移默化的美育环境，使得美育和传统文化教育落到实处

从政府角度看，应该加大政策支持，用

高起点、高站位的顶层设计和总体规划保障美育工作的落地、引领传统文化的传播，出台切实可行的实施方案和发展规划。同时，要加强美育学科建设，强化美育的软硬件设施建设，推动学前阶段美育视野的健康发展，构建具有中国特色的美育基本理论。另外，政府应加强宣传力度，减弱教育"功利化"思维，提高大众传统文化美育意识，全面渗透以美育人的教育理念。

结　语

（一）研究对象的扩展

在前期研究中，研究者主要以北京睿泽府学的家长为研究对象，来探究学前美育教育的情况，而北京睿泽府学并不能代表学前美育现状。后续研究在条件可能的情况下将扩充样本数量，收集更真实、更有代表性的数据，增加研究的可信度。

（二）研究方法的扩展

本研究虽然已涵盖文本分析法、问卷调查法、半结构访谈法等研究方法，并且从学校教师、家长、社会三方面多角度获取了足够的数据与信息，并聘请了专业顾问，但综合所有已获得的数据，打通各研究方法的信息处理方式还有待优化。

（三）改良可推行性提升

研究者以睿泽府学为例分析学前教育美育现状困境及发展，并形成了改良建议。后续研究将进一步提升课程改良的可推行性。一方面推敲完善所得数据反映的问题，另一方面也可对相关专家进行访谈咨询。以期形成更具有科学性、推广性、操作性的，有利于学前美育教育的可持续发展方案，提升办学质量。

作者简介：

杨显泽，北京师范大学2011级艺术与传媒学院影视传媒系学生。

任晟姝，北京师范大学艺术与传媒学院讲师、硕士生导师，北京师范大学艺术教育研究中心副主任。

美育第二课堂

——短视频助力普及全民通识艺术

雷　雷　武青青

[摘要] 新媒体时代美育工作必须与时俱进，文章基于目前美育现状，阐述新媒体背景下短视频赋予艺术通识教育的多种样态，分析新媒体在美育教育这一过程中发挥的作用，最后结合具体实践，探索如何运用新媒体加大思政教育中美育渗透的力度，进而有效推动短视频与教育教学的创新融合。

[关键词] 美育　短视频　艺术表达

目前，我国互联网产业展现出巨大的韧性和发展活力，短视频更是在全民通识艺术学习中展现出磅礴力量。2023年中国互联网络信息中心（CNNIC）发布的第51次《中国互联网络发展状况统计报告》显示，截至2022年12月，我国网民规模达10.67亿，我国短视频用户规模首次突破10亿，用户使用率高达94.8%，成为仅次于即时通信的第二大应用（仅相差2.4个百分点）。

2020年，受新冠疫情、技术、平台发展策略等多重因素的影响，我国步入视频社会化元年。在"新课标"语境之下，影视（含数字媒体艺术）作为一门独立的学科加入其中，在逐步落地的过程中可尝试将短视频作为第二课堂的抓手，助力普及全民通识艺术。

短视频用户规模的扩大离不开"停课不停学"政策的引导和推动，从职业结构来看，网民群体中学生占比最多，达23.7%，新冠疫情期间，全国2.82亿在校生转向线上课程，线上线下融合（OMO）成为教育行业发展趋势。短视频平台与艺术通识教育的融合趋势也愈发显著，优质的短视频艺术教育项目频出，如由北京师范大学艺术与传媒学院、抖音等联合发起的"DOU艺计划"项目共有艺术类相关视频2.8亿条，播放量1.5万亿次；截至2019年5月，"谁说传统艺术不抖音"项目共有传统文化相关视频6500万条，播放量164亿次；截至2020年8月，"春天在线音乐会"项目以线上文艺演出的形式使国家大剧院坐拥225.4万粉丝，播放量1.02亿次。短视频平台借助音乐、舞蹈、动画等多种活泼有趣的艺术手段，极大地拓展了艺术通识教育的发展样态和实践手段，引领着全新的艺术表达与文化景观，呈现出艺术教育广博化、传统艺术生活化、艺术创作平民化、审美共同体纵深化和艺术文化布局全球化的特点。

一、从"破圈"到"破局"，短视频助力艺术通识教育广博化

短视频使得原本高雅的、精英的艺术深入日常生活，技术上打破地域空间限制，内容上突破艺术圈群文化的壁垒，受众上实现艺术欣赏阶层的跨越，形式上满足人们碎片化知识获取的需要，从技术、内容、受众、形式上的"破圈"到新冠疫情期间短视频+艺术通识教育实践的"破局"，促使大众对短视频艺术教育的认知和使用进一步提升，加速短视频成为一种大众文艺的新形态。

截至2020年6月，全国贫困村通光纤比例从2017年的不足70%提升到98%，提前且超额完成了"十三五"规划纲要宽带网络覆盖90%以上贫困村的目标。城乡地区互联网普及率差距缩小6.3个百分点，偏远地区网络覆盖的接入和深化打破了艺术通识教育地域空间的限制，以丰富的内容池进行知识供给，助力欠发达地区艺术教育扶贫。短视频令人着迷的同时的确降低了知识获取的门槛，将原本晦涩难懂的艺术知识解构优化，尤其现

今的青少年网民是互联网的"原住民"，截至2020年6月，我国网民群体中学生占比最多，高达23.7%，他们对于简单的文字描述缺乏兴趣，认为融合了声画功能的短视频更能彰显艺术魅力，能够在不经意间拉近受众与艺术间的距离。长期以来，传统艺术形式受限于表演场地、演出时间、演出成本、表现形式等条件，往往受众不够广泛，精英艺术和小众文化无法对社会公众普及，而在短视频平台上，很多人民群众日常难以接触的艺术组织能够以诙谐幽默、通俗易懂的表现形式将各种小众艺术（如芭蕾舞、音乐剧、先锋话剧、中国非物质文化遗产等）向公众展示，拓宽了艺术教育的平台和渠道，使精英艺术能够快速且深入地进入大众视野。短视频的时长限制和表现形式也是一种"精华催化剂"，碎片化、场景化的艺术知识输出，言简意赅表现精华，充分发挥想象力探索艺术创新形式。

如某短视频平台推出戏剧月，短短一个月内发布戏剧表演相关视频5297条，播放量2.2亿次，《恋爱的犀牛》《一个陌生女人的来信》等经典戏剧IP纷纷入驻平台，法国音乐戏剧节也首次在短视频平台进行直播，带来《摇滚莫扎特》《巴黎圣母院》等一系列优秀的音乐剧作。且短视频正在积极探寻新的表现方式，尝试攻入长视频腹地上映院线电影。2020年1月，字节跳动以不少于6.3亿元的投入获得了电影《囧妈》的独家网络播映权。2020年1月25日，《囧妈》在抖音、西瓜视频等短视频平台线上首映，改变着人们的观影习惯。以短视频+艺术通识教育的形式"破局"而立，从绘画、舞蹈到戏剧影视

等八大艺术门类都可以在平台上进行学习和欣赏，促进艺术通识教育广博化发展。服务中国教育现代化2035战略，提升了艺术通识教育的大众性和公益性，满足人们对美好生活的需要。

二、从"传播"到"传承"，短视频助力民族传统艺术生活化

2018年5月，借助"国际博物馆日"，抖音联合七大博物馆拍摄了视频《第一届文物戏精大会》，让博物馆的文物活了起来，在保证文物内涵严谨性的同时融入现代创意，如"拍灰舞"等，让冰冷的艺术作品与火热的流行文化巧妙结合，产生独特的赏析体验。除此之外，京剧、武术、皮影、国画、传统工艺等也纷纷加入短视频的行列，使得原本遥远的传统艺术真实自然地近距离呈现，更具沉浸感、场景化和生活化。

中国传统艺术在当今也具有重要的文化价值，不仅要让传统文化在新的语境下得以更为广泛的流传，还应该让大众认识、认同、传播和传承中国传统艺术。2020年，各类短视频平台或是推出非遗直播探秘端午民俗并走进传统手工艺传承人，或是开展国风音乐会会聚国风大咖的精彩表演，更有某短视频平台推出一系列非遗话题，如#非遗合伙人、#云游非遗、#中国非遗文化等，累计播放量约6078.4亿次。视频创作者们通过创作兼具美学价值、创意、艺术性与流行元素的作品，与传统文化进行紧密结合，使得大众的对于传统文化的记忆被唤醒，很多网民甚至从传播者变身传承者，参与话题挑战，上传自己

的艺术作品，在使艺术生活化的同时极大地激发自身对民族传统艺术的兴趣。

三、从"创意"到"创造"，短视频助力艺术创作平民化

以往的艺术参与方式拘泥于较为封闭的创作圈子，一定程度上削减了全民参与艺术实践的机会。而短视频平台的低用户生产门槛使得"人人都是艺术家"成为可能，为广大用户提供了一个分享生活和艺术创想的公众表达渠道，同时也使得一些小众艺术有机会与社会主流发展联系在一起，投入未来互联网内容的生产实践。

如共青团中央与短视频平台联合发起"我要笑出国粹范儿"活动，带领大家走近京剧，跟随京剧演员王佩瑜一起感受京剧老生行当里面的"开怀大笑"、"阴笑"、"冷笑"以及不发出笑声的"暗笑"。在感受了京剧笑声的魅力后，约18万用户参与挑战，将所创作的相关内容发布到短视频平台，供大众观看、评价与点赞，极大地调动了创作者的创作热情。在音乐素养方面，对于古典音乐、钢琴曲等日常生活中不常见的音乐艺术类型，短视频也提供了一个优秀的展示平台，可以让青少年了解更多音乐知识，明确艺术创作方向。

参与艺术创作可以培养创作者的想象力与创造力，使其在从"创意"到"创造"的艺术实践中深刻地理解各门类艺术的艺术语言与艺术形象，培养自己的跨界思维能力，创新艺术形式，甚至能打造爆款IP。全民参与大众艺术实践的门槛变得更低、形式变得更

加多样，短视频助力艺术创作平民化，在移动互联网时代重新成为人民群众喜闻乐见的生活方式。

四、从"互动"到"互惠"，短视频助力审美共同体纵深化

短视频平台可以通过点赞、留言、转发与创作者形成良性互动，激发创作者自我表达与自我价值的实现，评论区留言可以提出受众对短视频内容的诉求，使得创作者的视频内容更为灵活且符合观众期待。还有的创作者会和用户进行专业问题探讨，完成从"互动"到"互惠"的转变，欣赏和讨论的氛围更加轻松。

如"喜欢画画的大鹏"的短视频作品主要以简单易学的绘画教程为主，会将作画过程快速且完整地展现，并在重点环节配以解说，开设了"一看就会系列［丙烯画教程］""手工制作系列"等教学系列视频。粉丝学习热情十分高涨，还在评论区求色彩等其他美术专业知识的详细教学。通过短视频的形式进行绘画教学降低了全民美术学习的成本，评论区的互动性也能够增加讨论氛围，激发大众探索美术知识的兴趣和积极性。

短视频使得有着相似审美趣味的人结成"审美共同体"，一方面满足了用户交流互动、分享价值的心理需求，实现身份认同和情感共享；另一方面使各领域的知识交流百花齐放，搭建了全民艺术学习移动课堂，也丰富了短视频的知识地图。

五、从"自觉"到"自信"，短视频助力艺术文化布局全球化

在日益增长的信息获取需求和碎片化时间的矛盾之下，短视频应运而生且迅猛发展，形成了影响世界信息互动传播的新力量，引导并推动着世界范围内的知识生产、传播方式变革。应用数据公司Sensor Tower发布的数据显示，截至2020年5月，抖音海外版TikTok的全球下载量已突破20亿人次，快手海外版Kwai也数次登顶巴西应用榜首，国内的短视频平台在欧美、东亚、东南亚地区势如破竹，占领不容小觑的国际市场，成为中国文化输出的新锐平台。

短小精悍的短视频以通俗易懂的形式打破了不同国家、不同民族之间的交流障碍，如李子柒的短视频时常展现中华传统美食和传统工艺，既表现中华文化的博大精深又体现出劳动人民的勤劳智慧，产生强烈的共鸣与共情，有利于增强我国在国际舞台的话语权，彰显中华文化跨民族、跨区域传播的实力。同时，中国的短视频软件支持分享至Facebook、YouTube等海外社交平台，打破了软件之间的藩篱，从艺术"自觉"到艺术"自信"，世界各民族的文化交流、交锋、交融，短视频助力艺术文化布局全球化，真正实现了新时代美育第二课堂的全民艺术通识教育图景。

虽然短视频平台还有时长、内容监管、娱乐过度的问题存在，但不可否认短视频改变了当今艺术通识教育的形式，与用户之间建立的使用习惯，无疑是"新课标"影视（含

数字媒体艺术）学科第二课堂的良好抓手。短视频经历过从横屏到竖屏、从旁观到参与、从走马观花到深度学习、从碎片到垂直、从涌入风口到精细成长，并正在积极深入长视频腹地，力求实现知识深化与进阶，以短视频形式发出中国声音。短视频艺术教育的蓝海未来可期！

作者简介：

雷雷，中国儿童中心儿童影像教师，北京师范大学戏剧与影视学博士。

武青青，中国儿童中心国学教师。

课程建设与学业评价

——我国中部地区中小学艺术教育改革现状与发展[*]

李昕婕

[摘要] "双减"政策落地两年多来,我国中部地区艺术教育改革呈现了不同以往的面貌。以河南省中小学艺术教育为代表的我国中部地区中小学艺术教育改革,呈现出课时增长,开课量减少的课程建设现状,艺术课程体系建设欠缺、硬件材料缺乏、课程实践形式化等问题依然值得关注。在学业评价层面,日常艺术学科抽测的形式主义因素依然存在,"美育进中考"在河南地区的几个市县已经试点,但仍面临着艺术创造性与评价标准化的主要矛盾。在舞蹈、戏剧、影视"新三科"纳入义务教育"新课标"之际,我国中部地区中小学艺术教育改革也将迎来新的方向和发展规划,艺术教育将在校园文化建设和校园特色教育中发挥重要作用。

[关键词] 中部地区 中小学艺术教育 课程建设 学业评价 改革现状

在以河南省为代表的我国中部地区,人口庞大、教育资源相对集中在城镇、教育水平相对落后、升学压力巨大等因素导致了学业内卷严重,艺术教育师资相对匮乏问题。在2021年"双减"政策正式发布并落地实施后,我国中部地区的中小学艺术教育迎来新的改革,亦在延时课后服务中逐渐凸显,带来了中小学教育和实践活动的新变化、新趋势。那么,在此背景下,我国中部地区的中小学艺术教育的课程建设和学业质量评价情况如何?呈现何种特征?未来又将朝向何处发展?本文聚焦以河南省中小学艺术教育为代表的我国中部地区中小学艺术教育改革,从课程与评教二维角度展开调研,探讨当前

---

* 本文系全国教育科学"十三五"规划重点课题"中小学艺术教育改革研究"(项目编号:ALA190017)的结项成果;河南省教育科学规划项目"'双减'背景下河南省美育改革研究"(项目编号:2022YB0202)的阶段成果。

我国中部地区的中小学艺术教育改革现状与未来发展。

一、课程建设：开课量变化、体系欠缺、丰富度不足

第一，在开课量与开课率方面，我国中部地区的中小学艺术教育实际开课率随年级递增而逐步减少，受"双减"政策影响，艺术教育总时长变长，但常规艺术课程开课量减少，课程受重视程度仍较低，艺术课程受主科挤压现象普遍。《义务教育课程设置实验方案》规定艺术课程的课时总量应达到9%，鼓励有条件的学校按总课时11%的课时量设置艺术课程。在以河南省为代表的我国中部地区，艺术教育在义务教育阶段开课计划如表1所示。

表1　河南省义务教育课改实验区课程计划（试行）[①]

课程门类	年级									九年课时及比例	
	一	二	三	四	五	六	七	八	九	总课时	所占比例
品德与生活	2	2									
品德与社会			3	3	3	3				766	8.04%
思想品德							2	2	2		
历史与生活							4	4	4	379	3.98%
科学			3	3	3	3	3	3	4	762	8.00%
语文	7	7	6	6	6	6	6	6	5	1915	20.11%
数学	4	4	4	4	4	4	5	5	5	1355	14.23%
外语			2	2	2	2	4	4	5	725	7.61%
体育	5	5	3	3	3	3				976	10.24%
体育与健康							2	2	2		
艺术（或选择音乐、美术）	4	4	3	3	3	3	2	2	2		
综合实践			3	3	3	3	3	3	3	906	9.51%
地方课程与学校课程	4	4	3	3	3	3	3	3	3	1009	10.59%
周课时安排	26	26	30	30	30	30	34	34	34	274	
年课时总数	910	910	1050	1050	1050	1050	1190	1190	1122	9522	

艺术教育开课量的课程计划制订遵循低年级到高年级开课量逐步降低，总体达到艺术课程开课量9%的标准，此外，地方与学校课程中每周包含一节书法课程，即实际艺术课程应高于9%的标准。但就调研地区实际开课率而言，一至五年级、七年级执行较好，其中城市地区学校的艺术教育课时量能够达到省级制定的课程标准，农村地区仅能达到每周2节艺术课程，课时量仍有较大欠缺；六年级、八年级、九年级的艺术课程虽呈现在课表中，但实际基本不再开设，或隔周开设一节音乐课或美术课。此外，每学期的艺术课程实际开课率也存在不足，如调研地区的三至五年级及七年级、八年级的艺术课程在学期末的最后两周通常是用来复习主科科目或者自习，不再进行艺术课程学习；而地方课程中的书法课程本身开设较少，个别学校有专业书法教师，大多数学校由语文教师兼

---

① https://www.docin.com/p-360357994.html.

任，一般上硬笔书法，还有多数学校的书法课直接并入语文课的教学或仅在实践兴趣班开设书法课程。因此，就义务教育阶段的艺术课程实际开设情况而言，距9%的开课量标准仍有差距，开课率亦无法达到100%。艺术课程受重视程度低，开课率不足，艺术课程受主科挤压现象非常普遍。

自2021年秋季"双减"政策开始在河南省执行以来，艺术课程的常规课程进一步压缩，但艺术教育的总时长变长。以所调研的河南省三门峡地区为例，多数教师和学生家长表示，"双减"以来学生的艺术课程"变多"了，但大部分是在课后的延时服务中开展，反而此前的常规艺术课程减少了。虽然学生普遍反映喜欢艺术课程，但延时服务中的艺术课程相对常规课程更像兴趣班。虽然艺术教育的丰富性有所提升，但教师和学生的重视程度不高。

对于高中的艺术教育课程，所调研的河南省三门峡市外国语高中教师表示，高一每周一次艺术课程，高二、高三不再开设艺术课程。通常高一的艺术课程由美术课与音乐课隔周交替开设（一周上美术，一周上音乐），且采用合班上课的方式，一次教学共5个班同时来上课，由于学生太多，教师很难组织，课堂效率和教学质量很低，甚至有学生利用艺术课堂在补文化课写不完的作业，艺术课程因为没有考核，形同虚设；而在周日下午的小班艺术课程中，教学情况反而较好，主要原因是这小部分学生高考时准备参加美术统考。此外，在一些以艺术类为主的高中，因为学生要参加高考的艺术统考，所以这些学校的艺术教育通常开展较好，如三

门峡市实验高中，艺术教育贯穿整个高中阶段，且主要以美术特长生的教育为主，兼顾影视教育。总之，高中阶段艺术教育课程的受重视程度、开课率更低，学生的艺术课程主要以鉴赏为主，但因没有考核，学生主动放弃艺术学习的较多。

第二，在课程建设体系方面，我国中部地区的中小学艺术教育中的音乐、美术课程体系建设较完善，实际授课中课程材料和硬件设施不足成为困扰教师上课的最大问题，影视教育课程建设体系大大不足。我国中部地区的中小学艺术教育课程整体课程体系建设较为完善，义务教育阶段音乐、美术课程衔接性较好，遵循从自我尝试到自我表现再到自我创造的阶段发展，逐步激发了学生审美潜能，提升了学生审美体验。以小学美术课程为例，一年级学习美术工具、颜色丰富性、阴影等；二年级学习染色、装饰、彩泥雕刻等；三年级学习纹理、材质、黑白色调等；四年级学习主体与背景、色彩明暗与渐变、色彩情感等；五年级学习色彩对比、和谐、纹样、构图、静物写生、写意、夸张等；六年级学习形体、线条造型、剪影、抽象表现等。从小学美术课程体系设置上，可以看出其基本遵循从基础到高级、从感受到理解、从具象到抽象的审美认知规律。初中美术逐步进入作品欣赏学习，高中美术则进一步进行中外美术经典作品高级鉴赏与批评学习。

从小学、初中、高中的艺术课程学习的内容中可以发现其对学科知识和社会生活经验的整合，改变了课程过于强调学科本位的现状，鼓励学生从生活中发现美、感受美、创造美、鉴赏美，并注重课程的内容衔接。

河南省三门峡市外国语小学的美术教师认为当前以美术课为代表的艺术课程在教材几经修订后，课程体系已经非常完善，以前美术教学偏重绘画技法的训练，课堂组织通常是让学生照着绘画，但现在更多的是进行生活中美学元素的发现与体验的学习，提升了学生的审美素养，绘画的专业技能反而处于次要地位。可见我国中部地区艺术教育课程改革偏重于对学生核心素养的培养。

然而课程体系建设与实际授课仍存在不对等的情况，其中困扰教师上课最大的问题是课程材料配备不足、学校硬件设施不足等。如河南省三门峡市第二中学的一位美术教师表示，给学生交代下节课带画笔、颜料、纸张等美术工具，但学生中仍有多数因为采购不到或不重视等，不带来学校，影响正常授课实践，而学校层面对于学生美术工具等消耗品的采购基本为零；河南省三门峡市外国语小学的一位美术教师表示，因学校硬件设施不足，美术课程中许多课程无法按教程进行授课，例如整个学校仅有一个计算机教室，每学期美术课程中的"电脑美术"章节因硬件不足根本无法让学生进行电脑操作，像电脑动画、对称、复制等利用计算机进行美术教学的相关单元课程均会舍去不教；河南省三门峡市第二小学的学生也表示，教材中的很多美术课程内容不会进行学习，如"微观世界"课程因为没有显微镜就不学了，美术课程不会给学生配备墨、水彩、水粉、陶泥等颜料和工具，所以一般动手尝试的实践内容教学采取教师操作学生观看的形式，或者观看一些动画片段代替。可见艺术课程中的实践教学课程依然开设不足，艺术教育的消

耗材料、硬件设施的配备等保障仍待加强。

此外，影视与新媒体课程不作为艺术课程建设的必要内容，因此，多数学校影视课程体系基本没有建设。在基于河南省郑州市、安阳市、濮阳市、三门峡市等多个地级市的调研中，影视课程基本没有开设，仅有个别学校在社团活动、校本课程、德育、班会中使用影视手段教学，但也不会单独进行影视艺术欣赏与教学。可见，我国中部地区的影视艺术教育仍非常欠缺。

第三，在课程丰富性方面，我国中部地区的中小学艺术教育的"校本课程""社团实践课"中的艺术课程虽然比较丰富，但存在严重的"断层"和"形式化"现象，除了特色艺术学校，其他学校的影视、戏剧等艺术门类课程仍为短板。以河南省三门峡市的美育课程建设为例，学校的艺术教育特色"校本课程"在义务教育阶段主要包括音乐、美术、书法、戏曲等，特色高中和职业院校开设有舞蹈、影视、播音等课程。尤其"双减"以来，以中小学为代表的社团实践艺术课程内容更为丰富，如三门峡市外国语小学一年级、二年级除音乐课外，常规音乐课程还开设有拉丁舞课程，该学校也成为全市唯一一所开设普及的拉丁舞课程的学校，此外该校的书法课程建设也较为完备。再如三门峡市第二小学的校本课程以楹联为主，且每周的社团课会组织参加社团的学生进行《典籍里的中国》等影视观摩，传承中华优秀传统文化。三门峡市第一小学还开设有戏曲课程。三门峡市实验小学开设有横笛等器乐类艺术课程。此外，河南省"戏曲进校园"活动也在各个地级市推展，极大地丰富了中小学艺术教育

的课程。

在升学率的高压之下，我国中部地区艺术教育中的"校本课程"和"社团实践课"仍然存在严重的"断层"和"形式化"现象。"断层"现象体现在中小学的高年级不再开设艺术课程，伴随升学的一至两年艺术教育无法有效衔接。"形式化"现象体现在仅在课表上体现课程名称，实际上课内容还是主科，例如校本课程上语文课、书法课上语文课、社团课上数学课等。这两类现象在我国中部地区各地级市的中小学教育中非常普遍，如小学五年级下至六年级的社团课程和校本课程基本不再开设、初中八年级下至九年级不设艺术课程、高中只有高一开设艺术类课程。义务教育阶段六年级、七年级的课程与初高中阶段的艺术课程无法有效衔接。此外，大量学校艺术课程的"形式化"现象还体现在艺术教育仅作为艺术展演的辅助，例如安阳市的初中为举办"戏曲进校园"活动或推荐学生参加戏曲大赛，只针对部分学生开设艺术课程，其余没有比赛和活动展演的时间不再开设戏曲课程等。

在调研过程中，除特色艺术学校开设影视、播音、舞蹈等课程以外，大量学校没有开设影视、戏剧、舞蹈等艺术鉴赏课程，艺术教育在各门类间处于资源分布不均衡状态。

二、学业评价：学业水平抽测、美育素质测评、升学评价

第一，我国中部地区的中小学艺术教育课程、艺术实践活动将纳入学业要求，将不定期开展学业水平抽测，进一步完善艺术教育日常评价体系。

当前，我国中部地区中小学艺术课程评价机制仍待完善。以对河南省各地级市的调研为例，目前中小学艺术课程在大多数学校没有期末考核环节，以河南省三门峡市调研的中小学为例，在市区的多所小学、初中、高中学校当中，仅有三门峡市第一小学高年级美术教师称该校会在期末通过卷面考试进行美术考核，其余院校均没有期末考核环节（据学生和教师反馈）。由于没有健全的艺术课程评价体系，艺术课程自教师到学生再到家长，均不重视艺术课程，也就不难理解为何艺术课程会在期末考试前几周、有升学考试的一年时间里会随时被主科课程挤压、占课和代替了。

为此，河南省三门峡市教育局于2021年底制定美育文件，预将中小学音乐、美术、书法等艺术类课程及参与学校组织的艺术实践活动纳入学生学业要求，并不定期开展学业水平抽测。据三门峡市第二小学学生介绍，该校会在四年级学期中进行音乐学科的学业水平抽测，为此全年级同学都展开歌词歌曲的学习和背诵，以使抽测结果达标。然而这种为应付抽测而进行的"艺术临时突击"并不是艺术教育的常态，也不是审美能力与素养提升的途径，因此地方教育局应将艺术教育学业水平抽测常态化，将艺术课程、艺术活动纳入学业评价体系，并将其作为未来改革的方向。

第二，我国中部地区成立美育素质监测中心，计划全面实施中小学生艺术素质测评，将测评结果纳入初中、高中学生综合素质评价。

为提升中小学艺术教育质量，加强学业评价，我国中部地区以河南省为代表，在进行课程改革的基础上，计划全面实施中小学艺术素质测评，并将测评结果纳入初中、高中学生综合素质评价。同时成立中小学美育素质监测指导中心。2022年1月，河南省教育厅正式发文同意厅机关服务中心成立河南省中小学美育素质监测指导中心，承担省教育厅委托的全省中小学美育素质相关理论研究、政策研制、调查调研、平台建设、督导评估等工作，探索并引领通过信息化和大数据手段深化美育素质监测方式的改革，为推进新时代全省中小学美育工作提供数据支撑和智力支持。

第三，我国中部地区稳步推进"美育进中考"的学业评价工作，逐步形成规范的学业升学评价体系。

早在2008年，河南省济源示范区就已开始尝试在中招考试（高中入学考试）中加考音乐、美术课程，两科各按5分计入中招升学考试总分，替代了音乐、美术学科综合素质测评在中招升学考试中只作为"参考依据"的做法，开创了河南中招考试的先河。2021年，在济源中招考试中，音乐、美术考试分值各占30分。为了加大美育工作推进力度，河南省在总结济源中招考试经验的基础上，从2017年开始在新乡等地尝试推广。2018年起，逐步在全省中招成绩中加入音乐、美术成绩。目前，许昌市也开始将美育成绩纳入中招考试。三门峡市也多次研讨"美育进中考"，计划改革传统艺术中招方式，根据初中教材内容，拟在2022年增设创意考试板块。

以济源为例，美育考试内容是教育部规定的初中音乐、美术课程标准的教学内容，并对重点内容进行了划分和说明：对音乐理论将采用闭卷形式，其中教材内容占80%，创新及发挥题占20%；美术考试采取临摹线描范画的形式，主要考查学生的绘画表现能力。需提及的是，济源市教育局负责人表示，济源的美育考试不是区分学生艺术能力的关键，也通常不会对文化课的学习造成影响，只要学校开足、开齐音乐和美术课，学生能真正参与其中，成绩都会比较理想，且差距不大。

三、艺术教育改革的重难点与未来方向

当前，我国中部地区艺术教育师资建设重点问题在于"校际间教师专业发展水平不均衡""城乡艺术教育发展差距大，乡村艺术师资薄弱""艺术教师职称晋升难""名师团队建设不足"等方面。教材改革建设也面临着"艺术课程循环教材弊端增多""校本美育教材研发不足"等问题。那么，在此背景下，又该如何审视我国中部地区的艺术教育课程建设和学业质量评价呢？

通过以上调研分析，我国中部地区艺术教育课程建设改革的重难点在于"艺术课程不受重视，受主科挤压严重，开课率不足""中小学艺术课程衔接断层""艺术教学质量不高，课程培养重形式轻素养、重培优轻普及""各艺术学科实践课程分布不均，艺术实践活动与课程结合不紧密"等方面。而我国中部地区艺术教育评价建设改革的重难点则在于"常规艺术课程评价方案不够细化""美育质量监测水平不均，监测学科种类少""各地美育进

中招工作开展进度不一"等方面。

面对以上改革重难点，我国中部地区应如何进一步进行艺术教育改革，在课程建设、学业评价方面有哪些对策？

第一，当前我国中部地区中小学艺术教育的课程建设改革依然存在艺术课程不受重视、被主科挤压严重、开课率不足、课程衔接断层等问题，因此应提升自上而下的艺术教育认知，推动艺术课程改革；加强艺术教研活动，提升课程硬件保障，开足开齐艺术课程；利用网络教育资源，缩小城乡艺术课程差距。

首先，提升自上而下的艺术教育认知，推动艺术课程改革。当前中小学艺术教育课程建设最大的问题依然是不受重视、受主科挤压严重、开课率不足等，随之而来的便是小学升初中、初中升高中的艺术课程衔接断层问题。从学校领导到教师再到学生家长，对艺术课程均不重视，在调研中，许多学生曾表达过主科教师在课堂上对艺术课程的偏见，更有高中学生畏惧班主任的批评，不敢学习艺术，或偷偷学习艺术，以免在学校、班级受到排挤。事实上，艺术教育课程不足的问题，除却考核评价制度不健全，更重要的是来自应试教育出身的教育管理者本身艺术素养的缺乏，因此在为学生提供艺术课程改革的同时，首要完成自上而下的成人层面的艺术认知教育。由地方教育局牵头为学校领导、主科教师骨干、艺术学科行政督导等开设艺术认知培训课程，增强其艺术体验，使其重新认识艺术学科，去除艺术偏见。这对于艺术课程的完善、提升高年级艺术课程的开课比重尤为重要。对于小学、初中、高中的高年级艺术课程缺失、开课率不足的问题，可加强督导与考核制度，将各学段高年级课程定位为艺术鉴赏与艺术创新。在艺术鉴赏层面，可与其他科目，如语文、科学等联合起来，在保障艺术课程学习的基础上，加强利用作文、实验等主科学习手段理解艺术素材和艺术内容。在艺术创新层面，可加强艺术实践活动的比重，将艺术创造活动作为课程内容，以作品成果为导向开设课程，例如创作美术作品、完成音乐表演、拍摄创意短片等，丰富课程内容，强调综合实践，加强艺术与各科教育内容的融合。

其次，加强艺术教研活动，提升课程硬件保障，开足开齐艺术课程。开足开齐艺术课程是保证艺术教育的前提，然而在升学压力之下，我国中部地区的大量学校的艺术课程处于边缘化的境地，开课不上课亦是常态。为改善这种现象，开足开齐艺术课程可采取以下策略：一是加强艺术教研活动的开展，促进艺术学科交流，提升艺术教育对学生艺术素养、综合素养、核心素养的培育，改变中小学艺术学科与其他主科相对立的开课状态，将艺术作为手段融入其他科目教学，这未尝不是促进艺术教育改革的一条创新策略；二是提升艺术课程硬件保障，在改革研究的调研中，音乐、美术等艺术课程教材中的部分内容无法在课堂上实施，因此跳过此内容章节的现象比比皆是，尤其以音乐课程的器乐缺乏及美术课程的美术品消耗材料、电脑等硬件设施缺乏最为常见。调动学生的艺术学习积极性，完善课程教学内容，不仅需要教师的智慧，更需要学校付出物力提供艺术教育保障。改善艺术教学条件，保障艺术课程内容的正常开展，应作为下一阶段各地方教育局开展美育工作的一项重点内容。

最后，利用网络教育资源，缩小城乡艺术课程差距。网络教育是破解农村中小学艺术教育存在生源不足、师资匮乏、办学条件差等问题的方法之一。利用网络教育资源，培育和打造双师课堂，即由专业艺术教师在线上负责组织讲授，助教或班主任老师在线下负责交流辅导答疑。"互联网+"的教育模式在我国中部地区各地皆取得了不菲成果。例如河南省三门峡市关于网络扶智、教育扶贫的成功案例。河南省三门峡市卢氏县五里川镇马耳岩小学距县城将近80公里，曾经是全县教育最落后的学校之一。如今，该校的学生能够享受到三门峡市外国语小学的课程资源，甚至参与南方科技大学第二实验小学国家级课程统整项目实验。这有赖于近年来该县网络教育的发展。目前，卢氏县的199个教学点已实现网络课程资源全覆盖。一台笔记本电脑、一根网线、一个摄像头连在一起，就是一个简易的直播平台。教师利用网络平台可以随时随地做直播、收看课程讲解。通过引导艺术教育发达地区与薄弱地区通过信息化实现结对帮扶，实现"互联网+"条件下的区域艺术教育资源均衡配置机制，缩小区域、城乡、校际艺术教育的差距，对实现公平而有质量的艺术教育帮助巨大。

另外，河南省三门峡市大胆创新打造的全市联动"1+X"课程体系也是一个优秀的案例。三门峡市利用互联网双师教学模式，在全市小学阶段整体推进"快乐"系列网络课堂，应用驱动提升美术教师信息素养水平，网研平台实现优质美术资源汇聚共享，实现

了"一校带多校，一校带多点"的目的。"快乐"课堂分为"快乐手工""快乐书法""快乐音乐"等美育课程，每周一、二、三上午分别开课，每节课（直播课）40分钟，自2018年开课以来实现了4000多节的授课次数，每天有近千个来自全国各地的农村小学的孩子线上参与，在镜头前分享他们的作品，同时在教室里进行线下展览等。利用互联网优质艺术网络资源，打造双师课堂，成为缩小城乡艺术教育差距、提升农村艺术教育质量的有力措施。

第二，当前我国中部地区中小学艺术教育的课程建设改革依然存在中小学艺术课程教育质量不高、美育培养重形式轻素养、重培优轻普及等问题，因此应进一步通过规范教学大纲、举办优质艺术课程评选活动、加强美育实践基地建设等措施改善这些问题。

首先，规范教学大纲。中小学的艺术教育应该是一种强调审美体验、侧重审美能力培养的艺术素养教育。但是调研中我们发现，许多艺术学校的艺术课程（尤其实践课程）建设忽视学生现有需求、水平和接受能力，"形式化"现象严重。有一些科目追求"高大上"和"专业性"，对审美素养的教育不足。艺术本应是普及教育，但一些中小学校为了展示成果，将艺术教育变成选拔艺术人才的"培优教育"。另外，一些学校的艺术教育存在重"术"轻"美"的误区，即专业和技法训练较多，如音乐课程的发声、视唱训练，对歌曲内涵的赏析等大大不足，美术课程绘画技法教学较多，却很少培养"善于发现美的眼睛"。甚至出现一些学校要求学生像背课文一样背诵歌曲、歌词，造成部分学生喜欢美术

却不喜欢美术课，喜欢音乐却不喜欢音乐课。因此，有必要持续推进艺术教学改革与课程改革，规范艺术课程教学大纲，转变教师的艺术教学理念，开展以学生为中心的创新艺术课堂。

其次，举办优质艺术课程评选活动。通过艺术各学科的教学比赛活动、优质艺术课程评选活动，提升常规艺术课程和艺术实践课程、社团课程的教学质量。例如河南省教育厅在2021年12月公示了2021年度河南省普通中小学优质课教学评选，其中，中小学美术成为十一科优质课的评选科目之一，但音乐学科却不在评选范围之内。最终获奖案例共计2423个，其中，中小学美术课程共评出256个获奖案例，占比约10%。通过此次活动，可以明显看出美育课程的设立不足，音乐、舞蹈、影视、戏剧、新媒体等艺术课程的评选更不在其列。因此，我国中部地区今后应大力以省市为单位，组织中小学的优质艺术课程评选活动，并将获奖案例做出展示、汇报、推广等，集思广益，以赛促课，提升艺术教育教学质量。

最后，加强美育实践基地建设。地方美育实践基地建设，可作为拓展艺术课堂的一部分，但目前多数地级市并未开展。因此应调动地方文化旅游资源，加强美育场馆建设、美育实践基地建设，为学生提供校外艺术实践活动场地。以河南省三门峡市为例，该市依托黄河流域白天鹅栖息地的环境资源，为服务黄河生态廊道建设和高质量发展，于2020年，由市政府投资100万元经费，先后打造了两批共10所摄影艺术特色校，并于2021年在三门峡百里黄河生态廊道沿线遴选

了10所黄河特色文化传承学校，旨在以艺术的方式学习、传承、发掘、保护家乡地域文化。将这些特色学校、特色基地，辅以中小学艺术教育，对于地方文化发展、美育开展、校本课程建设，都有重要的作用。同时，应大力建设地方美术馆、博物馆、教育演出场馆等，为学生艺术实践成果展示、艺术活动、艺术比赛提供场地和舞台。

第三，当前我国中部地区中小学艺术教育的课程建设改革存在艺术教育各学科开课分布不均（音乐美术课多、戏剧影视课少）、实践活动不丰富、艺术活动赛事与课程结合不紧密等问题，因此应通过加强戏剧影视活动开展、发展特色艺术实践活动等措施改善这些问题。

通过围绕艺术活动进行规模化的课程建设，推进省级特色艺术活动有效开展，将特色活动引进艺术教育课堂。我国中部地区特色艺术活动可将河南省教育厅的"戏曲进校园"活动作为范例，寻求借鉴。河南省教育厅为弘扬社会主义核心价值观，传承中华优秀传统文化，提升广大青少年戏曲艺术素养和审美素养，近六年来持续开展"戏曲进校园"活动，并于2019年专门发文，要求面向全体学生，遵循"一年试点，两年推广，三年普及"的目标，力争三年内实现全省大中小学校每年免费欣赏一场优秀的戏曲演出。通过课程开设、教师专业培训、特色学校培育等多种形式，开展戏曲文化通识教育。具体实施分三级专业表演艺术团到校演出：普通高校演出，由省级专业戏曲院团为主组织，演出内容以经典正剧为主；中学（含高中、普通初中）演出，以市级专业戏曲院团为主组

织，演出内容以经典正剧、折子戏、小戏为主；各小学演出，以县级专业戏曲院团、部分优秀民营专业戏曲院团为主组织（偏远农村小学以文艺小分队进校演出、观看戏曲电影、开展戏曲文化为主），演出内容主要为折子戏、儿童剧、课本剧。同时将戏曲教学带入课堂，中小学开足开齐有关戏曲文化的课程，同时配套进行省、市、县三级师资培训。此外，结合河南省已开展的"一校一品"特色项目学校、"中华传统优秀文化传承学校"等开展戏曲特色教育，培育戏曲特色学校。另外，组建戏曲社团，利用学校兴趣小组、戏曲社团，在音乐课、大课间、活动课、第二课堂组织学生进行戏曲唱段演唱，鼓励中小学聘请戏曲专家兼职授课。围绕课程编写戏曲培训教材。最终以"学生戏剧（戏曲）节"的形式，每两年举办一次戏曲教学成果展示活动。

目前，河南"戏曲进校园"活动在各市、县全面落地实施。以河南省三门峡市为例，自2016年被命名为河南省首批"戏曲进校园试点校"以来，该市大力开展传承中华戏曲活动，联合专业院团，每年开展一次送戏入校活动，截至2021年底，连续举办了2届戏曲专业教师集训及技能展示活动，先后培育了25所市级戏曲特色校，央视著名导演童心、河南省常香玉基金会理事长常如玉先后来三门峡市调研，豫剧名家金不换老师到三门峡市做报告，三门峡市阳光小学成为河南省首家"常派艺术传承基地"，阳光小学戏曲社团排演的《少儿花木兰》正剧在三门峡市广播电视台首演录制。外国语小学、阳光小学先后进京参加中央广播电视总台戏曲晚会现场录制。三门峡市义马市教师结合该活动编创的

《走进戏曲——戏曲进校园》一书由河南人民出版社出版发行，并在多地推广使用。联合全省力量，围绕艺术活动开展，积极推进艺术课程建设，扶持戏曲教育，成为我国中部地区艺术教育的特色优秀案例。

学业评价方面，在课程建设改革对策的基础上，我国中部地区的中小学艺术教育的学业评价也应重视当前我国中部地区艺术教育评价改革存在的艺术常规课程评价方案不够细化的问题，着重优化常规艺术课程的考核评价模式，构建多元的、促进学生全面发展的、促进艺术课程建设与学科发展的、家校社会等广泛参与的评价制度。

首先，构建多元化的艺术课程评价体系。建立多元化、科学的艺术课程评价体系仅仅是艺术教师按照主观喜好进行学业评分判断，某种程度上缺失了作为课程的客观性，因此应发挥评价的诊断、激励、导向功能，采用多样化的评价方法，大量采用小组互评、生生互评等形式，促进学生、教师、学校在不同层面的发展。

其次，评价应促进学生全面发展。应根据艺术课程的审美素养等核心培养目标与学生的实际情况，设计艺术与生活、社会、个人情感、认知、技能等方面的交叉评价内容，全面反映学生的学习经历和成长轨迹。

再次，评价应促进艺术课程建设与学科发展。评价应促进学校高质量实施课程。学校课程计划及其可行性，课程安排的适切性，课程管理的合理性、有效性，个别化教育计划的科学性，以及学校特色课程开发的针对性，艺术实践活动的成果等，都应成为学校艺术课程评价的重要内容。

最后，建立学校、家长和社会共同参与的评价制度。学校应积极收集各方面对艺术课程实施的意见与建议，提高教师、家长参与课程实施与管理的艺术活动的积极性，以学生为中心，全方位带动家校对艺术的兴趣和正确认知，促进学校评价与社会评价有机结合，重视学生的自我评价。

总之，对艺术课程的评价，应建立以管理者、教师、学生、家长共同积极参与的机制。更重要的是，要注重地方艺术课程的监管。各级教育行政部门要加强对地方艺术课程的督导和评价，督促学校落实地方艺术课程计划，切实开好地方艺术课程。把地方艺术课程的实施纳入学校办学质量的综合评估指标之中，将地方艺术课程的教学任务计入教师工作量，并纳入教师考核、评聘和晋级的内容。各地周期性地对课程的执行情况、课程实施中的问题进行分析评估，建立促进课程不断发展的评价体系。地方艺术课程的评价方法要多样化，评价方式也要灵活多样。可采用考试、考察、演示、竞赛、成果展示、论文等多种多样的评价方式，要重视对地方艺术课程实施中的学生综合素质的评价，积极探索便于教师普遍使用和有利于引导学生进行积极自评和互评的评价办法，提高艺术教育评价的有效性。

由于当前我国中部地区艺术教育评价建设改革存在美育质量监测水平不均、监测学科种类少等问题，应规范美育质量监测制度，提升美育监测水平。围绕2019年全国中小学艺术学科学业水平监测情况，以及中部地区中小学美育素质监测情况，河南各地均开展了音乐、美术两门课程的学业水平监测。然而在实际调研中，多数中小学为应付美育质量监测的抽检，要求中小学生"背歌曲""背歌词""记画法"等，这种临时突击的应试手段有悖美育提升整体审美素养的初衷。因此，为规范美育质量监测制度，应将随机抽检变为每年固定时间抽检，将单一监测内容变为多元监测内容，将结果性监测评价逐步变为过程性监测评价，将美术、音乐的固定学科的艺术素质水平监测逐步扩展到书法、舞蹈、戏剧、戏曲、影视、新媒体等多个学科，同时对监测员进行统一培训，以提升整体美育监测质量。

结　语

河南省济源市、新乡市的中招美育考核更加注重对学生平时艺术学习和审美素养的评价，这对其他地级市具有广泛的借鉴意义。当然，河南省其他地级市和我国中部地区的其他省份对于美育中招仍然空白，地域中考美育发展不一。从"美育进中考"倒推艺术教育改革的实施，尤其是扶持偏远乡村地区的美育、艺术教育发展，建立成熟的考核评价机制，依然是未来艺术教育亟待改进的方向。

作者简介：

李昕婕，北京师范大学戏剧与影视学博士，安阳师范学院讲师。主要研究方向为影视理论与批评，艺术教育，亚洲电影。

面向未来的艺术教师

——艺术教师数字化素养的内涵体系与提升方法

于　阗　杨雅淇

[摘要] 提升教师的数字化素养是教育迈向更高程度数字化的关键一步。艺术课程因其独特的体验性、实践性与综合性，更需要艺术教师不断提升其数字化素养水平。本文从教育数字化和艺术课程的现实需求出发，分析艺术教师数字化素养的内涵体系，探索提升艺术教师教育数字化素养的方法与路径。

[关键词] 教育数字化　艺术教师　数字化素养

党的二十大报告指出，要推进教育数字化，建设全民终身学习的学习型社会、学习型大国。[①]教育数字化对于培养高质量人才、建设高质量教育发展体系、促进教育行业公平、助力数字中国建设具有重要作用。随着智能化时代的到来，网络共享模式将教育行业带入了智能化时代，为教育数字化的实现提供了坚实的技术支撑。

2020年以来，由于新冠疫情的影响，大中小学开展线上教学、混合式教学的数量激增，为教育数字化的进一步发展提供了契机。我国正在逐步建立"人人皆学、处处能学、时时可学"的学习环境，将学习对象全覆盖、学习内容多样化，呈现了学习维度与智能空间相融合的发展样态。教育数字化作为现代教育创造新的方式与机遇，为学习型社会的完善提供了坚实的保障，为中华民族伟大复兴注入了强大的动力。

---

① 习近平.高举中国特色社会主义伟大旗帜 为全面建设社会主义现代化国家而团结奋斗：在中国共产党第二十次全国代表大会上的报告 [N].人民日报，2022-10-26（1）.

一、艺术教师数字化素养的新时代需求

数字化素养指的是教师使用数字化技术、运用数字化方法教学、建设数字化资源的关键能力。教师不仅要对时代发展有敏锐的洞察力，还要具备整合数字资源的能力。在新时代下，艺术教师作为国家素质教育的重要践行者，必须不断提升自身的数字化素养。

首先，党的二十大报告指出，坚持以人民为中心发展教育，加快建设高质量教育体系，发展素质教育，促进教育公平。[1]教育数字化打破了传统教育的时空限制，有助于弥补各地区之间教育资源和水平的差异，为促进教育公平、推进城乡义务教育一体化发展起到重要作用。由于美育在我国起步较晚，出现重视程度不够、投入力度不够、资源分配不均衡的情况，[2]艺术课程作为学校的美育课程，更需落实教育公平。因此，提升艺术教师的数字化素养，是促进教育公平的有效手段。

其次，学校教育质量的不断提升、设备趋于完善、资源持续优化，为教育数字化的发展提供了良好的发展契机。

最后，在新时代背景下，学校需培养高素质教师队伍，这就要求教师不断提升自身素养。教师只有具有更强的能力、更高的素质、更精的专业，主动适应新时代教育数字化的需求，主动迎接新时代教育数字化的挑战，才能够为学校培养新时代所需人才做好准备。

二、艺术课程教育数字化的现实需求

义务教育艺术课程包括音乐、美术、舞蹈、戏剧（含戏曲）、影视（含数字媒体艺术），是对学生进行审美教育、情操教育、心灵教育，培养学生想象力和创新思维的重要课程。[3]学校的艺术教育课程，因其体验性、实践性、综合性的特点，为教育数字化提出了现实需求。

（一）艺术课程具有体验性

艺术课程的各个门类都需要学生通过直观的体验和切身的感受领悟其中的艺术启发、欣赏其中的审美意蕴、理解其中的人文内涵。无论是音乐课程中的音乐欣赏、美术课程中的作品赏析，还是戏剧课程中的情境扮演，都需要学生在体验中逐步培养其艺术审美与人文素养。数字化资源的出现可以极大地丰富学校艺术课程的资源库，丰富学生的审美体验，帮助学生获得内心的积累与成长。

（二）艺术课程具有实践性

对于艺术课程的学习，仅仅学习理论知识是远远不够的，只有学生积极参与艺术创作，才能够在实践中提升自身的艺术素养。

① 习近平.高举中国特色社会主义伟大旗帜 为全面建设社会主义现代化国家而团结奋斗：在中国共产党第二十次全国代表大会上的报告［N］.人民日报，2022-10-26（1）.

② 程琳杰.治心：王阳明心学的主要实践环节［J］.陕西理工大学学报（社会科学版），2007（3）：78-82.

③ 中华人民共和国教育部.义务教育艺术课程标准（2022年版）［M］.北京：北京师范大学出版社，2022.

以戏剧学科为例，学生要在学习戏剧与剧场知识的基础上，通过创编排演戏剧作品，实现理论知识与实践能力的有机结合。然而，大班额教学的现状，使得学生参与艺术实践的机会有限，也限制了学生艺术表达的机会。恰当地运用数字化技术与数字化资源，可以极大地丰富艺术课程的反馈机制，为检验学生的艺术创作与实践成果提供平台，促进学生艺术实践的数量与质量持续提升。

（三）艺术课程具有综合性

艺术课程的每一门学科之间都有一定的联系，正如舞蹈与音乐相辅相成、戏剧与影视脉脉相通。教师应重视艺术课程之间的关联性，只有在广阔的艺术门类中融会贯通，才能够全面提升学生的艺术素养，充分发挥协同育人的功能。如音乐教师可以通过数字化资源将音乐剧引入课堂，一方面发挥音乐与戏剧的双重效力，加强学生对音乐的学习，另一方面也有助于教师进行学科融合教学。因此，数字化技术与资源可以为学校艺术课程提供更多可能性，加强课堂融合、丰富教学模式，为学科之间建立交流的桥梁。

三、新时代艺术教师数字化素养的内涵体系

根据《小学教师专业标准（试行）》《中学教师专业标准（试行）》与《义务教育艺术课程标准（2022年版）》，结合艺术课程的特点，本研究以"三维九项"建构艺术教师数字化素养体系。艺术教师数字化素养的框架体系包含"术""法""道"三个维度。其中，数字

化技术素养表现为数字化工具、数字化资源、智慧云平台三个方面；数字化方法素养包含在线教学法、混合式教学法、数字化教学法三个方面；道是数字化素养的底层逻辑（数字化理论素养），综合表现为教学形态、教学理念、教育理论三个方面（图1、图2）。下文将具体阐述艺术教师数字化素养的内涵体系。

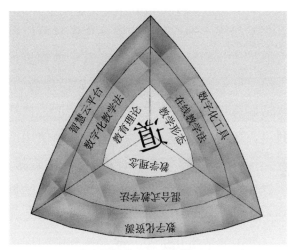

图1 艺术教师数字化素养模型（正面）

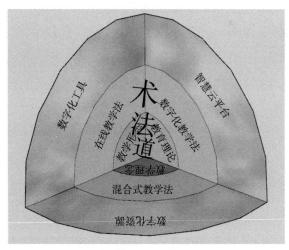

图2 艺术教师数字化素养模型（背面）

（一）数字化技术素养

教师通过熟练使用各种数字化技术，赋能课堂模式、优化教学内容，为艺术课程的

教学与实施提供更为清晰便捷的出路。数字化技术素养包含以下三个方面。

第一，数字化工具。作为课程内容的辅助工具，教师应熟练运用各类相关图表、视频、音频，甚至三维立体、虚拟仿真等技术软件。如Word、PowerPoint、Excel等办公软件，以及Mind Master等绘图工具和Ps、Au、Pr等视频编辑软件。艺术课程虽依托于书本，但并不局限于书本，使用数字化工具可以极大地释放教师板书的压力，将教学内容更加生动、直观地展示给学生。以舞蹈课程为例，舞蹈课程最大的特点是直观性，无论是技巧的组合还是剧目的编排，都需要教师使用剪辑工具将音乐调整至最切合教学要求的规格，也需要教师使用视频剪辑软件，将学生的舞蹈作品制作成视频，使其达到相应水准。

第二，数字化资源。课堂教学中的许多环节可以通过数字化资源得到优化。首先是教材课件的数字化。教师可以通过数字化技术将课本教材整合为数字教材、媒体课件、知识图谱等形式，用更为清晰的形态呈现教学内容。例如，在戏剧课程中的剧本研读教学，为了帮助学生对剧本原文、情节脉络有更深刻的理解和认识，教师可使用多媒体设备播放数字化课件，运用全息投影、VR眼镜来加强学生对戏剧情境的感受，还可以根据教学内容灵活放置经典剧目视频，多维呈现故事情节与戏剧情境。其次是讲授答疑的数字化。教师可以调动任何能够辅助教学的视频资源或讨论区、学习群等，来讲授知识与解答学生遇到的疑难。最后是实践评阅数字

化。教师可以利用线上考试平台、智能作业批改系统等数字化资源，通过数据化的图表检验学生学习成果，这不仅能为教师减轻工作量，而且有助于更加科学地进行教学评价，为调整改善教学提供依据。

第三，智慧云平台。除校内教育资源外，现存网络平台也可以帮助艺术教师探索更多元的教学方式。如中国大学慕课、超星尔雅、国家中小学智慧教育平台等在线教育平台，维普、万方、中国知网等数据库平台，等等。教师可以利用智慧云平台上的优质课程资源，探索教育教学新模式、研发课程内容新动向，加速推动学校美育高质量发展。

（二）数字化方法素养

数字化方法素养指的是运用数字化资源开展高质量教学的能力。数字化方法素养包含以下三种。

第一，在线教学法。这是一种依托于互联网的教学方法，教师运用慕课、微课等线上教育资源展开教学。在线教学法是一把双刃剑，教师应辩证看待。一方面，它拓展了学生学习的空间，有利于美育教育的普及；另一方面，由于线上学习缺少教师的监管，学生的学习状态无法得到保证，这也对教师使用数字化技术的能力提出了更高的要求。

第二，混合式教学法。在"互联网+"背景下，混合式教学是一种基于移动通信设备、网络学习环境与课堂讨论相结合的教学情境。[1]一方面，可以帮助教师完善教学与辅导方式。教师可以利用线上资源，让同学们

---

① 冯晓英，王瑞雪，吴怡君.国内外混合式教学研究现状述评：基于混合式教学的分析框架［J］.远程教育杂志，2018，36（3）：13-24.

在课前使用线上教育资源预习，课上结合数字化技术进行教学，课后再结合线上教育资源强化练习或完成艺术实践。将线上资源与线下课堂混合并行，各取所长，在保证教学内容完成质量的同时，开拓学生对艺术课程的认知与实践。另一方面，可以帮助教师获取数据、分析数据。在《义务教育艺术课程标准（2022年版）》中，分别制定了音乐、美术、舞蹈、戏剧（含戏曲）、影视（含数字媒体艺术）等五个学科不同学段的学业质量标准，教师可以运用数字化资源对学生的"学习进度""作业完成情况""分数及变化趋势"等进行监督与分析，以灵活调整课堂内容、不断提升课堂教学质量。

第三，数字化教学法。这是能够充分发挥数字资源教学效能的教学方法，该方法真正将数字化全方位应用于学校教学之中。在课堂内，以线上直播、微课等开展教学；在课堂外，使用线上教育平台的教学工具，全方位了解学生的学习进度和学业完成情况，例如音乐教师不仅可以通过数字化平台进行课程教学，还能在平台观看学生演唱视频、检查学生乐理作业等，真正实现教与学的交互。

（三）数字化理论素养

数字化理论素养指的是在掌握数字化教育原理与规律的基础上，通过运用数字化教育理念，展开数字化教育实践，从而在实践过程中进行理论创新的能力和素质。数字化理论素养包含以下三个方面。

第一，数字化教学形态。数字化教学是能够运用数字化资源与方法在艺术课程中开展数字化形态的教学。与传统课堂"教师教学生学"的教学形态不同，数字化教学形态具有内容精准、自主交互、群智协同的特点。首先，数字化教学能够借助智慧云平台等数字化资源精准掌握学生的学习情况，教师在分析数据的基础上能够为学生提供更具有针对性的辅导。其次，数字化教学具有鲜明的交互性，这种交互不仅存在于师生、生生之间，更存在于学生与人工智能之间。多维的交互使得学生学习的自主性被极大地激发，学生在交互中能够对学习产生自我效能感。最后，数字化教学形态有利于智群合作、协同创新。数字化教学形态是艺术教师具备数字化理论素养的第一步，教师应大胆尝试，勇于在课堂上进行数字化形态的教学。

第二，数字化教学理念。教学理念是教师对教学活动的基本看法、态度和观念，是教师从事教学活动的信念。理念决定行动，实践提升效能。教师有着怎样的教学理念会通过教学体现出来。数字化教学理念要求教师从数字化的思维出发，重新审视教学活动，反思在数字化教育的背景下，教学是个怎样的过程？学生的学习是如何发生的？教师在教学过程中扮演着什么样的角色？只有梳理清楚教学观、学生观、教师观等教育理念，才能够更好地开展教育教学实践。

第三，数字化教育理论。教育理论包含课程、教学、德育等一系列指导教育教学实践的原理与规律。笔者认为，数字化教育的本质是为学生创建一种真正高度参与的个性化的学习体验。其不仅拓展了学生学习的内容与空间，转变了教学的形态与模式，更加撬动了教学理念与教育理论的变革，促使教育真正由"教师教学生学"向"元宇宙教育"转变。

四、艺术教师数字化素养提升的方法与路径

教师数字化素养的内涵体系在新时代有了新的发展，艺术课程作为美育教育的重要力量，应主动承担起探索创新、继往开来的重任。下面将针对上文所提及的艺术教师数字化素养体系，分别对应阐述提升数字化素养的三种方法与路径。

（一）强化师资培训，帮助教师掌握数字化技术

学校应积极配备有利于开展数字化教学的教学工具、仪器和设备，为教师提供设备支持。加强师资培训，将有关数字化技术的培训加入师资培训当中，细化数字化工具、数字化资源与智慧云平台三个部分的使用讲解和方法培训，帮助教师提升使用数字化技术的能力。艺术教师首先要充分学习先进技术，思考数字化技术与艺术课堂的关联性与可能性，具备运用大数据分析学情的能力。其次要熟练掌握各种数字化资源与智慧云平台的操作方法，具备线上社交化教学组织与交互能力。最后要具备多种媒体灵活运用的能力。只有先提升教育数字化之"术"，才能够为艺术教育数字化打好基础。

（二）融入教学场景，采用数字化教学方法

艺术教师掌握数字化教学技术之后，要将其充分融合到教学场景之中，根据学情与学科特点选择最适合本门艺术课程的教学方法。首先，教师要不断将在线教学法、混合式教学法等数字化教学方法融入教学过程，可以先从优化PPT开始着手，选择智慧云平台上同类优质课程，增加PPT中的数字化资源。其次，要完善课前、课中、课后各环节教学手段，不断探索创新混合式教学方法。例如，利用线上教育平台使学生进行课前预习，利用微信群、钉钉群的方式进行课下答疑解惑，还可以将"翻转课堂"的方法带入艺术课程，尝试做一门数字化艺术课程。例如，戏剧教师可以创建"走进戏剧艺术"慕课，将戏剧表演、导演等学科知识用数字化资源的形式进行传播。

与此同时，国家和地方教育主管部门应为艺术教师提供更多建设和展示数字化资源的机会，设置相关激励政策，将数字化教学纳入教师的考核与评定，通过机制激励教师对数字化教学进行探索与研究。例如，学校可以开展数字化教学竞赛，通过专家评审、学生反馈、教师自评等方式，提升教师对数字化教学研究的积极性，形成校园数字化教学氛围，以提高艺术教师的数字化素养。

（三）更新教育理念，开拓数字化视野与思路

新时代人工智能与科技发展日新月异，唯有与时代发展并驾齐驱，才能够为教育的高质量发展保驾护航。教育数字化的发展，一方面要求艺术教师要全面深刻地认识教育教学的变革，思考新时代、新技术对教学的启示与引领作用，更新传统的教育教学理念，

掌握"智慧教育""元宇宙教育"等新理念。另一方面，艺术教师要持续拓展思路，"准确识变、科学应变、主动求变"，积极探索更多可用于教学的数字化技术与资源。只有深谙教育数字化之"道"，才能真正推动教育数字化的普及与发展。

结　语

本文聚焦艺术教师的数字化素养，从新时代和艺术课程本身的需求出发，着重阐述数字化素养的内涵体系与提升方法、路径，希望能够为艺术教育的数字化发展尽绵薄之力，能够为广大艺术教育教师提供新的想法与思路。在迈向教育数字化的路上，我们要牢记"应用为王、大胆尝试、实践创新"，紧扣时代主题，寻找出一条切实有效的艺术教育数字化发展的新出路。

作者简介：

于阗，北京师范大学课程与教学专业硕士，中央戏剧学院戏剧教育系教师，主要研究方向为教育戏剧、戏剧美育、艺术教师教育。

杨雅淇，中央戏剧学院戏剧教育系研究生，主要研究方向为戏剧教育理论与实践。

我国中小学音乐课程标准百年回顾（1923—2023年）

许瑞帆

[摘要] 中小学音乐课程标准是指导中小学音乐教学的纲领性文件，它从教学目标、教学内容、教学方法、教学评价等方面，回答了"为什么教""教什么""如何教""教到什么程度"等音乐教学的基本问题，为教师教学实践提供了基本的参照。以1923年《新学制课程纲要小学音乐课程纲要》《新学制课程纲要初级中学音乐课程纲要》为标志，我国音乐教育史上出现了结构完整、内容翔实的音乐课程标准，这对我国学校音乐教育发展来说具有转折性的意义。1923年至今，我国音乐教育的发展已经经历了百年，在继承传统、超越传统的基础上，实现了音乐教学理念、内容、方法、评价等层面的突破，极大地推动着我国学校音乐教育教学理论与实践的建设。本文对我国义务教育音乐课程标准建设进行百年回顾，总结历史经验，立足时代特色，有利于我国音乐教育实现新时代创造性的转换与创新性的发展。

[关键词] 继承　超越　义务教育音乐课程标准　百年回顾

中小学音乐课程标准是教师进行教学实践的重要依据，其中规定了音乐教学的目标、内容、方法，以及学业质量与评价标准。音乐课堂的安排、音乐教材的编写与选择等都需要以音乐课程标准为参照。作为一种实践活动，我国的音乐教育最早可追溯到远古时期，但并未有具体的法规政策，大多以思想家、教育家的理论形态出现。19世纪末，西方资本主义的入侵打破了中国的封闭状态，也为传统的音乐教育带来了新的气象。20世

纪初，我国音乐教育发展仍然处于萌芽时期，直到1922年"壬戌学制"的颁布及《新学制课程纲要小学音乐课程纲要》《新学制课程纲要初级中学音乐课程纲要》的相继颁发，才使我国音乐教育拥有了结构完整、内容翔实的音乐课程标准，并进一步推动了我国学校音乐教育系统化、规范化的发展。从1923年至今，我国音乐教育的发展已经经历了百年的历史，音乐课程标准也随着社会变革不断地超越与突破。本文选取1923—2023年这段

时间，对这百年来我国音乐课程标准的历史脉络进行梳理，并基于历史事实与时代特征，分析其在音乐教学观念、音乐教学内容、音乐教学方法等层面的变革，了解我国音乐课程标准的基本内容与特征，这对我国学校音乐教学实践有着重要的现实指导意义。

一、中小学音乐课程标准的历史回顾

20世纪初，西方列强用坚船利炮打开中国国门的同时，也带来了新的人文思潮。一些有志人士"睁眼看世界"，在"中体西用"教育思想的引导及维新政治运动的推动下，建立新式学堂成为一种趋势。为顺应历史需求，"音乐"作为"随意科"重新设立，但并未受到重视。民国初立，蔡元培等人极力推行"美育"，并首次将"美感教育"列入学校宗旨，这一创举对我国学校音乐教育产生了深远的影响。

新文化运动以来，尤其是1922年"壬戌学制"的颁布，使音乐课的地位得到了极大的提升，《新学制课程纲要小学音乐课程纲要》《新学制课程纲要初级中学音乐课程纲要》也在教学目标、教学内容与评价标准上做出了更为清晰的规定。五四运动至新中国成立期间，我国中小学音乐课程标准曾先后经历多次改革，1929年颁布了《小学课程暂行标准》《初级中学音乐暂行课程标准》、1932年颁布了《小学音乐课程标准》《初级中学音乐课程标准》、1936年颁布了《小学低年级唱游课程标准》《小学中高年级音乐课程标准》《初级中学音乐课程标准》、1938年

教育部颁发了《国立中学课程纲要》、1940年颁布了《修正初级中学音乐课程标准》、1941年颁布了全新的《小学音乐课程标准》《六年制中学音乐课程标准草案》、1948年颁布了《小学低年级唱歌游戏课程标准》《小学中高年级音乐课程标准》，这些课程标准的颁布意味着我国义务教育阶段的音乐教育处于一个不断完善、进步的状态。

新中国成立后，受社会主义建设目标的影响，我国中小学音乐教育开始朝着更加正规、科学的道路发展。此外，"向苏联学习"是当时的主旋律，课程标准的制定在一定程度上也体现了这一特点。1950年8月颁布的《小学音乐课程暂行标准（草案）》是新中国成立后第一部音乐课程标准。此后，在苏联模式的影响下，"课程标准"被"教学大纲"代替。1956—1957年间，我国教育部先后颁发的《小学唱歌教学大纲（草案）》《初级中学音乐教学大纲（草案）》成为我国在借鉴苏联经验基础上所形成的第一部中小学音乐教学大纲。20世纪50年代末至20世纪60年代末，学校"美育"从教育方针中被剔除，音乐教育的地位也由此"一落千丈"，音乐教育学的发展陷入了困境，尤其是在20世纪60年代末至20世纪70年代末，学校音乐教育的发展受到严重制约，并被迫"中止"。

改革开放后，美育和音乐教育的地位重新被确立，学校音乐教育开始逐步恢复，尤其是国外三大教学法的引入，传播了国外新的音乐教育思想、观念以及教学方法，对我国改革开放后的学校音乐教育教学有着重要的引导作用。《义务教育法》的颁布为中小学音乐教育教学的发展提供了强有力的法律

保障。这一时期曾先后颁发多部义务教育阶段音乐课程标准，如《全日制十年制学校中小学音乐教学大纲（试行草案）》（1979）、《全日制五年制小学音乐教学大纲（试行草案）》（1982）、《全日制初级中学音乐教学大纲（试行草案）》（1982）、《九年义务教育全日制小学音乐教学大纲（初审稿）》（1988）、《九年义务教育全日制初级中学音乐教学大纲（试用）》（1992）等，为21世纪我国义务教育音乐课程标准的制定提供了可参照的范本。

21世纪以来，随着基础教育改革的深入，以及素质教育的推进，中小学音乐课程标准的制定愈发成熟，《九年义务教育全日制小学、初级中学音乐教学大纲（修订稿）》（2000）、《全日制义务教育音乐课程标准（实验稿）》（2001）、《义务教育音乐课程标准（2011年版）》以及《义务教育艺术课程标准（2022年版）》的制定与颁布，进一步促进了新时代中国学校音乐教育的发展。

如上所述，虽然20世纪初，音乐课（当时称"乐歌课""唱歌课"）正在逐步回到课堂，但它仍处于可有可无的地位，直到1923年两部课程标准的制定与颁布，才真正确立了音乐课在学校课堂中的地位。1923—2023年，我国中小学音乐课程标准发展已有百年，在社会观念、人文历史、政治形态、意识形态的影响下，音乐课程标准在观念、内容、方法与评价体系等方面产生了深刻的变化，这种变化是在继承传统基础上进行的变革与创新。

二、中小学音乐课程标准的继承与超越

中小学音乐课程标准是教师进行教学实践的重要参照标准，课堂内容的安排、课程目标的设定、教学方法的选择等都建立在课程标准的规则体系之上。20世纪以来，我国中小学音乐课程标准的名称经历了"学堂章程""课程纲要""课程标准""课程大纲""课程标准"的变化，在音乐教学的观念、内容、方法等层面既有所继承，又有所突破。

（一）音乐教学观念的突破

教学观念是在教学实践中形成的对教学的看法、思想以及思维结果。[①] 社会文化背景、政治因素、经济条件等都对教学观念的产生具有深刻影响。在音乐课程标准中，教学观念通过教学内容、方法、目标等加以体现与传达，可以说，音乐教学观念的转变与突破，对音乐教学内容、方法、目标的变革与发展有着重要的影响。

从1923年的《新学制课程纲要小学音乐课程纲要》《新学制课程纲要初级中学音乐课程纲要》至《义务教育艺术课程标准（2022年版）》，"以人为本"的教学观念始终未变，音乐教学始终将涵养学生的情感、培养学生对美的体验、发展儿童的天性等作为教学的出发点和立足点。这不仅是对20世纪以来中国音乐教学观念的继承，更是对先秦以来中国音乐教育传统的延续。远古时期的乐官夔

---

① 杨启亮.转变教学观念的问题与思考［J］.教育科学，2000（2）：17.

制乐能使"神人以和"；孔子评价《韶》乐"尽善尽美"，因而才能"三月不知肉味"，可见"和"与"美"是人们对音乐主体最为直接的体验与感受，因此，在教学中能够以学生为中心，关注学生感受美、欣赏美、创造美的能力培养，健全完善学生的人格塑造，是音乐教学观念的核心所在，也是课程标准拟定的中心与重心。当然，教学观念在百年演变中，也冲出了时代的藩篱，实现了突破。从课程标准的表述来看，民国时期的音乐教学仍然是在"教师主导"的观念下进行的，如1923年的《新学制课程纲要小学音乐课程纲要》《新学制课程纲要初级中学音乐课程纲要》中的"使学生能唱平易的歌曲""使学生明了普通的乐理""使学生能唱单复音的歌曲"①等表述；1936年的《小学低年级唱游课程标准》在表述教学目标时同样使用了"顺应儿童……""发展儿童……""涵养儿童……"②等短语；甚至在新中国成立后以及改革开放初期的中小学音乐课程标准中，仍然在使用"培养儿童……""陶冶学生……"等表述。上述课程标准的制定直观地反映了"教师主导"的教学观念。21世纪以来，课程标准中学习的主导者逐渐从教师转向学生，在陈述教学目标、内容时，不再使用教师作主语，或是用"使"这一类被动语态去表达，而是直接使用"自然、有感情地演唱""增强集体意识""热爱音乐文化""理解多元音乐文化"等表述，这一点在《义务教育艺术课程标准（2022年版）》中尤为凸显。这从侧面反映了音乐教学正在由"教育者为中心"转向"学

习者为中心"，并使得"以人为本"的传统教学观念更加突出。

（二）音乐教学内容的革新

音乐教学内容是教学的主体，也是课程标准改革的重要内容。音乐教学内容的革新，最为直接地反映在课堂教学之中。根据音乐教学理念的转变，音乐教学内容也会随之产生变化。

20世纪初，中国社会受到西方人文主义思潮的强大冲击，这一具有千年历史的古文明，仿佛一下子认识到了自己与世界之间存在的差距，掀起了一股"向西方学习"的浪潮。同时，在实用主义的影响下，实业教育开始兴起，实业教育更加关注学校教学的实用性，即教育必须为社会建设服务，这样一来，技能学习就显得尤为重要，因此"音乐课"在当时有两种状态：一是官方认为音乐无益于当时的社会建设，且中国古乐失传已久，可暂时搁置，以诗歌朗诵代替，或是在有条件的学校作为"随意科"开设；二是着重关注歌唱技能的教学，忽视音乐背后文化内涵层面的释义与教学。这也是音乐课恢复之初以"唱歌课"以及"乐歌课"的形式出现的原因所在。1923年的《新学制课程纲要小学音乐课程纲要》指出小学音乐课需要学会唱歌，并了解部分音阶、音乐术语等基本的乐理常识；《新学制课程纲要初级中学音乐课程纲要》则明确提出了学习乐理、唱单复音歌曲以及选修乐器等教学内容，但在实际应用中，学校的资源、教师的资源、学生的水平

---

① 张援，章咸.中国近现代艺术教育法规汇编（1840—1949）［M］.上海：上海教育出版社，2011：353.
② 徐百齐.中华民国法规大全 第3册 财政 实业 教育［M］.北京：商务印书馆，1936：3872.

等都会对这些学习内容的具体实施情况产生影响，简单来说即课标中所设定的学习内容忽略了客观事实，而成为理想化的存在，这其实是不同时期课标制定中存在的共性问题。随着社会的进步以及教育理念的改变，音乐教学内容也在与时俱进地发展着，如1929年颁布的《小学课程暂行标准》就已经在传统唱歌教学以及乐器选修的基础上增加了欣赏与研究，要求学生能够对国内外的音乐、乐谱、唱法等进行欣赏，并能有更深入的认识与研究。1932年的课程标准进一步加入了"和声"学习这一门课程，并突出了音乐欣赏的重要性。其后的课程标准大致沿袭了乐理、声乐、器乐、和声这样一个教学内容体系，在部分阶段加入了"音乐史"的教学，进一步丰富了音乐课堂教学的内容。《义务教育音乐课程标准（2011年版）》将音乐教学内容分为"感受与欣赏""表现""创造""音乐与相关文化"四个部分；新版的《义务教育艺术课程标准（2022年版）》将这四者加以提炼、概括，形成了"欣赏""表现""创造""联系"四个部分。

从我国百年义务教育音乐课程标准对音乐教学内容的安排与设计来看，它始终注重"唱歌"的教学，这一点是不变的。另外，随着社会观念的进步，"音乐课"不再是一门简单的歌唱课，更是传递人文精神的重要途径，音乐课堂教学在情感上越来越重视人文内涵的感受与体验，在内容上越来越重视对多元音乐文化的理解。这对中国传统音乐文化的继承和创新，以及世界音乐文化的交流融合

都是至关重要的。

（三）音乐教学方法的转变

音乐教学方法是音乐课堂教学的重要手段，好的教学方法能够使一节课丰富、饱满并富有逻辑，理论性与趣味性并存，真正实现传道、授业与解惑。音乐教学方法同样是课程标准的组成部分之一，在时代的推演中，音乐教学方法也在不断地超越着自身的传统。

从上文的论述中，我们基本了解到音乐课最初实际上就是一门唱歌技能课，因此在教学中更加注重如何"教唱"，教学方法也更加贴近"唱"的部分。如1923年的《新学制课程纲要小学音乐课程纲要》专门设有"方法"一节，指出"初级第一、第二学年，完全用听唱法教学；第三、第四学年，为由听唱法转入视唱法教学的时期；高级第五、第六学年，完全用视唱法教学"[1]；1929年的《小学课程暂行标准》同样提到了"听唱法""视唱法"的教学，同时开始关注欣赏的教学。其后课程标准同样以视唱、听唱以及欣赏教学作为主要的教学方法。在课标的指导下，教师可在课堂实践中根据现实情况对具体教学方法进行调整，但总的来说，我国传统的音乐教学方法依然摆脱不了"教师主导"的弊端，在上课时，教师会以板书、谱例图示、范唱等直观教学法，让学生对教师的行为进行模仿学习，且在学习过程中以歌唱为主，不重视器乐课和欣赏课。这样就会造成课堂的僵硬和模式化，使整个课堂在

---

① 张援，章咸.中国近现代艺术教育法规汇编（1840—1949）[M].上海：上海教育出版社，2011：300.

教师的主导之下进行，学生没有办法依靠自己去体会音乐的美，整堂音乐课的目的也变成了"学会一首歌"，而非感知音乐的美，久而久之，音乐在学生眼里就变得枯燥乏味了。改革开放后，随着国外奥尔夫教学法、达尔克罗兹教学法、柯达伊教学法这三大教学法的传入，音乐课堂逐渐变得丰富起来。在这些教学法的指导下，音乐课堂以学生为中心展开教学，培养学生的创造能力，并让学生利用自己身体的各个部位在律动中感知音乐的节奏，同时除了歌唱能力，它们也非常强调听觉能力和识谱能力，这对我们传统音乐课堂教学有极大的启示意义。目前，我国许多学校都开设了这三大教学法的特色课程，推动了我国音乐教育实践的发展。但从整体上来看，由于学校对音乐课不重视由来已久，虽然如今课程标准中越来越重视音乐教学方法，但当下常用的教学方法仍然是以下两类：一类是一般学科的教学方法，比如讲授法、问答法、演示法、练习法、发现法等；另一类是具有音乐学科特点的教学方法，比如唱歌教学法、欣赏教学法、器乐教学法、识谱教学法等。我们会发现，这些具有学科特性的教学法都是以学科为导向，以掌握一门技能为目的，不仅没有体现学生在学习过程当中的主体性，也忽略了音乐的艺术特征，忽视了其审美特性。由此可见，即使新的音乐教学方法已经有了一定的流传度，并对当下的音乐教学产生了影响，但大部分地区或是学校仍然不重视音乐课，仍在用传统的讲授法、练习法、唱歌教学法、识谱教学法等进行应付式教学，这就涉及了音乐课程标准的具体落实问题。

结　语

音乐课程标准是教师进行教学实践的重要参照，课堂内容、教学方法以及教学观念等都在课程标准的规范下展开。本文以1923年我国的音乐课程标准为起点，对百年以来我国音乐课程标准的历史脉络进行梳理，对其中所体现的音乐教学观念、教学内容以及教学方法的"变"与"不变"进行了论述，最终得出以下结论。

第一，音乐课程标准的制定不可回避地受到历史的影响，音乐教学观念、内容与方法，实际上是时代意识形态的文本反映。当我们立足现实，再次回望百年前音乐课程标准，会发现"教师主导"的教学观念，将音乐课等同于一门唱歌技能课进行教学，采用传统的视唱法、听唱法等"落后"的音乐教育传统，在当下的音乐课堂教学中仍然存在。百年以来，音乐课程标准有了跨世纪的变化，但音乐教学实践却似乎与课程标准之间存在"鸿沟"。如何将音乐课程标准落实到现实的音乐课堂实践之中，提高音乐教学的效率，是我们在新时代音乐教学实践中需要思考的问题。

第二，音乐课程标准的内容在一定程度上是"理想化"的，作为统领全国的课程参考标准，它没有办法做到面面俱到，各地、各区、各校需要根据自身的特色，以及自身的教学设备、教师资源、学生能力等，在音乐课程标准规定的范围内展开适合自己的音乐课堂设计。

第三，音乐课程标准改革的脚步从未停

下，但具体的落实情况却令人担忧，有些学校将音乐课作为所谓的"副科"，忽视其教育教学；有些学校仍将音乐课作为传统的"唱歌课"，进行技能的学习；有些学校设备落后，师资力量不足，学生能力参差不齐。而为了推动音乐课程标准的实施，完成课程指标，音乐教师又不得不按照要求去完成教学，这就导致音乐课程标准规定—音乐教师教学预期—学生音乐学习反映之间产生了"断裂"。

现如今，基础教育改革正在持续深化，音乐教学内容、教学方法、教学观念在继承传统之时，也在实现着自身的革新。应当关注的是，如何能将音乐课程标准落实到实处，实现音乐教学的学校特色、地方特色、中国特色，是当下音乐工作者需要共同思考的问题。本文对百年来我国中小学音乐课程标准进行了回顾，旨在引起音乐工作者对音乐课程标准的关注，由于篇幅原因，只能简要论述，未能更进一步研究，还望能抛砖引玉，使更多的音乐教育工作者加入此项研究。

作者简介：

许瑞帆，浙江师范大学艺术学院音乐与舞蹈学（音乐教育学方向）在读硕士。

2011年以来我国基础音乐教育课例研究的成效与建议

尹小珂　王明洁

[摘要] 课例研究是深化教学的有效手段，也是提高教师专业水平的重要途径，在基础音乐教育中发挥着积极作用。本文对近十年来基础音乐教育课例研究成果与现状进行观察，分析了音乐课例研究在学科认识、研究形式和问题意识方面取得的进步，同时提出课例研究应进一步规范研究范式以及普及的发展建议。

[关键词] 课例研究　基础音乐教育　学科认识　研究范式

"课例研究"指的是教师集体以具体的某节课为研究对象，聚焦于一个教学问题，通过设计、观察和反思的循环来促进教师专业发展和提升教学效果的活动。课例研究发端于日本，被视为改进教学最有效的方式，在日本学校教育中十分普及。近些年来，在PISA（国际学生评估项目）、TIMSS（国际数学与科学趋势研究）等国际大规模测验的引领下，课例研究的卓越效能备受关注。许多国家和地区都更为重视课例研究，借此促进教师专业发展和教学质量提升。

一、我国基础音乐教育课例研究概况

从宽泛概念上说，我国自20世纪50年代起就开始探索以教研制度的形式来开展课例研究了。基础音乐教育课例研究的形式多是在当地教研员或学科带头人的带领下进行的。课例研究一般分为以下步骤：组成研究小组→确定研究目标→集体备课（教学行为研究，教学计划）→课堂教学（收集第一手的教学现场资料）→课后讨论（分析教学现场师生表现）→重复前面的课堂教学和课后讨论环节→得出结论（提出研究报告）。教师参与的活动主要是"合作＋计划＋教学＋观察＋反思＋改进"。在我国，音乐课例研究的成果通常还会以精品课的方式参加展示或评选活动。

二、音乐教育课例研究的主要进步

几十年的课例研究活动为我国基础音乐

教育积累了较为丰富的经验。尤其是在《义务教育音乐课程标准（2011年版）》颁布后，课例研究在学科认识、研究形式、研究主题等方面都体现出明显进步。

（一）学科认识逐步深化

研究者对2011年以来刊发于《中国音乐教育》《中小学音乐教育》以及一些教育类期刊的200余篇音乐课例实录、教案、专家点评进行了内容分析，对中国音乐教育学会举办的全国音乐课例评选活动中近百个获奖课例视频进行了综合分析。这些精品课例经历了课例研究的整个过程，代表着当前我国对于音乐学科认识的最高水平。

这些课例中，无论是音乐欣赏课例，还是唱歌教学课例，都体现出对于音乐本身、音乐情感体验、音乐认知发展以及教学方法有效性的关注。在21世纪初的几年里，一度出现过"过于重视音乐文化的讲解而忽略音乐本体感知""过于注重多媒体、课堂活动等形式而忽略音乐体验的本质""过于注重歌唱技术训练而忽略情感体验"等问题，这些问题都在最近十年里得到了较好的矫正。

以欣赏课《辛德勒的名单》教学过程为例。为了使学生理解音乐情感表达与音乐形式选择之间的关系，教师以问题链的方式设计了教学过程：首先，聆听主题音乐，提问：它给你带来了怎样的感受？（沉痛、哀伤）其次，画旋律线，理解音乐与剧情的关系。提问：跟着音乐画画旋律线，为什么起伏会那么大？（基调的确立）总结：像36、24这样

两个音之间的距离跨度较大叫作大跳音程。5432，旋律行进方向是怎样的？（下行）音与音紧挨着的下行叫作级进下行。提问：旋律中为什么多次要用大跳下行和级进下行？（更能衬托出悲伤的情绪）引导语：尾音落在6上，是什么调式？作曲家在创作时运用了一首犹太民歌中36两个主音，构成613和弦，你感觉它是明朗的还是阴郁的？（阴郁）这就是小调音乐。那大调会是怎样的？我们来听一听（教师弹奏大调进行对比）。再次，哼唱主题旋律。教师范唱与学生视唱。最后，完整聆听主题音乐。提示语：完整聆听，主题音乐一共出现了几次？请举手示意。每一次出现在音区、音色上有什么变化？……①

可以看到，在这一教学过程中，教师引导学生进行的是一场"有结构的探究"，即通过直觉的感知、情感的体验和理性的分析，将音乐认知和情感体验紧密衔接，在音乐体验过程中不断发现和建构概念，增进对音乐表现力的理解。音乐素养的提升也正是在想象、探究、构建和反思等创造性实践中实现的。

（二）"研究"性质逐步显现

针对当前教研工作者对于课例研究的认识以及实践方式问题，研究者对数十位具有课例研究经验的市级音乐教研员和特级教师进行了访谈，访谈内容围绕着课例研究的观念、形式、困惑等方面展开。如教研员A讲道："以前我们认为，课例研究就是选个课型，比如欣赏课或者是唱歌课，把作品选好，然后备课，组织老师们听听课，讨论讨论，

---

① 高君飞.《辛德勒的名单》教学设计［J］.中小学音乐教育，2018（8）：40-42.

觉得哪里讲得有问题，就集体提提修改意见，教师进行调整后，再在别的班试讲，最后把这节课上好了，我们就认为课例研究成功了。但是随着'新课标'的推出，以及获取信息的渠道越来越多，我们也逐渐接触了一些教育理论，才发现要想提高教学质量，仅通过这种很经验的方式来做课是不够的。我们就开始学习建构主义学习理论，考虑音乐知识概念如何建构的问题，并在教学中不断实践和调整，比较哪种方法、步骤的效果是最好的。"特级教师 B 讲道："以前做课例研究，就是听一节课，研究的主题不确定，主讲老师想达成的自我发展目标不明确，参与课例研究的老师评价什么也不明确。后来我们就开始设计一些具体的问题，比如歌唱教学的音准问题怎么解决、欣赏课怎么让学生把握音乐的结构等，然后选择一个作品，进行集体备课讨论，最后由某个老师上课，其他老师观察。后来考虑到观察也需要有明确的指向，这样大家的讨论能够更集中，所以我们对观察工具也进行了设计。"教研员 C 指出："过去的课例研究只是作为观摩交流课来做的，在形式上比较随意，可能是以课型、教材、最多一个学段来安排课例，因此教研的针对性不行，对教师专业发展提升的效果很差。至于把课例研究作为推动教师专业发展的一个教育研究方法，这个意识不明确。现在我们在尝试用一课多轮、同课异构等形式来进行课例研究。大家在这个过程中探索解决问题的不同视角和方法，效果就比较好。"

可以看出，教育研究者对于课例研究的认识，已经从一开始将课例研究作为观摩课、公开课的活动方式，转变为认识到其是一个有方法指导的研究方式。在具体开展方式上，教育研究者开始尝试通过具体的研究主题、课堂观察工具，来提高研究的针对性和规范性。在开展形式上，教育研究者开始采用一课多轮、同课异构等形式，多角度探索教学的可能性并比较教学效果。总之，有意识地提高课例研究的针对性、规范性、理论性、实效性，减少经验性的评价和泛泛之谈，是课例研究的重要进步。

（三）问题意识逐步增强

课例研究作为一种分享的研究方式，旨在通过研究化解教学难题、改进教学行为、提高教学质量。在课例研究中，教师通常要经过疑问—规划—行动—观察—反思的循环过程。"疑问"呈现的是大家在教学活动中共同面对的困惑或难题。因此，具备问题意识、选择值得研究的问题，就成为课例研究的起点。

课例研究的问题，也即课例研究的主题。2010 年以前，课例研究虽然也有一些明确的主题，比如传统音乐教学方法研究、唱歌教学研究、欣赏教学研究等，但这些主题多来自时下教育界普遍关注的问题，而不是来自小范围课堂教学中感到棘手的具体问题，因此研究主题同质性较高且比较泛化。经过较长时间的摸索，课例研究所关注的课题逐步细化和多样。从大处着眼，与学科内容相关的问题、与学生学习特点相关的问题、与教学法有关的问题等，都逐步纳入课例研究的范畴。从小处着眼，教师日常教学中的言行举止、具体教学场景中的切身体会、与同事之间就某些教学问题的沟通等也开始成为课例研究的问题来源。教师的问题意识不断增强，逐步学会从小处、细处、实处捕捉问题，选取具有较强可操作性并具备研究条件的主题加以"小题大做"，从而不断攻克新问题，积累新经验。

三、音乐课例研究未来发展的建议

2011年以来，音乐课例研究取得了长足进展，对于促进基础音乐教育的发展做出了积极贡献。同时，我们也应看到，从课例研究的研究范式以及普及性来讲，我国距国际意义上的课例研究还有一定差距。

（一）课例研究应进一步规范研究范式

虽然我国当前音乐课例研究的研究性逐步增强，但还存在着研究范式缺失的问题。库恩指出，研究（不论是社会科学研究还是自然科学研究）都有自己的"范式"，即一个科学共同体成员所共有的信念、价值、技术等构成的整体，它具体包括符合概念、共同信念、共享价值和典型范例。[1]一个科学严谨的范式能够规范和约束学界的研究活动在正确的轨道上高效运行。在这方面，研究者认为可以借鉴PCK理论和结构框架作为课例研究的范式。

PCK（pedagogical content knowledge）是由当代美国师范教育大师舒尔曼于1986年提出的，融合了学科内容知识、课程知识、教学法知识、学生知识、情境知识和其他相关知识，以将该特定学科内容予以组织及调整，并通过解释、示范、比喻、举例等教学策略来呈现和转化给学生学习的知识。……它是学科知识与教育知识的特殊组合，并融入了教师的信念、价值观等，是教师个体的一个独特的知识领域，是教师对自身专业理解的特殊形式。[2]

董涛在参考PCK理论的基础上，设计了课例评析的框架，"包括教材分析、学情分析、教学目标分析、教学评价分析、教学策略分析五种成分"[3]。具体来说："教材分析是通过梳理教材内容的来龙去脉、核心内容、序列与层级和关键环节，判断教什么。教师依据教材分析结果，评判教学内容是否合理。学情分析主要通过梳理学生学习该内容的起点（知识起点与思路起点）、终点（目标、学生的学习能力限度）与过程（学生自发思路、难点、误解），明确学习任务的整体思路，提高教学的启发性与针对性。教师依据学情分析结果，评判课例中学习任务的展开思路是否明确清晰自然、是否具有启发性和针对性。教学目标分析主要通过对照课程标准的教学要求与前述教材、学情分析结果，确定教学目标。教师依据自己确立的教学目标，对照课例评判教学是否抓住了对学生今后学习和发展最有价值的知识和能力，尤其是学科核心知识、学习能力、学习习惯、学习态度的培养与情感体验是否到位。教学评价分析把目标细化为对应的学科内容与主要方法。教师依据评价分析中得到的主要内容与方法，评判目标是否落实到位，教学内容和方法是否有助于落实对应教学目标，是否设计了针

① 库恩.科学革命的结构［M］.金吾伦，胡新和，译.北京：北京大学出版社，2003：158-168.
② 李斌辉.教师成长散论［M］.武汉：华中科技大学出版社，2016：57.
③ 董涛.基于PCK结构框架的数学课例分析程序与特征［J］.课程·教材·教法，2015，35（11）：75-79.

对学生常见学习障碍或错误的检测、矫正题目；教学策略分析主要探讨教学总体途径的合理性、教学方法的有效性、教学活动的针对性及与教学目标的一致性。教师通过教学策略分析，对照课例，看教学策略是否有效。"①

PCK课例评析结构为音乐课题分析提供了较好的参考。当然，这并不等于音乐课例研究一定要固守某种"实践教育学"范式。随着教育认识的发展深化，课例研究的范式也应是一种往前看的、开放的、不断随情境变化而更新的范式。

（二）课例研究应进一步普及和下沉

当前，我国基础音乐教育课例研究多以教研员、学科带头人为主导开展，一些地区的教师还未真正参与进来，还有相当多的学校从未开展过校本课例研究活动。研究者曾针对"何为课例研究"的问题访谈了尚未参与过课例研究的20余位中小学教师，有的教师表示没有听说过"课例研究"一词，提出"课例研究是撰写教学案例还是观察一堂课？"这一问题；有的教师表示课例研究是"以课为载体的研究，但是研究内容不确定"；还有的教师表示"课例研究就是对具体一堂课的设计、上课和课后反思的过程"。可以说，大部分没有参与过课例研究的教师对于课例研究的集体协作性、问题指向性以及专业发展价值尚无深刻认识，自然也无法通过课例研究获得专业发展。

在日本和西方一些国家，课例研究通常采取校内同事间互助指导的方式开展。关于同事互助指导的课例研究的效果，西方学者曾通过实证研究予以证实。一项教育实验研究结果表明，在参与学校开展的同事互助指导活动的教师中，有75%的教师在日常课堂教学中能够有意识、有成效地将培训知识应用于课堂教学，而在没有参与学校同事互助指导活动的教师中，只有15%的教师能将培训所学落实到课堂教学中。②此外，斯巴克斯③、塞恩④等人的研究也都证实，校内同事之间的互助指导对于教育理念的课堂落实效果显著。

以学校为教研基础、以同事间互助指导为常态的课例研究活动，不仅有利于缩小课程发展与教师实践的落差，还有利于形成学校教学合力，对于促进研讨与培训一体化的校本发展机制有着积极的作用。因此，课例研究还应进一步普及和下沉，广泛建立以课例研究为载体的同事间互助合作模式，以此构筑基础音乐教育改革发展的牢固根基。

结　语

随着最新一轮高中课程方案和各学科课程标准的制定，以核心素养为主线的教学变革亟待实现教学方式的进一步转型。在这一教育变革中，加强以课例为载体、理念引领

①　董涛.基于PCK结构框架的课例实证研究［J］.教育评论，2017（3）：122-125.
②　JOYCE B，SHOWERS B.The coaching of teaching［J］.Educational leadership，1982，40（1）.
③　SPARKS G M.The effectiveness of alternative training activities in changing teaching practices［J］.American educational research journal，1986，23（2）.
④　SINGH K，SHIFFLETTE L M.Teachers' perspectives on professional development［J］.Journal of personnel evaluation in education，1996，10（2）.

与行为跟进相统整的教师教育模式，将为课堂教学质量的提升起到不可估量的作用。

作者简介：

尹小珂，音乐教育测评专业博士，毕业于北京师范大学中国基础教育质量监测协同创新中心。现就职于中国音乐学院。主要研究方向为音乐教育、音乐教育测量与评价。

王明洁，北京师范大学艺术与传媒学院博士后，主要研究方向为艺术学。

民国时期（1912—1949年）中小学书法竞赛活动探赜
——兼谈对当前中小学书法教育的启示*

李一帆

[摘要] 民国时期学制的改变和新式教育的普及，促使书法教育发生了很大变化——由旧式的私塾教育转变为课堂教学。在课堂教学之外也衍生出了书法竞赛、展览会等新的教育活动形式。其中，书法竞赛对当时青少年的书法学习产生了尤为积极的影响。本文基于民国时期的报刊文献，对当时的中小学书法竞赛活动进行梳理，分析当时中小学书法竞赛的目的与意义，以期为当下的青少年书法教育提供借鉴与思考。

[关键词] 民国　中小学　书法竞赛　书法教育

1911年辛亥革命后，民国政府为适应资产阶级发展的需要，模仿日本明治维新之后的学制建设，于1912—1913年间先后颁布了各种学校章程（后称"壬子癸丑学制"），以此来推动资产阶级性质的新式教育的普及。

在推行新学制的同时，民国政府还颁布了一系列校令，对各种类别学校的课程设置、教学任务等都做出了具体规定。当时的课程设置已较为完备，在各级各类学校中均开设有"习字"一科，毛笔书法即包含其中。这种学科设置促使基础书法教育与旧时代相比发生了很大变化，由旧式的私塾教育转变为课堂教学。同时在课堂教学之外还衍生出了书法竞赛、书法展览会、成绩展览会等教育活动形式。民国时期黄开仁先生在《教育实际问题及教材：怎样教学低年级写字》一文中说："惟学习兴味，有许多蕴藏在竞争心理的，所以利用竞争心鼓励儿童写字，可以事半功倍。"[1] 书法竞赛即对

---

* 2021年度教育部哲学社会科学研究重大课题攻关项目"中国历代书法资料整理研究与数据库建设"（批准号：21JZD044）阶段性成果。

[1] 黄开仁.教育实际问题及教材：怎样教学低年级写字[J].江西教育，1935，61.

当时青少年的书法学习产生了非常积极的影响，为当时的书法基础教育做出了巨大贡献。

一、民国时期中小学书法竞赛活动概述

民国时期的中小学书法竞赛活动在全国范围内盛行，尤以北京、上海、广东、福建、江苏、浙江等地区为多，竞赛的形式丰富，规模也大小不一，但均不同程度地促进了当时中小学书法教育的发展。随着西方先进油印技术和照相技术的传入，中国报刊业经过百年的发展，到民国时期，已经成为传播信息的最主要媒介。民国时期，大小报刊数以千计，内容包罗万象，其中就有很多关于当时中小学书法竞赛情况的报道，如1934年《新生周刊》第1卷第15期就刊登报道了当时小学生参加书法竞赛的场景（图1）。这些民国时期的报刊文献为我们的研究提供了诸多便利。

苏全有在《民国时期书法比赛述评》一文中对民国时期的书法比赛作以分期：民国时期书法比赛大致始于1919年，至1931年间处于起步阶段；之后一直到1938年抗战之初，属于高峰期；20世纪30年代末特别是20世纪40年代，由于抗战、内战的影响，我国书法比赛渐趋低潮。[①]苏全有这一结论是基于民国时期整体书法竞赛情况而得出的，本文所探讨的民国中小学书法竞赛也大致符合这一情况，因此本文参照其时间划分，对民国时期的中小学书法竞赛活动进行概述。

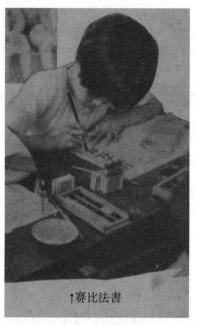

↑赛比法書

图1　小学生书法比赛场景（《新生周刊》1934年第1卷第15期，第1页）

（一）1919—1932年：初期阶段

目前我们所能查阅到的、最早见于报刊的中小学书法竞赛是由文艺观摩会举办的"第一次写字比赛"[②]，刊登于《学生杂志》1919年第6卷第8号，所刊获奖名单中分甲等十名、乙等四十名、丙等一百二十名，获奖者共计一百七十人，参与者当数倍于此，可见初期的中小学书法竞赛就已经具备了一定的规模。此外，这一时期还有很多学校自行组织的书法竞赛，如1923年4月2日上海《小时报》载：

本埠塘山路澄衷中学，历年春季必举行书法竞赛争会一次，以引起学生习字之兴趣。……初赛录取者，计二十名。决赛录取，以五名为限，第一名奖银盾

---

①　苏全有.民国时期书法比赛述评［J］.社会科学动态，2019（9）：56-61.
②　文艺观摩会第一次写字比赛揭晓［J］.学生杂志，1919，6（8）.

一座，第二名奖银牌一方，第三名至第五名酌奖文具及碑帖等以示鼓励。[①]

同年，无锡市立第一国民学校为庆祝开校，"特开书法成绩比赛"[②]。1927年，北京青年会曾提倡社会积极举办"幼童写字比赛"和建设"儿童游戏场"，在当时引起了广泛的关注，《新教育评论》第3卷第9期曾对这一倡议进行了专门的报道和评论。[③]1929年，湖北省内四所实验小学联合举行书法比赛，从每个学校选出5名学生代表参加，规模不大，但要求和标准很高，从参赛学生书写的"体式、手势、笔顺、速率、正确、优美"等六个方面进行评审。[④]1931年，长沙明德学校首次举办书法比赛，《明德旬刊》第5卷第6期载："参加者皆书法老手，篆体隶体楷书行书，花样百出，笔致淋漓。"[⑤]可见当时的书法基础教育经过近20年的发展已经取得了一定的成果，篆隶楷行各体皆备，学生的书写状态也不乏老练。1932年4月，广州真光学校初一学生自行发起书法比赛，《真光校刊》评曰："全级一致参加，因此连旬碑帖琳琅，纷陈桌上，大有老师宿儒之风。"[⑥]并聘请梁懋初先生担任评判。

当时的中小学书法竞赛不仅在国内较为流行，还影响到海外的华侨学校。如1930年美国檀香山《自由新报》就专门举办华侨学生书法竞赛，并在《良友》杂志中刊登了获奖学生的书法作品（图2）[⑦]。这两名学生的书法风格基本相似，都是以颜、欧为基调，李惷承的作品中还有赵孟頫楷书的面貌，可见当时华侨学生的书法水平亦不俗。此外，南大侨校国文委员会还于1931年为华侨一至四年级小学生举办书法比赛，并专门制定相关规则以保证比赛之公正。[⑧]

这段时间是民国时期中小学书法竞赛的初始阶段，其特点是规模较小，以单个学校内部或者校际间的书法比赛为主。

（二）1933—1939年：高速发展阶段

1933—1939年是中小学书法竞赛的高速发展期。这一时期的书法竞赛活动在之前的多为学校内部竞赛的基础上，进一步扩大范围，受到了教育部门、学会、研究会等教育界的广泛关注，成功举办了很多全市、全国范围的大规模书法竞赛活动。

1933年11月，无锡中心小学联合该县30余所小学共同举办写字比赛，分甲、乙、丙、丁四个组别，采用打分制排名，不仅有个人成绩还有各校的团体成绩，无论是规模、评审制度，还是赛程安排，都已经非常科学合理。同月，松江县教育局举办"中小学学生国语科作文写字比赛"，分为大、小楷书写，规定"凡本县公私立中等学校及小学高级部

---

① 澄衷举行书法竞赛［N］.小时报，1923-04-02.
② 锡市一校之开会声［N］.新无锡，1923-01-09.
③ 儿童写字比赛会和游戏场［J］.新教育评论，1927，3（9）.
④ 书法比赛预告［N］.新乡民报，1929-01-01.
⑤ 学术股书法比赛［J］.明德旬刊，1931，5（6）.
⑥ 初一书法比赛成绩［J］.真光校刊，1932（8）.
⑦ 华侨学生书法比赛［J］.良友，1930（43）.
⑧ 附侨书法比赛［J］.南大与华侨，1931，9（4）.

肄业学生须一体参加"①，似有强迫全体学生共同参加之意。本次比赛松江县教育局还专门制定了章程文件呈至省教育厅核准，并由松江县教育局安排专人下至各个学校监考，可见当时教育部门已经开始重视竞赛这一书法教育形式。

图2　1930年美国檀香山《自由新报》举办华侨学生书法竞赛的获奖作品

由商务印书馆出版的《儿童世界》在当时颇具影响力。1934年3月，该杂志社主办的书法比赛竟有一万多人参加。②这一人数即使放到当下的中小学书法竞赛中也是少有的。同年，长沙明德学校再次举办书法比赛，主要针对初中和高中学生，分为大字、小字两个组别。③1935年5月21日，上海中等学校教职员联合会主办"全市中等学校学生书法竞赛"，"假私立上海中学举行，计参加中等学校六十余所，学生代表三百余人"④。同月28日，上海小学校长联合会举办"小学生书法竞赛"，"参与学校二百余所，学生代表千余人，分七区试场举行"⑤。1939年6月13日，上海《香海画报》曾刊登《全市小学书法竞赛始末记》一文，内容颇为有趣，揭露上海新亚药厂为推销药品"宝青春"而宴请教育系统的高官陈济成，因此而举办了这一场中小学书法竞赛。这一报道是否属实，我们现已不

①　办理中小学学生国语科作文写字比赛之经过［J］.松江县教育季刊，1933（5）.
②　写字比赛揭晓［J］.儿童世界（上海1922），1934，33（4）.
③　学术股各项比赛进行状况［J］.明德旬刊，1934，9（8）：16.
④　中教联昨举行全是学生书法竞赛［N］.申报，1939-05-22.
⑤　小学校长联合会昨举行小学生书法竞赛［N］.新闻报，1939-05-29.

能确定，但这一比赛的规模却非常宏大，"全市小学校代表数千人……举行竞赛"，并在颁奖典礼上邀请著名书法家马公愚等讲授执笔、临帖之法。

随着中小学书法竞赛在全国范围内的广泛举办，书法俨然成为当时书法教育的一项重要内容，开始被教育部门所重视。在此期间，政府部门还出台了不少政策，如1935年5月14日，民国广东省执行委员会给省教育厅专门下发规范中小学各类分项比赛的文件，其中即包括书法比赛一项："据中小学校设计委员会呈缴中小学生书法等项比赛办法函，请定期主办并饬各小学校遵照。"[1]同年10月，广州亦颁布了《广州市省市公私立中小学校学生书法比赛办法》，其中一条明确指出"书法比赛应由省市党部会同教育厅局组织委员会办理之"，政府部门重视程度之深亦由此可见。

综上可知，这一时期的中小学书法竞赛已经受到了教育局、教育学会以及教育出版社等的广泛关注。由于这些教育机构的介入，书法竞赛的影响力进一步扩大，经济投入、人力投入以及比赛规则的制定，也已非初期阶段可以比拟，中小学书法竞赛在此时达到了高潮。

（三）20世纪40年代：低潮阶段

20世纪40年代，我国处于战争的白热化阶段，国家形式动荡，中小学书法竞赛迎来低潮。整体来看，这一时期中小学书法比赛数量并未减少，但由于时局动荡，政府和教育部门介入较少，多以校内和校际间的小范围比赛为主，教育部门出面组织的大规模的比赛仅在上海、广州、无锡等地有举办。

这一时期举办校内（校际）书法比赛的主要有：1940年有浙东中学[2]和华华中学[3]；1941年有私立上海青年会中学、无锡文达小学[4]，以及上海贫儿失学救济所下属学校[5]等；1942年有无锡崇实小学[6]、无锡张泾桥镇教育局[7]；1943年有长沙市南妙中学高中部；1944年有无锡市教育局[8]；1945年有连县高良下乡中心国民学校；1946年有存德中学[9]、天津女师附小等；1947年有南侨中学、光华附中；1948年有集美中学、福建石光中学，以及上海浦东区私立中小学[10]等；1949年有广东本保中学等。

大规模的书法竞赛主要有：中国书学研究会于1943年举办的"全国中等以上学校书法竞赛"[11]、1944年5月27日由《申报》读者助学金委员会主办的"实用书法竞赛"（"参

① 函广东省政府教育厅（五月十四日）[J].广东党务月刊,1935（5）:32-33.
② 书法比赛[J].浙东,1940,5（6）.
③ 华华中学书法竞赛[N].新闻报,1940-05-08.
④ 文达小学书法竞赛[N].新锡日报,1941-10-31.
⑤ 贫儿失学救济所举行学生书法竞赛[N].新闻报,1941-06-19.
⑥ 崇实书法竞赛[N].新锡日报,1942-11-09.
⑦ 无锡张泾桥中小学书法竞赛[N].新锡日报,1942-11-12.
⑧ 三区中小学书法竞赛[N].无锡日报,1944-01-19.
⑨ 存德中学书法竞赛[N].前线日报（1938.10—1949.4）,1946-04-25.
⑩ 浦东区私校学生书法竞赛[N].东报,1948-05-22.
⑪ 全国中等以上学校书法竞赛[N].前线日报（1938.10—1949.4）,1943-02-28.

与竞赛者以高小及初中两组本届受助学生为限"）[①]、1946年12月10日举办的上海"四区国民学校举行书法竞赛"（共计三十四所学校参与）[②]、1946年广州市教育局举办的"广州市小学学艺竞赛书法科竞赛"（参加者以四、五、六年级为限，并专门制定竞赛办法）[③]。特别要提到的是1946年9月26日上海市教育局举办的"各区公私立小学书法竞赛"，该比赛要求"比赛分预赛、决赛两次举行；字体为大、小楷两种；各校应按高中低三级分别举行，预赛各级选派代表一至二人；书法竞赛一律用毛笔书写"[④]。《申报》《新闻报》《盖世报（上海）》《和平日报》等均对这次竞赛的征稿启事、各区预赛始末以及决赛情况做了非常详细的报道。可以说，这次竞赛是当时上海地区举办的规模最大、参与人数最多、影响最大的书法竞赛活动。

二、民国时期举办中小学书法竞赛的目的与意义

民国时期的报纸杂志在报道这些中小学书法竞赛活动时，不仅会记录比赛的章程、参与人数、奖品奖项、获奖结果等内容，举办该比赛的目的也往往会予以说明。本文将其归纳为三点。

一是保护传统书法文化。如1930年，私立岭南大学举办的书法竞赛中说：

> 书法在吾国艺术上，占一重要地位，至今仍能保存其价值，惜受欧美文化较浓厚者，多漠然视之。
>
> 近学生各种功课之试验卷，多用墨水笔，或铅笔书写，对于毛笔使用，甚少讲求，事势使然，亦取其便利也。本校学生，年来对于中国书法，颇有注意及之者，大学学生自治会学术部，因举行校内中国书法比赛，俾作提倡。[⑤]

私立岭南大学认为，在当时西学东渐的时代背景下，学生多用钢笔、铅笔书写，发出毛笔书法"多漠然视之"的感慨。此虽为私立岭南大学举办书法竞赛之目的，然亦当为中小学书法竞赛举办者之共同期冀。中国书学研究会1943年举办"全国国立中等学校书法竞赛"之缘起云，"鉴于一般学生忽视书法练习"[⑥]，亦为此用意。

二是提高学生书法学习兴趣，启发艺术修养。1931年侨校国文委员会"欲增加学生对于习字之兴趣"[⑦]、1933年3月松江县教育局"为增进全县中小学学生学习国语科作文写字之兴趣"[⑧]、1937年大夏中学"为鼓励学生学

① 读者助学消息：实用书法竞赛［N］.申报，1944-05-27.

② 四区国民学校举行书法竞赛［N］.民国日报，1946-12-10.

③ 广州市小学学艺竞赛书法科竞赛办法［J］.广州教育，1946，1（1）：42.

④ 市教育局订定办法举办小学书法竞赛［N］.前线日报（1938.10—1949.4），1947-09-26.

⑤ 大学学生自治会学术部举行中国书法比赛［J］.私立岭南大学校报，1930，2（26）.

⑥ 中国书学研究会举办：全国国立中等学校书法竞赛经过［J］.书学，1944（2）：135-138.

⑦ 附侨书法比赛［J］.南大与华侨，1931，9（4）.

⑧ 办理中小学学生国语科作文写字比赛之经过［J］.松江县教育季刊，1933（5）.

习兴趣起见"①等，均是为提高学生的书法学习兴趣而举办的竞赛活动。而在竞赛的同时，往往伴随着展览会的开展，广大学生进入展览会观摩，亦可以进一步提高他们的艺术审美力。

三是展现中小学教学成果，以促进教育制度和方法等的改进。上文中已经提到，在民国时期所颁布的一系列新学制中，"习字科"已明确要求中小学校开设，这就需要教育部门去检验相关教学成果，发现问题。书法竞赛自然成为检验教学成果的主要手段之一。1935年，浙江省立嘉兴初中在校刊中叙述学生卷面"潦草乱涂""蟹行文字"，且多有"不能执毛笔书写"之学生，为此专门在寒暑假为学生制定大、小楷作业，并每学期"举行全校书法竞赛一次"②。1937年，青岛市立女中也是因为学生多忙于学业而习字潦草，"对于书法，多不注意"，遂"极力设法提倡"，除在周末节假期间由国文教师教导书法之外，特于六月中旬举行书法及图画比赛③。松江县教育局更是直接说明，是为"觇各校成绩之优劣，而促教学之改进"④。

至于民国时期举办中小学书法竞赛的意义，总结来说主要有三个方面：保护中华优秀传统文化；以赛促学，推进中小学书法教育；弘扬民族精神。

民国时期中小学书法竞赛活动肇兴，与当时的社会背景密不可分。西方文化的冲击让广大民众对我们中华优秀传统文化充满抵触，"不能执毛笔书写者"多矣，就如马公愚先生在1933年上海私立中学书法竞赛会上所讲：

现在的学校竟把钢笔代墨笔，以至于完全用钢笔，也许将来先亡字而后亡国，岂不痛心？所以我们要多多的提倡书法，不要真的先把文字亡掉了。⑤

除了在课堂内教授书法，在课堂外辅以竞赛的形式，更要以中小学生的竞争心去鼓励他们习字。又加上报纸杂志等的广泛宣传，进一步扩大了书法在社会上的影响力，起到了保护文化之作用。从上文中所述民国中小学书法竞赛的目的来看，提高学习兴趣、启发艺术修养、规范字迹等都是直接作用于学生本身的，也就是说书法竞赛对学生的价值和意义是最为直接的。书法竞赛是对学生实用书写技能的鼓励和督促，有助于学生中良好习字氛围的形成，也直接推动了中小学书法教育的发展。

当时很多中小学书法竞赛中有对书写内容的具体要求。如在1934年上海第三区教育会举办的小学生书法竞赛中："预赛材料中指为'礼义廉耻国之四维，四维既张国乃复兴'十六字、小楷为总理遗嘱。"⑥1937年粤中学校举办的书艺竞赛规定，书写内容为岳飞的

① 举行书法比赛［J］.大夏周报，1937，13（21）.
② 书法比赛［J］.浙江省立嘉兴初中校刊，1935（13）.
③ 举行书法及图画比赛［J］.青市女中校刊，1937，9（10）.
④ 办理中小学学生国语科作文写字比赛之经过［J］.松江县教育季刊，1933（5）.
⑤ 私立中学书法竞赛会［N］.新闻报，1933-06-26.
⑥ 三区教育会举办小学生书法竞赛［N］.申报，1936-03-21.

《满江红》（图3）。1943年中国书学研究会举办的"全国国立中等学校书法竞赛"要求书写文字为：

聪明才力愈大者，当尽其能力而服万人之务，造万人之福。聪明才力较小者，当尽其能力以服十百人之务，造十百人之福。就是全无聪明才力者，亦当尽一己之力，以服一人之务，造一人之福。[1]

1947年"上海市儿童书法竞赛"要求书写文字为："大道之行天下为公，选贤与能讲信修睦。"[2] 在竞赛中统一规定书写内容的作用体现在两个方面：一方面，可以公平公正地体现学生的书法水平；另一方面，比赛所要求书写之内容，主要是针对当时的战乱动荡之社会，因此多为爱国兴邦、自立自强之语，极具时代色彩，书写这些内容亦有助于培养学生的民族精神和爱国热情。

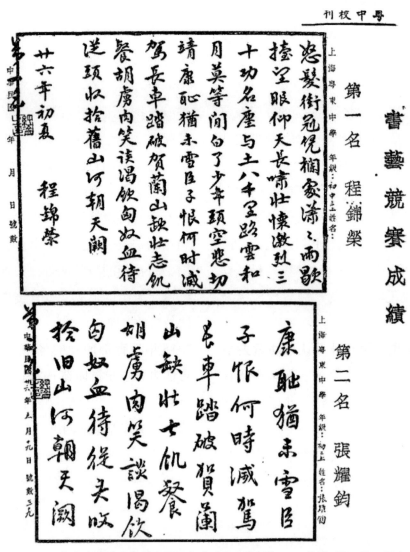

图3　1937年粤中学校书艺竞赛前两名（《粤中校刊》1937年第4期，第94页）

① 中国书学研究会举办：全国国立中等学校书法竞赛经过［J］.书学，1944（2）：135-138.
② 全市儿童书法竞赛今晨揭晓给奖［N］.新闻报，1947-03-29.

三、对当前中小学书法教育的启示

民国时期中小学书法竞赛活动的兴起，既传承了书法文化，也促进了中小学书法教育的发展。从历史的角度上讲，民国时期中小学书法竞赛正是我们当代中小学书法竞赛的先声，具有历史传承性，同时也具有很重要的借鉴意义。

1927年，北京青年会主办的"幼童写字比赛"，《新教育评论》第3卷第9期中记载了这一比赛的盛况，并有专文评论道：

> 关于幼童写字比赛，我不曾知道会中所规定的幼年组的儿童，最低的年龄是几岁，但是我们要顾到儿童生理发育的关系，倘若年龄过幼，是不宜于过分使用腕力去练习写对联的大字的。我们还得防止儿童因名誉心的驱使，而走到作伪的路上去。[①]

这一评论颇有见地，即使现在看来也对我们很有启示作用，没有盲目认可幼童去学习书法，反而考虑幼童过分习字、参赛会有害于其成长发育，充满人文关怀。

反观当代的青少年书法比赛，往往会有很多三四岁幼童抓着斗笔写擘窠大字的情景出现，我们不仅没有考虑到这一行为是否有害于其成长发育，还冠之以"神童"之名大肆宣传。看其年幼，为予以鼓励，评委老师们也通常会将其作品评为获奖作品。其他家长见此，纷纷让自己的孩子去模仿，形成"恶性循环"。我们在今后的比赛中，当对最低参赛年龄进行限制，也不要对低龄参赛选手过度宣传，避免上述现象的发生。文中"我们还得防止儿童因名誉心的驱使，而走到作伪的路上去"一语，更是未雨绸缪，道出了当前书法比赛中的乱象。很多家长、老师为了让学生取得优异成绩，往往会先为学生书写范本，让其直接临摹参赛，实际上学生并不具备这种创作能力。更有甚者，还会为学生代笔书写作品的主体内容。这种"作伪"行为在中小学书法竞赛中颇有愈演愈烈之势。相关部门在比赛过程中要多加关注，对获奖学生增加现场面试和规定内容创作的环节，以确定学生真实的书法创作水平。

上文我们已经分析，民国中小学书法竞赛的主要目的是激发广大中小学生的学书兴趣，传承书法文化。当前的中小学书法教育与民国时期一致，依然担当着弘扬传统文化，提升书法水平，促进学生多样化发展的角色。但在广大家长和学生看来，学习书法首先是有益于升学加分。早在2015年教育部印发的《中小学生艺术素质测评办法》（教体艺〔2015〕5号）中就有规定：

> 自主参加校外艺术学习、参与艺术实践的情况（主要指参与社区、乡村文化艺术活动，学习优秀的民族民间艺术，欣赏高雅的文艺演出和展览等）或在学校现场测评中展现的某一艺术项目的特

---

① 儿童写字比赛会和游戏场 [J].新教育评论，1927，3（9）.

长（包括声乐、器乐、舞蹈、戏剧、戏曲、绘画、书法等）加分十分。

2018年的《教育部对十三届全国人大一次会议第7496号建议的答复》（教建议〔2018〕第411号）也提道："具有书法特长的学生，可以在中、高考自主招生中发挥自身优势。"如此高的加分政策吸引着大量学生和家长，而参加竞赛获奖和取得书法等级证书，无疑是对学生书法水平最直接、有效的证明。

与民国时期单纯以保护书法文化、提高书法兴趣为目的的书法竞赛相比，当代因竞赛而书法、因升学加分而书法的功利性思维反噬了中小学书法竞赛的初衷，也使学生丧失了学习书法的趣味性和传承书法的自觉性。当然，相关部门也敏锐地发现了这一"扭曲"的书法教育现象，并予以及时纠正。2022年2月11日，文化和旅游部发布的《文化和旅游部办公厅关于做好文化艺术类校外培训管理相关工作的通知》（办科教发〔2022〕22号）明确要求："严格规范文化艺术类校外培训招生宣传，不得以承诺通过任何形式的文化艺术水平测试、考试等作为招生诱导。"

在基础教育阶段，相关部门应该更好地引导学生制定非功利化的学习目标，这样才能通过书法竞赛激发中小学生的学书兴趣，理解书法艺术中耐人寻味的审美意义与人文价值，进而使他们形成传承中华优秀传统文化的自觉性。

作者简介：

李一帆，中国书法家协会会员。2020年6月本科毕业于暨南大学中国书画专业，同年保送为暨南大学艺术学理论硕士研究生。主要研究方向为书法史论和中小学书法教育。

"新课标"下传统文化舞蹈课融合课程建构

张　烨

[摘要] 传统文化融入舞蹈课堂的教学实践与探索，即以中国传统文化为教学内容，中国古典舞为教学载体，将古典舞与国学经典著作、诗词古文、二十四节气、传统节日等内容相融合，探索传统文化主题如何在舞蹈课堂更具创意化、趣味化、艺术化、系统化呈现，引导学生由浅入深了解中国传统文化，由易到难学习中国古典舞，在"新课标"的导引下形成具有中国特色的舞蹈教学模式，力争实现"立德树人、以舞育人"的双重教育目标。

[关键词] 传统文化　中国舞　舞蹈学科

2020年9月，习近平总书记在教育文卫体代表座谈会上对"十四五"规划提出意见：立德树人作为教育的根本任务，要推动中华优秀传统文化创造性转化、创新性发展，提高国家文化软实力，增强中华文化影响力……2019年，中共中央、国务院印发的《新时代爱国主义教育实施纲要》提到"传承和弘扬中华优秀传统文化"[①]。《义务教育艺术课程标准（2022年版）》总目标中指出"传承和弘扬中华优秀传统文化、革命文化、社会主义先进文化，坚定文化自信，铸牢中华民族共同体意识"[②]。

目前，以传统文化为主题的舞蹈节目并不少见，但将传统文化融入舞蹈课堂教学，全国多数中小学校都受到时间、空间、人数、教室、师资等问题的限制。若要将中华传统文化融入新时代舞蹈教学，就要通过舞蹈+语文+音乐等跨学科融合，尝试以分学段、主题单元为课程框架，设计以中国古典舞为主的舞蹈动作，以"寓教于乐"的教学方法提升舞蹈学习的趣味性与艺术性，感受中国传统文化与舞蹈肢体语言融合的艺术魅力，以

---

① 《新时代爱国主义教育实施纲要》由中共中央、国务院于2019年11月印发实施。
② 中华人民共和国教育部.义务教育艺术课程标准（2022年版）［M］.北京：北京师范大学出版社，2022：7.

"核心素养"为教学导向，探索中国传统文化在舞蹈课堂中更具时代性、科学性、系统性的呈现，培养学生成为中国传统文化、艺术的继承者与发扬者。

一、聚焦核心素养的课程内容设计

《义务教育艺术课程标准（2022年版）》要求"艺术课程围绕核心素养，体现课程性质，反映课程理念，确立课程目标"。"小空间"传统文化舞蹈课程以"核心素养"为导向，以中华传统文化为主题，以中国古典舞为舞蹈教学载体，以《弟子规》《三字经》唐诗、宋词、文言文、传统节日习俗等中国传统文化知识为切入点，通过大单元中"欣赏与体验""表现与展示""编创与融合""理解与交流"四个板块，落实"审美感知、艺术表现、创意实践、文化理解"的核心素养导向，引导学生逐步形成正确价值观、必备品格和关键能力。

（一）审美感知——"欣赏与体验"

"欣赏与体验"为主题单元第一课的主要内容。审美感知是舞蹈学习的基础，主要指学生通过欣赏传统文化主题的舞蹈、音乐、美术、书法等艺术作品，感受并发现其艺术语言、艺术形象、风格意蕴等表现特征，理解其文化背景、情感表达、人文情怀等丰富内涵，欣赏舞蹈作品中的审美风格特征，模仿、体验舞蹈作品中的典型动作、基本动律，在作品欣赏和动作体验中逐步提高感受美、欣赏美、表现美、创造美的能力。如七年级主题单元"木兰"，将对应年级语文教材中的

《木兰诗》与舞蹈课相融合，第一课"欣赏与体验"将引导学生观看舞剧《木兰》、舞蹈《木兰辞》、豫剧《谁说女子不如男》等不同"木兰"艺术表现形式，在班级教室的"小空间"体验古典舞手形，捕捉木兰"孝敬父母、勇敢担当、身怀家国大义"的巾帼英雄形象，如木兰奔赴战场所用的"剑指"表现出英勇杀敌的气势，而"对镜花黄"时所用的"兰花掌"表现出女儿身的温婉娇羞，引导学生理解中国古典舞中掌型、指型、拳型所展现出的不同性格、形象及其情绪塑造作用，启发学生感受舞蹈与音乐、文学、戏曲等艺术形式之间的关联性，汲取丰富的审美元素，提升知识迁移能力。

（二）艺术表现——"表现与展示"

"表现与展示"为主题单元第二课的主要内容。艺术表现是学生参与舞蹈课需要掌握的必备能力，主要指学生通过在班级教室内学习中国古典舞基本舞姿、动律、形态、动作等，能够精准塑造形象、表达感情，不断提升舞蹈表演质量的能力。如在"木兰"主题单元情境设定下，学生通过对《木兰诗》的理解，体认"停机叹息、替父从军、奔赴战场、征战沙场、凯旋回朝、亲人团聚"的故事结构，学习古典舞"顺风旗、托按掌、提襟、扬掌"等基础古典舞姿，体验古典舞舞姿与木兰形象之间的关系，学习"晃手、摇臂、穿手、云手、风火轮"等上肢动作，然后能够在此基础上对应故事情节进行舞蹈转化，如"晃手"表现"当户织"、"风火轮"表现"奔赴战场"、"云手"表现"凯旋回朝"等，并能够通过个别表演、集体表演进行综合展示，

增强形象思维能力，提升舞蹈表现力。

（三）创意实践——"编创与融合"

"编创与融合"为主题单元第三课的主要内容。创意实践是学生创造力的集中体现。学生在班级教室的"小空间"中将课桌围成圆形，形成相对宽敞的教学场地，以小组项目的形式设计有情境、有主题的小组创意活动，并通过传统文化主题脚本设计，尝试探索在已掌握的动作基础上进行编创。小组成员通过"讨论—合作—展示—交流"，感受舞蹈与生活、社会的联系，并发挥主观能动性构建多元化知识结构框架，激发自身的创新意识、发散性思维、想象力、创造力及团队合作能力。如在"木兰"课例中，各小组分别根据"替父从军""奔赴战场""征战沙场""凯旋回朝""对镜花黄"等五个情景进行小组创作，小组成员在已学习的"造型、动作、流动"三方面知识的基础上进行脚本设计，并根据个人特长与兴趣点进行分工，创编了"心中的木兰"舞蹈片段，培养了创新意识，增强了团队精神。

（四）文化理解——"理解与交流"

"理解与交流"为主题单元第四课的主要内容，在本单元起到课程"巩固与拔高"的作用，旨在引导学生正确理解传统文化中的文化思想、人文内涵、历史文化、生活习俗、地域特征等方面的内容，感受和理解我国深厚的文化底蕴，传承和弘扬中华优秀传统文化，"形成正确的历史观、民族观、国家观、

文化观，尊重文化多样性，增强文化自信"[①]。如在"木兰"课例中，学生通过相互观摩"心中的木兰"小组创作展示进行生生互评，教师引导学生在交流中"讲好中国故事"，启发学生除了对舞蹈创作、表现、完整性等进行评价，还应从文化理解的角度深入了解"木兰"勇敢善良的品质、保家卫国的热情和英勇无畏的精神，并将传统文化精神联系到日常生活中，如对父母孝顺、对生活勇敢、对祖国热爱，将爱国主义、集体主义、社会主义教育潜移默化地融入舞蹈课堂中，增强学生的文化理解与审美体验，激发学生的民族精神与文化认同，使其树立文化自信与国家观。

二、适应学生身心特点的分学段框架设计

（一）第一学段（1—2年级）："舞跳国学"

"舞跳国学"是根据小学低年级学生活泼好动的身心特征，将《弟子规》《三字经》《笠翁对韵》等朗朗上口的文字与"小空间"舞蹈动作相融合，创编的兼具故事性、情境性、趣味性的舞蹈小组合，旨在启发学生在边唱边跳的练习中了解、熟悉中华民族的优良传统美德，引导学生在生活中形成诚实守信、友爱宽容、自尊自律、乐观向上的良好品质。课例"舞跳三字经"通过吟诵《三字经》了解中国传统文化的"仁、义、诚、敬、孝"，在学习舞蹈组合的同时了解典故及历史故事，

---

① 中华人民共和国教育部.义务教育艺术课程标准（2022年版）［M］.北京：北京师范大学出版社，2022：6.

如"昔孟母，择邻处。子不学，断机杼"等。教师为学生讲述关于《孟母三迁》的故事，请学生通过肢体、游戏、朗诵等方式进行表演，引导学生将文字语言转化为舞蹈动作，感受肢体语言的独特魅力。

（二）第二学段（3—5年级）："舞跳唐诗"

"舞跳唐诗"是根据小学中年级学生理解能力加强，动作完成能力较高的身心特性，将舞蹈动作融入3—5年级语文教材中的《清明》《回乡偶书》《鹿柴》《从军行》《咏柳》《凉州词》《游子吟》等经典唐诗中，引导学生了解传统文化节日、节气、服饰、习俗等相关知识，感受舞蹈与自然、生活、社会的关联，在展示与交流中传承爱亲敬长、爱集体、爱家乡等传统文化精神。如在课例"咏柳"中，教师通过对诗文的情境赏析，引导学生想象"柳树""柳条""柳叶""春风"等自然形象，将手、眼练习等融入舞蹈组合，将"柳"的形象通过手臂、手指、眼神进行表现，传达古典舞中"手到、眼到、步到、身到"的"形神兼备"的审美特征，感受自然生活与情感表达之间的关系，传递人与自然和谐共生的理念，启发学生发现自然美、感知自然美的能力。

（三）第三学段（6—7年级）："舞跳诗词"

"舞跳诗词"是根据小升初阶段学生幼稚性与成熟性逐渐过渡、身体形态开始发生显著变化、性格也更加含蓄内敛的特点，将舞蹈动作融入6—7年级语文教材中的《寒食》《七步诗》《竹石》《将进酒》《浪淘沙》《天净沙·秋思》《元日》等经典诗词中，教师在舞蹈课上将诗词的内涵意蕴与舞蹈所表达的思想感情相互渗透，引导学生增强乐观、积极、开朗、坚忍的态度，加深学生对舞蹈审美的感知、体验与理解。如在课例《浪淘沙·其一》中，教师通过播放舞蹈《黄河》片段，使学生感受诗中"九曲黄河万里沙"的源远流长、气势恢宏的情境，体验学习古典舞中"平圆、立圆、八字圆"的动势表现"黄河"的波涛汹涌、连绵不断的状态，并通过讲述牛郎、织女的民间传说，使学生感受诗人将现实与神话相结合的文化意蕴。

（四）第四学段（8—9年级）："舞跳古诗文"

"舞跳古诗文"是根据初中学生独立意识和成人感增强、缺乏对真善美和假丑恶的分辨能力、容易受到外界的不良影响的身心特性，将舞蹈动作融入8—9年级语文教材中的《水调歌头》《将进酒》《卜算子·咏梅》《愚公移山》《行路难》《无题》《观沧海》等古诗文内容中，使学生了解诗文中描述的历史故事、文化背景、人文情怀等内容，并在编创舞蹈作品的过程中敢于表达自己的理解和想法，树立正确价值观、国家认同感、归属感、责任感、使命感。如在课例《水调歌头》中，学生通过欣赏王菲的歌曲《水调歌头》感受宋词的韵律之美，通过学习古典舞"提、沉、冲、靠、含、腆"等韵律动作，感受中秋明月与悲欢离合之情，通过舞蹈创作与交流，体会作者借咏"月"表达乐观豁达的人生态度和对生活的美好向往与祝愿。

三、提升学生兴趣的教学方法设计

古代教育家孔子提出"知之者不如好之者，好之者不如乐之者"。兴趣是推动学习的内在力量，"小空间"传统文化舞蹈课程以"启发式"导入、"浸入式"体验、"项目式"创作等教学方式，落实"新课标"中的"教学策略建议"，旨在提升舞蹈学习兴趣，加深传统文化理解，提升舞蹈表现力。

（一）"启发式"导入

如在课例《清明》中，教师以一幅"清明烟雨图"作为导入，引导学生从图画中发现"雨、行人、问、遥指"几个元素，启发学生从理解诗句的含义开始，进行舞蹈动作转化，如用手部"盘腕"动作表现"清明时节雨纷纷"、用双臂"晃手"动作表现"牧童遥指杏花村"，并在交流与评价中，启发学生了解清明节作为中国传统节日的相关习俗与文化理解，激发学生传承传统节日文化习俗，增强文化自信。

（二）"浸入式"体验

教师通过音乐、文学、图片、故事、角色扮演等方式，在"身临其境"的教学过程中引发学生情感共鸣，使学生在身心交融地感受舞蹈课的同时有效激发学习兴趣。如在课例《观沧海》中，教师先为学生播放海浪击石、秋风呼啸的音频，然后介绍曹操著诗时的境遇与雄心，以情景交融的方式将学生带入情景之中。

（三）"项目式"创作

通过教师引导各小组进行舞蹈"脚本设计"，小组成员根据自身特长选择小组分工任务，融合其他学科知识进行创作，在熟练掌握舞蹈基础技能后，通过不同创作分工要素感受舞蹈创作乐趣，如在课例《愚公移山》中，教师引导学生用肢体动作表现"山"的形态和"愚公"的形象、设计故事情节、调度构图，运用多种艺术表现形式，培养学生的想象力、发散性思维、创造力、合作能力，启发学生从单项思维转向整体思维。

四、体现舞蹈学科特点的评价机制设计

根据2022年版"艺术新课标"的"教学评价"要求"完成以评促学，以评促教：'教—学—评'一致性"[①]。"小空间"传统文化舞蹈课程评价内容包括四个方面：审美感知方面，学生能够构建舞蹈欣赏结构，提升欣赏、分析、体验、评述作品能力，养成勤于思考、善于总结的良好习惯，加深对舞蹈作品欣赏的理解；创意实践方面，学生通过个人或团队合作完成编排和展示舞蹈创作，发展创新思维，并通过积极参与创作、表演、展示的课堂实践，运用媒介、技术和独特的舞蹈语言，提高艺术表现力；艺术表现方面，根据学生表现的主题立意、创作内涵、音乐

---

① 中华人民共和国教育部.义务教育艺术课程标准（2022年版）［M］.北京：北京师范大学出版社，2022.

配合、创意亮点等进行生生互评，提升学生的观察力、模仿力、语言组织能力，最终形成对舞蹈艺术的反思能力和评判能力；文化理解方面，学生能够阐述理解舞蹈与自然、舞蹈与社会、舞蹈与历史、舞蹈与地域、舞蹈与人文的关系，增强舞蹈学习评价的广度、深度及强度。传统文化主题舞蹈课应针对不同学生的特点，对评价结果做个性化、发展性的解读，注重运用学生评价结果反思、改进教学。

传统文化主题舞蹈课程不是"蜻蜓点水"的舞台展示，而是更具系统性、全面性、普及性的课堂教学，舞蹈教师应立足多学科素养审视教学内容，由单课时备课走向单元项目整体备课，由关注舞蹈本体知识走向关注学科素养，探索直观性、交互性、趣味性，多角度、多维度地呈现舞蹈教学内容，找到更多突出思想性、经典性、时代性、民族性、实践性的传统文化内容，融入生活和艺术的联系，运用数字化多媒体技术突破"空间"限制，在"新课标"指导下形成舞蹈教学新形态。传统文化舞蹈教学既是尝试又是探索，希望能为"新课标"下的舞蹈普及课程提供更多参考方向。

作者简介：

张烨，北京市第五中学教师、北京市一级教师、中国舞蹈家协会会员，2022年北京冬奥会演出仪式主管。

新版艺术课程标准下的中小学戏剧影视教学探索

韩　鑫　邹项来

[摘要]2022年，教育部印发《义务教育课程方案和课程标准（2022年版）》，其艺术课程标准中关于戏剧（含戏曲）与影视（含数字媒体艺术）课程规范化、体系化课程标准的制定充分体现了国家对于美育教育的关注与重视。在我国的大力推进与普及下，各地学校都将丰富多样的美育课程纳入日常教学之中。新政策的颁布将使戏剧与影视学科在中小学基础教育中以全新的势态开启推广普及之行。戏剧与影视学作为国家一级学科，包含艺术各类形式，其美育优势充分完备、不可多得。本文将通过洞悉戏剧与影视的艺术共性，从戏剧与影视学的美育优势出发，探究《义务教育艺术课程标准（2022年版）》下的中小学戏剧影视教学。

[关键词]戏剧与影视学　美育　中小学教育　戏剧教育

一、中小学戏剧影视课程教学现状及其成因

（一）中小学戏剧影视课程发展现状

戏剧影视教育一直以来都作为专才的"精英教育"存在于各级各类教学单位，而没有作为普及性的"通识教育"出现在各大中小学；国内戏剧影视教育教学资源、师资主要集中在发达地区，没有得到广泛实施与执行，各地区发展较为不平衡；其仍未成为被各级各类学校与学生家长广泛了解、接受、采纳的美育课程。同时，缺乏与之相匹配的科学严谨的教材、具备资质与授课经验的教师、系统完整的理论体系和清晰明确的评价标准，整体发展仍然处于起步水平，未形成一定的规模与规范，各项属性都较为薄弱。目前面向少年儿童的戏剧影视教育主要由各大艺术培训机构与教育类公司运营，各类机构教学能力与师资力量参差不齐，需要相应规章制度加以约束、规范。加上戏剧与影视学科没有相应由教育部颁发的中小学教师资格证，师资的培养与管理、学校资质的评估与鉴定

就显得更为困难，尚未形成规范、统一、权威的课程授课标准。因此，师资培训体系与评价标准是目前亟待解决的一大问题。总体看来，戏剧与影视课程在中小学美育当中相较于其他艺术门类正处在逐步普及、开发与发展阶段。

（二）中小学戏剧影视课程现状成因

1.课程设置因素

戏剧与影视课程目前在中小学课程设置之中仅处于初始发展阶段，尚未以主要教学内容的身份存在于各级各类学校之中。国内对青少年美育课程的安排、规划与实施尚需要时间进行全面深刻的认识与研究，戏剧与影视教育对于青少年的各方面培养塑造、影响教化的功能还有待得到进一步重视。再者，戏剧与影视类专业尤其是戏剧影视教育方向并未在各大高校广泛开设，拥有此专业方向的高校屈指可数。因此，无论是课程安排、教材师资还是大众接受度、了解度都远不能满足戏剧影视课程在中小学课堂的普及与发展条件。

2.社会人文历史因素

自古以来，中国传统文化中的琴棋书画都是精英群体的标准配置，而戏剧艺术则不然，属于较为底层的群体。"曲艺从业者的地位在唐宋时期曾相对较高，但到了中国戏曲开始成形的宋元金时代，其从业者再次由社会底层的群体担任，成为职业戏剧人的凤毛麟角，这种情况直到民国时代才有所改观，从中可以看出戏剧教育一直没有真正成为培养中国士大夫和精英分子的教育环节。"[①]而随后影视艺术在中国进行传播发展时，由于其对于影视设备、放映设备、场地的要求，没能成为"广大人民群众玩得起的艺术"。迈入21世纪后，电影、电视逐渐大众化、主流化。但在家长心目中的影视艺术往往自动减少了其"艺术性"、"技术性"与"人文性"，放大了其"娱乐性"、"消遣性"与"成人性"。中国依然是发展中国家，而美育的发展推广与教学实践需要一定的物质经济基础、较高的社会发展水平与文化层次，再加上部分中国家长的教育观念偏向"目的化""功利化"，因此大多数人容易忽视美育对人才培养起到的更高层次的作用。

3.艺术本质特性因素

戏剧与影视学科之所以未能如同音乐、美术、舞蹈等美育课程一般进入中小学生的日常学习与生活之中，从本质上讲也与其艺术特性有着不容忽视的联系。戏剧艺术是时间与空间的艺术，是舞台上情节性的动态造型，因此对场地、人员与情境都有一定的要求。戏剧艺术的普及需要以剧院等演出场地的普及与从业者的充沛为基础，所以，戏剧教育的发展、普及与推进需要在满足自身特性的发展空间和条件的前提下才能进行。而影视艺术则是更偏向镜头与导演的艺术，是随着人类科学技术与生产力的发展才得以发生形成的艺术。这两种艺术无论是从组织、执行还是呈现上都需要较多的物质基础予以支撑，因而未能在中小学校较广泛普及。

① 陈珂.戏剧教育理念设计基本框架［J］.上海戏剧，2015（11）：40-43.

二、戏剧与影视学科特征及其优势

（一）学科特质——浓缩性的综合艺术

戏剧与影视艺术在美育中担任了重要组成部分，其所重视的是人在艺术创作中的感知与创造。"在审美活动中，人的形象思维异常活跃，并将伴随相应的抽象思维和灵感思维，人的感知、情感和想象潜能被激发出来，创造力亦由此产生，从某种意义上说，没有想象，就没有艺术，戏剧影视艺术是极具综合性的艺术形式，其中的编、导、演、服、道、化就包含了文学、摄影、美术、音乐、建筑、舞蹈等艺术成分，它们都具有创造性要素。"[①]以综合多种类艺术为前提，戏剧与影视学科集百家之长、聚集并浓缩了兼具人文性、审美性和教育性的多项特性，对于培养、激发中小学生想象力、创造力、表现力的可能性都远超过其他艺术学科，因此戏剧与影视学科的综合性将为其充当美育内容的全过程源源不断地输送养料，对中小学生进行全方位、多层次、多学科的塑造。扮演各种角色、塑造人物形象是戏剧的主要内容与任务。学生在呈现各类角色的过程中往往需要在假装、观察、模仿、扮演等教学活动中进行，这一系列的行为将帮助学生达到自我认知、角色转换、心智启迪。

（二）创作过程——集体性的二度创作

无论是戏剧艺术还是影视艺术，在创作过程中其依据和先决条件都是剧本，导演在戏剧艺术中通常使用文学剧本与导演创作本；而在影视艺术创作过程中，除了文学剧本，导演还会使用分镜头剧本与完成台本。导演与演员分析剧本中的事件、角色、人物关系等，先对其产生感性认识，再用理性思维去创造感性的形象，这一创作规律贯穿戏剧影视艺术的创作始终。作为二度创作艺术的戏剧与影视艺术，创作者在二度创作过程中充分发挥主观能动性、结合自身感受与时代特征创作出的既立足于原剧本又符合当代精神的艺术形象，将启发中小学生在教材与学科知识的基础上进行天马行空的想象与创造，使其迸发出自我意识与独特见解。同时，相较于音乐、舞蹈、美术等艺术，戏剧与影视艺术在创作过程中更注重团队协作，二者皆为集体性的艺术。戏剧创作团队和影视剧组在导演的带领下进行艺术创作各个门类的分工协作，各司其职、相得益彰地完成整个舞台和影视艺术的呈现，最终将美轮美奂的艺术形象呈现给舞台与荧幕前的观众们。这无疑会引导中小学生在课堂上与生活中进行合理的团队协作，用集体的力量完成一部剧、一台戏、一个老师布置的任务、一道书本上出现的难题、一些生活中常见的困难等。

（三）呈现方式——情节性的动态造型

不管呈现方式是舞台还是镜头，戏剧与影视艺术都在通过极力地塑造好一个个、一帧帧看上去精妙绝伦、令人瞠目的情节性的动态造型来使观众目不转睛、全神贯注地观

---

① 王晖.影视艺术教育：以人为本的美育之道［N］.中国社会科学报，2020-07-24（6）.

095

看作品，最终通过角色的表演向观众输送导演对于作品的中心思想和最高立意。这是两种艺术创作团队皆矢志不渝、乐此不疲的创作目的，因此，戏剧影视艺术传播具有认知作用，即信息功能。在当代信息传播媒介丰富多样的作用下，戏剧与影视艺术兼具较为广泛的传播能效。以影视话剧作品中所呈现的形态各异、性格丰满的角色形象和跌宕起伏、引人入胜的故事情节等要素为媒介与手段作用于人们的情感、态度、价值观，将在人们的思想、心理层面进行重新塑造，这就是戏剧影视艺术对人内部的塑型功能。"戏剧影视艺术传播依靠其快捷的声像画面传播思想情感、价值观念、文化心理等人文景观，从而培育出各种情感态度价值观，如爱慕、崇拜、感化等文化心理，仰仗其视觉性、趣味性、通俗性的娱乐形式，传递社会文化，从而潜移默化地改变着人们的人生观、价值观和行为方式，提高人对现实和自身的认识。"[1]中小学生通过接受情节性动态造型的熏陶，被生动有趣的故事情节和个性鲜明的人物形象所感染，引发思想共鸣，从而实现统一思想、洗涤心灵、净化灵魂的目的。当戏剧艺术作为课程融入学生的日常生活，戏剧艺术的审美价值与导向作用将影响学生的人格、品德和审美能力塑造。在整个行课过程中，学生的想象力、表现力等"七力七感"都将得到培养塑造。因此，相较于传统的教学方式，戏剧与影视学科可以充分调动中小学生的学习自主性，用"自发"替代"说教"。长此以往，学生的内驱力将被充分调动，并在"自我决定"的前

提之下进行学习与生活，其"厌学心理"将因此而不复存在。

三、戏剧影视课程实施过程与方法

（一）从感受欣赏到表现创造

《义务教育艺术课程标准（2022年版）》中明确提出，戏剧（含戏曲）与影视（含数字媒体艺术）学科课程内容均包括"欣赏"、"表现"、"创造"和"融合"四类艺术实践，均需通过具体的学习任务组织教学。根据义务教育阶段学生的身心发展特点和教育教学规律，这两种艺术学科在教学学习任务的设置上皆具有"进阶性"，这是为了满足中小学生在不同年龄阶段身心发展的阶段性，同时戏剧影视艺术课程还需满足中小学生的个体差异性。因此在课程标准中未出现统一且具象的标准化的内容，笔者认为，中小学戏剧影视教育应该设立的是非标准化的标准，须杜绝程式化、模式化、固定化的教学。这一点在新版艺术课程标准中体现得十分明显，整体课程内容安排循序渐进，基本遵循从感受、欣赏到表现、创造，最后适当融合回归生活的过程。以新版艺术课程标准为参考，结合戏剧影视艺术特征与创作规律，笔者认为，其课程实施的过程可以由以下几个阶段组成。

1.初级阶段——从假装、模仿、扮演出发（小学低年级阶段）

假装、模仿、扮演是人类的天性，是人

---

① 魏方田.影视教育在中小学中的应用研究［J］.软件导刊（教育技术），2009，8（11）：20-22.

类经过进化、发展、生存而产生的与其他动物的本质区别。人类正是通过这些行为才不断发展、提升与强大，同时这些行为也深深地烙印在了我们的基因当中。在课堂使用相应教具作为教学手段能充分体现假装、模仿与扮演的过程与价值。不同身份，不同样貌，不同角色的面具、服装、小道具等在课堂上尽情展现自身的个性，学生在通过肢体动作创造这些鲜明形象的同时其实已经开始了潜移默化的表演。在课堂上进行即兴的面具与艺术作品创作，利用这些作品加以形体来展示，既可以保留学生最原始的艺术创作力与感知力，也可以训练学生的综合艺术审美能力与表现力。"从假装开始，带着假定性的状态以自我为中心来'装'，是在'我是我'状态下的一种扮演，实际上也是扮演的一种特点，完全从自我的状态开始。"①紧接着就是模仿，"模"是对客观事物进行细致观察后的记忆与复刻，"仿"则需要从自身形态与动作出发，演员创造角色往往就是由此开始的。假装的侧重点偏向于"我"本身，模仿则是以一个对象为基础和参照物的模仿，这些都是人类行为习得的最本质形态，在此基础之上方能进行扮演。在扮演的过程中，演员需要将主体和客体相结合，使内在体验与外在体现进行融汇，从而达到扮演的最高阶段。在这一阶段，只有通过细致、高度专注的观察才能达到更真实的模仿、扮演境界。

2.发展阶段——从感知、感受、表现出发（小学高年级阶段）

感受力是几乎所有艺术门类创作过程中举足轻重的心理能力，其指的是人的各种感觉器官在受到外界刺激后而产生的相应心理反应的能力。感受力在整个表演艺术的创作过程中都起到了至关重要的作用，演员能否逼真、显著、明了地感受剧本的规定情境决定了其组织的舞台行动是否真实有机、令人信服，因此演员的感受力将直接影响着演员的创造力和表现力，这种能力表现在学生身上亦是如此，即以假装、模仿、扮演为基础，以感受、感知、表现为展现的过程和结果。在行课过程中，可以让学生通过形体动作再现生活中常常遇到的实体物品甚至是抽象的意向、物体、想象。再者，可以让学生通过肢体即兴展现出某种特定的情绪、情感或者态度，在产生这些的前提下进入某种情境，最后用肢体动作展示出自己是在何时、何地、做些什么。当然，过程都是循序渐进、浅尝辄止的，当学生越来越适应并享受此种教学过程、按部就班地完成教学内容与安排之后，就可以开始进行编导了，这个过程需要先学会思考编撰角色的形态、故事与情节，再发展到故事、小品、戏剧影视片段及完整的话剧和影视作品。"编"之后的最终落脚点在"导"上面，即要将想和写的东西演出来，使其在舞台上、镜头前、荧幕上立起来。如此一来，学生就了解并拥有了基本的戏剧、影视表演、导演的基础知识与能力。更重要的是，当学生通过扮演在感知、感受中产生情感的体验时，不仅可以得到情感的宣泄，还可以在进一步的表现时、在移情的过程中产生共情的能力，获得同理心的培养。

① 陈珂.普及戏剧教育，审美文化时代的呼唤［J］.人民教育，2016（18）：29-31.

3.进阶阶段——从策划、执行、呈现出发（中学阶段）

学生以小学阶段关于戏剧影视课程的学习为基础，并在一系列训练的基础上开始进入制作与呈现阶段，其最大的特点是控制。戏剧影视制作包含诸多内容，从前期的创意、策划到后期的推广、营销，分门别类、五花八门。进行演出制作与呈现是戏剧影视教育的最高阶段。在此阶段，学生已经基本了解与掌握了戏剧与影视艺术的艺术特性、构成部分与制作过程，他们已经可以按照戏剧影视的创作规律着手制作属于自己的戏剧影视作品。在此阶段，学生不仅通过戏剧和影视课程得到了美的陶冶、感受到了艺术的氛围、对美形成了较为完善的认知，还知道了应该通过何种方式、何种手段、何种媒介将自己的所想、所感清晰地用戏剧与影视手段表达出来，同时能够动员身边的同学群策群力、各司其职地完成戏剧与影视艺术创作过程中的各个环节。至此，学生已经形成了一个较为成熟与标准的创作团队。

（二）从舞台与镜头艺术到其他艺术

在"新课标"中，戏剧与影视课程在小学和初中的学习任务要依托音乐、美术等艺术门类开展与实施。在戏剧课程开展的初始阶段，使用音乐和舞蹈元素进行授课是较为普遍与科学的方式，也和戏剧艺术的综合性不谋而合。而在创造戏剧和电影艺术时，无论是从舞台美术设计、镜头语言的美感还是服装、化妆、道具的设计与制作以及场景的

设计搭建，都充斥着美术与设计学科的身影，这些创作过程的重要组成部分也将相辅相成地从演出单位迈向教学单位，给戏剧与影视课堂带来生生不息的创作动力与教学内容。所以，戏剧影视课程教学不能单打独斗、一枝独秀，而是要各类艺术学科相得益彰、百花齐放，以多种艺术元素作为教学主体内容，使其各尽其用地以美的形象来感染、塑造中小学生的情感、思想和能力，最终实现中小学生全面发展的途径与结果。在诸多艺术形式与手段下，形象性、情感性、精神性和创造性的表达与呈现使其拥有包含形式美、精神美和创造美等在内的多元艺术形象。更重要的是，戏剧与影视艺术将为学生的学习过程营造直观性、真实性、代入感，或写实、或写意地对中小学生的成长环境做出了直接再现或艺术化的重现。从舞台与镜头艺术出发，延伸至各个门类的艺术表现手段，这些特别的呈现方式，显然更易于被当下的青少年所接受。

（三）从关联融合到立德树人

"科学与艺术对人来说是同等重要的，我们不应该以功利性的标准出发厚此薄彼，一个完整和完善的人必定是理智与情感同样丰富的，否则便是有残缺的。"[1]"新课标"强调：各类艺术课程在组织与施行中应以各艺术学科为主体，同时还需要加强与其他艺术的相互融合；注重艺术与自然、生活、社会、科技的关联，汲取丰富的审美教育元素，传递人与自然和谐共生的理念，促进学生身心健

---

① 张送祥.让影视艺术走进中小学教育［J］.宿州教育学院学报，2012，15（1）：109-111.

康的全面发展。显而易见，戏剧与影视课程跨学科的应用与实践尤为重要。戏剧影视课程与语文、外语、思政等学科相结合将增加科学文化知识的趣味性与艺术性，从而使学生更能融入课堂情境、更高效地学习各学科的知识。戏剧艺术中规定情境的创设可以应用在任何学科场景，教师通过背景知识的组织创设与其课堂内容相关的情境，在行课过程中运用跌宕起伏的戏剧情节激发起学生的学习兴趣，引领学生与教师一同思考。戏剧艺术与语文（文学）、外语、历史等人文学科关联紧密，相关学科教师将通过使用戏剧艺术诸元素更好地为学生创设课堂情境；而影视艺术中的特效、建模则与数学、物理、化学等理工学科有所重合。戏剧与影视课程教学能够使思想品德、政治课高效地达成教学目标，戏剧影视艺术为学科教学提供了丰富的教学手段、铺设了广袤的想象空间、创设了无尽的教学可能。教师可以在课堂上创设任何需要的教学情境、组织任何需要的教学行动，与学生一同协作完成一节真正寓教于乐的课堂，最终达成立德树人的总目标。

在整个授课过程与课程安排当中，教师不能仅把教学重心放在剧目的排演与呈现、学生的角色理解和塑造之上。戏剧与以影视教育教学方针与内容是异于专业学校院团和机构培养表演专业学生的，两者的出发点与落脚点都不尽相同。因为戏剧教育应当是普及性、非精英性的教育，应当更为注重感受、体验、经历与认知而并非呈现与成果。所以教师在教学中应该忽略功利性与目的性，而注重发掘与保留学生本身的能力和情感，带领他们在身心安全的情况下走进戏剧的奇妙世界，使他们能够通过戏剧与表演元素进行探索、发掘与训练，对戏剧与影视艺术有基本的感受与了解，最终通过美育课程的熏陶与滋养，享受全人教育、塑造完整人格。

结　语

在过去的上万年间，人类经过了数次进化。从远古石器时代到信息时代，创造了农耕文明与工业文明的人类在物质已然丰富的基础之上，对幸福感的产生发生了转移，即精神层面的满足将凌驾在物质层面的享受之上，净化感、崇高感、审美感成为人类的向往。这时，人类对于审美文化的需求将节节攀升。提升文化软实力、增强文化自信、传承发扬中华优秀传统文化成为当代教师与学生义不容辞的任务和使命。义务教育艺术课程始终坚持以立德树人为根本任务，引导学生树立正确的历史观、民族观、国家观、文化观，增强爱党、爱国、爱社会主义的情感，坚定文化自信，提升人文素养，树立人类命运共同体意识，为实现中华民族伟大复兴而不懈奋斗。

作者简介：

韩鑫，硕士研究生学历，中央戏剧学院戏剧教育系副教授，主要研究方向为戏剧形体教学。现任教于中央戏剧学院戏剧教育系，曾从事表演系、音乐剧系、导演系、编导系的形体课教学工作。

邹项来，中央戏剧学院戏剧教育系戏剧与影视学在读硕士，主要研究方向为戏剧教育理论与实践。

"新课标"理念下美术课堂开展跨学科主题学习的策略研究

徐瑷

[摘要]跨学科主题学习是目前培养学生核心素养、创新思维、逻辑顺序的有效学习方式，能够适应当前革新的信息化时代。美术学科具有视觉感知、审美表达、创意实践等特点，成为跨学科主题学习的主要优势。因此，美术课堂也在积极开展跨学科主题学习。但传统的"跨学科学习"以及"第二课堂"旨在各科知识融合，强调了各科知识的横向融合，却疏忽了知识的纵向深度。因此，本文分析了当前美术课堂存在的问题，对于这些问题提出可行性的跨学科主题学习的实施框架，并为接下来的美术课堂开展跨学科主题学习实践提供了一些策略，希望能为一线教师开展美术跨学科主题学习提供一定的帮助。

[关键词]跨学科主题学习　美术学科　课程标准

2022年，国家颁布《义务教育课程方案和课程标准（2022年版）》并指出："加强课程融合，强化学科内知识的整合，统筹设计综合课程与跨学科主题学习。"同年颁布的《义务教育艺术课程标准（2022年版）》指出："要在美术课堂中设立跨学科主题学习活动，发挥美术学科特点，带动课程的综合化与实践性"。可以看出，美术课堂开展跨学科主题式学习是必要的。

一、美术课堂已有的跨学科主题学习存在的问题

跨学科主题学习指的是跨学科+主题式学习。在信息化视觉时代，学生在生活中遇到的问题不是单方面的学科知识就能解决的，往往需要去结合各个学科的知识才能解决，因此不仅要将各个学科的知识融合起来，还

要将生活中的情境或问题作为主题学习，加强学习、生活与社会实践相结合，强调"学知行合一"。传统的"综合课程"以及已有的"主题学习"虽然强调学科知识的融合，但也在学习的过程中存在"目标学习简单化""学科知识碎片化""美术学科特点弱化""教师专业单一化"等实际问题。

（一）目标学习简单化

布鲁姆的教育目标将学生的认知目标分为识记—理解—应用—分析—评价—创造六个维度，其中识记—理解—应用三个部分为目前跨学科主题学习中教师设计与学生掌握的低阶思维能力，而分析—评价—创造三个高阶思维能力对于美术学科虽然重要却无法深入。目前已有的"美术跨学科主题学习"就存在目标学习不够深入、过于简单化的问题。

在跨学科主题设计的过程中强调要以学生掌握美术学科知识和培养学科核心素养为中心，但大多都是"为了设计去设计"，忽视了要以适应时代为中心的高阶认知能力，即只考虑学生如何快速掌握美术知识，不考虑学生在"分析问题—探究问题—解决问题"的学习过程中锻炼和发展了哪些能力。因此，一旦涉及学生探究性活动时，就会出现教师设计的目标不明确、学生的学习活动追求"快速的造物"等问题。例如在以"苏州园林"为主题的跨学科主题学习活动中，教师在设计教学目标与活动时，重点可能围绕苏州园林的鉴赏开展，以学生掌握园林知识为主，却忽视了学生调研苏州园林的资料分析能力、

寻找苏州园林文化元素进行创作的创意合作能力以及扩大苏州影响力的思考决策能力的培养。这样的跨学科主题学习太急于求成，尽管成果精彩，但使得教师制定的目标与学生的学习过程脱节，既达不到好的育人成效，又严重阻碍了学生的素养能力的发展。

（二）学科知识碎片化

跨学科主题学习指的是学生能够运用各学科知识并整合知识体系去解决真实生活情景中的问题的主要手段[1]，强调的是各学科知识"交叉"学习，这里的"交叉"学习不仅是了解和应用各学科的知识，而且是掌握熟悉各学科知识体系、努力构建综合知识网，使学生在真实情境中遇到不同领域的不同问题时，能够快速地在已构建的综合知识网中整合问题，学习新知识、形成新能力、找到新方法来解决问题。这是跨学科主题学习最重要的概念，关系到整个主题学习过程中学生核心素养的发展和主题学习中的知识体系的构建。

目前，已进行的美术跨学科主题学习虽然在积极地尝试组织与实践，但对于学科内容的组织存在一些问题，主要呈现两个特点。一是各学科知识"独立化"。"独立化"指在跨学科主题学习中，学生只学习表面用到的各学科知识，不考虑深层学科相互之间的关联、结构与组织方式，使得知识结构纵向上达不到深度，这样的学习称不上跨学科主题学习。二是各学科知识"零碎化"。教师将在学习中用得到的学科知识经过简单的叠加拼凑之后全部运用，强调的是追求知识结构横

---

① 国际文凭组织.在中学项目中培育跨学科教学与学习［M］.卡迪夫：国际文凭组织出版社，2014.

向上跨得足够"远"，说到底是追求表面上的"跨学科学习"，实际上实行的却是"多学科学习"，学生的学习只停留在记忆学科知识的层面，这与真正的跨学科主题学习存在很大区别。例如在以"图像—绘画艺术"为主题的美术跨学科主题学习中，教师将教学内容分为"利用数字媒体感受中外美术作品的历史发展与艺术特征""探究美术作品的几种鉴赏方法""学会用鉴赏方法来鉴赏中外美术作品"三部分，在这个过程中，学生虽然既从历史、地理等学科角度了解了中外美术的发展与形成特点，又从美术角度掌握了鉴赏美术作品的几种方法。但是，由于三部分教学内容跨度大、联系少，学生利用数字媒体从历史、地理与美术学科学习到的知识体系刚建立就被切断，无法了解绘画在特定的历史与地理环境中所承载的社会功能与作用，无法体会艺术家的社会角色与文化责任，更无法将主题升华为其背后所蕴含的文化理解与价值认同。因此，学生只掌握了一定的美术学科知识，无法深入理解与掌握历史与地理甚至主题背后的文化理解与价值认同，从而陷入了"为学美术而学美术"的"死循环"。

（三）美术学科特点弱化

随着信息化时代的发展，美术学科的审美性、情感性、实践性、创造性以及人文性的特点在社会生活中具有明显的优势。在传统的美术课堂中，美术学科的特点存在过于专业化的问题，不利于学生从整体上把握知识结构体系来理解社会生活，从而使学生完全与社会"脱轨"。因此，在美术课堂中开展"跨学科主题式"的学习虽然解决了课堂中学生学习的美术知识过于"专业化"的缺点，但导致了在"美术跨学科主题学习"过程中美术学科特点被逐渐弱化，而过多强调其他学科的知识与价值。

例如在"校园海报设计"主题学习中，学生的主要任务是学会用美术学科知识鉴赏和设计海报。那么学生如何设计海报？需要借助信息技术学科的软件工具优化美术创作的视觉审美性；在设计的过程中，又会涉及海报整体的尺寸、布局、美观，这时需要借助数学学科的知识来体现美术活动中的实践性和创新性；最后进行海报展示时，又需要借助语文或英语学科的知识作为语言工具来体现活动背后蕴含的人文性；等等。在这个美术跨学科主题学习中，语文、数学、英语以及信息技术等学科的知识是为了解决美术学科学习中的问题、深化美术学科学习活动的特点，从而达到跨学科主题学习的目标。因此，在美术课堂中实行的"跨学科主题学习"应该以美术学科知识为主干，在遇到美术学科知识无法解决的问题时，需要借助其他学科的知识和方法来综合学习，①将美术学科的抽象性转变为其他学科的具体性，用具体的知识来解决具体问题。也就是说，其他学科知识的融合应该是为了解决美术学科存在的问题，以此帮助美术知识的教学深化，而不是为了削弱美术学科的特点。②

① 安桂清.论义务教育课程的综合性与实践性［J］.全球教育展望，2022，51（5）：14-26.
② 王卉，周序.跨学科主题学习的理论意义及其实现：基于《义务教育课程方案（2022年版）》的思考［J］.广西师范大学学报（哲学社会科学版），2023，59（3）：1-8.

（四）教师专业单一化

"跨学科主题学习"是"新课标"为了解决传统课堂面临的问题、为了学生更好地适应信息化社会，而提出的有效的解决路径。虽然"跨学科主题学习"是目前中小学教学的有效手段，但具体的教学实践存在一定的难处，对教师专业素养提出了更高的要求。这就要求美术教师既要熟悉美术学科知识，又要学习其他学科的知识，并在此基础上精心地设计主题学习的教学目标与教学内容，更好地促进学生学科素养的全面发展。例如，在美术教师设计"跨学科主题学习"时，需要创造一个"主题"，且所创造的主题应满足两个方面的要求，一方面是"主题"必须基于学生的学习兴趣，只有在兴趣的驱使下，学生才能形成积极的学习形态。这就需要美术教师要将"主题"的选择情境置于真实生活环境之中。另一方面是"主题"既可以是已有的美术教材中的主题，也可以创造新的"主题"。但教材中的"主题"过于学科专业化，体现不出跨学科主题学习的"综合性"，因此需要教师创造新的"主题"，以整合不同学科的知识与方法，使学生在学习过程中整合知识从而获得高阶的思维能力。

另外，教师还要了解和掌握"跨学科主题学习"的设计目的和设计逻辑，"跨学科"需要教师精心设计，如果没有精心的设计和清晰的计划方案，跨学科主题学习则会变成简单的"融合学习"，教师最后的教学成果达不到预先设置的教学目标，教学的效果和质量将不理想。因此，需要建立强大的教师团队，使得美术教师在自身学科的基础上，从其他学科的角度理解"主题学习"。其他学科的教师也要对"跨学科主题学习"进行主题性的教研，提高教学研究的针对性，从而促进教师素养的全方位发展。

二、美术课堂开展跨学科主题学习的实施框架

美术课堂开展"跨学科主题学习"应当是美术教师精心挑选美术主题、组合各学科知识及设计内容，并在此基础上，利用各学科知识解决美术教学活动中的问题，从而培养学生的核心素养，发展学生的高阶思维能力。

（一）以中国的传统文化为主题，激活文化育人价值

"艺术新课标"指出："课程内容或主题应当坚持以中国优秀的传统文化为主，讲好中国故事，吸收、借鉴、创新人类优秀的文化成果，追求精神、文化、艺术高度的价值统一。"因此，将中华优秀的传统文化作为美术跨学科主题学习的主题，使其成为丰富的跨学科主题学习的文化资源，有利于激活与发挥传统文化的育人价值。中华优秀的传统文化是人民几千年来的劳动智慧结晶，具有一定的历史性和民族性，其中所蕴含的民族文化观念是真正意义上具有价值引领作用的功能文化。[①]这种引领能够树立学生的文化自信和价值认同，有利于促进学生的跨学科主题学习的能力。

---

① 刘玉霞.价值引领：文化自信的功能定位［J］.理论月刊，2018（1）：22-27.

中华优秀的传统文化经历了几千年的沉淀，早已贯穿在美术学科历史发展之中，并呈现出一定的文化融合性，对于开展"美术跨学科主题学习"有一定的价值。主要体现在两个方面的融合：一方面，文化价值要贯穿整个美术跨学科主题学习。精心挑选优秀的传统文化，美术学科本身具有历史性，在发展的过程中会逐步形成一定的美术知识结构体系，因此要找出美术学科与传统文化之间的连接点与相似点[①]，在进行美术跨学科主题学习的过程中将文化价值渗透到课程目标、课程内容、课程活动，甚至是教学方法中，同时要找到美术学科与其他学科相同的文化价值，并以此为基础，使每个环节都能达到全方位激活文化育人的目标。另一方面，美术课程要以继承和弘扬优秀的传统文化、革命文化、社会主义先进文化为主旨，并将此作为"跨学科主题学习"根本目标。2021年，教育部印发了《中华优秀传统文化进中小学课程教材指南》（简称《指南》），在其中列举了艺术课堂可进行主题学习的传统文化（表1）。美术学科本身的特点与文化价值不谋而合，将主题上升到一定的文化价值层面，从而提升学生的人文素养，使其为实现中华民族优秀传统文化在美术跨学科主题学习中的继承、宣传、创新而不懈奋斗，这是以"三个"文化作为美术跨学科主题学习的核心价值。例如，在人民美术出版社版美术教材中，五年级下册的"理想的居住环境"与六年级下册的"美丽的园林""我造的花园"这三课的主题都涉及园林与居住环境，内容涉及了园林与历史、地理、语文、数学等学科的结合，且园林本就是丰富的地域文化资源，教师可以设计以本地的园林文化为主题的美术跨学科主题学习内容，包含了美术与社会、历史、文化之间的联系，将学习的场所置于真实园林之中，带入真实的情境，引导学生了解园林背后蕴含的文化价值。

表1 《指南》中关于可进行的跨学科主题学习文化内容

项目	类别	涉及学科
经典篇目	绘画、书法、雕塑、建筑、篆刻等	语文、美术、历史
人文典故	历史人物和故事、神话传说、名言名句等	语文、历史、美术、政治品德
基本常识	二十四气节、传统节日、风俗习惯等	地理、美术、历史、地理、政治品德
科技成就	四大发明、运河文化、文房四宝等	语文、数学、化学、地理、科学、生物、美术、技术
艺术特色	刺绣、剪纸、雕刻、泥塑、皮影戏、木偶戏、年画等	历史、地理、美术、技术、政治品德
文化遗产	古建筑、古园林、古墓葬、古石窟、古壁画、古服饰等	历史、地理、物理、技术、政治品德

（二）以项目式活动为教学支撑，体现学生主体地位

美术跨学科主题学习如何开展？借助传统美术课堂的教学模式存在以下弊端：一是达不到对美术主题的持续性探究。跨学科主题学习不是简单地应用不同学科的知识，而是在解决问题的过程中形成新知识、新理解。

---

① 詹泽慧，李彦刚，高瑞翔.文化本位的跨学科学习：STEAM教育本土化的一种重要途径［J］.中国电化教育，2022（1）：95-104.

在这个过程中，学生如果对各学科知识应用和整合达不到一定程度，就很难形成整合性的理解。二是发挥不了学生主体地位。传统的师生授受的教学模式，使得美术学习流于表面，学生根据教师的指示被拖着往前走，只得到教师传授的美术知识，这完全束缚了学生的探索与迁移能力，说到底是为了"教师教而教"，而不是为了"学生学而学"。因此，需要借助其他的教学模式对此进行改进。"新课标"对此提出了教学建议："鼓励新的方式构建艺术跨学科学习框架结构，借助项目化、情景化等新教学理念，来促进学科本位到素养本位的转型。"

为什么要注重持续性探究？跨学科主题学习需要持续性的探究，是因为在学习过程中学生要自主整合各学科知识构建新的整合结构，如果达不到持续性探究，学生不会形成新的知识结构体系，也不会形成整合性的理解。为什么要重视学生主体性的发挥？学生自主探究不只包含构建知识，还涉及调查分析主题、发现问题、设计决策、解决问题等。[①]要想促进学生的核心素养发展，必须使学生化"被动"为"主动"，只有学生真正参与到项目过程中，学生的心智才能得到充分的自由发展。

为什么选择项目化教学活动？美术跨学科主题学习需要将真实问题转化为美术学科主题，整合不同学科知识对美术主题进行持续性的探究，从而产生新的知识反哺学科世界或真实世界。项目化活动是对某一个主题或问题进行持续性的深入探索，学生的探索

是自主的，教师根据学生的学习需要提供一定的帮助，从而能够在解决问题、产生成果的过程中形成核心知识并能进行迁移。项目化活动最重要的准则就是持续性地探究与发挥学生主体地位，这是传统教育模式不能达到的。在具体开展实践美术跨学科主题学习时，需要借助项目化教学活动对美术跨学科主题学习进行持续性的探究，发挥学生的主体性，从而使学生能够在自主研究学习、深入探究、解决问题的持续性实践探究中快速构建新的知识体系与形成新的理解。

（三）以大单元教学的形式组织内容，整合学科知识概念

"艺术新课标"指出："在跨学科学习中提倡以大单元教学的形式组织学习内容。"对于美术学科来说，为了使学生更好地获得美术核心素养，美术教学应当以单元教学的形式开展，强调在真实情境中围绕某个问题进行推理，以学科大概念深化理解。刘徽在其著作中也指出："今天的'单元'是素养目标达成的单位，是围绕大概念组织的学习内容、学习材料与学习资源的集合。"[②]由此说明，美术教师要建立起学科整合概念的美术跨学科单元教学模式。

在美术跨学科主题学习中，学生面临问题与困难时，需要快速地从学习过的各学科知识中整合出有效的解决方法。那么学生如何融合这些学科知识与概念、如何建构知识与迁移应用，则需要美术教师突破以往的教学模式，将大单元教学作为新的整合学科知

---

① 夏雪梅.项目化学习设计：学习素养视角下的国际与本土实践［M］.北京：教育科学出版社，2018：7-9.
② 刘徽.大概念教学：素养导向的单元整体设计［M］.北京：教育科学出版社，2022：69.

识概念的思维模式。因为，美术跨学科主题学习的单元概念一定是整个学习知识体系的核心点，是教师考虑到学生学习过程中会应用到各个学科知识从而构建的新的整合性理解的概念，从而将整个主题学习上升为其背后所蕴含的文化价值与意义。

刘徽目前将跨学科单元学习分为三类：第一类是跨学科宏观单元学习，主要指解决问题概念，这类主题单元学习常常以现实问题或生活情景为主题组织单元内容。第二类是跨学科中观单元学习，一般将某一学段的学科相关主题组织起来开展。第三类是跨学科微观单元学习，也就是将教材中现有的单元整合成大概念进行微观单元教学。①这类微观单元教学是最常见的，例如江苏少年儿童

出版社版初中美术课本中的九上"欣赏·评述"领域的第一课"可触摸的历史——中国雕塑艺术"、第九课"力量与生命——外国雕塑艺术"，"造型·表现"领域的第二课"灵动的生命"以及"综合·探索"领域的"敦煌千年"和八年级上册"设计·应用"领域的"泥土的味道"，这几课都是关于雕塑的历史发展、分类特点、设计等内容，涉及语文、历史、地理、美术、物理，甚至是生物等学科内容并且可以与现在的非物质文化遗产（非遗）民间美术进行结合，例如无锡惠山泥人等，将整个美术内容上升到非物质文化的传承与保护层面（图1）。诸如此类，教材中的现有内容也可以整合各学科知识，形成一个跨学科单元教学的主题内容。

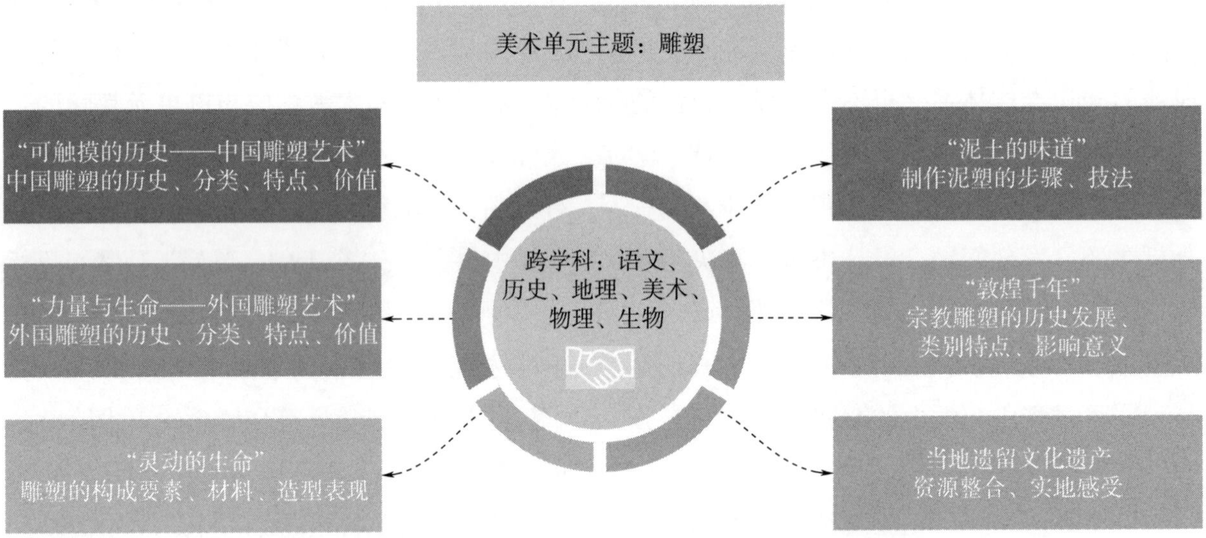

图1　江苏少年儿童出版社版美术教材中关于雕塑主题单元的整合

（四）以发布任务群为实践导向，分割阶梯式子任务

学生的核心素养不是通过学习得到的，而是通过教师设置的学习活动或任务，在一步步的探索和不断发现问题、解决问题的过程中获得的。因此，任务是学生不断学习与探究的动力。②

① 刘徽.大概念教学：素养导向的单元整体设计［M］.北京：教育科学出版社，2022：74-76.
② 韦怡，李毓敏.借助跨学科学习任务群 夯实学生综合素养［J］.四川教育，2023（Z2）：40-41.

美术课程具有活动性与实践性的特点，尹少淳在其文章中指出实践性最大的外显特征就是做和行动，美术课程的实践性具体现在"欣赏""表现""创作""联系"四个方面，必须联系自然、社会、生活与科技。[①]因此，为了达到纵向深入与横向交融并重的跨学科主题学习，需要教师联系社会真实生活的情境，并基于美术跨学科主题学习的目标设计阶梯式子任务群，让学生进行知识内容的深化探索。学生生活在社会中，学习在学校里，为了打破传统教学中美术课程、学校与社会的距离，应当将课堂置于社会生活中，要求家长与学校甚至是社会人员共同构建真

实的学习环境，使学生的知识与核心素养能够在生活中构建和迁移。例如，涉及雕版印刷、剪纸等非物质文化内容时，一些美术馆、博物馆、制作工厂都可以作为美术课堂，为开展美术跨学科主题学习提供的固定的学习场所。学生在这样的环境中学习与活动，更能拓宽专业视角。学生的任务与活动还要根据美术课程目标进行设计。在美术跨学科主题学习中，教师筛选出主题后，首先应根据主题确定教学目标，之后将主题目标拆分为子目标，并通过设计学生探究的任务与活动达到子目标，最后达成主题目标（图2）。因此，任务群的设计是一步一步、环环相扣的。

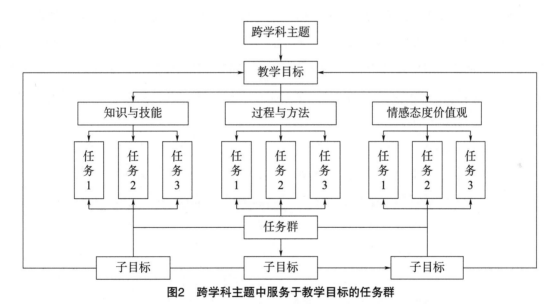

图2　跨学科主题中服务于教学目标的任务群

（五）以过程与结果评价为标准，改革创新评价设计

评价是检验美术跨学科主题学习成果的有效方式，也是整个主题学习中不可忽视的一环，对于教师与学生来说，他们能够在评

价过程中不断反思与成长。针对美术跨学科主题学习的教学评价，要充分发挥其诊断、激励和改善的作用，改善或提高美术跨学科主题学习的效用。当前的美术课堂一直存在只前不进的状态，很大一部分原因就在于教师只重视结果性评价，学生的美术成绩只由

① 尹少淳.从美术课程到艺术课程：《义务教育艺术课程标准（2022年版）》解析［J］.课程·教材·教法，2022，42（12）：32-38.

美术试卷或最终作品决定。教师与学生不重视过程，急于求成，导致学生无法生成知识经验，从而无法培养学生的核心素养。因此，改革创新教学评价是有必要的。

目前，针对美术跨学科主题学习的教学评价应当遵循两个原则：一是过程与结果并重，二是发挥多主体、多形式评价。注重过程性评价与结果性评价相结合，贯穿主题学习的各个过程与环节，教师在过程中注重记录学生在学习过程中的学习能力、艺术潜能的发挥，从而真正达到以评促学。可以将美术项目式主题分为课堂学习、课后活动以及展示汇报三个环节，每个环节都要将过程性教学评价融于其中，例如学习任务单、问卷调查、采访提纲、资料分析报告、PPT展示等都可以作为质行评价。对于多主体、多形式评价，不应该只关注教师评价，而是要发挥学生、家长、学校等不同角色的评价作用，例如师评、自评、生评等，从不同角度来激励学生的学习动力与信心，并且应当积极鼓励学生利用不同的美术表现形式（例如美术成果可以用戏剧表演、视频制作等形式）丰富学生的课堂表现，从而激发学生在美术跨学科主题学习中的创作激情。

三、美术课堂开展跨学科主题学习的有效策略

（一）优化主题课程内容与结构

兴趣是学习心理中最现实、最活跃的因素，能够成为学习的直接动力、激发学生的

学习兴趣，是打开学生心扉、提高教学质量的捷径，也是优化美术课堂教学的前提。①

对于学生感兴趣的课程内容，学生会有足够的学习热情与探究欲望，从而推动自身进行知识学习。如果美术课程的内容无法激起学生的学习兴趣，那么学生的学习效果则会大打折扣。因此，教师要想开展美术跨学科主题学习，选择学生感兴趣的主题（主题内容既要贴合时代性、经典性、思想性，又要将内容置于真实的生活环境中），从而使学生具有情境感和体验感。例如，可以选择民间剪纸作为美术跨学科主题学习的主题，为了更好地激发学生的兴趣与体验，将剪纸工作室作为美术跨学科主题学习的主要场所，使学生近距离观看剪纸大师的剪纸技艺，剪纸大师也可以作为专业教师向同学们教授知识，从而激发学生的兴趣。对于组织课程内容来说，传统的课程内容大多胡乱拼凑，不强调知识内容的组织结构，导致学生在美术课程的学习中无法找出学科之间的关联、无法构建知识体系。因此，为了改进目前美术课程的问题，教师需要利用多元形式重新组织课程内容，从而优化课程结构。"新课标"中也提出了优化课程内容结构的几种形式，例如项目式学习、单元教学等。在组织与构建美术跨学科主题学习内容时，要注意将主题内容与学生的学习情况相联系，整合好美术学科与实际生活之间的关系，从而真正在学习过程中培养学生的核心素养。

（二）开发丰富的地方优秀资源

杜威认为，学校与社会不应当是两个系

---

① 邢进.中小学美术教学关键问题指导［M］.北京：高等教育出版社，2016：35.

统，学校不是传授知识的场所，它本身就是社会中的一种组织形式，可以说学校就是学生进入社会前的雏形社会，在这里，应当将校内学习的知识与校外的学习相联系，让学生逐渐地适应生活、适应社会。王大根认为美术活动正是人与人之间缓解矛盾冲突、实现和睦相处和共谋发展的社会交往工具。[①]因此，学校的美术教育可以说是学生生活在社会环境中可以使用的沟通工具。但是目前，学生接受的美术教育与活动只在学校中进行，出了校门便毫无用处，即学生的美术能力无法在真实的社会环境中发挥作用，一旦脱离社会，美术甚至其他学科的教育则没有意义。显然，针对学校与社会之间的问题，"新课标"提出来的跨学科主题学习成为目前中小学美术教育的新模式。

顺利开展美术跨学科主题学习与美术探究活动需要教师整合课程资源作为载体，这里的课程资源不再是一直以来校内上课参照的教材、提供的美术学习环境或者美术图书与材料工具，而是校外（社会中）的资源，包括所有能够让学生进行研究型或探究型学习的美术课程资源。对于当地教育部门来说，应当积极号召教师与当地文化部门进行公共资源的开发，并为教师的资源开发或合作提供一定的便利。对于教师来说，要根据"新课标"的指导内容，筛选出具有文化价值、社会价值以及育人价值的美术资源，积极地进行开发与合作。例如，美术教师可以开发当地具有特色的民间美术资源，或是进行非物质文化遗产与文化景观的传承与保护等，深

入挖掘中华传统文化的育人价值，树立文化自信。对于学校来说，应当利用好文博资源，与博物馆、展览馆、非遗工作室、美术馆、戏剧院、国剧院等场所进行合作，使其作为学生学习的第二美术课堂，让学生开启沉浸式美术学习。学校甚至可以与社区服务中心等公共场所合作，拓宽多种学习形式，拉近学生与生活、学生与社会之间的距离。此外，美术课程也要顺应时代发展，利用信息媒体技术来开发如慕课（MOOC）、学习通等学习软件，使美术教学具有时代性、先进性、视觉性、多样性的特点。扬州市大运河博物馆目前与多所扬州中小学开展了"研学大运河"线上、线下的馆校研学合作，打破了学校与社会的壁垒，既加强了学生与运河文化之间的交流，又促进了教师课程的开发，从而实现文化共建，双向合作。

（三）加强教师培养与指导

高质量的美术跨学科主题学习离不开美术教师的精心构建，美术教师专业素养不高，会影响到整个美术跨学科主题内容的构建与任务链的设计。在跨学科主题学习过程中，学生在美术课程中涉及实践活动或者具体步骤时，会出现许多预料不到的问题，需要教师不断地根据问题加以调整和改进。因此，就对教师本身的专业素养提出了更高的要求。

培养综合能力强的美术教师，离不开美术教育专家甚至多学科教师组成的教师团队的努力。首先，美术教师要定期接受培训，在开展美术跨学科主题学习之前，先了解

---

① 王大根.学校美术教育目的论［M］.长沙：湖南美术出版社，2014：36.

"新课标"理念下的跨学科主题学习的要求，包括目标、框架、内容、评价的课堂结构等，并能够通过美术教育专家的分析，准确理解美术跨学科主题学习的价值与意义，从而改进自身教学方式、促进自身专业发展、设计出基于美术核心素养的教学内容。其次，在美术跨学科主题学习过程中，学生会运用到其他学科的知识来解决美术问题，美术教师为了更好地将多学科融入主题学习中，需要借助多学科的教师团队进行培训，做出阶段式、专题式的研讨方案。例如可以开展主题讲座、案例研讨会甚至是邀请主题研究领域的知名学者来答疑解惑，解决美术跨学科主题学习中的多学科融合问题。目前，许多中小学开启的跨学科主题学习的教师团队通常由各科教师组成，他们在学习过程中开展研讨、相互交流，以帮助学生解决其在学习过程中遇到的各种问题，助力学生核心素养的真正落地。

作者简介：

徐瑗，女，江苏人，扬州大学美术与设计学院学科教学专业美术硕士。

立足"新课标"培育核心素养

——基于核心素养的中学音乐教学设计思路与实践研究

王 悦

[摘要] 核心素养是当前乃至今后教育领域持续关注的热点。为此，各学科教师也纷纷摩拳擦掌，仔细研读，力图在教学中充分实践其内涵和本质。其中，音乐学科作为发展学生兴趣爱好，培养学生鉴赏能力、审美能力的重要学科，对促进学生的全面发展发挥着至关重要的作用。音乐课程作为音乐教育的重要实施路径，其独特的学科魅力在促进学生全面发展中发挥着无可比拟的优势。本文立足当前中学音乐教学实际，力图揭示音乐教学之余学生核心素养形成和发展的重要意义，试图为优化中学音乐教学提出一些建设性的意见。

[关键词] 中学音乐 核心素养 学习能力 综合发展

核心素养的形成是学生学习结果的最终体现，必须将其落实在教学实践中才能凸显并实现其价值。音乐教育是基础教育的重要组成部分。中学阶段的学生在生理、心理上都发生了很大改变，自主意识已经觉醒。审视当前中学音乐教学中存在的问题，考虑到中学生的年龄特殊性，音乐教学如何革新方法、冲破桎梏，促进学生的学习和成长，应当怎么教，教什么……这些已成为当前中学音乐教师的责任与担当。

一、核心素养背景下中学音乐教学困境分析

（一）学生兴趣缺失，缺乏主动性

课堂学习以学生为主，服务于学生，同样也要求学生主动参与课堂。虽然，有些学生在音乐课堂上表现较为活跃、积极性较高，但也仅限于他们感兴趣的知识内容，而音乐

课程是一门完善的学科体系，学生必须深入学习各种知识，才能够更完备地掌握音乐知识内容。由于缺乏兴趣，很多学生在课堂上积极性不够、主动性不强。究其原因，教学活动没有遵循学生的成长发展规律、设计不合理，导致音乐教学刻板、毫无新意，因此，学生对音乐学科的学习兴趣不高。

（二）理实衔接脱节，缺乏关联性

在核心素养理念的视角下，中学音乐课程教学要求教师关注学生实践能力的培养，使其能够欣赏音乐，感受音乐传递的情感价值观。但是，音乐教学中"理论"与"实践"始终是脱离的，无法有效衔接。一来，教师没有从核心素养培养的视角出发设计相应的课程教学活动，导致学生的音乐知识学习停留在表面。二来，教师没有抓住课堂教学，没有为学生设计良好的实践活动，导致即便学生掌握了音乐理论知识，也无法将理论与实践进行结合。这些都不利于培养学生的核心素养。

（三）教学内容匮乏，缺乏丰富性

中学音乐课堂应当是具有生命力与活力的，教师也应意识到音乐教学必须是丰富多彩的。但很多教师没有从核心素养培养的需求出发整合音乐教学资源，在资源整合的教学中，教师又无法抓住教学重点，导致教学偏离目标、偏离教材，既异化了教学初衷，也无法提升教学质量和效果。虽然学生在课堂上唱得开心、听得热闹，但一无所获。这些大大影响了学生核心素养的形成与发展。

（四）教学较为形式化，缺乏深入性

通过实际教学与调研也可以发现，绝大部分教师的音乐课程教学形式化现象极为严重，根本无法彰显音乐教育的人文功能与德育功能。在中学音乐教学活动中，很多教师只重视教学目标是否达成。部分教师虽然关注学生对音乐理论知识、演奏技巧的学习程度，但也忽略了让学生感受音乐精神、艺术之美的内容。这些不利于学生核心素养的培育。

二、中学音乐教学中培养学生音乐核心素养的重要意义

（一）有利于提升音乐的教学质量

以培养核心素养为导向的中学音乐课堂教学，不再以知识灌输、单一的训练为主，而将目光更多地投向培养学生的能力、启迪他们的心灵。传统的音乐课堂教学注重知识的传输速度和密度，未能为学生提供真正的欣赏、分析或即兴表演等音乐实践机会，导致他们音乐理解浅薄、实践能力较弱。而以核心素养理念为教学目标的中学音乐教学，坚持"以生为本"，将学习能力、审美能力归还给学生，尊重其个性、音乐潜能，鼓励他们自由想象、发挥创造，让学生全身心参与到音乐活动中，有利于提升音乐教学质量。

（二）有利于促进学生的全面发展

从学生层面来看，当核心素养理念融入音乐学科时，学生对音乐学习的理解能力和

感悟能力也在逐步加深，这对培养并发展学生的音乐感知能力和音乐审美能力至关重要。如此一来，对于各类不同的音乐形式、题材，他们都能游刃有余地发表自己的看法，同时在教师的专业指导和帮助下探索更多元、更神秘的音乐世界，从更高站位欣赏和解读音乐作品。学生潜移默化地学到了音乐专业知识，形成了正确的审美观念，增强了审美体验。这些都助力了学生的全面发展。

三、培育中学生音乐核心素养的课堂教学策略

（一）重视基础知识教学，优化导入方式，提升学生音乐水平

综观音乐教学现状，绝大部分教师都只是带领学生跟唱或指导他们合唱等，显然，这些内容与核心素养相距甚远。而且，学生也很容易在潜意识中形成"音乐学习等同于学唱歌"的认识，显然，这不利于激发学生对音乐学习的好奇心和积极性。因此，在教学方法上，教师必须注意音乐基础知识的教学，由浅入深，激发他们对音乐学习的好奇心，优化音乐教学导入方式，夯实学生的基础知识素养，以此提升他们的音乐水平。

例如，在《歌唱祖国》教学前，教师首先讲解音节、音符及其所代表的重要含义，这样一来，学生对音符有了基础的了解，才能掌控整首歌的节奏。而《歌唱祖国》也是我国传唱度较高的歌曲，教师可以借此帮助学生了解音乐知识，如音节、音符、五线谱等，完善音乐知识体系。这样，他们也能更轻松

地学习音乐，这既是基础，也是音乐学习的重要前提。由音乐基础知识切入，以其专业性吸引学生的注意力，让他们逐步理解并掌握二段式、三段式歌曲的特点和方法，梳理演唱情绪、力度，把握情感，唱出歌曲的时代性、思想性与艺术性，至此，学生对歌曲的理解越来越深入，产生了强烈的民族自信心和自豪感。教师还可以将文字、视频剪辑等的一般形式与音乐相结合，刺激学生的感官，让他们理解歌曲创作的时代背景、深层内涵。在这样的情境下，学生对歌曲的来龙去脉、前因后果都有了较完备的把握，在学习时也能更好地带入，有利于夯实学生的基础知识素养。音乐教学不能放弃基础知识的学习与训练，要确保学生的基础知识、学习速度、学习状态、学习反馈，让每个学生的音乐学习都更高效。基础知识是各学科教学的核心部分，同样，基础知识素养也不容忽视。它是学生学习成效的最佳体现，没有牢固的基础知识奠基，再高深的学习也只是华而不实。因此，音乐教育应优化导入方式，注重基础知识教学，提高学生的基础知识素养，帮助学生解决音乐学习中的问题，提高学生的学习效率。

（二）考虑学生音乐水平，鼓励个性发挥，培养学生的学习能力

音乐水平是个人综合素养的有效指标。加之，该门学科层次性强、内容丰富、种类繁多，各音乐形式都有不同属性的划分。由此，每个学生都可以在细化的领域内找到自己感兴趣的部分，彰显自己的天分。教师也要从实际教学内容与学情出发，因材施教，

有侧重地推进音乐教学活动，鼓励学生发挥个性，培养他们的自主学习能力。

例如，中学音乐教材中有民歌、京剧等流派和形式，且学生在日常的学习和生活中还会接触到各类流行音乐。不管是民谣、说唱还是摇滚、古典，各音乐形式都有更细致的内容和形式划分，这样一来，每个学生都能找到自己的兴趣所在。在音乐教学中，每个学生音乐天分不同、音乐敏感度不同、音乐理解能力不同，因此他们在学习音乐时的表现也不同，而我们的音乐教育要"以生为本"，尊重学生的天赋、个性，从学生的实际情况出发，指导、帮助学生发挥个性、展现天分，这样才能培养学生的音乐学习能力。基于核心素养理念在音乐学科中的渗透和融合，教师要有意识地培养学生的学习能力，这是学生学科学习乃至步入社会后需要的重要能力。诚然，在应试教育大环境下，课堂教学尚未将理论与实际结合起来，导致学生的课堂所学没有找到对应的发挥余地。从这一角度来看，教师也要积极反思，为音乐教学和学生的个性展示提供舞台和机会，激发学生的音乐学习潜能，让每个学生都能获得更好的发展，促进音乐教学的发展。音乐课程是艺术的重要分支。因此，教师要从更人性化的角度设计音乐教学方案、优化音乐课堂，促进学生学习和成长。音乐教师必须坚持核心素养教学理念，给予学生帮助、支持，促进学生能力的发展。

（三）充分组织音乐活动，强调学生参与，提高学生学习热情

学校是社会环境的重要组成部分之一。

在核心素养视角下，指导音乐教学必须充分强调并培养学生的社会参与度，让他们能够在学校学习过程中接触社会。对此，教师可以从学科固有特色出发，组织音乐活动，强调学生参与，确保他们在活动之余有所收获，以此逐步提高他们对音乐的学习热情，这也是音乐教育的目标之一。通过组织音乐活动，如歌唱比赛或其他类型的竞赛活动，让学生在参与活动之余提升集体荣誉感，确保学生的日常交流，促进学生个体的发展、延伸，进而使其在交流中获得更高层次的成长。

例如，在欣赏《黄土高坡》《青藏高原》等歌曲后，为更好地调动学生的学习热情、普及民歌知识，教师可以组织民歌演唱比赛，以PK的形式扭转学生对音乐学习的固有认知，激发他们的学习积极性，进而营造民歌学习和演唱的良好氛围。除此之外，在活动中对学生的演唱技巧、情感表达等进行综合评比，保证学生对音乐的学习交流，提升他们对音乐学习的主动性与积极性。另外，在活动中，教师也要提出更专业、更有针对性的指导和意见，帮助学生深化对民歌的认识。歌唱比赛传播性广、感染力强，因此，教师要学会借助歌唱比赛挖掘有关音乐形式的更多内容，并将其与学生的实际情况结合起来。通过组织歌唱比赛，学生会在演唱之余了解其背景、承载的文化、表达的情感等更深层次的内容，这些也有利于培养学生的表达能力与自信心。通过利用这一形式促进音乐教学，帮助学生更深入地学习音乐。此外，京剧作为我国的国粹，在传承优秀传统文化、继承和发扬民族精神中发挥着重要作用。中学音乐教材中也涉及关于京剧的内容，且京

剧演唱更有教育意义。值得一提的是，大合唱也是学生交流的重要形式。社会参与是建立在人与人交流的基础之上的。这样的教学有利于锻炼学生的人际交往能力。在今后的教学中，教师必须重视音乐活动、比赛等对于促进音乐教学的重要作用，并强调学生的参与度，激发他们对音乐的持续性学习热情，为其成长发展做铺垫。

（四）利用科技教具教学，凸显教学创新，提高学生学习效率

基于核心素养教学理念，教师应更注重学科教学的专业性、特殊性与科学性。信息技术在近年来发展较快，并对教学产生了十分重要的影响。在新的教学改革与教学形式面前，教师理应站在教育前沿，兼顾学生的多种能力、把握学生的学习状态，利用更先进的音乐教学工具，高质量、高水准地完成教学目标。

例如，在针对一些击打乐器的歌曲教学中，如果没有相应的教学设备辅助，教学效果会大打折扣。而这时，教师可以利用电子设备完成教学。信息化教学是未来教学的重要方向，更关乎着学生综合能力的发展，因此，在音乐教学中，教师应合理利用信息化教学设备，顺利推进音乐教学，完成教学目标，不断提高学生的音乐学习能力。比如，

架子鼓类的击打型乐器声音较大，难免会影响其他学生的学习。所以，在实际教学中使用的频率较低。这时，教师可以利用电脑或其他科技教具模拟架子鼓，这样一来，既有利于音乐教学，又解放了学生的学习渠道，这是音乐教学的整体延伸，为学生创造了学习机会、学习平台。时下，教师必须保持不断创新的精神和理念，认真对待音乐教学，完善、优化音乐教学。科技教具、信息技术、互联网等，都是在经过长期实践后，被各学科教学所认可的有效教学资源，对学科教学、学生成长具有十分重要的帮助作用。换言之，教师也要以此为基础开展教学，提高学生对知识的认知，跟紧时代、坚持创新。

核心素养理念的深入推进给音乐学科教学带来了机遇和挑战。教育终归是研究人的教育。作为人文教育的重要组成部分，音乐教育有利于促进学生核心素养的发展。因此，教师必须认识到音乐教学的重要性，"以生为本"，用发展的眼光、积极的心态看待学生、尊重学生，挖掘他们的潜能。相信，只要我们遵循音乐学科的特点属性，积极大胆探索，就一定能找到一条音乐教学的新途径。

作者简介：

王悦，北京市第八十中学睿德分校音乐教师、德育干事，教授中学音乐。

"新课标"视野下"接续式"音乐大单元教学实践探索

——以麦西热普固定节奏型教学为例

张 磊

[摘要]"新课标"聚焦学科核心素养,强调发现问题、解决问题,在建构知识和运用知识过程中体会学科思想方法,注重真实情境的创设,增强学生认识真实世界、解决真实问题的能力,同时强调素养导向,强化学科实践,推进综合学习,落实因材施教。"接续式"教学是音乐学科大单元备课的策略和方法,主张前续教学与后续教学的衔接和有梯度的音乐学习进阶。通过构建主题或情境、借助"接续式"教学可以使音乐学习的"学""练""用"贯通得更为扎实有效。在音乐学习的"听、唱、写、探、创、演"等艺术表现中建立"基本规则+基础能力",实现音乐基本素养的接续,并最终形成音乐学科核心素养。

[关键词]"接续式"教学 单元设计 音乐核心素养

一、以"接续式"教学展开单元设计

"新课标"强调以艺术实践为基础、以学习任务为抓手,有机整合学习内容,构建一体化内容体系。单元构建的起点源自教师对教学本质以及学情把握的适切程度。"接续式"教学反对断崖式教学,提倡基于学情的教学,基于学情的规律性、连续性、系统性

的教学,被形象地称为"扣瓦式"教学,有承接和延续的两层意思:教学内容的前后衔接,就像屋顶上的瓦片一样,既能前后勾连,又要上下重叠。勾连指的是不同难度的技能能够逐层梯度安排,而重叠指的是每节课都要有对前面所学内容的复习和巩固。"麦西热普"是音乐学科少数民族音乐领域重要的音乐文化概念,同时又是新疆维吾尔族音乐的典型节奏型。依据该主题在教材中的地位和背景,教师在进行单元设计(麦西热普"接

续式"单元设计）时，考虑到了学情特点，依据学情制定麦西热普固定节奏型的学习重点，并对前续教学与后续教学学情做系统性思考（图1）；依据学情把握单元设计的幅度、课时比例、每个阶段教学重点等；依据学情预判以及设计每个阶段每一节课的教学重点和目标。

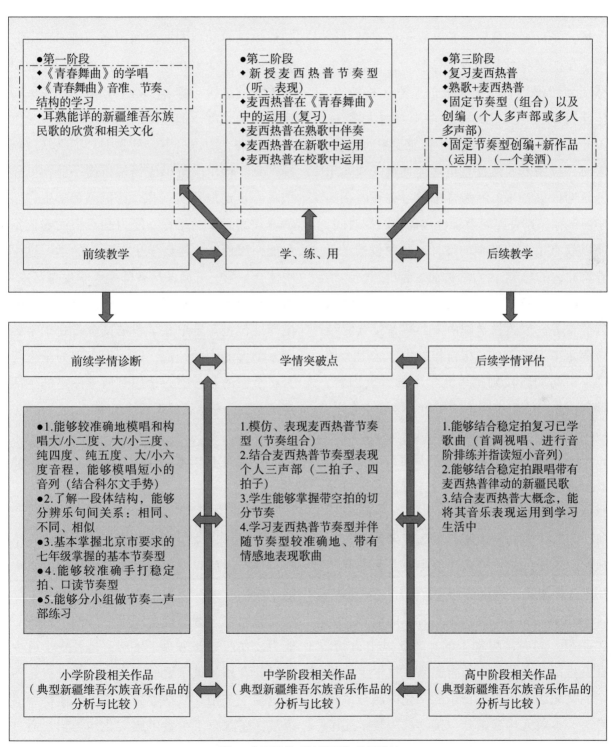

图1　麦西热普"接续式"单元设计

"麦西热普"是新疆维吾尔族民间生活中独特的传统娱乐形式。本单元以麦西热普固定节奏型教学为核心引领少数民族单元音乐学习并弘扬民族音乐文化。"麦西热普"音乐技能的掌握包括固定节奏型的学习、复习与应用，通过麦西热普固定节奏型的学习，学生不仅能亲身参与到音乐体验中，也能充分感受到新疆维吾尔族民歌的基本风格特点，体味民族音乐文化的多姿多彩与博大精深。单元设计目标旨在引导学生由感受麦西热普，学习并应用麦西热普直至逐渐理解民族音乐并认同民族音乐。因为音乐学习有其内在的学习规律，即便是熟歌训练也需要教授时间，所以就有了前续教学的设计，其中包括《青春舞曲》的学唱，《青春舞曲》音准节奏、结构的学习以及耳熟能详的新疆维吾尔族民歌的欣赏等。后续教学则由麦西热普接续为结合固定节奏型创编＋在新作品中（运用）拓展。中间的阶段则是单元学习的重点内容，即麦西热普固定节奏型的模仿、学习和应用，应用包括学生能够运用麦西热普为熟歌伴奏以及麦西热普在新歌、校歌中的运用。三个阶段的衔接体现单独课时设计过渡为大单元整体备课的思考，突出通过麦西热普的"学、练、用"来领会新疆维吾尔族民歌的特点和风格。学生能够在音乐实践中收获本领并运用到生活中去，真正达到"新课标"提到的：音乐的学习在于激发学生对音乐的情感共鸣和联想，同时，将音乐的地理、风土人情、社会生活、文化习俗结合起来，让学生在特定的文化语境中理解音乐的文化内涵与风格意蕴。本单元构建结合"接续式"教学还考虑了三个方面的教学原则。第一方面，思考

音乐学习怎么做到学生从不会到会。这里涉及教师对于学生学情的判断和分析。包括哪些知识属于学生已有的音乐知识与技能，这些知识掌握的程度如何，是否已经能够或熟练运用，单元教学要解决的核心问题是什么，如何将已有知识和新的知识能力融通在单元教学中，让学生在接续学习过程中达成知识和能力的进阶，等等。第二方面，要考虑新授内容的难度，把握接续的梯度。如果学生接受起来有困难、不容易掌握，那么从"新授"到"运用"阶梯应当铺得缓一些，可以把每一步走得扎实一些，且更侧重学生音乐学习规则意识的培育。能力和习惯的养成不可能一蹴而就，需要学生在反复的学习过程中体会。第三方面，从教师教到学生自己成。这一点突出了"新课标"要求的突出学生的主体地位，音乐单元学习的试金石在于学生音乐学习能力的达成，这一点表现为学生能否将掌握的音乐能力运用到所学熟悉的生活情境甚至是不熟悉的生活情境中。

二、以"接续式"教学夯实关键能力

"新课标"提出音乐学科学习应当结合生活情境，促成真实的学习，即学生能够在生活中应用。关键能力是指学科核心素养下学生能够熟练掌握并能运用于生活的学科核心能力。麦西热普来源于生活，是音乐学科少数民族音乐领域重要的音乐文化概念，它不仅包括了节拍、节奏等突出音乐本体特点的语汇，还融合了少数民族文化与习俗。通过研究、领会课标精神，本单元的教学目标为

"学生需要在本单元学习过程中，结合音乐学习的基本规律和艺术表现手段掌握并熟练应用'麦西热普'的基本节奏型；学生能够运用'麦西热普'为熟悉的歌曲伴奏"（图2）。

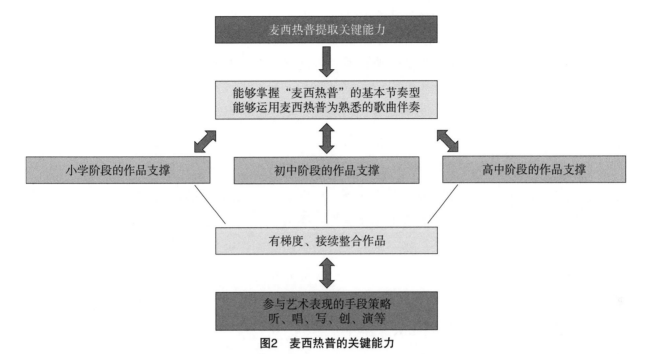

图2 麦西热普的关键能力

明确关键能力后，教师选取了与本单元关键能力相关的作品并生成"链接"，通过概念绑定具体作品，将隐性的知识和技能变成显性的知识和技能进行教学。以本单元为例，教师分析人音版（人民音乐出版社出版）、人教版（人民教育出版社出版）、北京版（北京出版社出版）三个不同版本教材整合十二年一贯相关新疆维吾尔族典型音乐作品。以新疆维吾尔族民歌的音乐风格特点为线索分难度、分层次、分梯度整合作品，在具体作品选择上把握本单元主题教学的一般规律，以助推学生在掌握作品的同时形成音乐思维。例如，小学阶段选择了《阿拉木汗》《送我一支玫瑰花》，这两首作品结构规整、乐句清晰、包含基本节奏型的作品；初中阶段选择了能够复习乐句关系的《青春舞曲》，《青春舞曲》的选择一方面考虑麦西热普固定

节奏型伴随歌唱的练习，另一方面考虑学生对音乐基本视唱、旋律音型、乐句重复与变化重复的复习；高中阶段选择了难度较大的《一杯美酒》，因考虑到有重拍的复习以及一拍以内切分节奏的新授与运用。这几首作品携带了本单元音乐核心能力培养的重要技术因子，易于掌握、规律明显且有很强的艺术感染力。作品难度逐层上升的同时考虑到了音乐作品前后知识和技能方面的重叠，比如《青春舞曲》和《一杯美酒》在接续层面同属于新疆维吾尔族风格音乐，旋律都包括跳进与级进的配合使用，同属小调式，旋律的发展都包括重复与变化重复，都包括了附点和切分节奏，适合学生应用麦西热普固定节奏型为其伴奏。《一杯美酒》相比《青春舞曲》在关键能力方面有所进阶，比如，作品包括了带空拍的切分节奏，切分节奏加入同音连

线使得音乐表现更为热烈欢腾、动力十足。为了引导学生在充分的音乐体验中完成"麦西热普固定节奏型的学习"，教师还融合了音乐学科"听、唱、写、探、创、演"等实践策略。其中，"听"包括聆听隐去节奏的旋律声部、聆听歌曲并结合挥拍感受稳定拍等。"探"包括小组合作探究，即对麦西热普的节奏特点、规律、伴奏形式进行探究。"创"包括结合麦西热普固定节奏型引导学生进行创编、启发学生运用乐器或者声势、音响为新疆维吾尔族民歌伴奏。"演"是指启发学生结合麦西热普固定节奏型用"歌、舞、乐"形式表现歌曲。

三、以"接续式"教学扎实"基本规则 + 基础能力"

结合2021版北京市中小学音乐学科教学常规以及学生能力要求，回顾节奏方面的能力储备发现，麦西热普对于七年级期以上各年级学生的学习要求是，"能够听辨和表现新疆维吾尔族'麦西热普'舞蹈的典型节奏型"（图3）；"能够通过口读或手拍的方式，用'麦西热普'典型节奏型为二拍子、四拍子旋律进行伴奏"。这两个要求落实到音乐基本能力上可具体为：一是能听辨麦西热普，这包括能够听辨麦西热普典型节奏，能够听辨熟悉歌曲中包含的附点、切分节奏型等，能够

在众多少数民族歌曲中听辨出具有新疆维吾尔族音乐特点的音乐，能够听辨出乐句结构的不同、相同或相似；二是能表现麦西热普，这包括结合稳定拍挥拍感受麦西热普的节奏，能够结合手打稳定拍口读模仿麦西热普固定节奏型等；三是能够用麦西热普为民歌伴奏，这包括能够结合口读模仿节奏、结合小组合作表现歌曲，能够结合多声部节奏编创麦西热普节奏并综合表现歌曲等。以上三点都体现了"新课标"视野下音乐课堂要求的基本能力，这三个能力层级由简单到复杂，由感受轮廓到探究体验揭示音乐学习本质，再到促成音乐学习的迁移应用。

麦西热普接续教学紧紧把握将"学、练、用"作为夯实基础的基本规则。以麦西热普的教授环节为例，在"学"这个环节，教师从结合手鼓引导学生进行典型节奏的模仿开始，通过师生合作二声部、小组合作二声部、个人三声部、小组合作三声部等活动将教学活动开展得丰富、有序。整个环节的目的是引导学生有规矩、有规律地进行任务式学习、活动体验，这是音乐能力逐渐走向深入的应用过程。在"练"这个环节，教师借助上一节课学习的新疆维吾尔族民歌《青春舞曲》来进行综合复习，任务难度逐层加大。在"用"这个环节，熟歌《掀起你的盖头来》和《阿拉木汗》引导学生用麦西热普固定节奏型为其伴奏。

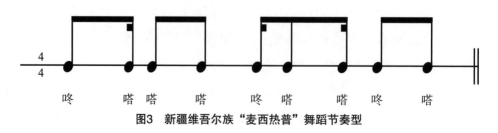

图3 新疆维吾尔族"麦西热普"舞蹈节奏型

四、以"接续式"教学促进音乐学习迁移

"接续式"教学结合复习、新授和迁移与运用（图4）三个步骤进行麦西热普单元设计，帮助学生在真实情境中以丰富多样的表现形式展开学习，实现从学科本位、知识本位到素养本位的转型。奥苏伯尔认为"认知结构在迁移中起着决定性的作用"广义上指的是学生已有观念的全部内容，狭义上指的是学生在某一学科的特殊知识领域的全部内容。中国古代传统教法中的"以其所知，喻其不知，使其知之"就是运用迁移于教学的例子。建构主义理论认为学习要和真实生活情境产生联系，学习内容应突出其真实性。音乐学习的学习情境与日后音乐知识运用的情境越相似，音乐知识和迁移的水平就越高。如今在全国大大小小的城市集镇中，都能买到新疆的特产，甚至能听到新疆人婉转动听的"羊肉串——羊肉串"的叫卖声；广场上，当新疆音乐响起、气氛烘托起来后，大家会情不自禁地入场共舞，随着音乐的节奏越来越快，大家的舞步也由平缓转为欢快。这样的生活气氛其实就在学生的身边。

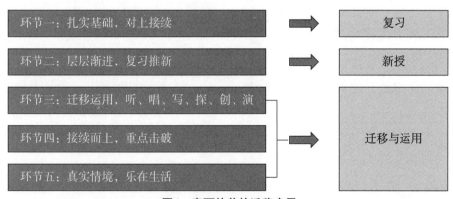

图4　麦西热普的迁移应用

学生的日常生活少不了舞蹈聚会环境，麦西热普的学习能够应用在人际交往的各种场景中，学生可以在家庭聚会上大显身手。笔者将麦西热普的应用情境划分为四种（表1）：迁移至大不相同的现实生活场景中（例如用麦西热普为西班牙音乐伴奏）、迁移至大不相同的学校学习任务中（例如为校歌伴奏）、迁移至十分相似的学校学习任务中（例如为已学熟练的新疆维吾尔族民歌伴奏）、迁移至十分相似的现实生活场景中（例如在歌舞聚会中，直接运用麦西热普到歌舞表演中）。笔者

通过教学实践结合第三维度迁移的体会是：能否有效实现音乐学习的迁移取决于学生对麦西热普固定节奏型技能掌握的熟练程度，能否做到有效和深度体验也取决于学生对熟歌的掌握程度，结合熟歌的训练更容易使学生产生心理共鸣并易于增强音乐体验的深度。对于第二维度运用麦西热普为校歌伴奏迁移，则更综合考验学生的关联、应用和反应能力。校歌的旋律风格和新疆维吾尔族音乐的风格、旋律组织差异较大，这一维度设计对学生的编创能力、运用知识的技能水平提出挑战。

表 1　麦西热普固定节奏型结合不同情境任务的迁移设计

第一维度	第二维度	第三维度	第四维度
迁移至大不相同的现实生活场景中	迁移至大不相同的学校学习任务中	迁移至十分相似的学校学习任务中	迁移至十分相似的现实生活场景中
未设计	任务设计：麦西热普节奏型能够运用于校歌的伴奏	任务设计：麦西热普为曾经学习过的熟歌伴奏	任务设计：以后到新疆可以运用麦西热普固定节奏型参与群众性舞蹈

结　语

"新课标"视野下运用"接续式"教学进行单元设计，遵循以"双基教学"（基础知识和基本技能教学）打底，概念教学绑定作品，在"稳住阵脚""稳步推进""推陈出新"的前提下探寻音乐教学规律与规则，使得音乐核心素养的落地更为扎实有效。"接续式"教学鼓励和强调学科实践，在扎实音乐基本素养的同时引导学生在"听、唱、写、探、创、演"等多方面音乐实践中提升审美感知、艺术表现与创意实践能力；素养导向基础上更关注不同学生的学习起点，每节课伴随复习、新授与运用的循环迭代，做到了"以学定教、以学评教"，体现了"教、学、练、评"的一致性。

作者简介：

张磊，北京市十一学校龙樾实验中学。

生活化动作在少儿舞蹈编创中的运用与价值探究

——以少儿舞蹈作品《偶像》为例

李庄毅

[摘要] 生活化动作常常被运用于少儿舞蹈作品的编创中，并且其在少儿舞蹈作品编创中也有着完善表达、寓教于乐等十分重要的作用。《偶像》作为"小荷风采"展演中出色的舞蹈作品，其中的生活化动作在支撑作品表述方面有着极为重要的作用。因此，本文以该作品为例对生活化动作在少儿舞蹈编创中的作用进行分析，并探讨相关运用价值。

[关键词] 少儿舞蹈编创 生活化动作 《偶像》

少儿舞蹈作品《偶像》由朱琳、梁少玲编导，由广东省广州市黄埔区青少年宫选送，于2021年成功入选第十一届"小荷风采"全国少儿舞蹈展演节目。作为我国少儿舞蹈展演的重要平台，每届"小荷风采"展演都会涌现许多优秀的少儿舞蹈作品，这些作品通过该平台走进观众视野，成为中小学舞蹈团、各地少儿舞蹈培训机构等组织观摩和学演的舞蹈作品。

在许多少儿舞蹈作品中，生活化动作随处可见，这些动作有较为明显的生活原型，其对于舞蹈作品的叙事表达、情感强化等方面都有着重要的作用。在少儿舞蹈《偶像》中，生活化动作的运用明显且成熟，恰到好处地将作品结构进行串联，再配合增加环境氛围的实时排球解说，使得表演者和观众直接感受到女排精神与国民之间的密切联系，使追求卓越、永不言弃的女排精神通过生活化的舞蹈动作得以淋漓尽致的展现。

一、对生活化动作的基本概念阐述

（一）生活化动作

约翰·马丁在《舞蹈概论》中提出："人体的动作是如此被人习以为常，如此连续不断，如此多地被自动化了，以至于我们从根本上说，对它的范围和潜力相当缺乏意识。"①诚然，人们对于人体动作的重视程度远远不够，以至于忽略了它在现实生活中的表达呈现和重要作用。作为人体动作中的一部分，舞蹈是一种以身体动作为本体的艺术形式，其形式变化与内容表述必然以身体动作作为呈现。而生活化动作是指在舞蹈作品中的那些具有明显生活原型特征且旨意相对明确的一类动作，这些动作一部分直接提取于生活中的常见动作，另一部分是将选取的生活动作进行加工的动作，其既不脱离生活原型特征，又符合特定舞蹈作品的表演风格。

（二）生活化动作的基本特征

生活化动作在舞蹈作品中较为常见，其特点大致可以分为以下几个方面。第一，生活化动作具有直观具象性，因而更容易使观众将舞蹈作品中身体形态构成的符号，直接转换成编导演员想要传递的信息，具象化地接受相对准确的信息，从而在一定程度上降低观众在欣赏舞蹈作品时的难度。约翰·马丁认为："门外汉从他的角度出发……会毫无理由地沉浸于对文学性的搜寻之中。"②对于非舞蹈专业的人群来说，看懂一个舞蹈作品在陈述怎样的故事是欣赏舞蹈艺术过程中的要事。因而，在将生活化动作运用于作品中时，也应当关注受众群体里的大多数。第二，生活化动作具有特殊的美学风格，其特殊性在于观众在观看到这些动作时有较为深刻的

生活体验，动作的形态也更加贴近日常生活。"在接近舞蹈时，有必要带上对动作做出反应的期待和对'内模仿'能力的信赖。"③由于生活化动作与生活动作原型十分相近，能给观众带来真实的"内模仿"感受，从而产生真实又熟悉的审美感受。第三，生活化动作具有直接沟通情感的重要特征，由于生活化动作能给观众带来熟悉感，所以在情感的传递上也更为直接，特别是在与面部表情配合后，生活化动作便更能表达作品的内涵了。

二、生活化动作在作品《偶像》中的典型运用与分析

少儿舞蹈作品《偶像》展现的是孩子们在电视前观看奥运会上女排比赛的情景，所呈现的孩子们观看比赛时的激动和紧张，与运动健儿"同呼吸、共命运"的情感强烈又真挚。该作品的创作背景是第二十三届奥林匹克运动会中国女排与美国女排的决赛。如今，当时观赛的孩子已经长大成人，但对于中国女排拼杀于奥运赛场的记忆与精神并未磨灭，因此，该作品也是编导借孩子们的身份向"女排精神"致敬，亦重新定义了"偶像"在当下社会中应有的真实内涵。

在该作品中，生活化动作的典型运用主要有三个部分。

第一，生活化动作运用于作品的开始部分，舞台呈现着"孩子们争先恐后地看比赛"的场景。这里"争先恐后地看"的动作与生

---

① 马丁.舞蹈概论［M］.欧建平，译.北京：文化艺术出版社，2005：22.

② 马丁.舞蹈概论［M］.欧建平，译.北京：文化艺术出版社，2005：5.

③ 马丁.舞蹈概论［M］.欧建平，译.北京：文化艺术出版社，2005：53.

活中人们对事物好奇，但又无法避免被遮挡时的"看"几乎一致，表现出孩子们对于比赛进展的关注度很高，为作品的后续情节发展做了铺垫。

第二，生活化动作运用于女排比赛胶着的状态下，呈现了多次"击打排球"和"摔倒、爬起"的场景。编导将舞台分割成两个场域，一侧呈现女排运动员在赛场上面临挫折困境时的拼杀，另一侧呈现孩子们关心比赛情况和运动员身体安危时的紧张与焦灼。这里的生活化动作在舞台场景直接对比呈现的使用下，使剧情显得更加有张力。女排运动员的每次击球和跌倒，以及与之相对应的孩子们紧张地下蹲、用手抠紧膝盖等动作都与生活中人们常有的生活状态非常相似，再加上重复和延长的艺术化处理，直接将演员和观众拉回到第二十三届奥林匹克运动会女排决赛白热化的比赛现场。

第三，生活化动作运用于孩子们在比赛即将结束时聚在电视机前手拍地面为我国女排运动员助威的场景。这里的生活化动作非常直接地向观众展示了几个孩子在加油助威，就如同人们日常生活中看到激动人心的比赛时的加油助威一样——激动地敲击地板，激动地拍腿、击掌。在这几个演员的身后，编导设计了一段表现激动情绪的舞段，将人物的内心情感进行艺术化表达。这样的设计让主题和情感更加凝聚，将整个作品的情绪与氛围推向最高点。

除此之外，还有很多细节的生活化动作在该作品中得到呈现，例如孩子们紧张时捂嘴的动作、一起举着天线找电视信号的动作等，都与生活情景十分贴切，对于作品情节

发展、环境氛围烘托、作品主题升华等发挥着不可或缺的作用。

三、生活化动作在少儿舞蹈作品中的价值探究

少儿舞蹈作品的创作与表演并非易事，相反，它在儿童认知舞蹈、认知世界和学习价值观等多方面都有着重要意义。少儿舞蹈作品与高精尖的舞蹈艺术作品的要求有所不同。高精尖的舞蹈艺术作品是思想灵魂与肢体表达的共振，是对观念的反思、现实的批判，抑或是审美的碰撞。其创新意义与作品深度是较为重要的关注点。其发声者是成人，受众也是成人，其基本的价值观与审美意识已经有所建构，因而那些怪诞离奇、戾气过重或负面阴暗的内容与思考会被有所扬弃地认知、吸收或批判。

但在少儿舞蹈作品的创作上，发声者是成人，受众方面常包括价值观、人生观尚未定型的儿童，因此，适合孩子身体运动的动作和主流审美观念的艺术熏陶、健康积极价值观的培养与传承等应是少儿舞蹈编导应关注的重要问题。

对于儿童的价值观念和审美观念的培养是潜移默化、深远持久的，而艺术教育是重要的影响因素之一。但价值观的教育需要建立在儿童能够理解和接受的层面，因此让儿童看懂舞蹈作品、对舞蹈作品产生兴趣，是少儿舞蹈作品实现诸多育人目标至关重要的一点。

首先，儿童的理解力和感知力是敏锐的，但他们在认知世界时，依然需要正向的、相

对直接的引导。民国时期，著名音乐家黎锦晖的儿童歌舞作品响彻学堂，《麻雀与小孩》《小小画家》等作品让孩子们乐在其中，也让其在价值观的形成上有所收获。载歌载舞的形式、可以理解的故事性文本、熟悉的生活动作、生动的形象角色等共同构成孩子们自愿接受的价值观教育形式。而生活化动作作为舞蹈动作的一部分，在帮助儿童理解故事结构和主题的方面起到了不可忽视的作用。

其次，生活化动作在生活中随处可见，对这些动作的艺术化运用以及处理，对于儿童提升审美感知能力和开发身体运动智能有十分重要的作用。对生活中的人体动作进行艺术化加工处理，有利于引起孩子们对生活细节的关注，有利于培养孩子们于生活琐碎中洞见美的能力。儿童观察世界的角度与成人有所不同，儿童难以从文字符号中理解抽象的道理，生活中常见的情节和事件反而能够更好地帮助他们理解这些抽象的概念。美国心理学家、教育学家加德纳博士的多元智能理论表示，人类思维和认知方式是多元的，而身体运动智能作为八大智能之一，在我国素质教育阶段的培养与挖掘程度还远远不够，因此，生活化动作在舞蹈作品中的出现，不仅有利于提升儿童的审美能力，更有利于培养儿童以不同的认知方式来感知世界的能力。

最后，生活化动作多是孩子们在日常生活中曾观察和体验到的动作，因此无论是表演少儿舞蹈作品的小演员还是观看作品的孩子，都能更加真实地用身体去体会、模仿与学习，从而更好地感受动作背后所表达的情感与信号。舞蹈是以身体为媒介载体，以动觉为主，视觉、听觉等为辅助来传达信息与

情绪的，而受众在接受时多以视觉为主来进行感受。因而熟悉和常见的动作能够更好地促使"内模仿"的形成，从而有利于受众进一步体会作品更加深层的含义。例如在少儿舞蹈作品《偶像》里，女排运动员呈现的跌倒、一次次艰难爬起等动作，与儿童在生活中的跌倒、爬起的感受密切相关，因此，这样的生活化动作能够让儿童在表演或是观看时产生更加强烈的感受，并且更加能从视觉化的动作中感受当年女排运动员对胜利的执着和锲而不舍的拼搏精神。

虽然生活化动作在少儿舞蹈作品中的运用有诸多益处，但生活化动作的编排及其在作品中的合理运用更为关键，如何有效引渡生活与艺术间的连接对编导的创作功力有很高要求。这类动作有利于年龄较小的儿童理解和体会少儿舞蹈的主题与情感，因此，在编创少儿舞蹈时应注意儿童身心发展的规律，对于年龄相对大的青少年，在编创时可以适当引导其将关注点从作品内容、身体形态方面转向更有深度的舞蹈艺术欣赏方面。

结　语

人类社会的发展在"第三次浪潮"（信息革命时代）的冲击之下步入新纪元，21世纪儿童的教育与发展亟待转型，信息时代对于教育的要求已经不能仅仅满足于工业时代的纯技能培训，而应当注重培养有利于儿童发展的核心素养，关注其情感、能力和态度等的全面发展，以此帮助儿童更好地与瞬息万变的信息时代接轨。生活化动作在少儿舞蹈作品中的呈现有利于帮助儿童理解作品，从

而提升其对作品的审美和学习兴趣，使其在学习舞蹈作品的过程中树立正确的价值观，这对于儿童个体成长和社会和谐稳固有着重要的价值与意义。

作者简介：

李庄毅，北京师范大学艺术与传媒学院。

高中线上舞蹈教学思考及路径探索
——以原创舞蹈《无问黑白》的创作过程为例

梁　燕

[摘要] 2020年，受新冠疫情影响，舞蹈教学由线下面授转为线上云端授课，在实际教学的过程中面临着挑战和困境。本文依据线上教学实际情况探索高中线上舞蹈教学的路径。

[关键词] 线上教学　舞蹈

2022年3月，笔者参与北京舞蹈学院与北京大学附属中学联合项目，为北京大学附属中学舞蹈节进行舞蹈编创，前期教学均在学校进行传统式舞蹈训练，也与学生沟通探讨了对作品主题理念、形式基调、风格特色、音乐格调以及舞美设计的想法，在商议和磨合中确定了对原创作品《无问黑白》的创作思路。由于新冠疫情的反复，我们不得不调整行课方式，从线下面授转换为线上授课。笔者在线上授课的过程中产生了以下思考。

一、线上舞蹈教学的特点

线上舞蹈教学采用线上云端课程、云端会议的方式，保证了新冠疫情期间大众的日

常工作及学习的常态化进行。腾讯会议、钉钉、瞩目视频会议等会议软件以其容纳人数多、功能丰富、能提供实时共享屏幕、支持在线文档协作等特点，建构了一座即便在特殊时期人们依旧可以方便快捷沟通交流的云端桥梁，满足了大众日益增长的线上办公需求。

笔者认为线上舞蹈教学具有以下特点：其一，线上舞蹈教学具有适应性。一方面是对技术的适应，间歇性的线上授课已经使授课教师形成了对线上教学设备的适应性，掌握了操作设备的规律，能够根据以往经验与课程需要，遴选合适的设备，进行有效的课程讲解。例如，教师在进行舞蹈课程新课教学时，可以采用腾讯视频共享屏幕的方式，

放映完整的舞蹈示范，视频放映的过程中需要与重点知识讲解相结合，更利于学生对舞蹈动作要求、情感基调、舞蹈韵律的精准把控。另一方面是对教学方式的适应，在新冠疫情的影响下，线上教学已经经历了学生与教师之间、学生与设备之间、教师与设备之间的长期磨合，成为常态化的教学方式。线上舞蹈教学可以采用线上知识讲解+线下视频回课来进行，因为场域空间的限制，我们的教学难以达到传统线下口传心授的效果，为保证良好的教学效果和教学质量，需要教师线上授课时抓重点、讲干货、传经验、促效果，根据课上主体知识架构，安排适量的作业任务，严格监督学生线下视频的录制情况，保证舞蹈课堂的质量效果。其二，线上舞蹈教学具有便捷性。一方面，教师顺应时代趋势和现实要求，遵循以人为本的育人机制，借助网络云端便捷性的特点，跨越地域、节省时间，在时间允许的情况下随时随地教学。另一方面，线上教学有更直观的视觉反馈，例如，钉钉、腾讯会议等媒介平台以方框视角呈现，在学生统一打开摄像头后，教师就可以实时关注学生的学习、回课情况，即便是人数体量较大的班级，执课教师组也可以左右滑动屏幕关注每一名学生。其三，线上舞蹈教学具有自主性。线上舞蹈课程考验学生的自主学习能力，因为在缺少教师实时监督的情况下，具体的教学任务是需要学生自主学习完成的，学生需要提前对舞段动作进行模仿学习，而线上课程主要是对舞段动作的重难点分析，即教师根据学生实时回课情况找出问题所在。无论是线下的视频录制还是线上的课程答疑，都非常考验学生的自主、

自控能力。笔者认为，线上授课形式虽然发生了改变，但自主学习的能力却可以在变化的形式中得以锻炼，因此，我们要在限制中找到解决困难的突破口，在桎梏中探寻自由的新思路。

二、线上舞蹈教学存在的问题

（一）专业设备与网络技术的不完备

在原创作品《无问黑白》的线上教学过程中，由于我们的教学对象为没有系统接受过舞蹈训练的高一新生，为了能够更好地体现作品的立意理念，让观众更为清晰地理解"黑""白"由分离到包容的过程，我们在第一阶段重温了线下商讨过的作品核心，与学生进一步探讨作品的架构，并在讨论中将学生的想法融入其中，笔者认为只有让学生通晓作品核心理念，增强其创作参与感，才能让最终的作品诠释出黑白相容的艺术质感。在第二阶段（实际操作环节），我们遇到了专业设备与网络技术的问题。首先，专业设备的不完备。一方面，我们的教学对象大多数都是零基础的学生，13人的班级中只有1—2人接触过舞蹈训练，因此多数人对舞蹈没有清晰的概念。线上授课非常考验执课教师的业务能力。面对基础较薄弱的学生群体，遴选合适的专业设备至关重要。在行课的过程中，笔者选择用手机展示教学画面，同时配备收音话筒，保证讲解动作重难点时声音清晰流畅，同时用电脑连接音响负责音频播放。除此之外，每堂课还要进行课堂实录，在录像反馈中，笔者发现，虽然利用手机线上实

时讲解动作，比较适用于对细节动作的分解，同学们看得明白，听得清晰，但是一旦进入流动性动作或是编排调度时，手机就难以捕捉流动时的细节和动势，加之学生普遍对空间的意识比较模糊，因而不能够立刻掌握动作要求，也不能在线上讲解中明晰调度路线。另一方面，腾讯会议、钉钉等软件都存在镜像问题，即便是提前设置非镜像模式，对于没有接触过舞蹈的高中生而言，在线上进行舞蹈动作的学习也是一件比较困难的事情，因此在讲授动作时，教师应具备具体问题具体分析的能力，切勿过于依赖经验进行线上舞蹈教学，而是要针对零基础的高中生对动作指令进行极致化讲解，精细到具体拍子、具体方位、具体手形、具体脚位以及呼吸、神态、情感等要求。

其次，网络技术的不完备。线上网络环境与网速的差异导致线上教学经常出现音画不同频的现象，即教师所讲与所动不一致，造成学生在学习时注意力不集中的现象。这种情况不仅发生在教师授课过程，也经常出现在学生线上回课过程中，例如：视频卡顿、无法正常开启麦克风或视频按键、话筒声音模糊，甚至因网络环境不佳直接被弹出会议室，以上现象都是发生在线上教学过程中的实际案例，在一定程度上影响了学生良好的学习状态。

（二）由多人课堂到一人讲的实际窘境

线上舞蹈课堂也会形成由多人课堂到一人讲的实际窘境。由于高中的学生正处于青春期，处于身心发展突变的时期，以及自我

同一性和角色混乱相冲突的一个阶段，这一时期的学生心理特征主要表现为独立意识强、叛逆心强、思维活跃进步、情绪波动大，希望得到师生密切关注，但行为举止拘谨羞涩等。在线上行课的过程中，执课教师不仅要关注到每一个学生的上课状态，还要积极鼓励学生踊跃表达自己的观点。

笔者认为线上课堂造成一人讲的原因如下：首先，学生心理的转变。在线下课堂上，教师常启发学生以交流互动的方式进行观点互动，学生聚集而坐，讨论式课堂在一定程度上打破隔阂，促进学生畅所欲言，表达自己的独特观点及思维创意。相比较之下，线上课堂缺少了线下的即时交互性，隔着电脑屏幕，多数学生羞于做"第一个吃螃蟹的人"，久而久之形成"你讲我听"的恶性循环。其次，发言方式的转变。线下课堂的学生发言往往是由随即而发与小组讨论+代表汇报的方式呈现，但线上授课时，学生多倾向用实时弹幕的方式含蓄地完成自己的发言。因此，执课教师不仅要关注视频框中学生们的学习实况，还要关注学生们的弹幕留言。因此，教师与学生的互动交流多通过文字来实现，一堂本应由多人讨论的实践课便成了执课教师一人独讲的课堂。

（三）场域限制降低学生参与度

在原创舞蹈作品《无问黑白》的线上排练过程中，在经历了热身、体能训练和核心动作讲解后笔者发现，线上舞蹈教学还存在以下问题：其一，场域限制动作质量。线上视频存在视觉盲区，学生无法360°细致观察动

作、模仿动作，即便是执课教师将镜头放至合适的视觉区域，或是提前录制视频在课上放映，也会因学生对空间、方位的概念理解不到位而难以单凭线上指导、视频放映使学生完成对具体方位、具体要求及动作质量的理解。另外，舞蹈动作质量的提升，单凭教师的语言引导是不够的，需要教师面对面反复示范、强调要求、细致扣练，在量变的累积下，才能够发生质变。当然，这并不意味着线上教学就一定不利于学生提升动作质量，这取决于学生的自主能力和学习习惯，如果学生课下勤奋练习，多与执课教师沟通交流，也可以达到提升动作质量的目的。其二，场域限制降低学生参与度。专业舞蹈课堂对场地、设备有很高的要求，需要配备高度不小于2100mm的通长照身镜，教室面积以200m²为最佳，人均面积不少于2m²，需统一铺设地板胶，以保证舞者舞动时的安全，但学生居家环境并不能达到线下舞蹈教室的要求，因此在完成动作的过程中，很容易因为条件限制而选择只看不动，而舞蹈艺术是一门行动艺术、一门肢体艺术，不可能仅靠眼观就能达到动作要求。另外，舞蹈也是一门接续性极强的艺术，动作与动作间环环相扣，如果学生因为自身场域（环境）的限制而选择停止对肢体的探索，就不能在前期建构对动作的认知模仿、形成良好的肌肉记忆，后期则会陷入"一步跟不上，步步跟不上"的恶性循环，最终就会将舞蹈变成机械化的动作任务，而不是跳出固定模式的情感迸发。因此，执课教师需要调动起学生的主观能动性和学习积极性，使其参与到线上舞蹈课堂的每一个环节。

三、线上舞蹈教学的解决路径

（一）分工明确，协同教学

分工明确、协同教学是线上舞蹈教学的解决方法之一。在此次原创舞蹈作品《无问黑白》的编排中，我们配备了四位专业导师，两人负责舞蹈编创、一人负责剧本撰写、一人负责舞美剪辑。排练前期，四位导师都能够按照自己的教学任务进行高效的推进，一方面是积极撰写完整的剧本，为后期舞蹈作品的拍摄提供有力的创作素材，另一方面是根据剧本分层、分工、分次斟酌舞蹈架构，预排主舞段动作。进入实际操作时，我们发现舞蹈作品的编排，其实不需要详细的剧本内容，详细对文本而言，是细致深入，但对舞蹈编排而言，却会产生一定的限制禁锢。因此，在后期舞蹈编排时，我们在原剧本的基础上，保留了主要事件和主要任务情节，围绕着核心理念进入舞蹈编创环节。

笔者认为，线上舞蹈编排若想做到明确分工、协同教学、发挥每个教师的优长，需要分三步走：第一步是定架构。定架构是指合理发挥剧本组执课教师的文本优势，凝练具有作品特色的中心思想，为作品立意、理念、走向、基调、风格层层把关，这有助于后期舞蹈编导对舞蹈实际编排的把控。第二步是巧编创。编创教师作为中坚力量，需要针对核心立意和学生具体接受情况进行创造性转化、创新性发展。本次实践配备了两位编创教师，在具体行课时，由一位编创教师负责动作示范，另外一位负责动作细致讲解。这种安排的优势体现在两个方面：一方面，减小教师的课堂负担，避免不必要的教学事故；另一方面，由于动作示范的执课教师并不能在示范的同时监测学生的动作反馈，两位教师各司其职、协同合作，不仅可以将动作示范得更精准，也能够在关注每位学生动态反馈的基础上，准确细致地讲清动作要求。第三步是精设计。精设计包括对服装设计、对舞台设计以及对影像设计的考量。舞美视觉教师作为主要负责人，需要对学生拍摄选景、构图设计、色彩调配、拍摄角度进行严格甄选和把关，在学生现有的视频素材基础上，构筑视觉美与理念美相结合的艺术观念。

因此，三步走缺一不可，每阶段都要有相应执课教师专门负责教学任务，但这并不意味着三位教师仅独立完成自己阶段的课程教授，而是在条件允许的情况下，做好与其他阶段教师的沟通工作，全程参与会议，记录阶段性问题，团队教学必然存在分配平衡和沟通困难的问题，但教师如果能够以学生为主体，以具体教学实践为中心，定会齐心协力、克服困难。

（二）做好备案，预设为先

做好备案和预设也是线上舞蹈教学前教师组需要着重考虑的问题。由于线上舞蹈课堂存在不稳定因素，面对突发性的问题，执课教师需要实时化解困难，保证课堂教学的有序进行，因此备案需要全覆盖、多角度考虑。

首先，提前问询确定师生网络环境，尽最大可能保证学生在场性。一堂以学生为主体、教师为主导的课堂，需要师生双方具备良好的网络环境，才能保证课程流畅高效，倘若教师未能提前对学生网络环境做具体问询，待到实际课堂行课时，便会增加很多不确定性。线上舞蹈课程的必要工具是专业设备、网络及我们的肢体，如果课前未能做足充分准备，就需要在课堂上花费时间去解决、调试。另外，即便教师课前做足问询工作，在行课过程中也可能会出现不确定性问题，在这个环节就体现出预设的重要性，即需要两位执课教师同时参与线上教学，一人为主要执课教师负责把控大局，一人为助教负责处理实时突发情况。其次，根据学生实际情况调整行课方式和教学进度。在线上舞蹈排练中会遇到一些突发情况，造成课堂参与感的降低，因此，需要执课教师做好预设、及时调整、积极应对，合理利用线上实时课堂与视频录制打卡相结合的方式指导教学，减小线上课堂对舞蹈教学的影响。

（三）分析个案，加强沟通

在线上舞蹈教学过程中，教师需针对不同阶段的舞蹈学习，不定期地抽取不同学生进行沟通交流。交流可以分为课堂感受、难点讨论、课堂建议等。在谈话过程中，教师需做详细记录，提炼普遍问题、聚焦主要问题、分析问题原因、解决难点问题……分析个案的目的是希望站在学生视角，与学生真诚沟通，针对课堂存在的现有问题，在学生的想法、建议中，了解学生真实的诉求，客观分析问题原因，为下一步课程任务做充分准备。

笔者认为与学生沟通交流能够促进师生

情感，对优化线上课堂参与度十分必要。首先，师生沟通是教学相长的关键环节。学生要对课堂内容进行简单叙述、交流感受，必然要经过独立思考。每个学生角度不同、观点不同、接受度也不同，思考问题的角度、深度能够反映学生上课时对知识的接受程度，因此，教师需要了解学生的真实想法，无论学生给予何种反馈，都是对其思辨能力的提升。其次，增进集体共进步的愿景。正值青春期的学生具有强烈的自尊心、好奇心，也存在着"慕强"意识。执课教师应顺应学生的心理发展规律，沟通交流时积极正向引导学生克服困难，以点带面地遴选课堂积极踊跃的同学作为学生模范，让学生形成看齐意识，凝聚班级力量，促进共同进步。最后，树立教师勤于反思的意识。对教师而言，与学生沟通不仅是一次浸入式谈心，更是一次深入反思的机会。作为执课教师，定会以普遍学生的基本情况和学习诉求为基准进行教学，但教师的能力毕竟有限，例如在本次北京大学附属中学舞蹈节的舞蹈创编过程中，执课教师分批次与13名同学在课程教授进度、沟通方式、服装考量、音乐设计这四个方面展开交流互动，13名同学在课程教授进度这一方面产生了分歧，进度较快的同学希望教师可以多进入主体舞段的教学，而进度相对较慢的同学，则希望教师将教学速度放缓，对动作进行细致讲解并带练。对于教师而言，这确实是一个值得反思的教学问题，虽然学生的接受程度参差不齐，但最终的教学目标显然是整齐一致，想将此次舞蹈节节目做到极致，就要根据学生的普遍情况调整教学进度，个别问题只能利用课余时间具体解决。

（四）调整心态，转换思路

线上教学最有效的途径是个体心态的调整与思路的转换，无论是线上舞蹈教学，还是其他文化学科类教学，都需要经过由线下教学到线上教学的阶段性过渡。笔者想以原创舞蹈作品《无问黑白》为例，分三阶段来谈谈调整心态，转换思路对线上舞蹈教学的重要性。

第一阶段为迷茫期。师生需要共同接受由线下传统点对点式教学转换为隔屏分离式教学的形式。教学形式的改变，意味着教师教学方式、教学策略、教学设计、教学评价都要随教学形式发生改变，学生同样需要经历对线上舞蹈学习的摸索和适应，在原创舞蹈作品《无问黑白》的线上排练初期，学生多以聆听思考的方式学习，当教师发出动作指令时，学生在视频中也显露出不自然和迷茫，一方面，线上隔屏式教学，无法营造线下教学的集体融入感与实时交流互动，对舞蹈基础薄弱的学生而言，由多人舞到单人舞的转换，是一件具有强大挑战性与考验自身信念感的事情。另一方面，线上会议软件的镜像功能，会导致学生在做动作时产生不自信和质疑感，学生完成动作时，普遍根据视频框整体速度来调试自己的速度，当学生发现方位、速度与整体不一致时，就会产生尴尬、畏惧、质疑等心态，即便是关闭镜像，也会因学生前后置镜头应用不一而产生方位不一的问题，因此，在线上排练初期，学生产生迷茫心态的原因为，不仅要关注自身动作的完成度与集体是否保持一致，还要考虑专业设备、网络环境等外在客观因素是否完备。第二阶段为调整期。这是整个线上教学承上启下的中心环节，学生往往会根据初期的感受及经验在这一阶段进行大量的调试改进，在设备的应用、环境的适应、心理状态的调整以及动作的熟练度方面有着显著的改善与提升，学生们渐入佳境，不仅在线下提前录制好舞蹈视频，还在课堂中运用共享屏幕与同学们分享自己在练习中出现的问题、集体讨论解决问题的方式，等等。以学生为主体的课堂，需要将主动权交给学生，但主动权的转换是建立在学生增强主动性、调整心态的基础之上的。第三阶段为适应期。这是线上课堂教学的关键环节，学生会在这一阶段因适应了线上舞蹈课堂的教学模式而表现出暂时性的懈怠和动力不足，执课教师应在此时给予学生正向的鼓励，以坚持、共进为目标导向，引导学生克服惰性心理，例如在现实条件允许的情况下，设置合适实用的奖励机制（赠予实用书籍、配套文具或是符合学生兴趣的娱乐文创产品），激发学生的积极性和内在动力。因此，教学方式的转变，必然会体现出电子媒介的特殊性，同时考验师生的适应性和应变能力，但教学标准不会因外在形式的改变而改变，需要师生合力共促以不变应万变。

虽然线上教学较线下教学而言，存在着制约性、限制性的客观条件，但也使学生在挑战中形成了良好的自主学习能力、在限制中探索了解决问题的能力，师生共同经历

了迷茫期、调整期、适应期后，定会在线上教学的过程中汲取丰富经验，拓展多样性艺术教学的方式，来应对今后富有挑战性、不稳定性的客观环境。虽然线上教学无法替代线下传统式课堂，但却可以起到良好的辅助作用，对普通高中生而言，比起重复性的训练动作，不如转换思路，扬长避短，发扬学生思辨学习、笃思体会的优势，以思考领悟带动肢体舞动，培养"学中思，思后舞"的意识，化被动为主动，以适合高中生的学习方式。

结　语

随着时代的发展，线上＋线下双向共济的教学模式已成为符合时代潮流的思路方法。在万物互联与物联网的加持下，线上教学成为教学新思路的重要组成部分。虽然线上教学存在着挑战与困境，但线上＋线下的教学模式，必然会成为符合艺术教育可持续发展的时代趋势，只有推动人类发挥主观能动性、凝聚方法智慧、探究解决策略，顺应时代潮流和群众内在需求，线上舞蹈教学才能真正实现打通壁垒、多元互动、共期未来的愿景。

作者简介：

梁燕，女，北京舞蹈学院在读硕士，主要研究方向为音乐剧表演与创作。

基于"新课标"的新课程方案

——浅谈创造性舞蹈课堂对小学生创造性思维能力的培养

丛瑞萱

[摘要] 舞蹈课是北京市陈经纶中学嘉铭分校一、二年级小学生非常喜欢的活动课程之一。在传统的舞蹈课堂上,学生通常是在教师的指导和安排下进行舞蹈学习及表演活动。教师播放舞蹈音乐,伴随着音乐节奏做出相应的舞蹈动作,学生通过模仿教师的舞蹈动作,经过反复地练习,最终完成完整的舞蹈表演。这种教学形式不利于学生创造性思维能力的培养。我国目前的育人目标为培养新时代的创新型人才。因此,教师应将学生创造性思维能力的培养作为舞蹈表演教学的重点内容。本文结合学生舞蹈表演教学的实际情况,简要分析在小学舞蹈课程中运用创造性舞蹈理念培养小学生创造性思维能力的方法,力图使舞蹈课堂重视学生创造性能力的培养,并推动小学舞蹈课堂中教学活动的开展和完善。

[关键词] 小学舞蹈 创造性 思维能力

一、创造性舞蹈课程的国内外研究现状

在中华人民共和国教育部制定的《义务教育艺术课程标准(2022年版)》中,舞蹈学科被纳入其中。《义务教育艺术课程标准(2022年版)》的课程理念强调:坚持以美育人,以习近平新时代中国特色社会主义思想为指导,以落实核心素养为主线,引导学生积极参与各类艺术活动,感受美、欣赏美、表现美、创造美,丰富审美体验,学习和领会中华民族艺术精髓,增强中华民族自信心与自豪感;了解世界文化的多样性,开阔艺术视野,充分发挥艺术课程在培育学生审美和人文素养中的重要作用;重视艺术体验,重视学生在学习过程中的艺术感知及情感体验,激发学生参与艺术活动的兴趣和热情,使学生在欣

赏、表现、创造、联系/融合的过程中，形成丰富、健康的审美情趣；强调艺术课程的实践导向，使学生在以艺术体验为核心的多样化实践中，提高艺术素养和创造能力；突出课程综合，以各艺术学科为主体，加强与其他艺术的融合；重视艺术与其他学科的联系，充分发挥协同育人功能；注重艺术与自然、生活、社会、科技的关联，汲取丰富的审美教育元素，传递人与自然和谐共生理念，促进学生身心健康全面发展。

我国台湾地区创造性舞蹈教育家张中煖教授在《创造性舞蹈宝典：打通九年一贯舞蹈教学之经脉》中，对"创造性舞蹈"给出了明确定义："创造性舞蹈并非指某一种类型的舞蹈，而是一种经由教师引导、启发，让学生自动自发地以肢体表现其想法与情感的舞蹈方式与创造力。"创造性舞蹈教学是重过程、轻结果的舞蹈教学方法，其教学核心是强调教师通过引导、启发的方式，使学生产生内在情感及动力，进而通过肢体的体验和感受来完成对动作的认识、探索及创造的过程，是一种真正由内向外的表达方式。在教学中，儿童将教师引导、启发的过程通过肢体表现出来，其实就是儿童即兴舞蹈的过程。然而，儿童很难将自己即兴过程中的动作清楚记忆并重复表现。所以在创造性舞蹈课堂中，我们虽然可以看到大量儿童自我创造的动作和舞蹈小短句，但很难真正看到儿童自我创造的舞蹈剧目表演。

创造性舞蹈的教学理念与形式教育的改革首先体现在教育观念的革新。在新的教育观念指导下，树立新的教学理念是进行教学实践活动的前提。较之传统的舞蹈教学理念

和方法，创造性舞蹈教学模式的不同体现在以下几个方面，如重视自然动作的价值、以促进个性发展为宗旨、坚持身体语言的创造性而非统一性、强调动作与思维的结合、注重表达性而非表演性等。基于教学理念的改变，自然要建立与之相适应的教学模式和方法，使得教学活动实际、有效，从而达到教学预设的目标。在创造性舞蹈课堂中，教师作为引导者在教学过程中以启发学生创造力为核心，通过多种途径与策略，带领学生开展以身体为主要媒介去创造属于自己的舞蹈课程。在以学生为中心的课堂中，逐步开发肢体动作，促进身体、头脑和心灵的共同成长。

二、创造性舞蹈课堂培养学生创造性思维能力的重要性

课堂中的舞蹈表演活动是将儿歌通过肢体表演的形式表现出来的一种活动。创造性思维能力是学生学习过程中不可或缺的一部分，能促进学生的身心健康发展，有利于激发学生的潜能，提高学生的学习兴趣，使学生在学习中能全身心地投入。现阶段，人才是社会发展的宝贵财富，任课教师应该肩负起自己的责任，重视对学生创造性思维能力的培养，使学生在启蒙阶段养成良好的学习习惯，提高学生的思维能力和动手能力，为培养高素质的复合型人才贡献力量。通过观察学生心理我们可以发现，学生时期是孩子创造力萌芽的关键时期，舞蹈任课教师在这一时期重视并加强对学生思维能力的培养，对学生未来的发展具有极其深远的意义。众

所周知，学生已经具备一定的自主思考能力，对于新鲜事物也有自己的见解，任课教师针对一、二年级学生的这一特点有的放矢地培养其创造性思维能力，能有效丰富学生的信息储备，有利于学生更好地掌握学习方法，并在社会信息环境中主动实现信息交换。教师要重视学生的人格发展需求，引导学生自主学习、独立思考，激发学生的想象力和创造力，为学生创造良好的学习环境，促进学生身心健康发展，为学生成长为创造型人才贡献力量。

三、创造性舞蹈课堂培养学生创造性思维能力的要点

（一）培养学生的观察能力

要在学生舞蹈表演教学中培养学生的创造性思维能力，就必须重视对学生观察能力的培养。任课教师要引导学生对舞蹈表演进行细致的观察，思考音乐和舞蹈动作之间的内在联系，使学生在观察、思考和学习舞蹈表演的过程中形成创造性思维，从而实现学生良好学习习惯的养成。在学生舞蹈表演教学中，教师应该结合新时期学生教学要点，不断对教学理念进行优化和革新，引导学生自主观察、独立思考，不断强化学生的观察能力，提高学生的舞蹈学习兴趣，为将来学生创造性思维能力的培养奠定坚实的基础。任课教师要结合新时期学生教学要点，让学生积极主动地观察和思考身边的事物，更好地将自己的所看、所想运用到舞蹈表演学习中，推动学生创造性思维能力的良好发展。

（二）培养学生的发散性思维能力

在学生舞蹈表演教学中，为提高学生的创造性思维能力，任课教师必须对学生进行正确的引导，让学生以发散性思维学习舞蹈表演，利用先进的教学手段以情景教学模式培养学生的创造性思维能力。任课教师在学生舞蹈表演教学过程中，可以从学生所学的舞蹈表演内容和实际学习情况出发，加入问题元素引导学生学会自主思考，有针对性地让学生联系实际生活，在舞蹈表演学习中培养学生的创造性思维能力。任课教师还可以根据儿歌内容合理设置教学情境，以激发学生的舞蹈学习兴趣、求知欲和探索欲，让学生在学习舞蹈表演的过程中学会思考问题，培养学生的自主学习意识和发散性思维，进而提升学生的创造性思维能力。

（三）激发学生的学习兴趣

在学生舞蹈表演教学中，任课教师还要激发学生的舞蹈学习兴趣。教师要鼓励学生提问，激发学生的求知欲。任课教师还可以让学生选择自己喜欢的儿歌，按照自己的理解进行舞蹈表演，给予学生一定的想象空间，提高学生的创造性思维能力。教师要首先对学生的表演给予肯定和表扬，再对学生的舞蹈动作进行指导，以提升学生舞蹈表演的积极性。在学生舞蹈表演教学中，教师要引导学生联系实际生活，不断激发学生的舞蹈学习兴趣，开阔学生的舞蹈表演视野，使其在舞蹈表演学习中养成自主思考的好习惯，这样才能更好地提升学生的创造性思维能力。

四、创造性舞蹈课堂培养学生创造性思维能力的方法

（一）从舞蹈表演主题设计角度激发学生的创造性思维能力

一、二年级的学生天性活泼好动，这就决定了学生舞蹈表演教学必须具有趣味性，只有这样才能大大提升学生的舞蹈表演学习兴趣。任课教师只有根据学生的年龄特点，设计符合学生心理发展的舞蹈表演主题，才能极大程度地激发学生的创造性思维能力。为了充分培养学生在舞蹈表演学习中的创造性思维能力，在舞蹈表演主题的设计和选定方面，任课教师要从学生的角度出发，选择适当的舞蹈表演主题，并在教学中做好协调引导工作，让学生感受到学习舞蹈表演的乐趣。例如，任课教师在学生舞蹈《小燕子》的教学过程中，可以利用多媒体设备播放《小燕子》的视频，引导学生积极思考，并自发参与到舞蹈表演中，充分调动学生参与舞蹈表演的热情。

（二）通过制作舞蹈表演道具激发学生的创造性思维能力

学生舞蹈表演活动的开展离不开相关道具的辅助，为提高学生参与舞蹈表演的积极性，任课教师除了要设计具有吸引力的舞蹈表演主题，还要让学生参与到舞蹈表演道具的选择和制作过程中，增强学生的创造性意识和动手实践能力。例如，在学生舞蹈《海草舞》的教学过程中，教师可以引导学生利用绿色的卡纸、塑料纸制作演出服上的装饰物和头饰，提高学生的动手能力，使学生在学习舞蹈表演的过程中充分发挥自身的创造潜能。

（三）通过开展多元化的舞蹈表演活动，激发学生的创造性思维能力

在学生舞蹈表演教学中培养学生创造性思维能力的途径有多种，其中开展多元化的舞蹈表演活动尤为重要。舞蹈教师除了按照视频教材进行舞蹈表演教学，还可以在原有教学内容的基础上，引导学生充分发挥自己的想象力和创造力，根据自己对儿歌内容的理解，自主设定舞蹈表演的动作，让学生全身心地投入舞蹈表演教学。在以往的舞蹈表演学习中，学生通常是按照教师教的动作去练习，不会自主解决舞蹈表演学习中遇到的问题。因此，舞蹈教师要充分发挥自己的职能，多鼓励和表扬学生，锻炼学生的创造性意识，极大程度地激发学生的创造性思维能力。例如，教师在学生舞蹈《悬崖上的波妞》的教学过程中，让学生结合动画片去思考舞蹈的表演动作、更好地理解舞蹈表演的内容和意义，从而活跃课堂教学氛围，提高学生的自主思考能力，促进学生创造性思维能力的培养。

结　语

创造性舞蹈课堂对小学生创造性思维能力培养是一个漫长的过程。舞蹈任课教师应遵循学生身心发展规律，根据学生的心理发展特点和现阶段的教学理念，有针对性地开

展学生舞蹈表演教学活动，引导学生积极主动地参与舞蹈表演教学活动，激发学生的舞蹈学习兴趣，开阔学生的眼界，进而培养学生的创造性思维能力，让学生在舞蹈表演学习中体会到舞蹈的乐趣。在学生舞蹈表演教学的道路上，舞蹈任课教师只有以身作则，不断探索舞蹈表演教学新路径，才能激发学生的潜能，提高其创造性思维能力。

作者简介：

丛瑞萱，北京市陈经纶中学嘉铭分校。

核心素养理念下学前教育专业舞蹈教学问题及对策

国　徽　张晶晶

[摘要] 舞蹈教学具有先导性，能较好地迎合新时代教育背景下人才培养的要求，对于社会发展和个体成长具有建设性的意义。核心素养为开展学前教育专业舞蹈教学提供了理论支撑与实践指引，在教育领域起到了全局性、指导性的作用。本文主要揭示核心素养理念的内涵及其在教学中的指导意义，分析学前教育专业舞蹈教学的现状、探究舞蹈教学的问题，从而有针对性地提出顺应新时代要求的教学对策。

[关键词] 核心素养　舞蹈教学

引　言

步入新时代，全人教育逐渐成为当代教育发展的新趋势，即培养德、智、体、美、劳全面发展的社会主义建设者和接班人。这一趋势意味着新时代教育不仅要注重对学生思维、认知等智力因素的培养，还应加强对学生情感、兴趣等非智力因素的塑造，不再将应试成绩视为教育的终极目的，而是聚焦学生核心素养的养成。自2014年我国提出"核心素养"这一概念开始，学校的各学段、各学科教育均紧紧围绕核心素养理念确立新的课程目标、拟定新的培养计划。这种基于核心素养理念的课程与教学改革的多维演进反映出人们对教育价值和目的的不断追求、反思与重构。[①]随着社会的不断发展和进步，国民越来越重视学前教育，普遍认为素质教育应当从幼儿期抓起。从学前教育专业舞蹈教学的现状来看，由于传统时期人们对其重视程度不够，已经严重影响到教学成效。随着核心素养理念的提出，新时代对学前教育专业舞蹈教学又提出了新要求。为解决这种现实与理想冲突的问题，本文立足于核心素养

---

① 朱桂琴.核心素养视域下的师范生实践教学变革：方向、困境与路径 [J].教育发展研究，2017，37（12）：46-51.

背景下的学前教育专业舞蹈教学，探究当前舞蹈教学中存在的问题，并提出相对应的解决措施。

一、核心素养含义及其对教学的指导价值

随着教育终身化、教育民主化和教育个性化在全球领域内认可程度的上升，教育领域也呈现了一些共同特征，核心素养的出现恰恰顺应并回应了全球教育的发展趋势。[①]"核心素养"这一概念最早出现于20世纪末，自1997年经济合作与发展组织（OECD）启动"素养的界定与遴选：理念和概念基础"（Definition and selection of competencies：theoretical and conceptual foundations，简称DeSeCo）项目始，"素养"这一提法正式形成并相继出现在各个国家和地区的重要教育文件中。[②]2002年3月，欧盟的一个研究小组在发布的研究报告《知识经济时代的核心素养》中首次使用了"Key Competencies"这一概念，并认为"核心素养代表一系列知识、技能和态度的集合，它们是可迁移的、多功能的，这些素养是每个人发展自我、融入社会及胜任工作所必需的"[③]。在国际教育视野的启发下，中华人民共和国教育部于2013年启动了中国学生发展核心素养的研究，并于2016年9月发布《中国学生发展核心素养》，这标志着核心素养理念入驻中国本土，教育界关于核心素养的讨论方兴未艾。

在此背景之下，核心素养理念切入时代大势，成为进一步深化基础教育改革、建设学科教学的推动力。核心素养这一概念出现于大众视野后，不同组织、国家及学者从中解读出了不同的意蕴。《教育：财富蕴含其中》一书提出教育的"四大支柱"，即学会认知、学会做事、学会共同生活、学会生存是学习者应当具备的核心素养。[④]英国的核心素养结构除了包含公民品格素养、学会学习的素养、信息运用素养、人际交往素养等，还涉及时间管理、创业精神与主动意识、冒险精神以及文化意识等[⑤]。钟启泉认为，"核心素养是指同职业上的实力与人生的成功直接相关的涵盖了社会技能与动机、人格特征在内的统整的能力"[⑥]。核心素养研究课题组综合各国各地区对核心素养的概念界定，最终在《中国学生发展核心素养》中明确其定义为："核心素养是学生在接受相应学段的教育过程中，逐步形成的适应个人终生发展和社会发展需要的必备品格与关键能力。"[⑦]学生发展核心素养，主要是指学生应具备的，能够适应终身发展和社会发展需要的必备品格和关键能力。核心素养分为文化基础、自主发展、社会参与三个

---

① 许营营.澳大利亚"核心素养"的发展历程及培育路径［D］.上海：华东师范大学，2020：5.
② 周洪宇.核心素养的中国表述：陶行知的"三力论"和"常能论"［J］.华东师范大学学报（教育科学版），2017，35（1）：1-10，116.
③ 褚宏启.核心素养的概念与本质［J］.华东师范大学学报（教育科学版），2016，34（1）：1-3.
④ 联合国教科文组织总部.教育：财富蕴藏其中［M］.联合国教科文组织总部中文科，译.北京：教育科学出版社，2001：76-86.
⑤ 张紫屏.基于核心素养的教学变革：源自英国的经验与启示［J］.全球教育展望，2016，45（7）：3-13.
⑥ 钟启泉.基于核心素养的课程发展：挑战与课题［J］.全球教育展望，2016，45（1）：3-25.
⑦ 核心素养研究课题组.中国学生发展核心素养［J］.中国教育学刊，2016（10）：1-3.

方面，综合表现为人文底蕴、科学精神，学会学习、健康生活，责任担当、实践创新六大素养，细化为18个指标。[①]

尽管不同专家学者关于核心素养的说法不一，但都涵盖一项共同要义，即着眼于培养"全面发展的人"，致力于解决"培养什么人""如何培养人"这一教育难题。21世纪的核心素养，不仅涵盖必备的知识素养和技能素养，还应结合时代性充分挖掘个体的信息素养、创新素养等。在新世纪的教育视野中，核心素养的发展则为教育的更迭指明了方向。首先，核心素养具有鲜明的时代性，不同的时代背景所要求的素养有所不同。不同于过去农业社会和工业社会对于技能素养的迫切需求，现代化社会更需要具有创新素养的实践型人才，因此教师在教学中应重视对学生发散性思维和动手操作能力的培养。其次，核心素养不仅立足于个体的成长，更注重在社会视角下的个体发展。这启示着教师不能仅仅将掌握知识看作教育的最终目的，而应重点培养学生完善自我、融入社会、终身发展的意识和能力，使学生能够从容地应对未来挑战。最后，核心素养不是某种单一的素质要求，而是学生应当具备的多种知识技能和情感价值观的结合体。[②]对于教育者而言，学生的知识水平与专业能力固然重要，但不能顾此失彼，还应关注学生在教学活动中的思想感情和学习兴趣。由此可见，核心素养在教学活动中具有一定的指导价值，不仅回应了新时代教育之难题，也是未来教育变革的发展方向，更是推动构建终身教育体系的战略决策。

二、传统舞蹈教学的现状及问题分析

社会的高度变化与发展引发人们对于教育系统的进一步思考，教育不只是让学生习得知识、掌握能力，更重要的是帮助年轻人做好面对未来生活的准备。舞蹈教学作为一项普适性的教学活动，贯穿于全社会，对人的塑造和改变是全方位的。其一，学习舞蹈能塑造优美身形、维护身体健康。跳舞也是一种身体锻炼方式，能够加速血液循环、增强抵抗力，矫正圆肩、驼背等歪曲形体。同时，舞蹈是一项由多个感官同时参与的活动，人们在学习、模仿、展示舞蹈动作的过程中，其大脑也在不断地运动、转换，因此，舞蹈有益于大脑的灵活发展。其二，学习舞蹈能修炼气质、磨砺意志。学习舞蹈能培养学习者的气质、提升学习者的自信心，不同的舞蹈风格所塑造的舞蹈气质也有所不同，如拉丁舞能赋予人端庄优雅的气质，芭蕾舞能赋予人高贵典雅的气质，爵士舞能赋予人力量与美感兼具的气质。舞蹈学习是一个漫长的过程，学习者需日复一日地拉筋、温习基本功，如此一来便在坚持的过程中拥有了强大的毅力。其三，舞蹈教学能提升审美能力和团队协作能力。开展舞蹈教学，能培养学生发现美、欣赏美和创造美的能力，在音乐中

① 核心素养研究课题组.中国学生发展核心素养［J］.中国教育学刊，2016（10）：1-3.
② 石中英.关于中国学生发展核心素养的哲学思考［J］.课程・教材・教法，2018，38（9）：36-41.

感受舞蹈的意境。① 舞蹈的文化底蕴和美学素养能够潜移默化地影响学生的审美情趣，提升学生的人格魅力。并且，大多数舞蹈都是以集体的形式呈现，学生参与集体编排的过程也是一个同他人合作交流、切磋提高的过程，能够不断在这样的过程中汲取他人优点、精进自身基础。由此可见，舞蹈教学在个体成长过程中具有重要意义。然而，通过对当前学前教育专业舞蹈教学的探究，其人才培养的质量、规模、教学方式恐怕难以达到大众的迫切期待，核心素养下的舞蹈教学，应坚持立德树人、以人为本，着眼于学生的整体性发展和综合素质的提高。② 综合分析以往研究成果和教学实际，当前舞蹈教学中存在如下问题。

（一）理论指导不力，缺乏开拓与创新

本质上来看，舞蹈可以说是模仿、体验、展现各种舞蹈动作的过程，通过舞蹈学习，学习者的肢体动作变得更加协调、灵活，如果缺乏运动学、生理学方面的知识，学习者的不恰当练习不仅对提升舞蹈技能毫无帮助，而且会造成肌肉拉伤，甚至会导致无法学习舞蹈。更深入地说，舞蹈是一种肢体艺术，不加实践空谈理论违背了舞蹈艺术的本体性特征。舞蹈是一种具有表现力和创造力的表现形式，舞者可将自身的情感通过生动的舞蹈动作抒发出来，③ 但从实际教学来看，许多舞蹈教育者和学习者过于注重实践训练而忽视了舞蹈理论知识，使其舞蹈动作虚有其表而空于内涵，这与核心素养下人才培养的初衷有所出入。基于新时代背景下的核心素养，更加注重创新教育，旨在培养具有开拓创新精神的新型人才，而非照本宣科的"抄书匠"。在舞蹈教学中实施创新教育，既是当前舞蹈教学的一大痛点，也是推进舞蹈教学改革的一大难点。教育者缺乏对学生创新意识的培养和训练，以至于很多学习者只会模仿而未能超越，即将大部分时间用于打磨经典剧目和作品，而不曾对舞蹈学习进行深入思考。

（二）教学模式单一，未考虑到个体差异

当前舞蹈教学大多仍采用注入式教学，将教学重点放在对学生舞蹈技巧的训练上，教师与学生之间交流甚少，教师未能及时了解到学生的思想动态，而学生也难以从心灵深处理解教师、认可教师，从而导致师生之间产生隔阂，学生学习兴趣不高，教师从教无力。核心素养下的舞蹈教学，主张教学形式多元化，将学生从课堂中的收获作为出发点，该理念的提出在一定程度上引发了师生对以往教学方式的反思。部分教师的舞蹈教学模式单一，每节课按照同样的教学流程进行，没能做到与时俱进，教学内容与现实生活未能紧密联系，只是一味地分割、重复舞蹈动作，且普遍存在着"重讲解""轻方法"

---

① 刘诗敏.核心素养视角下的舞蹈学科教学观［J］.祖国，2019（4）：216，215.
② 萧早荣.职业发展视域下高职学生核心素养的培养要求及路径［J］.教育与职业，2021（16）：73-78.
③ CHRISTINE M.Education reform visions and new forms of gymnastics and dance as elements of a new body culture and 'body education'（1890–1930）［J］.History of education，2018，47（4）：523-543.

的问题。即使在舞蹈教学过程中需要不同的道具、音乐和服装，许多舞蹈教师也会选择忽略使用这些必要的舞蹈元素，而只是一味地解释和示范舞蹈动作。核心素养理念根植于人本主义思想，将学生置于教学活动的中心，主张教学顺应学生的身心发展特点，根据个体差异因材施教。然而，当前舞蹈教学多采用统一的课程安排，尽管能够在一定程度上提升教学效率，但不利于根据舞蹈学习者的个体差异实施特色化教学。具体来讲，每位学前教育专业的学生的身体条件、学习水平、接受程度不一，有些人能够轻而易举地跟上课堂节奏、提高自身舞蹈水平。也有些人觉得舞蹈学习困难、进步缓慢，过难的课程内容会极大地挫伤其学习积极性，久而久之便产生一种舞蹈学习的习得性无助感，甚至无法热情洋溢地投入到今后的幼儿舞蹈教学工作中，而这也与核心素养下素质教育的培养要求大相径庭。

（三）重视程度不够，训练效果难以保证

尽管人们对舞蹈教学等艺术类课程的关注度越来越高，但相较于文化课程而言，其重视程度仍然不够，舞蹈艺术课程为文化课程让步的现象普遍存在，甚至有部分人认为舞蹈教学等一系列艺术课程是低于文化课程的非正统教学，这恰恰是教育观念陈旧的表现。充足的舞蹈教育资源是顺利开展相关的教学活动的重要保障，也是促进教学内容不断更新的强大支撑。[①]然而，一些教学单位仍

存在着教学设备老旧、资金支持短缺、教师资源匮乏、教学资源局限等问题，使其无法真正满足学前教育专业学生练习以及教师教学的相关需求。如此一来，舞蹈教学难以顺利进行，学生没有获得实质性的提高，无法收获理想的教学效果。

（四）考核标准模糊，评价体系有待完善

基于核心素养背景下的评价方式更加多元、客观，不再将最终成绩作为评判学生是否优秀的唯一标准，而是主张从多方面、多阶段评估学生。然而，在当下的学前教育专业舞蹈教学评价中，大多仍是沿袭旧的教学评价方式，难以保障教学质量的整体提升，不利于学生的综合发展。展开来讲，该评价体系还存在如下问题。一是相较于客观试卷考查的文化课程，舞蹈教学评价较为主观，没有一个统一、确定的教学评价体系，同一学生呈现的作品在不同的评价者看来分数浮动较大，可能会出现不公平的教学评价现象。二是教师往往对学生的舞蹈技巧关注更多，忽视了对学生性格品质、人格特点、思想情感以及其他核心素养方面的考察，且大部分是对学生在期末考试中的表现进行考核，缺乏形成性评价，未能对学生平时的表现做出有效的嘉奖或惩罚，不利于了解学生的进步过程。三是教学评价主体单一，大多是由权威性的教师单方面做出评价，缺乏生生互评、学生自评，教学评价主体单一不利于学生形成多元化的评价视角。

---

① 曾德.舞蹈教育对学生核心素养促进与实施途径［J］.中国教育学刊，2020（S1）：142-143.

三、核心素养理念融入舞蹈教学的内在逻辑和操作路径

舞蹈教学作为素质教育的组成成分之一，对于学生的成长、人格的完善起到至关重要的作用，为全人教育的实现奠定基础。由此可见，舞蹈教学改革势在必行，要解决当前存在的问题，除了加强对授课教师的要求，还应该在理论指导、教学理念等方面与时俱进。

（一）加强理论指导，理论与实践相结合

舞蹈教学理论既可以是指导实践动作的相关舞蹈知识，也可以是舞蹈背后的文化底蕴和人文背景，学生只有以理论知识为指导，才能在实践训练中提升自身修养。核心素养背景下的舞蹈教学，弥合了以往将舞蹈理论知识与舞蹈实践之间相割裂的教学误区，致力于培养综合型人才，既要求学生掌握相关的知识，又要求学生具备相应的实践能力，使其能够自如地应对未来社会的变化与发展。因此，学院应为学前教育专业的学生开设适当的理论课程，如文艺鉴赏课、运动生理学等，聘请专业的教师向学生讲解理论知识，使学生了解舞蹈作品的文化背景和故事情境，以及舞蹈作品中所传递的理念和感情，从而更好地展现舞蹈、抒发情感。同时，应根据学生在舞蹈表演中呈现的审美表现，挖掘学生的个人特点，实施个性化教育。此外，基于当前"跨学科""学科融合"的教育背景，学前教育专业的学生毕业后大多从事幼儿教育方面的工作，学院应当为学生开设教育学、心理学相关的课程，并教授学生一定的舞蹈教学方法论，使学生成为跨学科型全方位发展的人才。

（二）更新教学模式，实施多元化教学

核心素养是在学生的日常学习生活中逐渐形成的，是在一桩桩、一件件的实践活动中逐步养成的，不能直接将其灌输给学生。[1] 受传统教学模式的影响，舞蹈教学多采用教师示范、学生模仿的教学形式，虽然能够提升教学效率，却忽视了学生学习的主体性。核心素养理念指导下的舞蹈教学，应采取多元化的教学形式，不仅可以采用传递—接受式教学模式，也可以采用合作—探究式教学模式，如教师设置的学生当"小老师"的教学活动，正是核心素养理念融入课堂的生动实践，强调了学生在教学活动中的主体地位，一方面能够给学生提供展示、锻炼的机会，另一方面能够给学生带来新奇的体验，为课堂教学注入了新的活力。除此以外，也可以将信息技术高度发展带来的混合式教学模式、翻转课堂等新型教学模式创造性地运用于舞蹈教学中，以进一步提升学生的信息素养。教师可以在课前将搜集到的教学资源分享给学生，课堂中再与学生共同鉴赏、探讨学习心得和学习困惑，提升学生独立思考与合作交流的能力。舞蹈学习既具有实践性，又具

---

[1] 罗金珠.中职学前教育专业学生核心素养发展现状与培养策略研究：以昆明市D中职为例［D］.武汉：华中师范大学，2021：5.

有展示性，教师应尽可能为学生提供展示交流的机会和平台，一方面能够使学生认识到自身不足、继续提升自己，另一方面有助于学生调动学习积极性、提升自信心。同时，日常的舞蹈交流活动、比赛都可作为课内教学的延伸，丰富学生的实践体验。

（三）丰富教学资源，提升舞蹈创新能力

随着人们对舞蹈教学重要性的认识，舞蹈教学资源短缺的问题受到广泛关注，各级各类学校应当在条件允许的情况下尽可能多地丰富舞蹈教学资源，加大对舞蹈教学的资金投入，逐渐完善舞蹈教学设施，增加舞蹈学习课时。除了实质性的教学设施，教学资源还包含隐性的学习环境，如校园环境、教师的个人品质等。优美、舒适的校园环境能让学生静下心来投入到舞蹈学习中；教师的教学态度、个人特点及性格特质于无形中对学生学习产生作用，是提升学生核心素养不可忽视的力量。同时，学院可定期邀请校外的优秀教师进校交流学习，丰富学生的学习体验。并且，在互联网信息技术的支持下，教师可充分挖掘线上教学资源，使学生能够自由地到优秀教师的课堂中听课学习，从而拓宽学生的视野、增长学生的见闻。核心素养背景下的舞蹈教学，在重视综合型人才培养的同时，还会不断丰富学生的视野和思路，引导学生发挥自身创新意识，能够在创新活

动中更新自身理念。[①]教师应当有意识地在课堂中培养学生的创新精神和实践能力，引导学生在舞蹈学习中积极思考、大胆尝试。掌握创新能力不仅是核心素养下人才培养的要求，也是学生适应未来社会发展的必备能力。值得一提的是，现已经有部分舞者在尝试做舞种的融合与创新，如古风爵士舞兼具民族舞蹈的柔美和爵士舞的力量感。虽然舞蹈创新之路任重道远，但敢于尝试已经相当不错了，期待未来能够有更多优秀的舞蹈创新作品呈现给大众。

（四）改进评价方式，完善评价体系

新时代，以推进建设核心素养为导向的教育评价体系，应开发体现核心素养的多样化、多形态的测评工具，采用客观、完善的评价指标，健全问题反馈系统。[②]目前的舞蹈教学依然将舞蹈技能训练视为教学评价的中心，不利于学生全面发展，应当用多把尺子衡量学生，而非用统一的标准要求所有学生，关注学生在舞蹈学习过程中的实际表现，关注不同群体的学生在核心素养上的发展效果，而非以最终呈现的结果对学生的舞蹈学习全过程一锤定音，同时，应避免掉入核心素养背景下教育评价体系的误区，如谨防该评价体系中各个学生的实际收获差异过大，谨防仅以少数学生的收获代替全体学生。[③]核心素养背景下的教学评价方式，应讲究多元化、综合化。在评价对象上，应注重多维、全方

① 刘薇珊.核心素养视域下学前教育专业舞蹈课程教学方式的转变［J］.科教文汇（下旬刊），2020（12）：67-68.
② 刘晟，魏锐，周平艳，等.21世纪核心素养教育的课程、教学与评价［J］.华东师范大学学报（教育科学版），2016，34（3）：38-45，116.
③ 胡定荣.学生发展核心素养的发展观及其教学变革［J］.课程·教材·教法，2017，37（10）：56-62.

位的评价方式，可以是学生的舞蹈学习水平，可以是学生积极进取、谦逊好学的学习态度，可以是学生在集体舞蹈中表现出来的团队协作能力，可以是学生在舞蹈学习中表现出来的审美表现和创新意识，等等。同时，在评价主体上也可进行灵活变换，深化学生在舞蹈学习中的主人翁意识，学校可在学期末向学生发放教师评价问卷，对教师的教学水平、教学方式、教学态度等方面做出评价，鼓励学生向教师提出改进建议，培养学生的批判性思维，使其能够客观、中肯地看待问题。推动学前教育专业核心素养指导下的评价方式的建立，同时应加强舞蹈教学评价机制的建设，优化教学评价指标，确立合理的评价依据，使舞蹈教学评价能够更加准确地反映新时期的人才培养要求。

结　语

核心素养理念的勃兴顺应国内外教育研究的基本趋势，推动着人才培养模式的转型，引领着教学价值取向的变迁，引发了对教学主体的思考，促进了教学评价体系的完善。[①]核心素养下的学前教育舞蹈教学，旨在培养全面发展的人，即既能独立自主发展又能适应社会发展的综合性人才。该理念的提出迎合了时代发展之需，与教育目标的发展具有内在一致性，即核心素养是教育目标的具体体现，素养的内涵具有时代特性：时代发展对人的发展提出了新要求，"对人是如何学习的"这一问题的定位也产生了相应变化，"培养什么样的人"和"怎么培养人"被赋予了新品质和新内涵，[②]推动着"应试教育"向"素质教育"转变。这不仅给舞蹈教学提供了多维度的发展视角，也给当下舞蹈教学的现状带来了全新的希望和挑战。教师如何处理舞蹈教学中技能培养与个体需求的关系？如何有效地将核心素养融入舞蹈教学？诸如此类的问题仍然没有明确的答案和解决措施。我们只有深入教学中探究舞蹈教学的现状，才能发现问题、改进问题，尽可能找到相对完善的解决方案。希望我国的学前教育专业舞蹈教学能够抓住时代的契机，在核心素养的指导下实现舞蹈教学改革。这不仅是新时代学前教育专业人才培养的趋势，也是其适应未来社会、终身发展的基础所在。

作者简介：

国徽，中央工艺美术学院附属中学舞蹈学科高级教师。

张晶晶，信阳学院讲师。

---

① 车丽娜，徐继存.核心素养之于教学的价值反思［J］.全球教育展望，2017，46（10）：64-72.

② 柳夕浪.从"素质"到"核心素养"：关于"培养什么样的人"的进一步追问［J］.教育科学研究，2014（3）：5-11.

大陆和台湾新版高中音乐教材与传统音乐教材的比较研究*

蔡李琪

[摘要] 中国传统音乐是中华文化的重要组成部分，海峡两岸的传统音乐同根同源。恰逢两岸高中"新课标"于近年发行，本文以大陆地区的人音版最新版《音乐鉴赏》与台湾地区的育达版（育达文化事业股份有限公司出版）最新版《音乐》作为研究对象，重点考察两版教材中的传统音乐，从内容范围、呈现形式、谱例展示、音乐人物等维度比较两者的异同。总结传统音乐在高中音乐教材编写中的不足与成功经验。

[关键词] 教材比较　台湾　传统音乐　高中音乐教育

中华优秀传统文化是中华民族独特的精神认同。中国传统音乐文化博大精深、积淀丰富，是中华优秀传统文化的重要组成部分。音乐教育是传统音乐文化传承的重要途径。高中阶段是青少年世界观、人生观、价值观形成的重要阶段，是普通学校音乐教育中传统音乐文化传承的重要一环。教材是文化传承、教书育人的重要载体。台湾文化与大陆文化同根同源，比较两岸的传统音乐教育具有一定的可行性。了解台湾地区将传统音乐融入教材的现状，可以为大陆地区传统音乐文化的教学提供更多的参考。探究传统音乐在两岸教材中地位、作用以及与各教材部分之间的关系，认识两岸高中音乐教材的共性与不同之处，能够为两岸学校音乐教育的进一步交流与合作奠定基础，为两岸关系和平统一发展做出贡献。

一、研究背景

2017年，教育部门颁布《普通高中音乐课程标准（2017年版）》。2019年，台湾地区

* 本文为浙江音乐学院高等音乐教育研究所开放基金资助重大项目（项目编号：ZY2022E001）、浙江音乐学院研究生科研项目（项目编号：YXKY2021013）的阶段性研究成果。

颁布了《十二年国民基本教育课程纲要》。这两份指导性纲要都对高中音乐教材选编提出了新的要求，新版教材也随之出版。下面，笔者将简要介绍两地区学校的传统音乐教育综述与"新课标"下的高中音乐课程结构。

（一）大陆地区

20世纪90年代，大陆地区音乐理论学家意识到近代中国学校教育受"欧洲音乐中心论"影响较深，不利于弘扬民族音乐文化。1995年，以"中华文化为母语"为主题的国民音乐教育改革研讨会在广州召开，管建华、王耀华、樊祖荫等学者深刻反思中国传统音乐在学校音乐教育中的长期缺位并提出未来的展望。1999年召开的全国民族音乐教育学术研讨会集中讨论了如何将丰富的民族音乐文化资源引入学校音乐教育，并提出"让每一个学生都会唱自己家乡的歌"[1]。

此外，教育部印发的《完善中华优秀传统文化教育指导纲要》指出，加强中华优秀传统文化教育要发挥学校主阵地的作用，要把中华优秀传统文化教育系统融入课程和教材体系。[2]在国家政策的大力支持下，中华民族的传统音乐文化在学校教育中不断进步和完善，这充分地体现在音乐课程标准和教材的变革上。

对于文化理解方面的素养要求，《普通高中音乐课程标准（2017年版）》提出"让学生认识中国民族音乐文化的博大精深及丰富的精神文化内涵，坚定文化自信"[3]。依照此课标编写的新版高中音乐教材相较之前的教材，在中国音乐部分的占比有大幅度的提升。以人音版《音乐鉴赏》为例，中国作品的占比从59%提升到66.2%。[4]

普通高中音乐课程由必修课程、选择性必修课程、选修课程构成。必修课程包括音乐鉴赏、歌唱、演奏、音乐编创、音乐与舞蹈、音乐与戏剧六个模块。方案规定，学生须通过学习必修课程或选择性必修课程获得 3 个必修学分。

（二）台湾地区

20世纪后，台湾地区和大陆地区一样，都受到欧洲音乐的影响，直接借鉴了欧洲的音乐教育体系。21世纪以来，台湾民间开展"本土文化运动"（1967年的"民歌采集运动"是台湾民族音乐开始的标志）。[5]从台湾早年的课程标准来看，20世纪70年代台湾音乐教育强调民族音乐学习，20世纪80—90年代台湾音乐教育强调本土音乐的学习。[6]艺术领域课程注重形塑学生的"台湾本土意识"，向学生介绍关于本土的乡土艺术、民俗艺术和传统艺术。[7]但林伊娣在2014年的研究中指出，

---

① 樊祖荫,谢嘉幸.中国（大陆）以音乐文化多样性为基础的音乐教育：发展现状及前景［J］.中国音乐,2008（2）：23-28，38.

② 教育部.完善中华优秀传统文化教育指导纲要［N］.中国教育报,2014-04-02.

③ 中华人民共和国教育部.普通高中音乐课程标准（2017年版）［M］.北京：人民教育出版社,2018：5.

④ 柏凤婷.核心素养视阈下人音版高中音乐鉴赏教材对比与实验研究：以武汉四中为例［D］.武汉：武汉音乐学院,2021：35.

⑤ 金桥.跨越世纪的田野之歌：1967年台湾"民歌采集运动"始末及其影响［J］.中国音乐学,2017（4）：86-92.

⑥ 张华丽.1945年以来台湾中小学音乐课程标准/纲要研究［D］.福州：福建师范大学,2018：46.

⑦ 陈亮.台湾小学音乐教材研究：以翰林版和康轩版为例［D］.福州：福建师范大学,2017：30.

台湾地区的高中音乐教材仍呈现偏重西洋音乐的情形。①那么在2019年新教材发行后，台湾地区高中音乐教育"重西轻中"的现象是否改变，笔者将在文后中揭晓。

《十二年国民基本教育课程纲要》对"乡土教育"的强调有所淡化，在总纲核心素养对应的"多元文化与国际理解"的内容中强调，普通高中在艺术领域应探索在地及全球艺术与文化的多元发展趋势。对高中音乐学校在实践层面的"艺术参与"关键内涵中，要求学习"文化资产保存与全球艺术文化相关议题"，表现为"能探究在地以及全球艺术文化相关议题"。同时，课纲要求学生在音乐、美术、艺术生活三个科目中获得10学分。

二、研究方法

（一）研究对象

本文在大陆地区与台湾地区各选择一版普通高中音乐教材作为研究对象。

截至2021年，在大陆地区的中小学教学用书目录中，根据《普通高中音乐课程标准（2017年版）》修订的音乐教材有人民音乐出版社②、花城出版社③、湖南文艺出版社④、上海音乐出版社⑤4个版本。⑥其中，人民音乐出版

社的教材出版最早，使用相对广泛。

音乐鉴赏是普通高中音乐课程必修课程中开课率最高的，该课程是培养学生音乐审美能力的重要途径之一。因此本文以人音版《音乐鉴赏》⑦作为大陆地区的研究对象，该教材分为既相对独立、完整，又相互关联、适度提升的上、下两篇，每篇各18学时。正常情况下，修满音乐鉴赏上、下两篇可获2学分。

截至2021年12月，台湾地区依照《十二年国民基本教育课程纲要》编写审定合格，并完整出版的普通高等中学音乐教材共有6个版本，先后分别由育达文化事业股份有限公司、泰宇出版股份有限公司、华兴文化事业有限公司、三民书局股份有限公司、讴馨事业股份有限公司、均悦文化事业股份有限公司出版。其中，育达版发行最早，占领了一定程度上的市场优势，也是台湾南部使用较多的教材，故采用其为台湾地区普通高中音乐教材的研究对象。该版教材分上、下两册，采用混合编排方式，课程内容包含"音乐漫游趣"、"爱乐艺响厅"、"音乐万花筒"、"乐来乐爱理"、"艺起动动脑"、"艺起来唱歌"、"艺起来玩乐"及"综艺爱玩乐"8个栏目。每册2个学分。

育达版教材和人音版教材的单元名称如表1所示。

① 林伊娣.高中音乐教科书台湾音乐教材内容分析［D］.台北：台湾师范大学，2014：62-64.（注：2008年版台湾高中音乐课标将"审美与欣赏"教材分为本土音乐、世界音乐与西洋音乐，作者对当时六版台湾高中音乐教材的单元进行整理，得出西洋音乐单元占总单元数量50%以上、本土音乐与世界音乐单元数量相近的结论。）
② 赵季平，莫蕴慧.普通高中教科书·音乐：必修.音乐鉴赏［M］.北京：人民音乐出版社，2019.
③ 程建平，王朝霞.普通高中教科书·音乐：必修.歌唱［M］.广州：花城出版社，2019.
④ 张前，曾赛丰.普通高中教科书·音乐：必修.音乐鉴赏［M］.长沙：湖南文艺出版社，2019.
⑤ 余丹红.普通高中教科书·音乐：1-12册［G］.上海：上海音乐出版社，2020.
⑥ 参见《教育部办公厅关于印发2021年中小学教学用书目录的通知》（教材厅函〔2021〕2号）。
⑦ 赵季平，莫蕴慧.普通高中教科书·音乐：必修.音乐鉴赏［M］.北京：人民音乐出版社，2019.

表1　育达版教材和人音版教材的单元名称

育达版			人音版	
		序篇	0. 不忘初心	
上册	1. 生活中的音乐——乐在其中	上篇	1. 学会聆听	
	2. 歌唱——人声之美		**2. 腔调情韵——多彩的民歌**	
	3. 台湾民歌——你弹我唱		**3. 鼓舞弦动——丰富的民间器乐**	
	4. 台湾原住民族音乐——原音悠扬		**4. 国之瑰宝——京剧**	
	5. 台湾流行音乐——声动台湾		5. 诗乐相彰——歌曲艺术	
	6. 中西乐器——声东击西		6. 音画交响——影视音乐	
	7. 中国音乐——唯美中国风		**7. 舞动心弦——舞蹈音乐**	
	8. 中世纪至文艺复兴时期——乐兴之时		8. 异域风情——世界民族音乐	
	9. 巴洛克时期——璀璨巴洛克			
	10. 古典乐派时期——因理性而声			
下册	1. 浪漫乐派时期——感性时代	下篇	**9. 文人情致**	
	2. 当代音乐——乐音交响		10. 新音乐初放	
	3. 南管、北管——南腔北调		11. 光荣与梦想	
	4. 歌仔戏、布袋戏、皮影戏、傀儡偶戏——戏说台湾		12. 复调音乐的巡礼	
	5. 歌剧——美声歌剧		13. 古典音乐的殿堂	
	6. 音乐剧——剧力万钧		14. 自由幻想的浪漫乐派	
	7. 爵士乐、摇滚乐——你摇我摆		15. 家国情怀的民族乐派	
	8. 新形态音乐——别出心裁		16. 色彩斑斓的印象派	
	9. 亚洲音乐——亚洲知音		17. 传统风格的解体	
	10. 世界音乐——音乐无国界		18. 爵士乐掠影	

注：加下划线部分为涉及中国传统音乐的单元，加粗部分意为该单元内容以传统音乐为主。

人音版《音乐鉴赏》集中介绍中国传统音乐的有：上篇的第二单元"腔调情韵——多彩的民歌"、第三单元"鼓舞弦动——丰富的民间器乐"、第四单元"国之瑰宝——京剧"、第七单元"舞动心弦——舞蹈音乐"；下篇的第九单元"文人情致"，约占所有单元内容的26.31%（5/19）。含有中国音乐元素的作品则分布在11个单元中，占所有单元内容的57.89%（11/19），相当重视民族音乐作品的渗透。

育达版《音乐》集中介绍中国传统音乐的有：上册的第三单元"台湾民歌——你弹我唱"、第四单元"台湾原住民族音乐——原音悠扬"、第七单元"中国音乐——唯美中国风"；下册的第三单元"南管、北管——南腔北调"、第四单元"歌仔戏、布袋戏、皮影戏、傀儡偶戏——戏说台湾"，占所有单元量的25%（5/20）。集中介绍西洋音乐的有上册第8—10单元、下册1—2单元、5—8单元，共9单元，占所有单元45%（9/20），虽相较旧版有所减少，但"重西轻中"的局面依然没有改变。

虽然两者集中介绍传统音乐的内容体量均较低，但在内容上还有一定的可比性。如人音版教材中的"腔调情韵——多彩的民歌"与育达版教材中的"台湾民歌——你弹我唱"都是民歌相关内容。人音版教材内每单元由作品鉴赏、知识、拓展与探究三个模块组成，作品鉴赏直接以作品曲目命名；育达版教材在"艺起来唱歌"、"艺起来玩乐"及"综艺爱玩乐"栏目中的课题以曲目命名，其他栏目则以介绍的主题命名。下文将对教材中每个涉及传统音乐文化的课题进行比较研究。

（二）研究工具

王耀华编写的《中国传统音乐概论》曾在 1990 年于台湾海棠文化出版公司出版，并成为台湾高校音乐学专业的核心必读书目。[1]2013 年，王耀华与杜亚雄先生合作再版的《中国传统音乐概论》（福建教育出版社）被称为"一部多元文化视角研究中国传统音乐的佳作"[2]。该书除了对中国传统音乐下定义，还将中国传统音乐分为民间音乐、文人音乐、宫廷音乐与宗教音乐等四类。根据郝永光的硕士论文，上述四类都为古代音乐。此外，郝永光的硕士论文中还有关于近现代传统音乐及作品的介绍，也称"新传统音乐"，主要指学堂乐歌以来，按照中国古代创作技法创作具有中国传统文化特征的音乐作品。新传统音乐主要分为歌曲、歌舞音乐、说唱音乐、戏曲音乐、器乐音乐和综合性乐种等六大类。运用中国传统音乐元素表现的西方音乐作品或者中国现代音乐作品，以及西方乐器表现的中国传统音乐作品等带有中国传统音乐色彩的音乐作品也在本文的研究范围之中。[3]笔者认为，当前艺术形式发展较快，一些由传统音乐演化而出的综合艺术如电影、纪录片等也值得我们关注，因此，笔者参考郝永光中国传统音乐类目框架（表 2）对中国传统音乐类目框架进行了更新，并在"新传统音乐"中，以"综合艺术"代替"综合性乐种"（表 3）。

表 2　郝永光中国传统音乐类目框架

古代音乐	民间音乐	民间歌曲
		歌舞音乐
		说唱音乐
		戏曲音乐
		器乐音乐
		综合性乐种
	文人音乐	
	宫廷音乐	
	宗教音乐	
新传统音乐	歌曲	
	歌舞音乐	
	说唱音乐	
	戏曲音乐	
	器乐音乐	
	综合性乐种	

① 刘新芝.天道酬勤：记民族音乐学家王耀华[J].人民音乐，1996（3）：23.
② 樊祖荫.一部以多元文化视角研究中国传统音乐的佳作：评王耀华主编《中国传统音乐概论》[J].人民音乐，2007（4）：85-87.
③ 郝永光.中韩学校教育中传统音乐文化传承比较研究：基于义务教育音乐教科书的文本分析[D].福州：福建师范大学，2016.

表3　本文中国传统音乐类目框架

		民间歌曲
古代音乐	民间音乐	歌舞音乐
		说唱音乐
		戏曲音乐
		民族器乐
		综合性乐种
	文人音乐	古琴音乐
		词调音乐
	宫廷音乐	
	宗教音乐	
新传统音乐	歌曲	
	歌舞音乐	
	说唱音乐	
	戏曲音乐	
	器乐音乐	
	综合艺术	

三、比较结果与分析

根据自定类目，在育达版教材和人音版教材中整理相应课题，得出图1所示的结果。古代音乐—宫廷音乐、古代音乐—民间音乐—说唱音乐与新传统音乐—说唱音乐在两版教材中没有体现，以下分析中将隐藏这三个类目。

（一）古代音乐内容比较分析

如图2所示，人音版教材中古代音乐主要分布在古代音乐—民间音乐中，其中数量最多的为古代音乐—民间音乐—民间歌曲，还有相当数量的古代音乐—民间音乐—民族器乐、古代音乐—民间音乐—戏曲音乐与少量的古代音乐—民间音乐—歌舞音乐，均在人音版教材上篇出现。古代音乐—文人音乐—古琴音乐、古代音乐—文人音乐—词调音乐的相关内容在人音版教材下篇出现。古代音乐—宗教音乐、古代音乐—民间音乐—综合性乐种未有涉及。

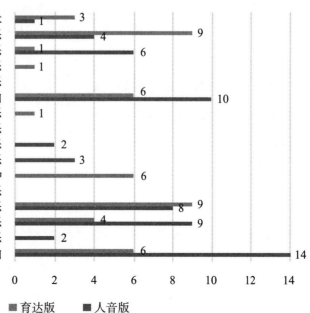

图1　育达版教材和人音版教材在中国传统音乐类目中的课题数量分布

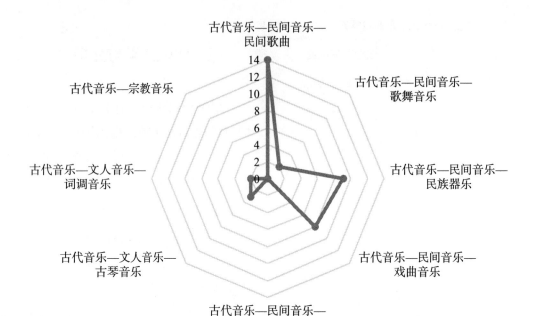

图2　人音版教材中各类古代音乐占比

如图3所示，育达版教材中的古代音乐也主要分布在古代音乐—民间音乐中，其中古代音乐—民间音乐—戏曲音乐最多，古代音乐—民间音乐—综合性乐种、古代音乐—民间音乐—民间歌曲数量次之，古代音乐—民间音乐—民族器乐再次之。此外，古代音乐—宗教音乐中提及道家音乐。古代音乐—文人音乐与古代音乐—民间音乐—歌舞音乐没有涉及。

下面，我将就两版教材中高频出现的古代音乐类型进行具体比较。

（1）古代音乐—民间音乐—民间歌曲（民歌）相关课题的比较（表4）。

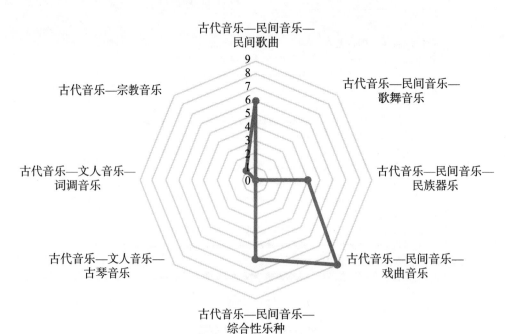

图3　育达版教材中各类古代音乐占比

表4　人音版教材与育达版教材民歌相关课题

人音版	育达版
1.1　一杯美酒	
2.1　澧水船夫号子（湖南民歌）	
2.2　脚夫调（陕北民歌）	
2.3　弥渡山歌（云南民歌）	
2.4　姑苏风光（江苏民歌）	I-3.2　福佬系民歌（谣）
2.5　孟姜女（河北民歌）	I-3.3　客家系民歌（谣）
2.6　幸福歌（湖北民歌）	I-4.4　祈祷小米丰收歌
2.7　辽阔的草原（蒙古族民歌）	I-4.8　阿美人复音合唱老人饮酒歌
2.8　宗巴朗松（藏族民歌）	I-6.10　指挥练习（天黑黑）
2.9　牡丹汗（维吾尔族民歌）	I-7.4　视唱练习（六月茉莉、牛犁歌）
2.10　禅之歌（侗族大歌）	
2—拓.3　孟姜女（江苏民歌）	
2—知.1　汉族民歌的分类和基本特征	
2—知.2　蒙古族、藏族、维吾尔族、侗族的民歌特征	

人音版教材中的民歌集中于第二单元，鉴赏曲目包含湖南、陕西（陕北）、云南、江苏、河北、湖北共6地民歌与蒙古族、藏族、维吾尔族、侗族4个少数民族的民歌，在知识拓展板块介绍了民歌中号子、山歌、小调3种体裁与上述4个少数民族民歌的特征。此外还有维吾尔族民歌《一杯美酒》在第一单元"学会聆听"中作为鉴赏音乐要素与音乐语言的首曲。

育达版教材中关于民歌的部分均在上篇呈现，主要介绍台湾嘉南、恒春、宜兰等地区的福佬系民歌。老山歌、山歌子、平板、小调等不同类型的客家系民歌、布农人《祈祷小米丰收歌》以自然泛音为基础唱法等内容均有所涉及。第六单元"中西乐器——声东击西"指挥练习中的二拍子素材选用民歌《天黑黑》。第七单元"中国音乐——唯美中

国风"介绍中国五声音阶后，以在福佬系民歌中教过的《六月茉莉》《牛犁歌》作为考题让学生判断调式。

人音版教材对中国民族民歌的介绍更全面，覆盖地区更广、覆盖民族更多。育达版教材仅局限于台湾地区的民歌，介绍了民歌手、说唱歌手[①]。两版教材均重视非遗文化，侗族大歌与布农人《祈祷小米丰收歌》在2009年被列入联合国教科文组织"人类非物质文化遗产代表作名录"，人音版教材介绍了前者，育达版教材介绍了后者。

民歌与各地方言息息相关，育达版教材中福佬系民歌与客家系民歌的谱例有两行标注，一行是汉语译本，另一行是台湾拼音，在客家民歌《摘茶爱茶嫩茶心》的谱例中，台湾拼音的每个音节的右上角还标有音值数字（图4）。人音版教材的少数民族民歌的谱

①　"民歌手、说唱歌手"课题编号 I-3.5，因无法对应明确的类目没有计入课题统计中。

例将原曲编译为中文，如藏族民歌《宗巴朗松》并没有体现藏语。汉族民歌尽量用拟声词还原方言。如《澧水船夫号子》的歌词为节奏衬词，用"嗨、嘀、哟、哦"等字模仿湖南方言作为歌词，以便学生感受方言、地理与音乐之间的关系。

摘 茶　　　爱摘（啊 個）嫩 茶 心 （哪）
zag² ca¹¹　　oi⁵⁵ zag² a⁵⁵ ge⁵⁵ nun⁵⁵ ca¹¹ xim²⁴ nai⁵⁵

雨 皮（咧）　　一 心 摘 来（啊 就）凑 上 斤 （哪）
liong²⁴ pi¹¹ lied⁵　　id² xim²⁴ zag² loi¹¹ a⁵⁵ qiu¹¹ ceu⁵⁵ song²⁴ gin²⁴ nai⁵⁵

阿 哥　　　问妹（啊 就）摘 来 做 麽 個 （哪）
a²⁴ go²⁴　　mun⁵⁵ moi⁵⁵ a²⁴ qiu¹¹ zag loi¹¹ zo⁵⁵ mag² ge⁵⁵ nai⁵⁵

图4　育达版教材中客家民歌《摘茶爱茶嫩茶心》谱例

（2）古代音乐—民间音乐—戏曲音乐（民间戏曲）相关课题的比较（表5）。

表5　人音版教材与育达版教材民间戏曲相关课题

人音版	育达版
4.1　我在城楼观山景——京剧《空城计》选段	I-3.4　客家戏曲
4.2　看大王在帐中和衣睡稳——京剧《霸王别姬》选段	II-3.3　乱弹
4.3　忽听得万岁宣包拯——京剧《打龙袍》选段	II-4.2　脚步手路
4.4　蒋干盗书——京剧《群英会》选段	II-4.3　歌仔戏
4—知 .1　京剧	II-4.4　廖琼枝
4—知 .2　京剧的行当	II-4.5　歌仔戏——王宝钏
4—知 .3　京剧的流派及代表人物	II-4.8　布袋戏
4—知 .4　京剧四大名旦	II-4.11　皮影戏
	II-4.12　傀儡偶戏

在育达版教材中，民间戏曲体现在下册第四单元"歌仔戏、布袋戏、皮影戏、傀儡偶戏——戏说台湾"中，该单元介绍了歌仔戏、布袋戏、皮影戏、傀儡偶戏四个地方剧种，只有介绍歌仔戏"七字调"曲调时有谱例，同样用五线谱呈现。歌仔戏《薛平贵与王宝钏》的鉴赏内容主要介绍"脚步手路"这一民间音乐术语及其传承人廖琼枝。上册第三单元的客家山歌，将客家山歌引申到"客家戏曲"中的三脚采茶戏（"小戏"），介绍台

湾月琴的同时，也介绍了京剧月琴与台湾月琴的不同。在下册第三单元的北管部分，提及"乱弹"是北管戏曲中的一个剧种。

两版教材在民间戏曲内容中没有交集，人音版教材以不同的京剧选段来串联整个单元。育达版教材依然强调地方戏曲，不同单元之间甚至上下册之间有较强的相关性。虽然两版教材的课题数量不相上下，但育达版教材涉及的音乐人物却是人音版教材的两倍多（图5）。人音版教材主要介绍京剧"四大名旦"及各流派代表人物，可以说都是"历史人物"，育达版教材主要介绍杨丽花、唐美云、廖琼枝等戏曲传承人，以及南投全乐阁木偶剧团、东华皮影剧团等目前还活跃在舞台上的演出团体，更贴近学生生活，且在附录音乐名词索引中列出了音乐术语、人物信息（包括生卒年份、出生地）、团体信息等。

（二）新传统音乐内容比较分析

如图6、图7所示，在人音版教材中，新传统音乐以新传统音乐—歌曲为主，在育达版教材中，新传统音乐以新传统音乐—器乐音乐为主，在新传统音乐—歌舞音乐方面依然缺失。

（1）新传统音乐—歌曲的相关课题比较（表6）。

人音版教材对于新传统音乐—歌曲的辐射范围更广，选用《谁不说俺家乡好》《祝酒歌》《吐鲁番的葡萄熟了》《怀念战友》《祖国歌》《忆秦娥·娄山关》等曲目分散在序篇、第一单元、第五单元、第六单元、第十单元、第十一单元，占总单元的31.58%（6/19）。育达版教材则在每个古代音乐单元的导入篇采用带有流行元素的新传统音乐—歌曲，如用《丢丢铜仔》导入民歌、用《拍手歌 | |Ki-pah-pah i-ma》导入原住民歌曲、用《身骑白马》导入歌仔戏等。从歌曲的创作特征上看，育达版教材选用曲目现代性大于民族性，人音版教材选曲结合思想性与艺术性，并在相当大程度上体现了国家意志。

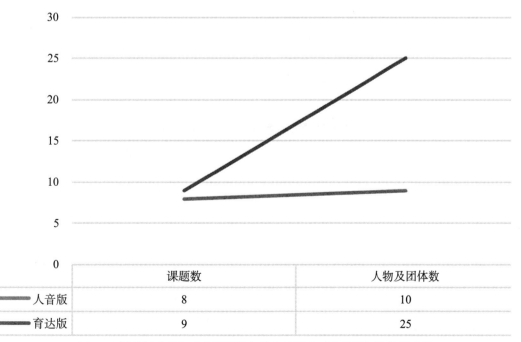

	课题数	人物及团体数
人音版	8	10
育达版	9	25

图5　两版教材中民间戏曲课题数与其中涉及音乐人物及团体数的比较

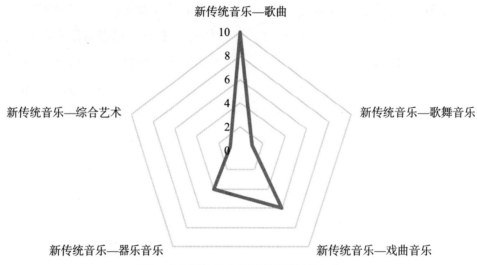

图6　人音版教材中各类新传统音乐占比

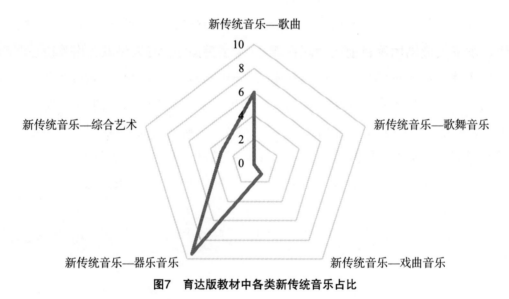

图7　育达版教材中各类新传统音乐占比

表6　人音版教材与育达版教材新传统音乐—歌曲的相关课题

人音版	育达版
0.1　不忘初心	
0.3　谁不说俺家乡好	
1.3　祝酒歌	I-3.1　丢丢铜仔
5.2　吐鲁番的葡萄熟了	I-4.1　拍手歌 ‖Ki-pah-pah i-ma
6.1　怀念战友	I-4.9　原住民族音乐著作权的争议与台湾原住民族文化的保存
9.3　阳关三叠	I-5.1　老人饮酒歌＋一想到你呀
10.2　祖国歌	I-7.1　菊花台
11.2　忆秦娥·娄山关	II-4.1　身骑白马
11.3　山丹丹开花红艳艳	
11.5　春天的故事	

（2）新传统音乐—综合艺术的比较与分析（表7）。

人音版教材介绍的冼星海的《黄河大合唱》富有鲜明的民族语言特色，特别是第五乐章"黄水谣"、第六乐章"河边对口曲"。人音版教材还呈现了朗诵文本，朗诵形式的加入进一步增强了作品的群众性。

表7　人音版教材与育达版教材新传统音乐—综合艺术相关课题

人音版	育达版
10.7　黄河大合唱	Ⅱ-4.6　台湾音乐剧——钏儿 Ⅱ-4.9　金光布袋戏 Ⅱ-4.10　陈锡煌——红盒子

育达版教材中介绍了音乐剧《钏儿》，作为歌仔戏《薛平贵与王宝钏》的补充，该剧保留了传统艺术的剧本。金光布袋戏是布袋戏的"放大版"，由电视机上演，收视率高达90%。此外，曾有人用十年时间跟拍布袋戏传承大师陈锡煌，制作了纪录片《红盒子》。台湾现行高中艺术教材强调艺术领域内科目间与跨领域/科目之科际整合，培养学生以艺术解决问题之能力。育达版教材的"音乐万花筒"栏目呈现了综合艺术推动传统音乐文化的社会传播的内容，这虽然不是课程的重点，但体现了台湾教材的综合多元的特点。

"普通高中在开设音乐、美术课程的基础上，要创造条件开设舞蹈、戏剧、戏曲、影视等教学模块。"[1]基于国务院办公厅文件精神和我国美育实施现状，高中课程将"音乐与舞蹈""音乐与戏剧"列入音乐课程，新传统音乐综合艺术可能被分散到这两门选择性必修课中，在音乐鉴赏中相对较少。

四、反思与建议

（一）规范教材中民间音乐术语的整理呈现

育达版教材上册第三单元末有两个课时——"音乐术语"与"术语译点通"，笔者本以为是对应本单元的民间音乐术语，翻开之后却发现只有单元导入歌曲《丢丢铜仔》中涉及的欧洲音乐术语。教材选用的《丢丢铜仔》是吕泉生编写的合唱曲，在乐谱中确实有一些西方音乐术语，故在"音乐术语"一课中，介绍了以意大利语为主的术语，分为强弱记号、速度记号、表情术语、辅助用语四组。这样的教材设计显然不够全面。

事实上，中国民族音乐在数千年的发展过程中，创造了大量的隐性术语符号，这些符号多用于口头传播，少见于文字记载。[2]在育达版教材的"音乐万花筒"栏目中，就有

---

① 国务院办公厅.国务院办公厅关于全面加强和改进学校美育工作的意见［EB/OL］.（2015-09-28）.http://www.gov.cn/zhengce/zhengceku/2015-09/28/content_10196.htm.

② 陈新凤，吴明微.论中国民间音乐术语的多元特征［J］.音乐研究，2018（4）：31-39.

"出头阵""脚步手路"两个乐学理论、表演实践方面的音乐术语。"出头阵"是南管的一种演出方式，在其乐队排序中，器乐之前有仪仗性的物件作为前导，故称为"出头阵"，富有方言风格和隐喻特点。"脚步手路"是对歌仔戏演出时重要手法的口头描述，指手、眼、身、法、步缺一不可。

人音版教材中直接提到"术语"二字只有一次，即在第一单元的"音乐情感及情绪"中提到表情术语形容音乐情绪，"如欢快地、抒情地、激昂向上地、柔和地、忧伤地、庄重地"①。人音版教材还准确地隐形呈现了一些民间音乐术语，如与育达版"脚步手路"相对应的京剧音乐术语"唱、念、做、打"②。"打溜子"是流行于土家族的一种民间器乐合奏形式，在人音版教材的介绍中，其乐曲由"头子"和"溜子"两部分组成，"头子"和"溜子"也是民间音乐术语。③我们应有意识地对这些民间音乐术语进行整理归纳，构建中华民族的民间音乐术语体系。

（二）丰富教材中传统音乐作品的内容

1.丰富教材中传统音乐作品的编写类型

中国的传统音乐文化具有悠久历史，其类型丰富多样且各具特色。两岸教材都未涉及古代音乐—宫廷音乐、古代音乐—民间音乐—说唱音乐。大陆地区教材还缺少古代音乐—宗教音乐的内容，戏曲音乐也相对单一。

2.充实中国乐理的学习内容

在中国乐理方面，两版教材都有依据旋律判断五声调式的练习题。此外，育达版教材在上册第七单元讲解了中国五声音阶、三分损益法、十二律等相关内容并配图展示；在下册第三单元中不仅着重介绍了工尺谱，配套了工尺谱与五线谱的互译练习，还涉及了中国乐理声、均、调、板、眼、谱六大基本概念。④教育部《完善中华优秀传统文化教育指导纲要》指出，在高中阶段，要以增强学生对中华传统文化的理性认识为重点，学习中国乐理，摆脱以西方音乐理论和技法来判定中国音乐审美的困境，引导学生感悟中华优秀传统音乐文化的精神内涵，增强学生对传统音乐文化的信心。⑤

3.补充传统音乐文化历史的整体发展脉络

人音版教材下篇第九单元、第十单元、第十一单元根据中国音乐历史发展进程将中国音乐文化历史分为古代、近代、现当代三个时期，其中，第九单元"文人情致"便代表了古代，介绍文人音乐中的古琴与古曲。育达版教材上册第七单元的"中国古代音乐"一课则是对中国音乐文化历史脉络的梳理，将其分远古时期、先秦时期、汉唐时期、宋元明清时期，并通过图文并茂的方式让学生对传统文化历史有了整体的了解。人音版教材可以借鉴该做法。

① 赵季平,莫蕴慧.普通高中教科书·音乐:必修.音乐鉴赏[M].北京:人民音乐出版社,2019:15.

② 赵季平,莫蕴慧.普通高中教科书·音乐:必修.音乐鉴赏[M].北京:人民音乐出版社,2019:54.

③ 赵季平,莫蕴慧.普通高中教科书·音乐:必修.音乐鉴赏[M].北京:人民音乐出版社,2019:35.

④ 杜亚雄.中国乐理的十个基本概念[J].音乐探索,2012（1）:36-40.（注:中国乐理中的十个基本概念是"声、音、律、均、宫、调、拍、板、眼、谱"。）

⑤ 教育部.完善中华优秀传统文化教育指导纲要[N].中国教育报,2014-04-02.

（三）凸显教材中传统音乐教材的人文关怀

1.关注传统音乐不同群体人物

在传统音乐相关教材文本方面，出现音乐人物的，人音版教材有30个，而育达版教材多达71个，包括民族音乐学家史惟亮、许常惠、杨兆祯等，民歌记谱人魏立、胡泉雄、姜云玉等，表演型人物林吴素霞、郭英男、杨丽花等，演出团体台南振声社、汉阳北管剧团、永兴乐皮影剧团等，器乐创作者江文也、马水龙、何占豪，歌曲创作者兼歌手徐佳莹、周杰伦，作词人方文山等。不同群体被关注，充分体现以人为中心的人文关怀。特别是上册第三单元对民族音乐学家和民歌采集运动的介绍，正是有他们的努力才有今天如此丰富的写进教材的优秀民歌。大陆地区也有众多有成就的传统音乐艺术家、音乐学家，目前在教材中体现得较少。

2.原本语言编写少数民族音乐谱例

各民族的民歌和剧种由各自的语言演唱，人音版教材中未出现少数民族语言。汉语译文虽易学易懂，但忽视了语音语调与音乐音腔的关系。如果能在汉语译文的基础上再列一行"原本母语"及一行国际音标，使学生能够辨认字样、自行拼读，听"原汁原味"的范唱，用"他语言"学唱，更有利于学生体验和理解中国传统音乐文化的多样性。

结　语

学生通过传统音乐的学习和艺术实践，增强民族文化自信。教材作为连接学生与学校教育的重要一环，应得到重视。中国传统音乐进教材，源于长期接受西方教育的音乐教育者的自我觉醒，回答了"教材为什么要编写传统音乐内容"。"编写什么内容"及"如何编好"是当下传统音乐传承面临的问题。应编写有一定深度和广度的传统音乐教材：理性认识传统音乐是高中生学习的关键，要补充传统音乐文化历史脉络，增加中国乐理知识，为中国传统音乐审美找到准确的方向；传统音乐文化富有内涵，应均衡各类型传统音乐的认识，不能"厚此薄彼"。教材的编写要将个体与群体创造传统音乐的智慧相结合，既可以充分展现传统音乐文化多样性和民族个性的相关性，又可以从语言入手体验各地音乐的个性。

作者简介：

蔡李琪，浙江音乐学院音乐教育学在读硕士。本科就读于福建师范大学音乐学（国家人才培养基地）专业。2019年9月至2020年1月赴台湾屏东大学研修。2021年12月，在"中国音乐教育学视域下的比较音乐教育研究"浙江音乐学院第二届比较音乐教育学高端论坛（2021）发表《汉语成语对中国音乐教育的当下启示》一文。2022年，论文 *The Dilemma and Countermeasures of Music Education in Chinese Primary and Secondary Schools During Covid-19* 入选 ISME 国际音乐教育大会圆桌论坛。2022年3月至2022年7月赴匈牙利罗兰大学艺术学院研修。

以美育人视域下新时代小学音乐课堂教学策略探究[*]

胡 召

[摘要] 多年来，小学音乐课堂教学的知识碎片化、重感性轻理性、缺乏高阶思维培养等问题，造成了音乐课程育人效果长期不佳。《义务教育艺术课程标准（2022年版）》提出了艺术课程应培养的核心素养包括审美感知、艺术表现、创意实践、文化理解，规定了音乐课程育人的多维与层次性，为小学音乐课程育人提供了明确的方向。本文厘清了新时代小学音乐课程以美育人的内涵，并结合近年来的教育教学实践，阐述了以育人为旨归的小学音乐课堂的有效教学策略：丰富音乐体验，涵育审美感知素养；夯实音乐表现技法，涵育艺术表现素养；建立音乐与生活等的联系，涵育创意实践素养；凝练音乐学科大概念，涵育文化理解素养，以期抛砖引玉，为一线小学音乐教师提供一定的参考。

[关键词] 以美育人 小学音乐 教学策略

2020年10月，中共中央办公厅、国务院办公厅联合印发了《关于全面加强和改进新时代学校美育工作的意见》（简称《意见》），进一步明确了学校美育的育人功能和价值，《意见》指出："美育是审美教育、情操教育、心灵教育，也是丰富想象力和培养创新意识的教育，能提升审美素养、陶冶情操、温润心灵、激发创新创造活力。"[①] 在新时代学校教育中，艺术课程是实施美育的主要途径，包括音乐、美术、舞蹈、戏剧、影视等学科。根据《意见》精神，《义务教育艺术课程标准（2022年版）》于两年后颁布，该标准严格贯彻并落实了艺术课程以美育人的理念。

随着义务教育新课程标准的发布，一线

---

[*] 北京市教育科学十四五规划重点课题"基于深度学习的小学音乐深度学习实践研究"（课题编号：CDAA22040）。

① 新华社.中共中央办公厅 国务院办公厅印发《关于全面加强和改进新时代学校体育工作的意见》和《关于全面加强和改进新时代学校美育工作的意见》［EB/OL］.（2020-10-15）［2023-01-26］.http://www.gov.cn/zhengce/2020-10/15/content_5551609.htm.

教学领域掀起了铺天盖地的学习浪潮。然而，以美育人如何在一线教学中实现平稳落地、与课程育人相匹配的课堂教学改革如何开展、有效的课堂教学策略如何选择与实施等问题都亟待解决，这给新时代学校的艺术教师带来了巨大的挑战。本文总结了笔者近两年来在小学音乐教学实践中的经验，归纳了以育人为旨归的有效教学策略，以期抛砖引玉，为一线小学音乐教师提供一定的参考。

一、以美育人与核心素养的关联

（一）以美育人的概念

古今中外的专家学者，从孔子、柏拉图到王国维、蔡元培、席勒等都曾对美育的概念进行了不尽相同的界定。然而，随着时代的变迁，美育的内涵、外延正在经历着变化，以至于一线教师对于美育的内涵仍然混沌不清，甚至有些误读。本文所论及的美育是狭义的美育，是指"作为一种教育活动的美育，即用美的观念和审美形态来培养人的一种教育活动"[1]。概括地说，即指以美育人，就是"通过艺术课程来培育学生的审美和人文素养"[2]。

（二）以美育人具体化为核心素养

然而，以美育人到底要育什么样的人？如何育人？与核心素养又是什么关系？如果不搞清楚这些问题，一线教师仍然会沉浸在各种概念漩涡中难以自拔。因此，《义务教育艺术课程标准（2022年版）》指出："核心素养是课程育人价值的集中体现。"[3]它将抽象的以美育人理念具体化为艺术课程应培育的核心素养，主要包括审美感知、艺术表现、创意实践、文化理解等，且明确了各个核心素养的内涵以及学业标准。因此，艺术课程领域的以美育人有了具体的抓手，小学音乐课堂教学中开展的课程育人也有了明确的方向。一线音乐教师只有理解了美育的内涵、明确了艺术课程的具体育人方向，才能够有的放矢地开展学科教学，确保育人的质量。

二、以育人为旨归的小学音乐课堂教学策略

（一）丰富音乐体验，涵育审美感知素养

审美感知是对自然界、社会生活和艺术作品中美的特征及其意义与作用的发现、感受、认识和反应能力。[4]在小学音乐教学中，学生审美感知能力的提升离不开丰富的音乐体验，学生在音乐体验活动中感受美、欣赏美、认知美。

1.调动多感官参与音乐体验

音乐是听觉艺术。在音乐教学中，无论演唱、演奏还是欣赏课，都应尊重音乐艺术

① 项贤明.美育概念的理论解析与实践反思［J］.中国教育科学（中英文），2022，5（2）：36.
② 中华人民共和国教育部.义务教育艺术课程标准（2022年版）［M］.北京：北京师范大学出版社，2022：3.
③ 中华人民共和国教育部.义务教育艺术课程标准（2022年版）［M］.北京：北京师范大学出版社，2022：5.
④ 中华人民共和国教育部.义务教育艺术课程标准（2022年版）［M］.北京：北京师范大学出版社，2022：5.

的独特性,坚持听觉为先、整体聆听的原则。在一线教学中,经常能看到一些教师的教学设计违背了这一原则,将枯燥的乐谱识读、作品分析等放在了音乐聆听体验之前,破坏了学生的音乐学习兴趣,使得学生无法形成良好的音乐体验。而坚持以听觉为先,能够让学生建立对音乐的整体印象,在音乐体验后产生积极的心灵感受,在此基础上学习音乐技能和知识将事半功倍。

此外,在听觉的基础上,教师要引导学生调动动觉、视觉、触觉等多感官参与音乐体验。基于小学生的认知特点,除了基础的聆听,还可以通过动作、图像、拍打触摸等方式加深对音乐的感知,丰富学生的音乐体验。例如,在四年级音乐课例"拉德茨基进行曲"中,笔者首先引导学生进行独立静听,然后引导学生即兴创编了符合乐段A特征的肢体动作,绘制了表现乐段B特征的图形谱,还让学生通过声势律动中拍击力度的变化感受不同乐段情绪的不同。学生通过多种感官参与了乐曲的体验,在短时间内对这部篇幅较长的作品形成了深刻的印象,并对乐曲的整体风格以及各个不同乐部之间的对比有了较好的把握。因此,多感官参与音乐体验无疑是提升学生审美感知力的重要手段。

2.引导学生从音乐的感性体验逐步上升到理性认知

音乐的学习通常始于感性体验,感性体验是音乐学习的初级阶段,在一线音乐教学中,大多数教师都很重视这个过程,为学生提供了良好的情感、心灵的滋养。然而,人的认知发展通常需要经历从低级到高级、从简单到复杂、从对实物的表面现象的认识到

对事物本质规律的认识等阶段。从音乐教学的角度而言,如果教师只停留在让学生进行音乐的感性体验,而不去引导学生对音乐本质、规律进行理性认知,那么音乐的教学将是不完整的,学生的审美感知能力也将得不到有效的发展。

在四年级音乐课例"拉德茨基进行曲"中,笔者在学生通过初听形成了对音乐的整体认知之后,引导学生分析作品的情绪情感、音乐要素特征、作品的风格等,并引导学生用语言进行表述。在根据乐段B的特点绘制完图形谱后,笔者继续引导学生以小组探究的方式,讨论图形谱中使用的线条、形状、颜色等与音乐的关系。这样的设计使得学生在获得丰富的音乐感性体验的基础上,不断深化对音乐本质的理性认知,以此打开了音乐认知从感性发展到理性的通道。

3.帮助学生建构健康的审美情趣

学生审美感知能力的提升,离不开健康的审美情趣。在信息飞速发展的今天,学生通过电子媒介能够接触到海量的音乐作品,如果能够利用好这些资源,无疑是对学校音乐学习的有益补充。通过课堂观察,在校外生活中有欣赏音乐习惯的学生,其在学校音乐课堂中表现出的审美感知能力明显高于其他学生,音乐学习的兴趣也更加浓厚。然而,这些海量的音乐资源并不都适合小学生进行学习,通过观察发现,有不少学生在课外自主学习的音乐作品均为流行歌曲,且内容并非积极向上,这反而会对学生的成长造成消极的影响。

因此,在学校音乐教学中,帮助孩子建立健康的审美情趣,使得他们具备较强的音

乐判断力、选择力，是提升学生审美感知能力的重要内容。在教学实践中，除了教授教材内的歌曲，笔者经常让学生自选歌曲进行学习，学生将自己通过网络选择的作品带到课堂，并阐述选择此作品的原因。通过小组讨论、教师引导，逐步建立了选择音乐作品的标准。标准的建立使学生明晰了如何辨别优秀的音乐作品。经过反复尝试、调整，学生从最开始的无所适从逐渐过渡到心中有数，最后能够依据标准及自身的兴趣选择健康的音乐作品进行赏析。

（二）夯实音乐表现技法，涵育艺术表现素养

艺术表现是在艺术活动中创造艺术形象、表达思想感情、展现艺术美感的实践能力。[①]在小学音乐教学中，学生艺术表现能力的提升离不开基础的、扎实的音乐表现技能，其中包括音高、节奏、调性等的准确性，情感表现力以及参与表演的自信心、胆量等，可以从以下几个方面进行尝试。

1.演唱教学中培养学生歌唱的准确性与表现力

在小学音乐演唱教学中，教师首先要引导学生保持正确、良好的演唱姿势。无论是坐姿还是站姿，都要求脊椎正直，双臂自然下垂，身体放松、呼吸通畅，眼睛正视前方，下颌微收，口腔打开，站立时双脚自然分开，重心在两腿之间，尽可能保持身体的稳定。良好的姿势是顺利演唱的前提，尤其是在小学阶段，在正确的姿势下演唱学习，能够帮

助学生形成良好的演唱习惯。

此外，通过反复地聆听、模唱、构唱等，教师可以帮助学生逐步建立准确的音高、调性。在准确演唱的基础上，教师还要注重学生演唱时表现力的培养。学生演唱时的表现力依赖于对作品情感的深刻理解、对自我声音的调控以及学生的个性特征等，因此，教师在教学中要引导学生建立"以声表情"的意识，并引导学生不断深入理解音乐作品，而演唱内容的选择则要遵循螺旋式上升的原则，从低年级包含do-mi-sol三音列的简单歌曲的学习逐步提升到中高年级包含多调性、多音列的复杂歌曲的学习，从低年级的单声部逐步过渡到中高年级双声部等分声部的学唱，从简单的齐唱逐步过渡到轮唱、重唱或合唱。

2.演奏教学注重从学生实际出发选择乐器或自制乐器

演奏教学一直是小学音乐教学中的薄弱环节，主要原因在于演奏专业师资的比例较少、学校演奏乐器的配备、相关配套教材及教学资源不足等，但演奏教学确是小学音乐教学中的重要组成部分，也是提升学生艺术表现能力的极佳手段。

目前，在小学音乐教学中，普遍使用的乐器包括小型的铃鼓、碰钟、三角铁、双响筒、蛙鸣筒、响板、小鼓等，有些学校还会购买奥尔夫乐器、陶笛、口风琴等，乐器的购置与使用大大增加了音乐教学的丰富性，各个学校可从学生和学校的实际出发选择乐器，或者根据主题需要尝试让学生运用生活

---

① 中华人民共和国教育部.义务教育艺术课程标准（2022年版）［M］.北京：北京师范大学出版社，2022：5.

中的物品自制乐器。此外,器乐演奏还要注重演奏技法的传授、演奏习惯的培养、演奏的准确性和艺术性相匹配等。

3.培养学生表演的自信心和勇气

学生参与表演的自信心和勇气是艺术表现的心理保障,再炉火纯青的技能如果不能结合表演时的自信与勇气都将无法发挥出来。在课堂教学中,我们看到很多学生在进行独立演唱、演奏等活动时,非常紧张,甚至不敢在大众面前进行表演,以至于使音乐表现活动的开展受到了极大制约。作为教师,首先要经常用温暖的语言鼓励学生进行音乐表演,接纳他们在表演中的不完美。其次要在课堂上为学生提供独立表演或小组表演的机会,而后逐步扩大表演的舞台——从班级到年级到学校甚至更大范围。保护、培养学生的自信心和勇气可以为学生艺术表现能力的提升打开窗口。

(三)建立音乐与生活等的联系,涵育创意实践素养

创意实践是综合运用多学科知识、紧密联系现实生活进行艺术创新和实际应用的能力。[①]在小学音乐教学中,创意实践能力的提升依赖学生的多学科知识以及在实际生活中发现、联系、运用音乐的能力,只有帮助学生打通音乐与其他学科、音乐与生活的联系才可能真正提升学生的创意实践能力。在音乐教学中,教师可以从以下两个方面进行尝试。

1.设计跨学科创意实践任务

在小学音乐教学中,以跨学科实践性任务为驱动,引导学生运用多学科知识进行艺术创作,是提升学生创意实践能力的有效策略。跨学科创意实践任务的设计,要依据明确的主题、目标,学科知识的综合要合理、科学。跨学科可以是音乐与其他姊妹艺术,也可以是音乐与科学、音乐与语文、音乐与数学等。

在六年级音乐跨学科课例"当传统遇见现代——《兰陵王入阵曲》"中,笔者设计了一个创意实践任务:创编小型乐舞剧《兰陵王入阵曲》。学生经过四个课时的学习,综合运用音乐、美术、舞蹈、历史、综合实践活动课程的知识与技能,创编了中国鼓的伴奏节奏并进行演奏、绘制了符合兰陵王人物形象的面具、创作了符合作品特征的肢体动作,最终合作完成了小型乐舞剧《兰陵王入阵曲》的编创与表演。学生运用多学科知识进行创意实践,使作品的创意性、丰富性得以大大提升。

2.引导学生在真实生活中进行创意实践

在小学音乐教学中,教师要引导学生将创意实践与自身的真实生活结合起来,将创作的作品用以解决生活中的问题,让学生体验到音乐创作的意义和价值。学生的音乐创作取材于生活而后作用于生活,使得学生的创意实践能力得以有效提升。

教师可以引导学生在生活中探究声音的高低、长短,如敲击不同材质、形状的物体,以理解音乐中音高、音长的概念,进而制作具有不同音高或音长的打击乐器;可以引导学生体会真实生活情境中的语言节奏、声调,

---

① 中华人民共和国教育部.义务教育艺术课程标准(2022年版)[M].北京:北京师范大学出版社,2022:6.

以理解音乐节奏、音调的概念，进而在叫卖歌中创编符合音乐主题的叫卖声；还可以创设与学生实际生活主题相适应的任务，如为班级小视频编创合适的音乐、为校级运动会选择匹配的加油音乐等，引导学生在实际生活中进行音乐的创作与表演。

（四）凝练音乐学科大概念，涵育文化理解素养

文化理解是对特定文化情境中艺术作品人文内涵的感悟、领会、阐释能力。[①]在小学音乐教学中，运用大概念教学能够有效提升学生的艺术素养，尤其是文化理解素养，可以从以下几个方面进行尝试。

1.凝练体现音乐作品人文内涵的大概念

近年来，大概念教学一直是国内外各课程教学所推崇的一种教学理念，国内的科学、数学等学科在大概念教学方面做出了大量的探索，而音乐学科的大概念教学仍然处于萌芽阶段。"大概念可以被界定为反映专家思维方式的概念、观念或论题，它具有生活价值。"[②]为了提升学生的文化理解能力，一线音乐教师要在教学中尝试提炼出体现音乐作品人文内涵的大概念，借助国内外的相关理论成果建构一个音乐大概念系统，并引导学生理解这些大概念。

在六年级音乐跨学科课例"当传统遇见现代——《兰陵王入阵曲》"中，为了学生能够更好地理解古今《兰陵王入阵曲》的人文内涵，笔者凝练了"艺术作品受到我们所处时代背景的影响""创作者通过音乐要素表情达意"两个大概念。在四年级音乐课例"撬动音乐'节''律'的摩尔斯密码——音符家族之二分、四分、全音符"中，笔者提炼了"创作者通过音乐要素与结构来表情达意""表演者根据自己对音乐作品的理解诠释作品""音乐家的创意受到其专业知识及表达意图的影响"三个大概念。大概念的提炼有助于教师在教学设计时将一些碎片化的内容进行整合，同时让学生能够抓住学科本质、关键、核心进行学习，更有利于学生文化理解能力的提升。

2.设计大概念下的关键问题与问题链

学生对于大概念的理解并非通过教师的口传心授，也并非通过背诵把它们记忆下来，而是在完成艺术实践活动后，通过教师的提问，学生的思考、探究之后得出的观点和结论。因此，学生对于大概念的理解离不开教师设计的基于大概念的教学关键问题和问题链。关键问题是指在实施教学的过程中，为发展学生核心素养要研究解决的"最关紧要"的学科重点、学习难点。关键问题的设计要凸显其"最关紧要"的特性，并不是所有问题都是关键问题。此外，教师要根据关键问题设计有效的问题链，使各个问题之间形成逻辑关联，在学生进行充分的艺术体验的同时，引导学生从记忆、辨识事实性知识和概念性知识，过渡到理解、分析程序性知识和元认知知识，以此发展学生的思维能力。以下通过案例"撬动音乐'节''律'的摩尔斯密码——音符家族之二分、四分、全音符"中的大概念、关键问题与问题链的设计来说明这三者之间的关系（表1）。

---

① 中华人民共和国教育部.义务教育艺术课程标准（2022年版）［M］.北京：北京师范大学出版社，2022：6.
② 刘徽.大概念教学：素养导向的单元整体设计［M］.北京：教育科学出版社，2022：33.

表1　撬动音乐"节""律"的摩尔斯密码——音符家族之二分、四分、全音符

大概念	大概念下的关键问题	问题链
创作者通过音乐要素与结构来提供表现意图的线索	创作者是如何传递表达意图的？	1. 对比聆听，《我和你》与《草原上》有哪些相同与不同？
		2.《我和你》表达了怎样的情绪或情感？
		3. 创作者是如何表达这种情绪或情感的？
表演者根据自己对音乐作品表达意图的理解对作品做出诠释	表演者如何诠释音乐作品？	1. 根据教师示范，判断《我和你》乐谱遮盖部分音的唱名。
		2. 聆听全曲，歌曲一共有几个乐句？ b乐句出现了几次？
		3. 作品所表达的主题是什么？
		4. 创作者是如何来表达这个主题的？
		5. 你如何评价他们的表演？表演还能如何改进？
音乐家创造性的选择往往受到其专业知识及表达意图的影响	音乐家如何做出创造性的选择？	1. 为了给《静夜思》创编合适的节奏，你们主要使用了哪些音符？
		2. 你们创编的节奏有没有需要改进的地方？
		3. 创编的《静夜思》的旋律具有什么特点？
		4. 旋律的进行方式是什么？
		5. 作为小音乐家，你们刚才的创作主要受到哪些方面的影响？

　　需要说明的是，案例中设计的问题链是与音乐实践活动穿插进行的，问题提出的时机很重要，一定要在学生有了强烈、充分的感性体验之后再进行理性升华，否则，音乐的美感和音乐课的趣味性、艺术性都将受损。综上所述，根据学科大概念设计关键问题与问题链，能够帮助学生将对音乐的认知从低阶转向高阶，最终达到对音乐本质、规律、核心的理解。

结　语

　　多年来，小学音乐课堂教学的知识碎片化、重感性轻理性、缺乏高阶思维培养等问题，造成了音乐课程育人效果长期不佳。《义务教育艺术课程标准（2022年版）》中核心素养的提出，规定了音乐课程育人的多维与层次性，为小学音乐课程育人提供了具体方向。本文厘清了新时代小学音乐课程以美育人的内涵，并结合近年来的教育教学实践，阐述了以育人为旨归的小学音乐课堂有效的教学策略。文中提出的策略与具体的核心素养维度并非绝对的对应关系，通常情况下，某一个策略很可能提升学生的多个核心素养，在教学中这些策略经常穿插进行。此外，各个策略的运用一定要结合具体的单元主题、单元目标来设计，其运用时机也需要经过细致考量。

作者简介：

　　胡召，中国艺术研究院硕士，北京市昌平区天通苑小学东小口学校一级教师、艺术组组长，主要研究方向为小学音乐教育。

小学民族音乐深度学习路径探究*

黄　珍

[摘要] 素养导向下的新时代音乐课堂以实现学生核心素养为最终目标。深度学习强调在教师引领下、在具有挑战性的学习活动过程中养成主动探究的精神，从而为学生最终实现核心素养提供有效路径。民族音乐是小学音乐学习的重要内容，深度学习为教师研究民族音乐教学提供了有力抓手。在深度学习理论统领下，音乐教师以实现音乐学科核心素养为目标，基于对深度学习概念的理解、方法的探究，进行深度学习特征的教学活动设计，探索小学民族音乐深度学习的实现路径。

[关键词] 深度学习　路径　单元　核心素养　实践性　综合性

引　言

本文基于对深度学习理论的探索与实践，围绕小学民族音乐的单元教学展开研究，希望通过深度学习的路径探究，提升小学音乐课堂民族音乐教学的实际效果，培养小学生对民族音乐的兴趣和热爱。

深度学习倡导的单元学习有利于音乐知识内容的结构化、有利于学生对民族音乐作品的深刻记忆和系统性认知，从而促进学生音乐核心素养与民族认同感的养成。本文通过如何选择单元学习主题、如何确定单元学习目标、如何设计单元学习活动、如何开展单元学习评价四个方面的实践，阐述和求证单元学习能够有效帮助小学民族音乐课程实现深度学习。

一、深度学习的概念界定

关于深度学习的概念界定，《深度学

---

* 北京市教育科学"十四五"规划2022年度重点课题"基于深度学习的小学民族音乐单元教学实践研究"（课题编号：CDAA22040）阶段性研究成果。

习：走向核心素养（理论普及读本）》一书中有着较为具体的阐述："深度学习是指在教师引领下，学生围绕着具有挑战性的学习主题，全身心积极参与、体验成功、获得发展的有意义的学习过程。在这个过程中，学生掌握学科的核心知识，理解学习的过程，把握学科的本质及思想方法，形成积极的内在学习动机、高级的社会性情感、积极的态度、正确的价值观，成为既具独立性、批判性、创造性又有合作精神、基础扎实的优秀的学习者，成为未来社会历史实践的主人，这也是发展学生核心素养的有效途径。"[1]

华东师范大学钟启泉教授在《深度学习》一书中指出："深度学习（deeper learning）是指学习者能动地参与教学的总称，亦即通过学习者能动的学习，旨在培育囊括了认知性·伦理性·社会性能力，以及教养·知识·体验在内的通用能力。因此，发现学习、问题解决学习、体验学习、调查学习等，均属深度学习的范畴。"[2]

二、深度学习的价值

"深度学习是我国全面深化课程改革、落实核心素养的重要途径。"[3]深度学习不仅具有理论的高站位，同时对一线教学实践具有指导意义，对于学生发展、教师成长都起到了推动作用。

（一）以学生为中心，实现学生发展

深度学习强调"以学生为中心"，倡导课堂教学理念和教学模式的改进。只有学生获得课堂的中心地位，他们的需求才能被真正看到。深度学习解决了学生到底"怎么学"的问题，为学生实现真实学习、有效学习提供了路径。

（二）提升教师认知，实现教师发展

教师在深度学习的研究过程中，会逐渐将理论付诸实践，在实践的过程中逐步形成习惯和意识，解决"怎么教"的问题。教师只有准确理解"以学生为中心"的重要意义，才能处理好自己与学生的关系，才能处理好教与学的关系。作为教师，只有时刻具备研究和探索的精神，才能成长为学生的"引路人"，才能成长为国家和社会真正需要的"大先生"。

（三）教学相长，实现立德树人

教师与学生，教学与学习，都是不可分割的整体。深度学习既重视教师的"教"，也重视学生的"学"，这给予我们很大启示。"十年树木，百年树人"，教育是一项长长久久的事业，更是一项不能急于求成的事业。深度学习实现了教学相长，师生在深度学习理论统领下，共同努力、共同进步，在研究和探索中努力实现立德树人。

① 刘月霞，郭华.深度学习：走向核心素养（理论普及读本）[M].北京：教育科学出版社，2018：32.
② 钟启泉.深度学习[M].上海：华东师范大学出版社，2021：23.
③ 刘月霞，郭华.深度学习：走向核心素养（理论普及读本）[M].北京：教育科学出版社，2018：3

三、深度学习实施路径——单元学习

（一）选择单元学习主题

1.教材的全面梳理

音乐教育是国家实施美育的重要途径，小学生通过丰富的聆听、演唱、表现等实践活动，感受和体验音乐的美和丰富情感。教材是课程标准的具体化要求，也是一线教师开展教学的重要媒介，在有限的研究范围内，对教材的深入理解能够帮助教师优化教学，提升课堂的教学效果。

教育部审定的小学音乐教材有人民音乐出版社、人民教育出版社、湖南文艺出版社等出版的十多个版本，每个版本的教材都呈现了不同的规律，具备各自的特点，体现了编者对于音乐作品的不同理解。对于进行深度学习研究而言，针对相关的研究内容进行全面的教材梳理，能够帮助教师深入地厘清教学内容之间的联系和内涵，进而更加合理地重组教学素材，为单元的建构提供丰富教学材料。教材梳理是拓宽教师思路厘清教学目标的重要前提，也是深度学习研究的基础工作。

2.单元主题建构的方式

（1）基于人文因素的单元建构。基于对音乐教材的梳理分析，现有版本的音乐教材大多以人文主题建构单元（表1）。

人文主题单元的教学内容围绕着人文主题进行建构，例如人音版一上（一年级上册）第一课"好朋友"中有4首音乐作品：《口哨与小狗》《玩具兵进行曲》《你的名字叫什么》《拉勾勾》，作品基于一年级学生新入校园，通过充满童趣的音乐，拉近同学之间的距离，消除学生新入校园的紧张感。这样的教材单元建构方式，充分考虑到了幼小衔接和学生的身心发展规律，使乐曲和歌曲都围绕着"游戏"形式开展，体现了音乐学科综合性、实践性的特征。

（2）基于音乐要素的单元建构。一线教师主要依托教材进行单元教学，但在一些情况下教师也可以根据教学特性的需要自主建构单元。例如，某些教学展示活动，要求进行单元教学设计，但内容和选题自由选择。这时，很多教师能够跳出教材的限制进行单元教学的自主建构。《北京市小学音乐学科主题单元教学现状探析：基于"2020年北京市优秀教学设计征集与展示活动"教学设计文本》一文对"2020年度北京市优秀课堂教学设计案例征集"中的单元教学设计进行了评价（表2）。

表1 音乐教材单元主题建构方式（根据四个出版社教材整理）

教材版本	单元建构方式	单元主题举例说明	优势	不足
人音版	人文	第一课：好朋友	综合性强 较全面地体现音乐的育人功能	音乐知识分布涉及宽泛
人教版	人文	第一单元：有趣的声音世界		
湘文艺版	课时	第一课、第二课……		
花城版	人文	第一课：我今天上学了		

表2 "感知丰富的四三拍"第一课时教学过程节选①

环节目标	教学环节与活动	评价方式
1. 能够判断典型的二拍子或三拍子的曲调; 2. 能够运用二拍子、三拍子、四拍子指挥图式跟着音乐挥拍	环节二:聆听对比 引出主题 1. 聆听乐曲《小步舞曲》的主题旋律,感受情绪与独特的韵律感并分享感受; 2. 请两名学生跳三拍子舞步,其他学生模唱主题旋律,并感受3/4拍韵律; 3. 聆听歌曲《摇篮曲》的第一段旋律,感受歌曲音乐情绪及节拍特点并分享感受; 4. 教师弹伴奏引导学生用连贯的声音演唱歌曲第一段歌词,并划出4/4拍指挥图示; 5. 聆听《拉德茨基进行曲》的引子+A乐段主旋律,感受音乐情绪与节拍并分享感受; 6. 观看现场视频,引导学生在A乐段"拍手",在B乐段"踏步",感受2/4拍的进行曲风格; 7. 教师提问:你喜欢哪种节拍的音乐?为什么?学生回答; 8. 师生总结三种节拍的音乐特点,并引出主题"感知丰富的四三拍"	总结性评价(聆听演唱)

表2中的"感知丰富的四三拍"就是基于音乐要素进行的单元建构,单元中都选取了四三拍的音乐作品,这样的单元建构方式强调音乐知识在课程中的学习,同时更加突出了感知、体验等音乐的学科特性。

(3)基于深度学习特征的建构方式。深度学习理论倡导的单元学习并非单一的知识单元,而是学习单元,"学习"的含义既包括知识的习得,也强调学习的过程和方法。"一个学习单元就是一个学习事件,一个完整的学习故事。现有教材的单元……如果没有一个完整的大任务驱动,没能组织成一个围绕目标、内容实施和评价的完整学习事件,那它就不是我们所说的单元概念。确切地说那只是内容单元,不是学习单元。"

深度学习的单元建构应该集中体现深度学习的特征,即大单元、大情境、大任务等。深度学习的单元建构可以打破教材的版本、教材顺序等壁垒,形成新的单元主题,围绕单元主题进行单元内容的重组,设计连续的、纵深的"挑战性"的学习活动,并且注重多元的评价方式,重视学习过程,真正做到以学生为中心。

以人民音乐出版社出版的全国版二年级下册音乐教材为例,笔者通过梳理重新整合设计了"唱游中华"的单元主题教学,选取了第四单元的《草原就是我的家》(蒙古族民歌)、《我的家在日喀则》(藏族民歌),第五单元的《喜鹊钻篱笆》(彝族民歌)3首少数民族民歌作品,并围绕民族文化特征,进行了第一课时——"草原盛会"、第二课时——"雪域之旅"、第三课时——"欢乐的火把节"

---

① 程郁华,胡召.北京市小学音乐学科主题单元教学现状探析:基于"2020年北京市优秀教学设计征集与展示活动"教学设计文本[J].中国音乐教育,2021(2):49-56.

的活动设计。这一单元主题教学的建构首先基于《义务教育艺术课程标准（2022年版）》对第一学段"唱游·音乐"的新定位；其次考虑二年级学生爱唱、爱动、爱表现的学情，以短小的少数民族民歌为教学素材，以演唱和游戏作为单元主题，以符合二年级学生的认知水平和已有的音乐能力；最后，通过对少数民族民歌的相关任务、活动体验，增进学生对我国多民族文化的了解和兴趣，在孩子们心里种下民族音乐的种子，激发学生的学习兴趣和主动探索的学习状态，实现学生的深度学习。

（二）确定单元学习目标

艺术课程标准强调"以任务驱动的方式遴选和组织课程内容""任务驱动""问题化学习""对话指导"等内容，与深度学习理念一致，与实现学生核心素养如出一辙。深度学习强调在真实情境中，在教师引导下，使学生围绕挑战性的学习活动，在主动积极的学习过程中提升核心素养。

单元学习目标是单元学习的方向和归宿，统领着单元内的课时目标，指导着课时目标的方向；每一个课时目标的实现最终都指向单元学习目标的实现，二者相互作用。以二年级"唱游中华"单元学习为例，其单元目标的设定统领全局，对课时学习目标进行了具体的内容设置。

（三）设计单元学习活动

具体的学习活动是直接指向学生的，是理念与标准落地的最佳体现。深度学习理念下的学习活动具有真实情境性、任务驱动性、项目合作性等特点，教师需要围绕这些特点进行学习活动的设计。

1.创设真实情境，贴近学生生活

在二年级"唱游中华"单元学习中，学习内容为3首少数民族民歌，分别是蒙古族民歌、藏族民歌、彝族民歌。二年级学生接触少数民族文化很少，而各民族丰富多彩的传统节日能够激发他们的学习兴趣。基于新版课程标准中对低年级"唱游"的学习任务要求，教师进行了"唱游中华——参加节日盛会"的情境设计，且每一课时都针对不同民族节日设计不同的学习活动，使学生通过融入情境，真实感受少数民族传统节日的氛围，不仅提升了学生的音乐感知能力，还培养了学生对祖国民族的热爱之情。

2.设置驱动性任务，激发学生潜力

在第一课时"草原就是我的家"中，教师在课时导入时通过视频欣赏引导学生了解了蒙古族的传统节日"那达慕"。学生了解到"那达慕"大会上有骑马、射箭、摔跤等传统活动项目，尝试表演参与的积极性特别高，于是教师设计了"闯关"的学习活动，要求学生在模仿骑马、射箭动作的同时，准确表现出音乐的速度、节拍、重音等要素。这样的活动设计，大大调动了学生主动学习的兴趣和积极性。他们为了成功完成"闯关"任务，主动聆听音乐、主动记忆歌曲旋律、主动将动作表现与音乐表现相融合，使音乐学习自然发生并取得了很好的学习效果。

学生的潜力是无限的，当他们的内在主动性被调动起来时，深度学习的实现也就变得顺利了，因此，任务驱动是深度学习十分有效的手段。

3.既凸显音乐特性，又重视深度特征

音乐学科具有审美性、实践性、人文性的特征，音乐教育中的深度学习研究应该重视音乐学科的特征，并在此基础上开展研究。例如"唱游中华"的第三课时"喜鹊钻篱笆"，是一首贵州彝族儿童游戏歌舞音乐，是一个综合、多元、文化底蕴深厚的音乐作品，突出展现了彝族人民的生活场景：孩子们边舞蹈边歌唱，做着钻篱笆的游戏。这一课时的音乐活动围绕着舞蹈、歌唱、游戏的"明线"展开，而深度学习理念统领下的"任务驱动"则是一条"暗线"，学生实践活动丰富多彩，音乐学习与深度学习"明暗"交织，在"润物细无声"中提升培养了学生的音乐核心素养。

（四）开展单元学习评价

深度学习的实现不是一蹴而就的，而是教与学合作不断向前推进的过程，因此对于学生的评价也应该是一个过程，这个过程是动态的、多样的、全面的。

在"唱游中华"单元学习活动前，教师设计了"导学单"，一方面用以了解学生对于少数民族音乐和文化的了解情况，另一方面帮助学生了解单元学习的任务。在学习活动中，每一课时都制定了具体而详细的评价标准；最后的"任务"完成是综合的，学生在

"评价单"中将单元学习中的相关内容用思维导图的方式呈现出来，同时，教师还关注到了学生的差异和场域的变化，鼓励学生自主选择单元学习展示的方式，更加突出了音乐深度学习评价方式的多样性。

结　语

通过单元学习的全过程，学生在教师的引导下，主动参与音乐表现活动，乐于探索民族音乐相关文化知识，提升了对民族音乐文化的学习兴趣和民族自豪感。

小学生情感真挚、纯洁，乐于模仿，思维意识具有较高的可塑性。民族音乐是中华优秀传统文化的重要组成部分，通过深度学习的策略路径探究，在小学生心中埋下民族音乐的种子。

作者简介：

黄珍，北京市音乐学科骨干教师、高级教师，共产党员，硕士研究生学历，毕业于中央音乐学院音乐学系，主要研究方向为中国传统音乐。现任北京市宣武师范学校附属第一小学音乐教师，曾获全国第六届中小学音乐教师基本功大赛全能一等奖、北京市第二届"京教杯"教学展评一等奖、北京市基础教育课题教学一等奖等。

创建班队合唱的实践探索

刘莉莉

[摘要] 近些年，教育部提出要努力构建德、智、体、美、劳全面培养的教育体系，进一步强化学校的美育育人功能。音乐课是实施美育教育的主要阵地之一，而合唱是音乐课最常实施的教学形式。如何通过合唱提高学生的审美和人文素养，是笔者在长期的一线教学实践中不断探索和思考的。笔者希望通过实践，能探索出行之有效的班队合唱模式和训练方法，让更多学生认识并了解合唱、感受到合唱的魅力，培养学生健康向上的审美情趣和审美格调。

[关键词] 审美教育　班队合唱　教学策略

教育部颁布的《义务教育艺术课程标准（2022年版）》明确提出，演唱是音乐课程的重要内容，也是学生易于接受并乐于参与的学习形式，对激发学生的学习兴趣、发展核心素养、愉悦身心、陶冶情操等有着重要作用。2021年3月，《教育部关于举办全国第七届中小学生艺术展演活动的通知》把"班级合唱"列入中小学生艺术展演的范畴，这说明了合唱艺术在中小学实施美育过程中的重要性。基于以上背景，笔者对班队合唱创建的意义、实施途径、实践结果等进行了积极的探索，实践证明，班队合唱的创建不仅能提升学生的音乐素养，还能进一步培养学生的合作意识和集体意识。

一、班队合唱对学生核心素养培养的重要作用

（一）班队合唱有助于提高学生的审美能力

合唱艺术自19世纪末至20世纪初传入中国，近些年得到了蓬勃发展，其中不乏优秀的童声合唱团。在这一背景下，合唱艺术逐渐被大众熟知和欣赏，同时也涌现了大量优秀的合唱作品。这些紧跟时代步伐的合唱作品旋律优美动听、节奏明快，具有强烈的艺术感染力，蕴含着丰富的思想内容和道德内涵。如合唱作

品《大鱼》《萱草花》等，都是由传唱率很高的歌曲改编的合唱作品，深受学生喜爱。学生在演唱这些作品的过程中不仅提高了自己的音乐审美能力，而且使自己的心灵得到净化，道德情操得以升华。优秀的合唱作品潜移默化地影响着学生的精神世界。

（二）班队合唱有助于提升学生的音乐表现力

在众多的音乐表现形式中，合唱艺术体现出很强的参与性，通过训练学生自带的乐器——人声，让学生在多声部交织的旋律中感受声音的魅力，抒发内心情感。合唱是一个相互带动、相互影响的过程，在同伴的带动下，在教师的启发下，学生合力唱出优美的旋律，进而碰撞出美妙的和声。合唱艺术宽广的音域、丰富的音色、多层次的音响效果可以将任何时期、任何情绪、任何风格的作品完美呈现出来。

（三）班队合唱有助于学生在实践活动中发挥创造力

在演绎作品时，不同的作品需要不同的演唱方法，有的需要偏美声的圆润唱法，有的需要偏明亮的民族唱法或者浅吟低唱的通俗唱法，这就需要合唱指挥和队员们了解歌曲创作的背景，探讨歌曲的内容、风格特点、文化内涵及怎样表现和创新等问题。这一过程让大家相互交流，把对歌曲的理解及处理最终变为艺术现实。此外，在演唱作品时，学生还可以创造性地通过人声的多样性增强歌曲的表现力，比如在演唱诗词作品《画眉鸟》（图1）的时候，学生创造性地在前奏部分加入了口哨声来模拟鸟叫声，先是几声口哨，接着出现此起彼伏的"鸟叫声"，由弱到强，为歌曲增添了许多意蕴。这些实践与创造使学生感受到人声的多种表现力，享受到合唱的艺术美，提高了审美情趣与能力。

图1 学生在上海市诗词合唱比赛中演唱《画眉鸟》

（四）班队合唱有助于培养学生的合作意识

教育家陶行知先生说："集体生活是学生自我向社会化道路发展的推动力，为儿童的发展所需要，一个不能获得这种正常发展的儿童，可能终生是一个悲剧。"建立班队合唱在一定程度上有助于学生融入集体，合唱艺术讲究和谐，要求声部之间互相协调统一，音色要融合、柔美，这就要求演唱者不能一人一个音色，不能大声喊唱突出自己，而是要节奏准确，不能快也不能拖延。要做到这些，学生就必须在互相聆听中实现声音的和谐统一，"分工合作""互相衬托"，这样，班队合唱就培养了学生的合作意识、团队精神和沟通能力。

二、建立班队合唱的途径和策略

班队合唱的创建可以为班级创造一个媒介，通过这个媒介营造团结友爱、积极向上的班级氛围。创建班队合唱可从以下几个方面着手。

（一）合唱文化的营造

1.学习合唱艺术知识

从起始年级开始，在课堂上设专题模块，向学生介绍合唱基本知识、合唱的历史和发展、世界合唱文化等，让学生充分了解合唱。也可通过学习任务单的形式，让学生以小组的形式自主学习，在课下查阅资料，了解合唱知识。

2.塑造合唱听觉审美

面对没有声乐基础的学生，可以先通过聆听使其对合唱的音色概念有一定的了解。合唱不同于独唱，要求所有演唱者音色高度和谐、统一，因此，在开始声音训练之前先让学生欣赏，在欣赏时适时引导，教师可以做两组对比示范，让学生听辨哪种是正确的发声。可从单声部齐唱作品听起，进而听辨两声部作品，区分两声部作品中两条同时进行的旋律线条，再从两声部作品到三声部作品、四声部作品，由易到难让学生对合唱的音色及声部有个大致认识。学生还可以利用午饭时间、午休时间或音乐课点歌台时间循序渐进地欣赏国内外优秀合唱作品。

3.构建班队合唱园地

合唱园地的内容包括购置合唱相关书籍、张贴国内外知名合唱团海报、通告合唱节及合唱赛事活动等，目的是让学生关注合唱和优秀合唱作品。

（二）合唱梯队和课程的建立

1.分组、合作立框架

教师在对学生的演唱能力有一个大致了解后，可以对一个班级的学生进行声部划分，一般分为高声部和低声部，同时每个声部再分为两组。分组以每个小组歌唱能力和水平的均衡为原则，两个声部各设一位声部长，每个小组各设一位组长（图2），一个小组是一个整体，在测评时要听的是一个小组发出来的整体声音效果，而不是个别学生的演唱水平，这里展现的即是学生的合作意识。学生会在练习中发现自己的声音在群体声音中的问题，需经过调整与小组的声音融合。个别学生可能会由于本身的音色及发声位置等问题与小组的声音相融性较差，在这种时候就要对其进行单独辅导，同时请组长协助其进行平时的练习。

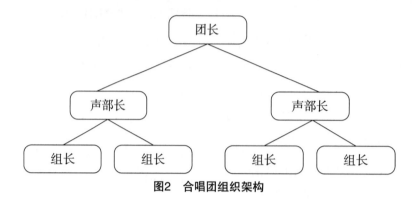

图2 合唱团组织架构

2.校本课程做保障

首先，班队合唱成立后需要有固定的排练时间，实施课后看护政策后，为学校兴趣类课程提供了时间上的优势，教师可利用课后看护时间组织学生训练。班队合唱相较于校队合唱有方便组织的优势，同一个班级的学生不需要走班，在排练时间上可以见缝插针、更为灵活。其次，课程校本化是班队合唱实施的重要途径。依托各类合唱教材及合唱曲目，组织与班级学生相适应的教学内容，每周开设一次合唱训练课，笔者通过实践和摸索，确立了以发声练习为主线、以四阶段合唱基本素养训练为主导的训练模式。第一阶段是单音、音阶、节奏训练课，从单音练习入手，通过音阶练习，让学生准确听辨并模唱出音高，同时辅以发声练习。第二阶段为单声部旋律课，运用听唱、模唱、简单的视唱，帮助学生建立音高意识，同时穿插练声曲，训练科学的发声方法，包括气息的运用、发声的位置、咬字吐字等，由浅至深，培养学生的歌唱能力和音准能力。第三阶段为二声部音准课，从听辨和演唱旋律音程与和声音程开始，练习二声部节奏和二声部旋律片段，通过学习使学生掌握声部演唱的方法。第四阶段为二声部歌曲演唱课，通过基本合唱能力的训练，包括发声练习、音准和节奏练习，学生单声部演唱能力得到提高，二声部演唱做到和谐统一，小组之间及同学之间能够演唱二声部作品，同时，学生的欣赏水平及对合唱音乐的热爱也得到了极大的提升。

3.教学评价促提高

教学评价是对教学成果的反馈，也是日常教学的指挥棒，探索出一套行之有效的评价机制非常重要。班队合唱评价应鼓励特色发展，形成"一班一品"的模式，例如诗词新韵系列、英文歌曲系列、创作歌曲系列等，可根据不同班级学生的特点选唱不同风格的合唱曲目。建立学生成长档案袋，把学生日常排练表现、学期考核、参与比赛情况、参与社会实践情况等相结合，进行自评、互评、师评，学期结束时对每名学生进行一个学期总评，将评价结果存入学生成长档案袋。

（三）合唱比赛促能力提升

比赛和社会实践能提升学生参与排练的

热情，也能让日常的排练成果得到检验，是班队合唱创建过程中必不可少的环节。如何有效为班队合唱的发展搭建平台非常重要，如通过组织"班班有歌声"比赛活动、开展社会实践合唱音乐会、参加市区合唱比赛、组织合唱教学展示活动等促进班队合唱的发展。

每年5月，我校（华东师范大学第二附属中学前滩学校）都会举办校园文化艺术节，组织丰富多彩的活动，包括艺术节开幕式、个人才艺专场比赛、"班班有歌声"班队合唱大赛、闭幕文艺汇演等。同学们热情参与其中，提升了个人能力，活跃了校园文化。

在2022年浦东新区第十八届学生艺术节艺术展演活动中，我校获得了声乐专场班队合唱中学组一等奖，这对同学们来说，是一次非常有意义的经历。日常班队合唱排练是基础，在接到比赛通知后，笔者遴选出优秀班级集训参赛，在一次次音准、节奏的矫正中，在一次次旋律、和声的碰撞中，同学们学到了很多，比如和谐的声音来自平静和专注、合唱的内涵是合作而非竞争、艺术效果的呈现需要精益求精等。在录完最后一版的比赛视频后，同学们脸上洋溢着喜悦，互相谈论着演唱过程中精彩的部分及存在的问题。艺海无涯，通过比赛，同学们不仅获得了演唱上的进步，也收获了友谊。

三、班队合唱实践中存在的问题

在班队合唱的创建、实践过程中，有很多困难和问题需要解决。首先，班队合唱的成员是一个整建制的班级，班级中难免会有一些音域有困难的学生；会有一些音色特别"出挑"的学生，不能和其他学生的声音相融；也有一些"跑调"的学生。面对这些问题，我们不回避也不抛弃，对于经过反复训练仍不能扭转的学生可以让他们以其他角色参与进来，如节奏性乐器伴奏，身体、手势律动等。班队合唱强调的是集体合作，让班级的每一位学生都能获得参与感是笔者努力的方向。其次，在班队合唱作品的选择上也要有充分的考量：合唱作品的难度不能太大，不仅要兼具艺术性和思想性，还要学生喜欢，同时符合这些条件的作品并不多，有时需要教师根据班级学生的演唱水平进行适当的改编才能有效推进。

结　语

中共中央办公厅、国务院办公厅联合印发的《关于全面加强和改进新时代学校美育工作的意见》中明确提出："面向人人，建立常态化学生全员艺术展演机制，大力推广惠及全体学生的合唱、合奏、集体舞等实践活动，广泛开展班级、年级、校级等群体性展示交流。"《意见》为我们指明了方向，笔者在班队合唱方面的探索正是基于学校美育活动应面向人人的原则，旨在让每一个学生都能在艺术活动中得到滋养和锻炼，强化学校美育育人功能，构建德、智、体、美、劳全面培养的校园生态环境。

作者简介：

刘莉莉，华东师范大学第二附属中学前滩学校音乐教师兼校办主任。

核心素养导向下的高中音乐课堂教学实践研究

王文维　铁　梅

[摘要] 核心素养是指学生应具备的适应终身发展和社会发展需要的必备品格和关键能力。从普通高中音乐课程标准发展历程可见，最重要的变化在于课程目标的转变，即"双基"→"三维目标"→"核心素养"的发展变化。这一变化过程的内核可以看成"学科知识"→"学科本质"→"学科育人价值"的转变，从而使普通高中音乐教育的培养目标提升到以人为本为育人导向的高度。

[关键词] 音乐核心素养　普通高中音乐课程标准

一、学科核心素养到音乐核心素养的衔接

我国教育部在2017年版的高中各科课程标准中首次提出核心素养的概念，并将其作为党的教育方针的具体化、细化。核心素养也是世界教育一直关注的热点问题。早在1997年，经济合作与发展组织就启动了"素养的鉴定与遴选"，并致力于如何实施与落实[①]。所以不仅是我国教育对核心素养高度重视，核心素养在整个世界教育中也占有很大的比重。

《普通高中音乐课程标准》修订这项体现国家意志的系统工程，在课程教育与实施中充分体现了立德树人的关键作用。核心素养作为课标的核心价值，必须在音乐教育实践的过程中完整体现。

学科核心素养是学生在学习某一特定学科内容的过程中形成的，带有鲜明的学科特色并依托于具体学习领域的特定符号系统和知识体系，体现了专门学科独特的育人价值，

---

① 资利萍.《普通高中音乐课程标准》（2017年版）学科核心素养产生的背景、释义分析及其课程实施 [J] .中国音乐，2018（5）：176-182.

如科学思维和科学探究能力、语言表达能力、艺术表现能力等。[①]各个学科都要围绕核心素养来展开课程教学实践。这是对学科知识体系的重新建构和运用，在以分数为主的评价体系的基础上，拓宽了教师对学生培养实践运用能力的学习渠道。在学的过程中既有学习的本质，又有训练学生学习的能力，特别是具有在学科学习以外能够触及或实践的精神向导，打破学习学科系统知识的小圈子，提升作为社会中一个主体该有的"五育并举"的特点。

将学科核心素养体现的育人价值移植到音乐核心素养的知识体系中，从共情的角度来看，所有的学科都是以育人为基础。但在音乐这一特殊的学科中，有一种特殊价值体现在其独有课程体系中。音乐学科核心素养是学生在学习音乐这门学科之后所形成的、具有学科特点的关键成就，是音乐学科育人价值的集中体现。既然核心素养已经提供了"脊骨"，那么音乐课程的具体实施就是"血肉"，二者相得益彰。

核心素养是当下课程改革的价值导向，2017年版的《普通高中音乐课程标准》列出了对音乐学科核心素养的三个方面：审美感知、艺术表现、文化理解。核心素养是经过时间的积淀和在过去的三维目标（2003年实验版《普通高中音乐课程标准》）基础之上建立起来的。音乐核心素养在"教"与"学"的知识的基础上，内化了育人的价值观，从"心"接受音乐的教学。其对过程性的重视与

美育价值相联系，自然会对结果的功利性适当削弱，从而提升人的价值。

（一）审美感知

审美感知是指对音乐艺术听觉特性、表现形式、表现要素、表现手段及独特美感的体验、感悟、理解和把握。[②]这一点意在强调音乐是暂时性且具有流动性的特点，体现在人类听觉感官上。从听觉的载体（音乐作品）方面理解，音乐有三个特点：某种材料、以某种方式将这些材料组织起来、组织这些材料须服从于艺术表现目的。对于这些音乐材料的特质，需要有音乐理论的支撑才能对作品有一个整体的看法和感想。如果只是单纯聆听，而缺乏理论的基础构架，那么联觉反应的刺激性与深度就有待提升。这体现了艺术内在表现性和理论基础相结合的特质。在音乐作品的基本要素与整体框架的审美学习过程中，首先要培养学生对音乐的感觉。感觉是运用于其他感官知觉器官对音乐音响的刺激所产生的直觉反应，激发学生对音乐感知的初步体验。其次要培养学生敏锐的判断力，即在众多经典音乐曲目的感知中，不断引导学生建立起自己的一套审美体系，并将其作为一个合理的办法来寻找适合自我的审美偏好。最后要根据音乐的创作、表现、聆听等属性，促使学生从多个角度感知音乐。

（二）艺术表现

艺术表现是指通过歌唱、演奏、综合艺

① 王安国.普通高中音乐课程标准（2017年版）解读［M］.北京：高等教育出版社，2018：20-21.
② 中华人民共和国教育部.普通高中音乐课程标准（2017年版）［M］.北京：人民教育出版社，2018：5-6.

术表演和音乐创编等活动，表达音乐艺术美感和情感内涵的实践能力。[①]意在以人的身体为载体，重现或者变化重现的活动。特别是体现在"现"上，从字面理解，指表露在外面，使人看得见，所以在艺术表现的实践能力上是具有现实性的，能够有外在的形式（让人有直观的视觉效果），并且能够把审美感知和文化理解的修养融入其中。从宏观的角度看，只有培养学生聆听音乐向内吸收的运动觉能力，才能向外发挥学生的演唱、演奏、表演能力。从微观的角度看，可以让学生在进行音乐表现的过程中产生一种新的艺术体验，增强自信心和缓解紧张感，提升整个人的气质和形象。音乐表现能力不仅在课堂中进行，还可以在家庭音乐活动、社区音乐活动中进行，通过这些活动还能使学生产生良好的社会责任感和责任心，从而增强社会凝聚力。

（三）文化理解

文化理解是指通过音乐感知和艺术表现等途径，理解不同文化语境中音乐艺术的人文内涵。文化是人类在社会历史发展过程中所创造的物质财富与精神财富的总和，特指精神财富，如文学、艺术、教育、科学等。所以在音乐学科中的文化体现表明了音乐在各个历史时期的重要性。那么在文化发展过程中，人们以音乐为载体，把关于音乐方面的文化内涵传承后世，也使得音乐具有了历史的厚重性。在人类历史进程中，音乐不但

继承了优秀的传统文化，还与时代性相结合，指导艺术领域更加稳固地立足现在和未来。以高中音乐教材内容为例，每课时的教学内容都体现了不同的文化背景、人文风俗等，丰富了师生的音乐理论知识和学科素养。从教学实践文化知识层面理解，在教师讲授过程中，知识本身固然重要，但内在文明涵养是精神层面的体现，外露于教师的一言一行，甚至一些更细微化的表现。学生可以观察到教师的表现，并且影响自身，学生也会带着这些优秀品质投身于祖国和社会的建设中，甚至会潜移默化地影响更多的人。

音乐核心素养的三个主要内容奠定了音乐核心素养作为高中音乐教育实践的指导方向的地位。在实际的教学准备、教学过程中，音乐教师在具体运用音乐核心素养时，需要理解三个主要内容的并存和贯穿特性，引导学生理解音乐课的学习理念和实践意义，激发其学习音乐、提升思想境界的情怀。

二、2017 年版课标[②]与2003 年实验版课标[③]之异同

（一）两个课标的相同之处

2017年版课标与2003年实验版课标的主体框架的相同之处在于都由课程性质、课程基本理念、课程目标、课程内容、实施建议等五部分组合而成。2017年版课标是在2003年实验版课标基础上的进一步细化和升华，

---

① 中华人民共和国教育部.普通高中音乐课程标准（2017年版）［M］.北京：人民教育出版社，2018：5-6.
② 中华人民共和国教育部制定的《普通高中音乐课程标准（2017年版）》。
③ 中华人民共和国教育部2003年制定的《普通高中音乐课程标准（实验）》。

并且加入了新的教育理念、评价标准等。例如将第一部分的课程性质整合为课程性质与基本理念；将第二部分的课程目标（"三维目标"）深化为学科核心素养与课程目标，两者并列，具有同等重要性；将第三部分的内容标准细化成课程结构、课程内容。此外，还增加了学业质量与附录音乐学科核心素养水平划分。由此可见，2017年版课标的侧重点就在于音乐学科核心素养。

（二）两个课标的不同之处

1.提升基本理念：从音乐审美到美育的转变

在两个课标中的基本理念的对比中，2017年版课标的基本理念数量由2003年实验版课标的四个增加到六个，最大的区别体现在前三条，第一条，从以音乐审美为核心到彰显美育功能，提升审美情趣。美育是培养人的一种有机的和整体反应方式的教育，这种形式积淀了人的情感和理想，使它们处于一种极其自由与和谐的状态[①]。音乐教育作为美育的重要组成部分，其最重要的方面就是音乐的审美教育。所以将音乐审美提升到美育是对学生全方位的以美育人、心灵教育的重要远景，不仅仅停留在音乐审美的情境中，更在于使学生在潜移默化中陶冶道德情操等。第二条，从强调实践创造到重视音乐实践，从增强创造意识到开发创造潜能。其中最大的变化在于对创造的要求不一样，前者强调思想，后者强调做、实在性。第三条，从面向全体学生、注重个性发展到深化情感体验、

突出音乐特点。这一转变表明了音乐审美教育对于人的内心情感的关注。此外，2017年版课程还增加了课标选择、核心素养。

2.课程结构的系统化：从内容标准到课程结构、内容

在2003年实验版课标中，音乐课作为高中课程和面向全体学生的必修课，由音乐鉴赏、歌唱、演奏、创作、音乐与舞蹈、音乐与戏剧表演六门课程内容组成。在这六门课程中，音乐鉴赏为必修课（2学分）、其他为选修课（1学分）。每门课程都由内容标准和活动建议组成。而2017年版课标在课程结构上分工更加细致，由必修课程、选择性必修课程、选修课程构成。每门课程由内容要求和教学提示组成。与之前相比，有了更细的学习要求，且更加注重实际教学效果。必修课程从一门扩展到六门，六门选择性必修课程增加了学生的自主选择权和个性化发展，不仅使得课程的种类更加完善和细化，而且激发了音乐教师的教学能力和终身学习能力。

3.新增实施建议：学业水平考试与高考命题建议

两个课标虽然都由四个部分组成，但在内容构成上有一定的不同。首先，2017年版课标将2003年实验版课标中的教学建议与教学评价整合为一条，作为培育学生音乐学科核心素养的中心环节。其次，2017年版课标增加了学业水平考试与高考命题建议，鼓励学生艺术高考、发挥特长，以通过艺术高考选拔具有音乐学习潜质、毕业后能从事音乐

---

① 王安国，吴斌.普通高中音乐课程标准（实验）解读［M］.南京：江苏教育出版社，2003：11-12.

相关工作的普通高校音乐类专业新生。最后，在2017年版课标的"地方和学校实施本课程的建议"中，第一条就提到地方教育部门要组织所有普通高中音乐教师参加课标培训，这与2003年实验版课标要求学校组织教师学习存在明显的不同。所以2017年版课标中更加重视对教师的课标培训，以提升音乐课的整体方向和质量。

三、音乐核心素养在高中音乐课中的实践运用

《普通高中音乐课程标准（2017年版）》的音乐核心素养在高中音乐课程具体实践中的体现形式和内在价值观的引导，不仅体现在学生学习音乐后形成的思想意识方面，而且体现在整个社会价值观的内涵转变方面。所以，不仅要在学校的音乐学习情境氛围中体现学生素养，还要在非音乐学习情境氛围

中体现学生的综合素质。学生不只是音乐教学的对象，更是教学的丰富资源。[①]在教学过程中，教师应合理运用这些教学资源，提升学生整体的核心素养。音乐核心素养（素养1—审美感知、素养2—艺术表现、素养3—文化理解）在高中音乐课程中的实践运用需结合具体课程的内容要求、学业质量水平等级等内容综合分析。

（一）音乐鉴赏课与音乐核心素养的实践运用

音乐鉴赏课是着重培养学生审美感知和文化理解等核心素养的重要媒介，从新课标的"学业质量水平"模块中可以发现，音乐鉴赏模块被放在了首要位置，并将它按照学生所掌握素养能力由浅到深划分为3个学业质量水平。以第1个水平等级为例（表1），可以看出：以素养1和素养3所形成的质量描述占有突出地位。

表1 学生学业质量水平

水平	质量描述
1	1-1 在聆听音乐过程中，能保持安静、专注的听赏状态；能说出所听音乐的作品名称、表现题材、体裁形式；能感受所听作品的情绪、风格等基本特点。（素养1、3） 1-2 知道中外音乐史上有代表性的音乐家（4—6位）及其代表作品（1—2部）。（素养1、3） 1-4 生活中能根据自己的审美情趣和爱好，选择适宜的音乐进行欣赏，并与他人交流对音乐作品的看法和观点。（素养1、3）
2	略
3	略

由此得出音乐鉴赏课的教学方法：第一，掌握欣赏音乐的基本方法，养成听赏音乐的习惯；第二，了解音乐作品的体裁形式、题材内容、表现形式等要点；第三，在具体的

音乐鉴赏课教学中，将学生的聆听、讨论等教学环节展现出来，充分体现学生对音乐鉴赏的认知与理解。

例如人音版高中必修《音乐鉴赏》中

---

① 郁文武，谢嘉幸.音乐教育与教学法［M］.北京：高等教育出版社，1991：98-99.

第二十一节，通过聆听印象主义音乐代表作品——德彪西《大海》的第一乐章，根据该课程的内容要求以及学业质量水平的标准去准备。那么以学业质量水平中的水平1（1-1：在聆听音乐过程中，能保持安静、专注的听赏状态）的质量描述为标准，引导学生感受、体验印象主义音乐风格的特点。引导学生有意识地将自己的主观感受融入客观音响的体验感知，形成感性体验，养成聆听音乐的习惯；从音乐本体和音乐表现要素的形态进行分析和理解，形成分析型体验。总之，聆听的方式多样，每一种听觉感知都具有不同的效果，音乐鉴赏课应从客观实际及学生的学习能力出发，发现适合学生的听觉方法，而不能将音乐聆听变成空泛、无意识的聆听。

（二）歌唱课与音乐核心素养的实践运用

歌唱课是以人声为媒介表现音乐、抒发情感的艺术形式，是培育学生艺术表现素养的重要途径。歌唱课在表现形式上是显性的、具体的，具有很强的实践性。该课程的内容要求包括了解不同题材、风格、形式的声乐作品及相关知识，感受人声的艺术表现力与美感等。在行为动词的表述上，多采用"唱"这个动词，以体现歌唱课的现实效果。歌唱课教学实践中也应体现对三个素养（素养1、2、3）的运用。

审美感知素养和文化理解素养的外在表现形式体现在艺术表现素养中，而歌唱课多呈现于实践活动中，在课堂中或课堂外都能够将艺术表现融于自身，由内而外表现出来。因此，歌唱课有利于突出学校音乐教育的实践品格，吸引学生参与丰富多样的艺术表现活动，使学生在实践中提升艺术修养。

以人音版高中必修《音乐鉴赏》第二十六节——聆听歌曲《体操—兵操》《黄河》并演唱歌曲《送别》《教我如何不想她》为例，教师根据歌唱课的内容要求对歌唱课作品进行备课，让学生通过音乐旋律感受20世纪初学堂乐歌的发展变化，通过学生演唱，增强对音乐的感受与体验，在歌唱过程中，抒发内心真实情感。

结　语

《普通高中音乐课程标准（2017年版）》以音乐核心素养为中心，回归对人的关注和教育。为落实立德树人根本任务、发展素质教育、提升整个社会群体的综合素质做出贡献。

作者简介：

王文维，沈阳师范大学音乐学院在读硕士，主要研究方向为音乐教育理论。

铁梅，沈阳师范大学音乐学院理论教研部副教授，在读博士，主要研究方向为音乐教育学、中国传统音乐理论研究。

重要他人：卓越中小学音乐教师职业认同的影响因素

——基于符号互动论视角

于 浩

[摘要] 教师职业认同对中小学音乐教师职业发展有重要促进作用。卓越中小学音乐教师在教师职业发展的各方面均具有出色表现，研究该群体职业认同的影响因素对其他职前、在职中小学音乐教师的职业认同构建与发展具有示范效用，继而促进中小学音乐教师队伍的高质量发展。本研究基于符号互动论视角，对16位卓越中小学音乐教师的访谈资料进行质性分析，发现该群体职业认同的关键影响因素为重要他人（significant others），且不同的重要他人分别在"榜样—参照""支持—发展""同辈互助""教学相长"四种互动类型中影响卓越中小学音乐教师的职业认同发展。建议在中小学音乐教师职前培养阶段与工作初期阶段分别重视音乐教师教育者与"师傅"的榜样作用；在职阶段重点关注与任职单位领导、同事及区、市级教研员之间的互动，同时增强与学生之间的交流。

[关键词] 教师职业认同　重要他人　卓越中小学音乐教师　符号互动论

作为教师个体的一种与职业有关的积极态度，教师职业认同包含了职业价值观、角色价值观、职业归属感、职业行为倾向等多维度结构。[1]教师职业认同既是个体与教师职业交互作用的结果，也是受内外各种因素影响而不断变化的动态过程，[2]能够预测教师的

---

① 魏淑华，宋广文，张大均.我国中小学教师职业认同的结构与量表 [J].教师教育研究，2013，25（1）：55-60，75.

② BEIJAARD D，MEIJER P C，VERLOOP N. Reconsidering research on teachers' professional identity [J].Teaching & Teacher Education，2004，20（2）：107-128.

职业承诺①和离职意向②，促进教师的工作投入③、工作满意度及职业幸福感等。④因此，教师职业认同对推动教师职业发展、提升教师发展的质量具有重要作用，而"高质量教师是高质量教育发展的中坚力量"⑤，由此可见，中小学音乐教师职业认同会间接影响中小学音乐教育的高质量发展，应该对其加以重视。

卓越中小学教师是"教育情怀深厚、专业基础扎实、勇于创新教学、善于综合育人和具有终身学习发展能力的高素质专业化创新型中小学教师"，具有培养全人和服务国家的教育信念、独特的本土教学模式与理论以及教师领导力等特点。⑥鉴于卓越中小学音乐教师的各方面职业素养均高于其他中小学音乐教师，研究该群体的教师职业认同影响因素有助于在音乐教师职前培养与职后培训过程中构建与发展中小学音乐教师的职业认同。

一、文献回顾

国内有关音乐教师职业认同的研究较为有限，学者们主要从中小学音乐教师职业认同的特点、现状及影响等方面进行研究。⑦近年来的相关研究对音乐教育专业学生、音乐师范生等职前音乐教师职业认同的关注有所增加，部分研究采用定量研究方法对不同地区的综合大学、师范大学与独立设置音乐院校中的音乐教育专业学生或音乐师范生职业认同进行了调查⑧，除人口统计学变量对职业认同的影响外，有学者发现入学动机⑨与教育实习⑩因素对音乐师范生职业认同有较大影响，并据此提出相应建议。此外，还有学者采用内容分析法进行相关研究，发现了国内教育体系中政策因素对音乐教育专业学生职业认同的影响。⑪

① AUSTIN J R，ISBELL D S，RUSSELL J A.A multi-institution exploration of secondary socialization and occupational identity among undergraduate music majors［J］.Psychology of music，2012，40（1）：66-83.
② 魏淑华，宋广文.教师职业认同与离职意向：工作满意度的中介作用［J］.心理学探新，2012，32（6）：564-569.
③ 李岩.特殊教育教师职业认同与工作投入的关系研究［J］.中国特殊教育，2018（8）：11-17.
④ 李樱楠，刘梓艳，廖瑜，等.职业认同对教师职业幸福感的影响：工作投入与社会支持的链式中介作用［C］//第二十三届全国心理学学术会议摘要集（上）.赣南师范大学教育科学学院，2021：488-489.
⑤ 中华人民共和国教育部.教育部等八部门关于印发《新时代基础教育强师计划》的通知［EB/OL］.（2022-04-11）［2022-10-12］.http://www.moe.gov.cn/srcsite/A10/s7034/202204/t20220413_616644.html.
⑥ 朱旭东，廖伟，靳伟，等.论卓越教师培训课程的构建［J］.课程·教材·教法，2021，41（8）：23-31.
⑦ 辜小飞.音乐教师职业认同的特点、影响及促进研究：以重庆市中小学为例［D］.重庆：西南大学，2011.
⑧ 田雯雯.音乐教育专业学生的教师职业认同感调查研究：以山东省三所省属高校为例［J］.教师教育论坛，2015，28（7）：28-34；王诗惠.音乐师范生教师职业认同感的调查研究［D］.长春：东北师范大学，2018；郭彪，胡玲玲，徐晓雯.音乐教育专业师范生职业认同感影响因素实证分析［J］.中国音乐，2021（2）：151-157；苏文琪，张严翰.浙江省音乐师范生教师职业认同感的调查研究［C］//中国音乐家协会音乐心理学学会，上海音乐学院.第七届中国音乐家协会音乐心理学学会学术研讨会论文集.宁波大学，香港教育大学，2021：4.
⑨ 郭彪，胡玲玲，徐晓雯.音乐教育专业师范生职业认同感影响因素实证分析［J］.中国音乐，2021（2）：151-157.
⑩ 许冰.教育实习对音乐师范生职业认同影响的调查分析［J］.黄河之声，2016（6）：34-35.
⑪ YANG Y.Professional identity development of preservice music teachers：a survey study of three Chinese universities［J］.Research studies in music education，2022，44（2）：313-330.

国外学者在相关研究中基于不同的理论视角探讨音乐教师职业认同问题。多数学者以社会心理学领域的符号互动论为视角，调查职前音乐教师的社会化与职业认同。①罗伊最早尝试研究本科音乐教育专业学生的职业认同发展，该学者将符号互动论中的重要他人、参照组及姿势三个重要概念作为分析框架，对所得定量数据进行分析，发现符号互动论可用来解释音乐教育专业学生的职业认同发展，并发现与他人的有效互动能够增强音乐教育专业学生的职业认同。②同样，学者伊斯贝尔也认为符号互动论是分析音乐教师职业认同的一个可行视角，并发现当自我与他人之间的关系很远时，职前音乐教师对自己作为教师的看法可能与他人的观点不一致，然而当与他人的关系越近时，来自重要他人的观点可能会更快地融入自我的认同中。③由此可见，音乐教师与他人的互动能够帮助其形成教师的职业认同。④⑤

教师职业认同形成、发展于音乐教师社会化的过程中，重要他人作为该过程中的影响因素，其主要作用在于使音乐教师将重要他人的角色和态度内化为教师自己的角色。⑥此外，亦有学者在使用个案研究法探讨实习阶段职前音乐教师的职业认同发展时，发现职前音乐教师与所教学生、同伴和指导教师的社会互动对其职业认同发展至关重要，其中所教学生是最为关键的影响因素。⑦

综上可知，在理论框架方面，国外学者更倾向使用侧重微观层面的人与人互动的符号互动论作为分析中小学音乐教师职业认同的理论视角；在研究方法方面，国内相关研究以定量方法为主，质性研究较少，这导致对促进中小学音乐教师职业认同发展的原因缺乏细致且深入的探究。因此，本研究基于符号互动论的理论视角，采用深度访谈的方式获取资料，并进行质性分析，探讨卓越中小学音乐教师群体职业认同的影响因素，为中小学音乐教师职业认同的发展提出建议。旨在促进职前、在职中小学音乐教师的职业认同构建，进一步促进中小学音乐教师的高质量发展，继而推动中小学音乐教育高质量发展。

① MCCLELLAN E.A social-cognitive theoretical framework for examining music teacher identity［J］.Action，criticism & theory for music education，2017，16（2）：65-101.

② L'ROY D.The development of occupational identity in undergraduate music education majors［D］.North Texas：University of North Texas，1983.

③ ISBELL D S.Musicians and teachers：the socialization and occupational identity of preservice music teachers［J］.Journal of research in music education，2008，56（2）：162-178.

④ RUSSELL J A.The occupational identity of in-service secondary music educators：formative interpersonal interactions and activities［J］.Journal of research in music education，2012，60（2）：145-165.

⑤ MCCLELLAN E.A social-cognitive theoretical framework for examining music teacher identity［J］.Action，criticism & theory for music education，2017，16（2）：65-101.

⑥ WOODFORD P G.The social construction of music teacher identity in undergraduate music education majors［M］.New York：Oxford University Press，2002：676.

⑦ TUCKER O G.Preservice music teacher occupational identity development in an early field experience［J］.Journal of music teacher education，2020，30（1）：39-52.

二、卓越中小学音乐教师职业认同访谈调查

卓越教师在中文中意为非常优秀、超出一般的教师，[①] 在英文中一般表述为"outstanding teacher"或"quality teacher"，[②] 也有学者认为卓越教师是优秀教师的文学性表达。[③] 基于此，本研究将优秀教师等同于卓越教师。卓越中小学音乐教师在教师职业发展的各方面均具有出色的表现，其职业认同发展的影响因素对其他职前、在职中小学音乐教师的职业认同构建与提升会具有示范效用。

本研究采用半结构化访谈的方式进行数据收集，选取A市具有高级职称且获得"优秀教师""特级教师"等荣誉称号的16位卓越中小学音乐教师作为访谈对象（编号为A—P），围绕访谈对象的学习经历、职业发展经历等内容分别进行50—80分钟的一对一深度访谈。在资料收集完成后，基于符号互动论视角对资料进行编码与分析。

三、重要他人——符号互动论的关键概念

布鲁默将符号互动论概括为三个前提：一是人们所采取的行动只有在人们赋予它意义时才具有意义；二是这种意义阐释来自人与人之间的社会互动；三是人们会在遇到不同事情时的社会情境和互动中处理和改变这些意义。[④] 也就是说，人的行为是基于个人和他人之间的互动产生的意义，每个人都使用一个解释过程来确定如何与他人互动。为了解释他人的想法和行为，个人承担了重要他人的角色，想象他人是如何看待他们的，并采取相应的行动。[⑤]

作为符号互动论关键概念的重要他人是社会学的术语，国外研究中也经常使用有影响力的人（influential persons）一词代替重要他人。[⑥] "重要他人是指对个体的社会化过程具有重要影响的具体人物"[⑦]，包括对行为习惯、思维方式、价值取向等方面的自我发展的影响，[⑧] 可分为"互动性重要他人"和"偶像性重要他人"。[⑨] 在符号互动论视域下，人们通过加强与重要他人的互动，将他人身上

① 毕景刚."卓越教师"计划之背景、内涵及策略［J］.教育理论与实践，2014，34（11）：33-35.
② 英国卓越教师相关文件名称：Training our next generation of outstanding teachers：implementation plan，澳大利亚卓越教师相关文件名称：Australian Government Quality Teacher Programme。
③ 白若朴.何谓"卓越"教师［J］.教育科学研究，2017（4）：1.
④ BLUMER H.Symbolic interactionism：perspective and method［M］.London：Prentice Hall，1969：2.
⑤ ISBELL D S.Musicians and teachers：the socialization and occupational identity of preservice music teachers［J］.Journal of research in music education，2008，56（2）：162-178.
⑥ COX P J H.The professional socialization of Arkansas music teachers as musicians and educators：the role of influential persons from childhood to post-college years［D］.North Texas：University of North Texas，1994：3.
⑦ 吴康宁.教育社会学［M］.北京：人民教育出版社，1998：258.
⑧ 罗嫣才，蔡檬檬.我为什么选择小学道德与法治学科？——基于18名骨干教师专业发展动机访谈数据的质性分析［J］.中国教育学刊，2021（7）：90-95.
⑨ 吴康宁.教育社会学［M］.北京：人民教育出版社，1998：259.

的社会规范与价值观内化为自己的角色。

在本研究的访谈资料中，我们发现在不同的职业发展阶段会出现不同的重要他人对卓越中小学音乐教师职业认同产生影响：职前阶段主要为学校的音乐教师和家人，其中学校音乐教师的影响最大；在职阶段主要为"师傅"、领导、同事、教研员及所教学生。

四、重要他人与卓越中小学音乐教师的互动

在对资料进行编码与分析后，发现不同职业发展阶段的重要他人与卓越中小学音乐教师之间的互动可划分出"榜样—参照""支持—发展""同辈互助""教学相长"四种互动类型。卓越中小学音乐教师在与重要他人进行的各类互动中，逐渐构建并发展其职业认同。

（一）"榜样—参照"型互动：学校音乐教师、"师傅"

"榜样—参照"型互动，一是指卓越中小学音乐教师职前阶段与自己的中小学及大学音乐教师之间的互动；二是指在工作初期阶段（入职1—5年）与自己的教学实践指导者，即"师傅"之间的互动。该类型的互动主要体现在重要他人会将自身对教师职业的规范、价值观与外在的言行举止传递给卓越中小学音乐教师，而卓越中小学音乐教师通过参照、模仿的方式将以上内容内化为自己的教师职业角色，从而加深对教师职业的认同。

在职前阶段，学校音乐教师的积极行为能够激励卓越中小学音乐教师的职业选择，并对其未来职业行为产生正向影响。如受访者C提

到"从我们那一代的老师身上，我看到了他们做人的高贵品质、对孩子的爱、对专业的敬业。我们跟老师学知识、学专业的同时，也在学做人"。受访者I的经历也呈现出"榜样—参照"型的互动方式——"那些老先生们的严谨治学、以身垂范和对学生的热爱……我们的责任就是要'传帮带'下去，要把那种精神传递给现在新的年轻人……在点点滴滴上都要去做垂范，那些老师给我带来的影响一直持续到现在"。除了品质与精神方面的传递，学校音乐教师的专业魅力也潜移默化地激励着卓越中小学音乐教师，并以此为专业发展的目标和参照。如受访者N表示，"我钢琴专业老师的即兴伴奏弹得特别好，由于钦佩这位老师，我喜欢上即兴伴奏了，觉得太有意思了，就因为当时老师有专业魅力，是我的榜样，我就一步一步往前走，也就有目标了"。此外，受访者K提到工作初期的"师傅"在工作中（例如"每一个学期的公开课，每一次磨课"）对其进行的耐心指导与"师傅"个人的做事态度，都决定了受访者K在日后工作中的言行举止。

（二）"支持—发展"型互动：任职单位领导，区、市级教研员

"支持—发展"型互动是指卓越中小学音乐教师在职阶段与任职单位领导和区、市级教研员之间的互动。"支持—发展"型互动主要体现在重要他人在工作中给予卓越中小学音乐教师大量支持，并为其提供专业发展的机会与平台，起到引领作用。同时，卓越中小学音乐教师在重要他人的支持中进行专业发展，以优质的工作成果作为反馈，再次获得重要他人的支持，形成良性循环的互动过

程。在互动过程中，卓越中小学音乐教师不断提升专业能力，进而增强了自身的职业效能，以此促进职业认同的发展。

教师在职阶段，任职单位的领导对音乐课给予重视，并为卓越中小学音乐教师提供充分的支持，这能够增强教师教学的热情与动力，使教师获得较好的教学成绩。如受访者D所述："我们领导特别支持我，尤其是他看见年轻人特别认真或者想成长、进步，他一定会给你搭建平台……比如说你需要专家过来帮你，他给你请，你需要去参加比赛，他也支持你。"同样，受访者L认为，"没有领导支持，你也没法去组织活动，但是要想让领导支持，首先自己得能干出成绩来，自己得好好干"。可见领导的支持与卓越中小学音乐教师的主动发展构成了良性循环的互动。除了实质性的支持，领导还会为教师提供精神上的支持与引领，受访者J提到，"校长很有教育情怀，这种引领使我对我的教育生涯有了一种新的理解——孩子们热爱音乐、热爱艺术比参赛获奖重要多了……这一次与校长的谈话使我的整个教育观都发生了变化"。此外，与区、市级教研员之间的互动也会使卓越中小学音乐教师的专业能力得到提升，进而促进其职业认同发展，正如受访者M描述："教研员给我们搭建平台，在教学方面会为我们请一些专家进行指导，为我们做公开课提供相应的支持，教师肯定要通过这些平台去锻炼自己的能力，得不到教研员的支持也就没有机会锻炼，这一点是非常重要的。"

（三）"同辈互助"型互动：同事

"同辈互助"型互动是指卓越中小学音乐

教师在职阶段与同事之间的互动。该类型的互动主要体现在卓越中小学音乐教师与任职单位的同事或其他共事伙伴通过工作中的相互帮助与互相支持，形成教师专业发展共同体。个人与团体的互动有助于卓越中小学音乐教师加强其职业归属感，促进其对教师职业的深刻理解，影响自身教师职业认同的发展。

在职阶段的同事或共事伙伴对于卓越中小学音乐教师的影响表现在通过合作、互助等一系列互动，使彼此共同成长与进步。如受访者D提到，"我觉得和一些志同道合的伙伴组成一个团队，大家相互信任、共同进步，可能会产生事半功倍的效果……是'1+1>2'的效应"。受访者F与H也同样认为身边的团队或群体很重要，如果教师与周围的共事伙伴之间的互动都是积极向上的，卓越中小学音乐教师就会在该过程中加深对教师职业的正向理解，进而增强对教师职业的认同程度。

（四）"教学相长"型互动：学生

"教学相长"型互动是指卓越中小学音乐教师与自己所教学生之间的互动。该类型的互动主要体现在日常教学活动中卓越中小学音乐教师的"教"与学生的"学"之间。多数情况下，教师的"教"会基于学生"学"的需求而发生变化，所以需要教师根据"学"去不断地调整"教"。在调整"教"的过程中，卓越中小学音乐教师会对自身教师职业行为做出相应改变，这一过程会使其对教师职业的价值有更深刻的认识，促使自身职业认同得以发展。

与所教学生之间的互动会使卓越中小学音乐教师必须依据学生的学习需求进行自我

调整，不断地从学生"学"的反馈中发现更好、更有利于学生"学"的教学行为。如受访者A所述："一首学生演唱的歌曲，教师在给学生做范唱时，要按照谱面上要求的调号唱，但有时候学生在变声期，调高了学生唱不了，所以教师就得给学生降个调，让学生能够唱进来。"受访者N也表示会根据学生的课堂反馈来判断自己的教学效果，"我每次上课都会看学生的状态，如果他们唱得开心，我会觉得可能是我教得挺好，如果他们唱得'没劲儿'，我会觉得可能这堂课我教得不太好"。与此同时，学生的反馈也会增强卓越中小学音乐教师的职业幸福感，如受访者I提到，"学生是最纯粹的，教师给他们多少情感，他们会用百分之两百的情感来回馈教师，这时候教师的幸福感是很多无亲身经历的人无法体会的，而且这也是给予我不断前进的一个动力。学生对音乐学习的渴望，学生对我教学的肯定，可能比我获得的一些荣誉更让我永生难忘"。

（五）互动对卓越中小学音乐教师职业认同的影响

基于以上重要他人与卓越中小学音乐教师产生的四种互动类型，可以发现"榜样—参照"型互动主要影响教师职业认同中的职业意愿与期望，即职前阶段的职业选择和在职阶段的职业价值观等方面；"支持—发展"型互动主要影响教师职业认同的职业效能方面，即促使教师不断提高自身专业能力；"同辈互助"型互动主要影响教师职业认同中的职业归属感，即促使教师在团队合作中强化其教师身份；"教学相长"型互动主要影响教师职业认同中的职业行为倾向，即促使教师根据学生"学"的反馈调整自身教学行为。由此可见，卓越中小学音乐教师与重要他人之间产生的不同互动类型从不同方面影响卓越中小学音乐教师职业认同的发展（图1）。

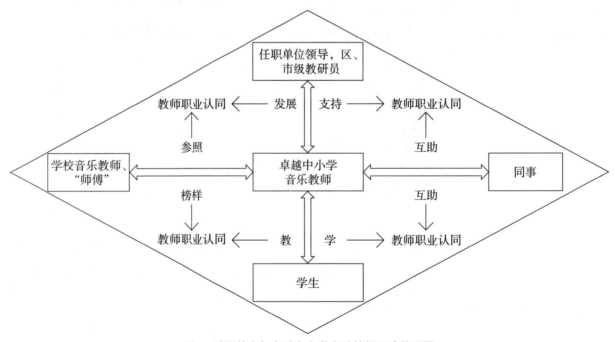

图1　重要他人与卓越中小学音乐教师互动关系图

结 语

根据上述对重要他人与卓越中小学音乐教师的互动分析，本研究建议应重视职前音乐教师培养阶段的音乐教师教育者和教师工作初期阶段的"师傅"所起的榜样作用；教师在职阶段则需重点关注中小学音乐教师与任职单位领导、同事及区、市级教研员之间的互动，通过多方互动营造良好工作环境、创造丰富的教师发展机会与平台；在教学与日常工作中增强与学生的互动交流。与不同阶段的重要他人产生的不同互动过程，能够促使中小学音乐教师进行更频繁及更有意义的自我反思，以此深化自身对音乐教师角色的理解，继而构建、发展与提升他们的教师职业认同。在国外的大量研究中，同样作为重要他人的家庭成员也是影响音乐教师职业认同发展的关键因素，然而，在本研究的访谈资料中，只有个别受访者提及家庭成员对其职业认同发展的影响，这或许与国内外的家庭文化差异有关，也可能与研究过程中访谈提纲的设计不够全面有关，未来，笔者会就该问题做进一步的探究。

作者简介：

于浩，中国音乐学院2021级在读博士，主要研究方向为中小学音乐教师、音乐教育管理。

在义务教育美术课堂中开展项目式学习的策略 *

曾思豪

[摘要] 近年来，基于美术学科的项目式学习的应用研究层出不穷，但大多数研究者设计的项目对资源要求高，缺乏普适性，不能应用于日常美术教学。在常规美术课堂开展项目式学习可以通过深度挖掘各学科教材设计项目，活用课堂实施项目，规划覆盖全程的评价体系与评价工具、最终系统审视、反思优化项目，等等。在常规美术课堂开展项目式学习有着广阔的前景。

[关键词] 项目式学习　常规美术课堂　项目式学习实施策略　教材研究

自《义务教育艺术课程标准（2022年版）》颁布以后，找到培养学生核心素养的路径成为教师面临的重要问题。项目式学习作为一种新的学习方式，具有真实性、建构性、综合性等特质，有利于培育学生核心素养。然而，将项目式学习推行至基层学校面临诸多困境，如教学配套资源不足、教师对项目式学习内涵理解不清、缺乏考核评价制度支持等。在这样的困境下，教师仅把项目式学习当成一种形式主义，应付了事。而既往的研究者，往往也没有深入教师群体，没有理解教师的实际困难。因此，必须在理论与实践之间搭建一座桥梁，分析困境产生的原因，

探索切实有效的策略，以至于能在常规课堂中开展项目式学习，确保教育改革不成为一种"形式"。

一、在常规美术课堂中开展项目式学习的价值

项目式学习是一种建构型的教与学方式，教师将学生的学习任务项目化，指导学生基于真实情境而提出问题，并利用相关知识与信息资料开展研究、设计和实践操作，最终解决问题并展示和分享项目成果。[1] 在这个过程中学生可以获得知识、储备经验，养成科

---

　*　发表于《课程教学研究》（2023年第6期）。
　①　杨明全.核心素养时代的项目式学习：内涵重塑与价值重建 [J].课程・教材・教法，2021，41（2）：57-63.

学的思考方式、高阶工作思维等21世纪所需的素养与能力。

（一）项目式学习有助于学生深度学习美术

常规美术课堂大多为一节课完成一项课题，具体表现为在40分钟内，学生需要回忆过往经验、在课堂中获得新知、在课堂中实践操作、得到教师评价反馈。在如此有限的时间内，教师往往会将知识和技能作为课堂的重点，而忽略学生探究的过程和学习态度的培育。项目式学习课时容量充沛，不局限于浅层知识技能的学习，而是融入建构主义学习理论，旨在通过探究过程使学生整合浅层、零碎的知识，形成具有关联性的"大概念"与知识群，从而实现更高层次的理解，进一步发展认知与思维，完成深度学习。

（二）项目式学习有助于学生运用美术知识解决真实问题

常规美术课堂以学科知识技能为重，较少联系到真实生活中的问题。而项目式学习受进步主义教育影响，以学生为中心，主张"做中学"，倡导在真实情境中发现真实问题，围绕问题的解决而进行一系列学习、探索，最终设计并产生项目作品，在完成项目作品的同时解决真实问题。

（三）常规美术课堂对学生的意义最大

常规美术课堂是美术教师的"主战场"，在美术课占学生整体课时比例较少的现实情况下，教师要求学生在常规课时之外进行美术活动是不可控的。因此，把常规美术课上

好，是美术教师落实教育改革最重要的"任务"。若美术教育改革推行的项目式学习不能应用在"主战场"，不能让教师得心应手地使用，那么必然会产生为应付检查而出现的"过家家""走形式"现象。

二、在常规美术课堂中开展项目式学习面临的困境分析

实际上，对于在常规美术课堂中开展项目式学习存在不同层面的困难，我们不能羞于提及。只有面对问题，才能解决问题。笔者作为长期在一线任职的美术教师，愚意可以从三个方面来探讨。

从教师层面来看，目前在对美术教师的能力考核评定上，大多为公开课形式或关注美术教师本人的创作。因此，表演好单节公开课，画好创作，成为美术教师职业发展的重点，而教学法的变革却被忽略了。此外，基层美术教师对项目式学习了解不深，项目式学习被一些基层美术教师误认为只是一种"形式"，自然在常规课堂中难以开展。

从学生层面来看，第一，学生长期接受灌输式学习、机械式学习，对项目式学习中强调的自主性、探究性、创新性接触不多。如果没有教师在课堂中合理引导，学生会产生不适应的倾向。第二，部分学生受到家长功利主义观念的影响，只追求对考试有益、提高分数，对不同的学习价值观采取漠视的态度。

从学校资源层面来看，项目式学习不同于传统学习模式，需要一定的资源支持。而绝大多数校园管理上采取集权制，唯有管理者才能整合资源，才能做到通过学校资源去

开发新的教学模式。换言之，美术教师个体难以整合校园资源，如果开展项目式学习需要某些特殊资源，教师会感到有心而无力。

上述分析表明，在常规美术课堂开展项目式学习确实存在一些困难，然而美术教师也并非一切都无法改变。正如王大根教授所说：美术教师要"有所作为"才能"有所地位"[1]。美术教师应当在自己能够有所作为的地方积极变革。显然，在现实条件下，有两个地方最易被忽略，同时也是美术教师最大的资源，其一是常规美术课堂；其二是美术教材。因此，如何把握好这两个"重要阵地"，成为美术教师开展项目式学习的关键。

三、在常规美术课堂中设计项目式学习要深度挖掘教材

美术教师应在研读课程标准的同时深度挖掘教材，寻找适合开展项目式学习的题材；需要找出课题之间的关联，了解编撰者的设计思路；对课题所隐含的重要学科知识不能凭经验理解或含混不清，而应查阅相关资料及文献，进行深度理解与延伸。只有这样，才能设计出优质的项目式学习主题。除此以外，在钻研教材之后，美术科组长可以组织美术教师共同备课，以开设项目式教学为目标，具体操作可以包括以下三种策略。

（一）整合一个单元内的多个课题，进行项目式教学设计

如岭南版美术教材六年级下册第四单元

"快乐的小鸟天堂"里的三个课题，即"展翅的小鸟"、"会打鼓的鸟"和"会跳舞的鸟"。在研究教材后发现，这三个课题均与中国民间传统玩具有关。基于此，可根据夏雪梅博士的六维度展开项目式教学设计。其一，寻找核心知识，明确完成项目所需的核心知识和技能。其二，形成真实性核心驱动问题，因为民间传统玩具与学生生活的关联已不多，教师必须发挥创造力，将传统民间玩具与学生的现实生活联系起来，例如："我们该如何制作一个使现在的小朋友都能爱上的民间传统玩具？"通过这个具有挑战性的问题，引导学生围绕问题展开探究和寻找解决方法。其三，澄清项目的高阶认知策略，在一般的项目中，问题解决、创见、系统分析、实验和调研运用较多。[2] 其四，确定主要的学习实践，并安排好相关的子任务，例如组建小组、制订计划、收集相应资料、分析对应资料、完成最终作品。其五，明确学习成果公开方式。项目小组需要通过一定方式或平台向更多人分享学习成果，让多个参与者进行评价，从而提高学习效果。其六，设计覆盖全程的评价，包括核心知识、学习实践和成果的评价。其中成果的产生过程和公开方式也需特别关注。评价应注重多元性，有助于促进学生反思并改进学习方法。

（二）整合不同单元不同课题，进行项目式教学设计

岭南版美术教材分为四个板块，分别是"欣赏·评述"、"造型·表现"、"设计·应

① 王大根.创建更有效的美术课堂教学［J］.中国美术教育，2007（5）：4-7.
② 高巍，高艳.项目式学习：劳动教育实施的创新路径［J］.教师教育学报，2022，9（2）：85-92.

用"和"综合·探索"。不同单元对应不同的板块，例如"快乐的小鸟天堂"属于"设计·应用"板块。美术教师往往会陷入一个误区，将每个板块割裂式看待，例如只让学生在"欣赏·评述"的课上欣赏美术作品、在"造型·表现"的课上绘画，而没有通过一个项目主题将不同板块的课题联系起来，实现更高层次的学习。正如某位制定艺术课程标准的专家所说："美术核心素养是环环相扣的，与美术创作活动相互对应。"正因为美术核心素养不是孤立存在的，所以不同单元的课可以有机地、创造地相互联系。例如岭南版美术教材四年级下册第一单元中的第一课"小桥、流水、森林"，该欣赏课包括了许多绘画大师的风景画作品，如齐白石、莫奈、希施金、东山魁夷。而第十课的"造型·表现"板块正是"模仿画家画一画"。正常来说，从第一节课至第十节课，要跨越好几周的时间，学生在欣赏第一课作品时产生的情感随着时间会逐渐流逝，这对于创作来说是不利的。因此，完全可以将不同单元、不同课题有机地组合起来，设计一个名为"艺术之旅——向大师学风景绘画"的项目。其实，在教材中还有许多不同单元、不同课题能够组合起来进行项目主题设计，需要教师去挖掘和探索。

（三）跨学科整合教材，进行项目式教学设计

我国中小学生有着分科学习的传统，学生往往局限于某一特定学科，所学的知识条块分割、缺少整合，导致学习上的偏狭与思维发展的单一化[①]。而项目式学习是一种综合性的学习方式，适合采用跨学科的方式进行项目教学设计。在钻研不同学科教材的过程中，不难发现，美术与其他学科有许多相同的学习目标。例如岭南版美术教材四年级下册第三课"从不同角度画物体"与人教版数学教材四年级下册第二课"观察物体（二）"。虽然分属美术学科与数学学科，但这两门课都旨在开发学生的立体思维，希望学生能从多个角度去观察物体、认识物体。在笔者实际的教学工作中，数学老师甚至和美术老师一起备课，使这节课得到更好的教学效果。同样的例子还有很多，岭南版美术教材七年级上册中有一课"中国象棋趣味造型"，这与人教版历史教材七年级上册中的"楚汉之争"有交融点，适合开展跨学科学习。"中国象棋趣味造型"的课堂练习是通过使用不同材料进行雕刻，设计立体棋子角色的造型。为了让人物形象塑造得更加丰满、富有个性，则需要分析历史人物的性格和特征。教师可以此为出发点，设计项目式学习课程"楚汉之争——立体象棋造型设计"。值得注意的是，在设计跨学科项目式课程时，教师应该熟悉不同学科的课程标准。在项目式课程中，应该想方设法地使项目式学习内容包含不同学科的核心素养，而不仅仅是为了完成一件作品。

图1为项目式学习的设计步骤。

---

① 杨明全.核心素养时代的项目式学习：内涵重塑与价值重建［J］.课程·教材·教法，2021，41（2）：57-63.

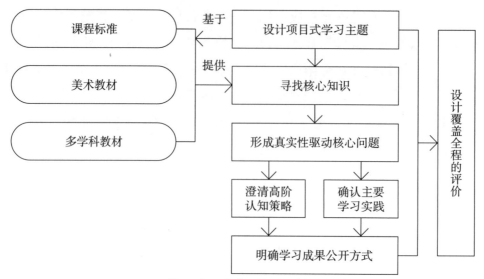

图1 项目式学习的设计步骤

四、在常规美术课堂中开展项目式学习的实施步骤

当美术教师通过深挖教材，设计好项目主题之后，就需要拆解项目，分析并明确为完成项目所需达成的子任务，综合考虑知识逻辑顺序和学生的学情。应统筹安排课上与课下任务，规划课时安排。最后需要建立评价体系并系统审视、反思。

项目式学习的实施步骤如图2所示。

（一）拆解项目，明确子任务

以"楚汉之争——立体象棋造型设计"为例，首先需要确认项目的核心问题、基本问题、内容问题。核心问题应具有开放性，要有意义，能够激发学生的好奇心。例如本项目的核心问题为：立体象棋造型如何能够更好地表现英雄人物的性格、体现人物的地位？基本问题应与项目学习直接相关，与教学目标相对应，能够有助于学生回答核心问

题。例如"该怎么搜集历史信息材料""楚汉之争里英雄人物对应的象棋角色是什么""楚汉之争的过程""制作立体象棋造型需要掌握的技巧"等。内容问题的特点是具有封闭性、基于事实、有固定的答案。例如"鸿门宴的经过是什么""西汉建立后各功臣的下场是什么""西汉时代帝王的衣着样式与士兵的甲胄样式""不同官职的衣着颜色"等。内容问题的答案有助于回答基本问题。

（二）活用常规课堂，统筹安排课上和课下任务

教师需要规划完成每个问题及子任务所需的课时、活动、素材。在项目式学习的课堂中，教师的角色不再是讲授者，而是指导者和引导者。教师应多元化地使用课堂，如知识型课堂、探究型课堂、汇报互动型课堂和实践型课堂。在该阶段，还需统筹安排课上和课下任务，以确保学生能够在课上完成需要教师指导的内容。学生能够自主完成的任务，例如搜集资料和准备绘画材料等应当安排在课下完成。

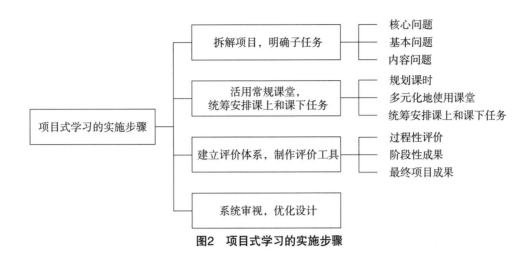

图2 项目式学习的实施步骤

（三）建立评价体系，制作评价工具

评价体系应包括学生在各种活动中的表现、阶段性成果、小组合作情况、项目作品和项目总结的评价。根据确立的评价方式，制作相应的评价量表、学生自我反思记录表、活动表现观察表等评价工具。评价体系不仅涵盖学生，教师在评价阶段也要系统审视自己设计的项目，需要确认是否涵盖了学科的核心知识；是否符合课程标准；是否提供了恰当的活动促进学生核心素养的发展；项目中的问题是否与教学内容融合；是否将项目进行了合理的拆分；学生的探究活动是否充分；学生是否获得了解决问题的必备知识和技能；是否合理安排了课上和课下任务；等等。教师应根据发现的不足及时改进和优化。

（四）系统审视，优化设计

以"楚汉之争——立体象棋造型设计"为例。该项目的实施步骤分为两个子项目：其一，探究楚汉之争下英雄人物的性格；其二，制作出美观、具有人物性格特点的立体象棋造型。具体课堂活动为，第一课时：教师提

出核心问题——项羽残暴，可在鸿门宴中为何没有杀害刘邦？书中说：刘邦仁义，为何在汉朝建立后，狡兔死，走狗烹？在你心目中，楚汉之争里英雄人物的真实性格是什么样的？第一课时的教学目的在于引发学生好奇心，划分小组、讲明合作规则以及分配课下搜集历史资料的任务。第二课时：持续探究。教师引导学生将搜集的各类型的文献（如史书、期刊，学者访谈等）进行总结分享，在分享过程中，学生往往会发现不同的历史解释，通过不同观点的碰撞，使学生对人物性格产生个性化的看法。在第二课时的最后，提出课下任务——制作小组汇报PPT。第三课时：演讲汇报。学生根据史料证据，用富有情感的语言介绍历史人物生平、判断人物性格，并发挥想象，用具象语言描述人物的外表，为后期制作环节做准备。课下任务——准备制作立体象棋的工具材料。第四课时：教师深入课堂，为小组提供个性化指导，学生将分组合作完成象棋立体造型。第五课时：教师组织学生在教室一角或学校公共区域展示作品，并邀请多主体点评。

在这个案例中，学生通过小组合作、资

料搜集分析、互动汇报、创意实践等活动来完成象棋立体造型，在这个过程中运用了多维度的知识、采用了高阶的工作方式，而不再是被动的灌输式学习。研究表明，项目式学习既提高了学生的学习兴趣，也锻炼了学生运用多学科知识创造性地解决问题的能力。

五、在常规美术课堂开展项目式学习的过程中容易出现的问题及对策

在开展项目式学习的过程中容易出现以下几种问题：其一，美术教师角色模糊不清，不明白自己究竟该承担什么样的角色；其二，美术教师设计的项目中缺少开放式的驱动问题；其三，项目小组合作分工不明确，合作度低；其四，活动烦琐、耗时长，知识学习零散、不系统。面对这些问题，结合实践和相关研究有以下对策。

（一）美术教师要承担三重角色：设计者、引领者、督导者

项目式学习源于"设计教学法"。在美国进步主义教育期间，学校广泛使用"设计教学法"，然而为了突出学生的独立思考和自由活动，教师不能进行干预，这让设计教学法倒向了极端的"儿童中心"，至此，连杜威都站出来批评："设计"不仅是儿童的事，也是教师的事，儿童是需要教师帮助的。[①]开展项目式学习也同样如此，教师需要在课堂中组织好学生活动，在不干预学生思维的情况下，使课堂井然有序。

（二）基于美术的项目式学习一定要融入开放式的问题

开放式问题来源于真实生活、社会议题、当前热点等。如缺少开放式的问题，很可能无法调动学生的兴趣。在实践中我们发现，当教师在项目中引出具有开放式的、富有挑战性的问题时，学生会极具热情，相反，如果是有固定答案的问题，会使部分学生缺乏探究的动力。

（三）增强小组合作培训指导

通过实践研究我们发现，学生在分组合作中容易分工不明确、职责不清。能力强的学生倾向于一手包办事务，能力弱的学生容易成为旁观者。教师需要设立小组长并对学生进行合作过程的培训和指导，例如细分项目任务，使每个人有所承担。同时，教师要强调，在评价量表中，小组合作过程占有高比重。

（四）及时了解学生学习情况，做好延时准备

由于项目式学习以学生为中心，开放性较大，容易出现教师预料不到的情况，导致项目时间超出预期。在这样的情况下，教师要与小组长保持沟通，在课下及时了解学生的学习情况和遇到的困难，并利用课上的时间进行针对性的讲解，提高学习效率。教师要做好延时准备，在规划项目式时，预留20%的时间，以确保总结评价环节的顺利展开。

---

① 杨明全.核心素养时代的项目式学习：内涵重塑与价值重建［J］.课程·教材·教法，2021，41（2）：57-63.

结　语

以上案例可以说明，美术教师在深入研究教材的基础上，规划好课堂，完全可以在日常教学中开展项目式学习，依托美术教材设立接地气的项目，即对特殊资源的要求不高、符合基层校园实际情况的项目。对于基层美术教师的困难，我们也深有体会，但对于任何一个现实问题，如果意图解决，就不能完全归因于外部环境，而要找到自己能够有所作为的地方。在常规美术课堂中开展项目式学习是可行的，并且具有重要的价值和意义，它能够培养学生21世纪所需的素养和能力；提高学生解决复杂问题的能力；帮助学生进行知识迁移、打破分科学习的局限性。只要教师勇于打破固有的单课时模式，尝试依托教材与常规课堂开展项目式学习，与学生共同学习、进步，最终一定会收获很多意料之外的惊喜。

作者简介：

曾思豪，任职于湖北省武汉市华中师范大学美术学院，主要研究方向为美术教育。

有趣的黏土创作和小团队合作学习
——小学美术"新课标"手工课教学实践

黄浩妍

[摘要] 创新实践是新时代美术教育的发展需求，在课堂教学中寻求创新，融合美育和德育教学，是本次教学实践的初衷。本学期通过二年级的美术课堂教学实践，把小团队合作学习融入黏土手工课，使学生在接受美育的同时，培养自己的团队协作能力，感受团队合作的乐趣，感受团队合作在创作及各种工作环节中的重要性。

[关键词] 手工美术　艺术素养　黏土教学　学习能力培养

一、手工美术融合小团队合作课堂教学的意义

应义务教育"艺术新课标"的要求，美术课程要融合其他学科，坚持学生的全面发展理念，体现美术基础教育对学生素质和能力的全面培养。在课程设计理念上，要"坚持以美育人，重视艺术体验，突出课程综合；重视艺术与其他学科的联系，充分发挥协同育人功能；注重艺术与自然、生活、社会、科技的关联，汲取丰富的审美教育元素，传递人与自然和谐共生理念，促进学生身心健康全面发展"[①]。

因此，本次课堂教学实践融合"美育·德育"的创新教育理念，更加深入地关注与培养学生的创新实践精神和团队合作学习能力，在培养美术综合素养的同时，也培养学生的学习合作能力。

二、手工美术体验教学的必要性和作用

在义务教育教材《美术》（广东版）创新系列要素解读中，第四要素是"尝试与创造

---

① 中华人民共和国教育部.义务教育艺术课程标准（2022年版）[M].北京：北京师范大学出版社，2022.

新技法"，其中要求学生通过课堂学习达到的能力有：动手表达能力、评述表达能力、创意物化能力。因此，美术课堂必须在教材的基础上引导学生加强动手能力和创新实践能力的表达。特别是对于低年龄段学生的彩色黏土课堂，应注重培养学生的手工造型能力和色彩搭配能力。通过该手工课堂，学生可以不断锻炼自己的实物造型能力，并学习如何在与小伙伴的共同合作下对黏土作品进行组合创新，最终将其转化成团队的结晶。

美术手工课在小学一年级、二年级的美术教育中占较大的比重。美术手工课有利于达成该年龄段学生的美术素养要求，有利于培养该年龄段学生的动手习惯，同时适应该年龄段学生的心理特征——该年龄段学生更多通过触感来感知事物。黏土课能培养学生对美术的兴趣，突出在"玩中学"的理念，使学生在获得课堂学习乐趣的同时学会表达和创造。

三、小学生团队合作学习的必要性和作用

班杜拉的社会学习理论"着眼于观察学习和自我调节在引发人的行为中的作用，重视人的行为和环境的相互作用。其理论强调观察学习或模仿学习的重要性。在观察学习的过程中，人们获得了示范活动的象征性表象，并引导适当的操作"[1]。在团队合作学习的过程中，优秀的学生起到榜样的作用，同伴之间的相互观察和帮助可以加深学生彼此的观察学习过程，这是团队合作学习的作用之一。

班杜拉理论还提到，"自我调节是个人的内在强化过程，是个体通过将自己对行为的计划和预期与行为的现实成果加以对比和评价，来调节自己行为的过程。人能依照自我确立的内部标准来调节自己的行为。自我调节由自我观察、自我判断和自我反应三个过程组成，经过上述三个过程，个体完成内在因素对行为的调节"[2]。在团队学习的过程中，某些孩子实现了从抵触到观察适应再到互相肯定的过程。因为部分孩子来自独生子女家庭，本身家庭的环境减弱了他们对同伴的依赖性，形成了较为孤僻的性格，所以当他们要和其他孩子一起分享和合作的时候，就会产生抵触的情绪。在开始进入团队学习课堂时，他们有的不知所措，有的想换小团队，更有想自己一个人做的，好在这种学生只占少数，但是经过数节课的磨合之后，他们都极好地展现了自我调节能力。笔者认为这种自我调节能力对于越是年龄小的孩子越有优势，越是年龄小的孩子越能在自我观察、自我判断和自我反应的过程中做出自我改变。

四、黏土手工对儿童的吸引力

（一）黏土手工的特点及创作优势

本次课堂教学使用的是彩色超轻黏土。超轻黏土是一种新型环保、无毒、自然风干的手工造型材料，它的各种优势使它可以在课堂上用来代替传统黏土，其特点有：

（1）轻质、无毒、不沾手、不留残渣，

① 班杜拉.社会学习理论［M］.陈欣银，李伯黍，译.北京：中国人民大学出版社，2015.

② 班杜拉.社会学习理论［M］.陈欣银，李伯黍，译.北京：中国人民大学出版社，2015.

可保持学生身体和课桌的卫生，不影响后面的课堂卫生，使用前不用进行加工，方便教师有效利用课堂时间；

（2）颜色多种，课堂教学当中混色容易，方便学生操作；

（3）作品只需自然风干，干燥后不会出现裂纹，不容易破损；

（4）材料本身具有一定的黏性，也可以通过固体胶黏合；

（5）可用水彩、油彩等上色，有很高的包容性。

当然超轻黏土本身也有部分缺点，比如其表面容易自然风干，因此刻画细节的时候要把握时间，否则比较难做出精细的作品。但是对于低年龄段的学生来说，并不要求其作品的精细程度，因此这种缺点可以忽略不计。

（二）黏土手工对儿童身心发展的重要作用

黏土课适合该年龄段学生的美术素养要求，有利于培养学生的动手能力，同时适应该年龄段学生的心理特征。低年龄段儿童更多通过触感来感知事物，正是因为这个生理特点，小孩子经常看到东西就要摸一下，家长却常因为不卫生等因素阻止孩子的这种行为，然而，这并不符合孩子的成长需求。而黏土课正好能满足孩子的这种触觉需要，也能迎合孩子的乐趣，所以一年级、二年级的学生往往对黏土课情有独钟。因此，黏土课能满足一年级、二年级的美术教学要求，能培养学生对美术的兴趣、突出"玩中学"的理念，使学生在获得课堂学习乐趣的同时学会表达和创造，使学生的美术学习热情更具持久性。

五、对黏土手工教学的探索

（一）"玩"的心境——营造愉悦的艺术氛围

本次黏土教学实践在二年级美术课堂开展，旨在让学生感知黏土手工的趣味性和艺术性，将黏土泥塑的材质美、造型美、色彩美融入课堂学习与制作过程。由于是手工制作课，课堂上一般利用5分钟左右的时间进行课题讲解和示范，余下的35分钟由学生进行小组制作和展示，着重学生动手的过程，做到让百分之百的学生参与其中，充分培养学生的动手能力。当学生进行黏土制作的时候，教师可以播放一些欢快或舒缓的音乐，将音乐与美术相结合，让学生感受到课堂的欢快、体验到课堂的乐趣。

（二）小组合作模式——培养小团队合作精神

为了将团队合作的理念融入课堂，本次课堂采用了小组合作模式，基本是每六至七位同学形成一个学习小组。为了从学期初到学期末组员不变动，教师应从第一节课开始便编好小组，避免学生流动。课堂打分等级分为纪律等级和作品等级，积分高的小组可以在学期末获得相应的奖励。

通过这种课堂模式可以观察到，学生在作品制作的过程中慢慢感受到了团队合作的重要性，形成了自己的小团队，也感受到了团队合作制作作品所带来的成就感和荣誉感，这些作品会在学校艺术展中进行展示，成为展览作品中耀眼的一环。

（三）由易及难——阶梯创作学习模式

本次黏土手工课题涵盖美术"新课标"中"欣赏·评述"和"造型·表现"两个方面的内容，着重于课堂上的造型表现，利用一个学期进行实践，课程设计采用"由易及难"的学习模式，层层递进，让学生逐步学会运用揉、压、捏、按、贴、刮等技法，学习由简单到复杂的基本形体的组构，边制作边感受立体泥塑和浮雕的不同特点。

例如，第一课是简单的花朵造型制作，可由基本的点、线、面构成，捏塑难度低，同时又能够融入美术的基本造型语言；在作品创作上，学生通过小组的合作，最后能够把每个人的花朵作品进行组构，形成一幅30公分以上的大作品，从而成就满满，形成了自己的团体荣誉意识。通过第一课的学习，既能培养学生对手工创作的自信心，也能完成学生对黏土捏塑的入门，为后面的课程做好铺垫。

接下来的课程便逐步增加造型难度，基本上每个学生小组每一至两节课就能够完成一个集体作品。期中以后，学生的手工制作技能和合作水平都普遍提高，课程基本上转化成命题形式，即不需要教师进行示范，由学生进行材料收集和发散思维，自主创作。比如，笔者在课堂当中给过的命题就有"小兔子的家""海底世界""森林里的房子"等；也可以对画家的作品进行二次创作，如用泥塑做的梵高的《向日葵》和《鸢尾花》。这些成果无不显示了阶梯式创作学习的重要性。

（四）作品展示与评价——培养成就感和自信心

此次校本课程评价体系严格依照"艺术新课标"提出的要求，"围绕学生艺术学习实践性、体验性、创造性等特点，将学生的课程学习与实践活动情况纳入学业评价。强调评价的统一要求，重视艺术学习的过程性、基础性考核与评价；尊重学生艺术学习的选择性，以学定考，根据学生的选择进行专项考核，体现教、学、评一致性"[①]。根据学校教研团队的研讨结果，评价过程由三个部分组成：课堂小组合作表现等级分、小组作品表现等级分、期末作品展。

在课堂小组创作学习中，教师会对每个小组进行团队表现评价；小组合作模式使学生每一至两节课便能完成一个集体作品（图1），每次作品完成，教师便引导学生分享自己的创作设想和创作成果，积极参加课堂评价活动，教师根据学生作品表现进行作品评价。通过这次教学实践，每个班级一个学期大概能完成五六十幅集体作品，因此，除了课堂上的展示与评价，我们还在学校开展了年级的艺术作品展览活动，让学生都看到自己的劳动和创作成果，极大地培养了学生对艺术的成就感和自信心。

班杜拉的自我能效理论指的是"个体在面临某一任务活动时的胜任感及其自信、自珍、自尊等方面的感受。他主张建立较高的自信心。一个人对自己应付各种情境能力的自信程度，在人的能动作用中起着重要作用"[②]。在

---

① 中华人民共和国教育部.义务教育艺术课程标准（2022年版）［M］.北京：北京师范大学出版社，2022.

② 班杜拉.社会学习理论［M］.陈欣银，李伯黍，译.北京：中国人民大学出版社，2015.

课堂实践中，学校教研团队主张教师应在课堂当中给予学生创作最大的鼓励，发挥学生学习创作的主导性。从小组作品表现评价到期末作品展，都旨在帮助学生建立起对艺术的自信心。比起个人作品，团队作品完成度更高，作品更精良，表现力更好，更有团队号召力，能够给学生带来集体荣誉感，提高学生创作的自信心。

六、黏土手工教学的成果

（一）课堂实践的优势和取得的成绩

首先，超轻黏土这种现代材料为黏土课堂提供了便利性，方便教师教学和学生操作，有利于推进课堂的教学进程。

其次，黏土手工课堂的课堂氛围好，学生乐在其中，教师在课堂上营造愉悦的艺术氛围，使每个学生都能充分感受和体验课堂，感受美术学习的趣味性。

再次，小组合作模式培养了学生的集体荣誉感和团队精神，这种团队合作探索的课堂教学模式，把探究和学习的权利交给学生，贯彻了以学生为主体的教学精神，培养了学生自主的合作探究能力。

最后，这种循序渐进和小组合作的教学模式不仅为学生带来好的作品，还通过好的作品培养了学生的成就感和自信心，增强了学生对手工艺术的兴趣。

（二）课堂实践中存在的问题和缺陷

课堂实践中主要存在两个问题：第一，这种小组合作模式的课堂纪律较难把控，容易出现噪声过大或吵闹等问题，对于教学经验少的新教师，可以从三人或四人一小组开始进行试验，减轻课堂的把控难度。第二，个别学生会出现对团队合作的抵触心理，偶尔一个班级里会有一个学生出现这种状况。对于这种情况，需要教师的正确引导和身边同学的鼓励，尽管这是课堂的难题之一，但这正是这个小组合作模式课堂的意义所在。例如，一个抵触合作的学生在看到小组完成的作品受到同学们的赞赏之后，意识到如果没有小组的合作，自己是做不出这样的作品的，从此接受了团队合作，融入了集体，具备了合作意识。

图1　学生作品展示

结　语

笔者力求在美术与其他学科融合的过程当中寻求创新，顺应时代发展，融合美育和德育，做到创新教育，立德树人。笔者在教学实践过程中，把小团队合作学习融入黏土手工课，使学生在接受美育的同时，培养自己的团队协作能力，感受团队合作的乐趣，感受团队合作在创作及各种工作环节中的重要性，从而学习如何取长补短，增强艺术创作的自信心和对美术学习的兴趣。

作者简介：

黄浩妍，东华大学和上海工程技术大学双学士学位，现任职于广州理工实验学校。擅长绘画、书法、室内设计、摄影、服装设计。从教期间多次辅导学生参加广州市教育局主办的各类美术比赛，并获得国家级、省级、市级、区级的各类奖项。

习字有法 四步为序

——儿童学习书法初期方法的重要性

王 哲

[摘要] 书法是中华优秀传统文化的重要组成部分。加强书法教育是传承中华优秀传统文化、提高学生审美和人文素养、促进学生全面发展的重要举措。2011年，教育部印发重要文件，开始实施书法进课堂项目，这为书法教育的有序开展提供了政策保障。而一些校外教育机构也在积极贡献着自己的力量。笔者亲历校外书法教学机构十余年发现，虽然对书法有兴趣的学员越来越多，但学书（学习书法）之路并非一帆风顺，由于生理、心理等因素，学员会遇到很多问题，尤其是学书初期，如果没有好的学习方法，不仅学书进步缓慢，自信心也会受到一定影响。由此，笔者总结了学书初期的学习方法，以便提升学员的学习效率，增强学员的学书信心。

[关键词] 习字四步法 自学 自律 自省 自悟

一、缘起

书法是中华优秀传统文化的重要组成部分。加强书法教育是传承中华优秀传统文化、提高学生审美和人文素养、促进学生全面发展的重要举措。2011年，教育部印发《教育部关于中小学开展书法教育的意见》（教基二〔2011〕4号），明确提出"三至六年级语文课程中，每周安排一课时的书法课"。随之，书法进课堂在全国中小学开展，这为书法教育的有序开展提供了政策保障。而作为校外教育的机构，我们具有自身的特点与优势，如教学形式更加灵活、教学活动内容更丰富、教学师资更加稳定等。学员加入书法兴趣活动小组，可长达7年，甚至更长时间连贯、系统、稳定地学习书法艺术。

笔者亲历校外书法教学机构十余年发现，学员在学习书法过程中，会由于生理、心理等因素而遇到很多问题，比如，刚参加书法兴趣活动小组的学员认为书写过于困难、枯燥，难以坚持；一些学员只会写字，不会读帖、临帖；还有一些学员虽然已学过几年书法，但其书写依然与字帖相去甚远，遇到习字瓶颈期不知如何处理；等等。

二、"习字四步法"内容

（一）观外形

首要观察字的外形，也就是先从大局入手。这也是锻炼孩子看待问题的思维方式之一。楷书中字大抵可以分为三种外形——正方形、扁长方形以及瘦长方形，以欧阳询楷书为例，"在"为正方形字、"之"为扁长方形字、"月"为瘦长方形字。而有的字呈现正三角形、倒三角形、正梯形或倒梯形等，都可以归结为三大形状。学员可轻松判别字的外形是写字的关键，字形写错，无论笔画如何精妙，都会与范字相去甚远。

（二）察细节

唐代孙过庭在《书谱》中提到"察之者尚精"，也就是说，观察一定要精细。察细节分为三步：第一步，看笔顺，这是学员经常忽略的重要问题。第二步，看基本笔画，如同房屋基石，"差之毫厘，谬以千里"，如果开始不能细微观察，最后写成的字也不会"像"范字。每个笔画的长短、粗细、正斜等都要观察到位，尤其是在学习的第一阶段——基本笔画的学习，主要以通常所见共性笔画为主要学习内容，并不能包含汉字中所有的基本笔画。这一步既是对前面基本笔画的复习，

也是学员对所学知识进行的拓展训练。第三步，观察间架结构，如果第二步属于观察笔画的独立体，那么这一步则是充满了对比与分析，是写字当中的难点。部首与部首之间的关系，是穿插、是向背、是避就、是排叠等，都要细分明白，同时对比、分析笔画与笔画之间的关系，是疏是密、是远是近，都要有所考究。这一步学员可以很好地借助米字格进行训练，米字格可以很好地帮助初学者对基本笔画以及偏旁部首进行有效定位。察细节是学员学习时间最长，也是最困难的一步，只有对每一字、每一帖进行精细的分析，才能将整个字了然于胸，做到下笔如有神。

（三）看中写

经过前两步的观察比对，学员早已跃跃欲试，希望能够快速书写，其实不然，这一步反而要慢，要看中写，尤其是对于刚开始练习临帖的学员，虽然前面的工作已经完成，但距离写好还有一定的距离，切不能着急，而是要一边看，一边写，在心里默念和重复着前两步的分析，并慢慢进行书写。这里还要强调米字格的作用，一定要与范字相对应。书写时要注意调停运气，使得笔画气息连贯，整体舒展。

（四）回头查

笔者对自己所教的50名学员做了一份调查：能够在写完字后，自觉进行反复对比的学员仅占总数的10%，而绝大多数学员要么继续带"病"书写，要么请教老师，希望老师指出正确与否，不会主动思考。这是学员

在学习过程中最容易忽略的问题，也是这个问题造成了学员学书时间的延长。回头查是让学员在书写完成后，再回头与范字进行比较、分析，是字形没有找对、笔画没有表达对，还是间架结构不准确，只有能正确分析出字的错误及其原因，才可以在下一次书写中纠正自己的问题，形成有效书写，而在学员的课堂作业与家庭作业中最常见的即是通篇临写的错误雷同，学员不断重复错误书写，不仅浪费纸张，还浪费时间。因此，此步是提升学习效率的有效途径。

"习字四步法"从学员的实际学习情况出发，让书法学习不仅是练习写字，更是与德育培养的有效融合，能够帮助学员在习字过程中体悟书法法度，逐渐懂得做人、做事的道理。

三、"习字四步法"的价值与意义

细心的学员会发现，在"习字四步法"中，每一步都有观察，也就是"看"。在书法专业中我们也称之为"读帖"。读帖不但读其文、读其形、读其神，还要读懂文化背景，但对于6—8岁的儿童而言，读其文尚可，但读其神、读懂文化背景却是比较困难的，因此，我们仅把读其形单独提炼出来，并进一步细化，以便让学员能够更加快捷记忆、更加容易接受，也更加容易操作与练习。"授人以鱼，不如授人以渔"，教会学员学习方法比教会其写字更具意义。

"习字四步法"不仅能够提升学习效率，也和育人有着密不可分的关系，它能够让学员在学书的过程中，不断体悟书法的艺术魅力，明白做人、做事的道理。

（一）自学

自学是一种优秀的品质，通过"习字四步法"学习，学员学会了在遇到问题时不着急、不盲从，而是从宏观到微观、从整体到局部，如同"剥蒜"般一一解决问题。

笔者教书的初心即是使学员在教师不在身边的情况下也能够通过自学得到答案，有所提升。教师不可能随时随地辅导，而问题需要及时解决，此时自学的能力就凸显出来了。笔者曾经做过一个教学实验：将同一批学员分为两组，一组在学书初期就学习了"习字四步法"，而另一组没有。在初级学习阶段，两组还没有过大差距，但当进入中级学习阶段，两组的差别就凸显出来了。教师在中级学习阶段的授课过程中加入了第二种字体，并根据学员的学习程度及书写特点，采用了不同的范帖教学。学会"习字四步法"的学员，完全能够在教师讲解重点后通过自我思考、分析、比较等方法，掌握新知识、新技能，学习效率比较高，相应地，学员学习的兴趣以及自信心也得到了很大的提升。

而这种学习态度和学习能力也在其他学科，甚至是在生活中得到了很好的运用。

（二）自律

自律是非常可贵的品质。纵观古今，横贯中外，成功者多数自律。在学书过程中，首先看基本笔画，即笔画的长短、粗细要适中，不可过长，也不可过短，不能太粗，也不能太细。然后看间架结构，讲究避就、揖让、相向、向背等多种原则。最后看坚持，习书是个长久的学习过程，甚至可以作为终身的爱好进行学习。笔者经过十余年教学发现，能够长时间学习书法的学员大多比较自律，体现在学习与生活的方方面面。比如，很多学员能够数年如一日，每天坚持练习写字，甚至是在考试时期，也能够合理安排时间，进行书写，并且把写字作为放松的手段。有的学员在遇到习字瓶颈期，发现写字水平可能会退步时，也能够从容应对，客观分析，积极与老师、家长沟通，寻求解决途径，并坚持每天练习，慢慢突破瓶颈期。这都与学习的方法有着很直接的关系。

自律不仅仅体现在学习习惯上，更体现在生活的方方面面，曾经有家长反馈，孩子经过一段时间的书法学习，不但学习自觉性提高，生活中也能够比较严格地进行自我管理，比如，时间统筹安排上更合理、更紧凑、更有效，将自己的生活用具整理得井井有条等。更有学员反馈，学习书法后能够更加沉着、耐心、细致地去观察、分析和处理学习、生活中的各种事情。

（三）自省

在《论语》第十二章中，曾子云："吾日三省吾身。"每日对自己的言行进行回顾与思考，对为人处世有着举足轻重的作用。如同"习字四步法"中所提，每写完一个字或整篇字，都要进行细心的检查与回顾，包括是否与范帖相像；基本笔画、间架结构是否准确；笔意是否表达到位；等等。有的学员因为书写时间过长，懒于回查，导致整篇作业错误雷同；有的学员，可能都不看字帖，就直接

进行书写，虽然在练习过程中，我们也会使用默临，但会在对范字熟识的基础上，或者有意加强对范字的理解，而不是闭门造车，随意涂写。回头查不仅是对书法本身的回顾查看，更是对学员的态度、言行的回顾与检查，使其能够及时调整心态，端正学习态度。学员经常与笔者沟通，认为回头查这一步非常好，他们还将此方法运用在平时的作业和考试中，不仅降低了出错率，还养成了遇到问题不慌乱的好习惯。

（四）自悟

古人云：师父领进门，修行在个人。习书需要自悟。笔者在教学中发现，即便教师已经对一个字进行了细致入微的剖析与讲解，学员在书写时，仍需教师再次讲解示范，这样的学员处于被动接受的状态，缺乏主动思考与观察。造成这种被动状态的原因有很多，有的学员确实不太喜欢思考，有的则是因为平时大量时间被其他的学科占用，无暇顾及书法……因此，在教学中，我们要适当"留白"，我们称之为"教学留白"，即留出空间，让学员慢慢自悟，学会自悟，不仅是对书法本身的自悟，还有对其他学科的自悟，使学员学会合理安排时间、合理取舍。"留白"更多的指向是思考。

诚然，学习方法有着十分重要的作用，但这不是一节课、一个学期，或是一年就能够完全理解、掌握的，而是需要日积月累才能慢慢体悟和化解的。"习字四步法"是学书的第一小步，随着书法艺术学习的深入，我们一定会发现书法所蕴含的丰厚的人文底蕴与高尚的道德修养。

附一次教学详案：

习字有法　四步为序
——6—8岁软笔书法初级教学方案

一、活动依据

（一）教育理念

1.尊规律、明态度

尊重学员自身认知发展规律，身体、心理发育规律，尊重教育教学过程发展规律。让学员在学习训练过程中慢慢体会做人、做事的态度，遵从法度，是立德树人根本任务扎实落地的体现。

2.学方法、提能力

学习之初懂得学习方法的重要性远胜于学会写字本身，尤其在当下，使学员在掌握学习方法的同时，提升其观察能力、分析能力、判断能力、表达能力、审美能力等，是教学中首要思考的问题。

（二）学材分析

本学期使用江西美术出版社出版的《新编欧阳询楷书描红本·〈九成宫〉（上）：笔画训练》。此阶段为书法初级四学期中的第二学期，开始进入字帖里的欧体字单独字的临摹学习。此课为本学期第一次课。教师对临摹方法进行总结、概括，对学员进行讲授，便于学员理解并能够实施操作。第一课尤为重要，是学员掌握临习书法的重要一步。

（三）学情分析

（1）学员年龄为6—8岁。处于书法初级班第二学期阶段。学员已经过第一学期欧体字16个基本笔画的学习，已对握笔、坐姿、站姿、工具摆放与使用等进行了系统的学习，并能够在学习过程中应用，但偶有学员忘记，需要时时提醒。

（2）此阶段学员理解力提升，手、眼、脑协调度提升，能够听懂教师对"习字四步法"的讲解、示范，并能够在课堂练习中体现出对方法的理解能力。

（3）此阶段学员因手部肌肉发育情况，并不能完全在临摹训练中达到范字的要求。

（4）此阶段学员在临摹习字过程中特别容易忽略对范字的观察与比对，造成书写不规范，雷同的书写错误较多。

二、活动目标

（1）通过"习字四步法"的学习与训练，学员能够剖析书法字形的特点；能够比较准确地分析出不同字的书写特点，如字的外形特点、基本笔画特点及间架结构中部首的布局特点等；能够书写出相对准确的书法汉字。

（2）学员通过自主探索、反复对比、训练书写等实践过程，能够独立分析新字的学习方法，并能够在学习训练过程中学会分析问题，找出自身的薄弱环节，进行加强训练。

（3）经过总结"三、上"字的章法布局后，学员能够在一遍遍练习"三、上"字时，始终遵守这一章法。学员认同书写专注的重要性以及能够自我纠错，开始自主学习。

三、活动重点、难点

（一）重点

学员理解"习字四步法"步骤；学员学会运用"习字四步法"对新字进行观察、分析、比较，并完成书写。

（二）难点

学员能够理解"习字四步法"，能够在没有教师提醒的情况下比较准确地按照此方法训练。

四、活动准备

教师教具准备：多媒体、笔、墨、纸、砚、教师作品示范——"三、上"字。

学员工具准备：笔、墨、纸、砚、毛毡、笔架、镇尺。

五、活动过程（90分钟）

（一）导入新课（10分钟）

1.复习与提问

教师简单提问已学习的基本笔画，引出学习临摹汉字的重要性。教师提问：临摹的关键是自己写的字要和字帖上的字（也称"范字"）"长得像"，如何把字写得跟字帖上的范字相像呢？

学员积极回答提问，但对如何写得像，不得要领。

2.书写与提问

教师展示范字"三、上"，请学员观察、书写，要求临摹得像范字。学员书写时，教师了解学员书写情况。学员书写完毕，教师引导学员观察并说出自己写的字与范字的区别。

在无任何提示的情况下，学员书写"三、上"字，出现些许问题，如结构不对、笔画不对、整体不像等。在教师的提问引导下，学员了解了自己书写的问题，但仍不知如何解决。

3.展示与分析

教师展示部分有代表性的学员的课堂作业，引导学员自主作业点评。教师小结：书法讲究方法，临摹是学习书法的第一步，有范帖，有方法，要"临得像、写得对"。

学员通过对展示作业的对比与点评，发现了自身书写的优劣。同时，学员明白了临摹与平时写字不同，掌握方法很重要。

（二）新授：比较分析，突出重点（25分钟）

1.观外形

教师展示3个范字（图1），教师请学员观察并回答从外形来看，3个范字的区别。教师逐步引导关键性第一步——观外形，以"三"字为例，细致讲解分析，"三"字为扁长方形，以米字格横、竖线为参照，整字占米字格的中间位置。

学员通过观察对比发现"三"字为扁长方形，"在"字为正方形，"千"字为长方形。学员观察仔细、回答正确，教师表扬学员观察细致。

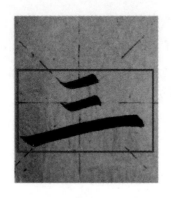

图1　教师展示的3个范字

2.察细节

教师引导学员观察"三"字，鼓励学员先行细致分析、讲解，教师补充：此步包含两个要点：第一，准确书写三个基本笔画，即左尖横、短横、长横。第二，分析字的间架结构——笔画之间的搭配、排列组合，以及偏旁部首间的搭配组合。随后，教师边讲解边示范"三"字的书写。

学员自主观察、分析、讲解"三"字的基本笔画与间架结构，通过教师补充讲解，学员进一步掌握察细节要领。

3.看中写

教师在黑板上书写正确范字，同时提醒学员时刻紧盯范字，提示学员书写时放慢速度，仔细观察。教师边示范边复述察细节中的两个要点：基本笔画与间架结构。

学员认真学习范字的书写，同时可以复述观察要点。

4.回头查

教师展示往届学员的错误作业，如笔画不准确、结构位置不准确、整篇错误雷同等，让学员仔细观察并指出具体问题。

多数学员都能够准确说出具体错误，教师及时表扬、鼓励观察细致、回答正确的学员。但对整篇错误雷同的问题，没有学员能够说出并找到原因。

教师提示学员不仅笔画、结构有问题，还有整篇错误雷同的问题。教师继续提问：怎样避免书写过程中出现错误？学员思考，自主发现并总结出检查作业的重要性。

5.小结

在"习字四步法"中，有一个共同的特点，即每一步中都有"看"，这说明"看"在研习书法过程中的重要作用。教师进一步讲解书法中"读帖"的重要性，"读"的内涵有很多，包含读技法、读文学内容、读作品背后的文化与历史等。将随着课程的进度，"读"更多的书法内涵。但回到本次课，要做好第一步——看，仔细观察，要用心看，用心比较，尽力达到与原帖相似。仔细看、认真观察也是做事的态度，让学员体会做成事与细心、耐心有着重要的关联。

学员通过自己分析，总结"习字四步法"中的关键——"看"，并且有序地看，教师对回答正确的学员给予及时的表扬与鼓励。学员对如何书写好字跃跃欲试，希望在实践中印证方法的正确性与可行性。

（三）练习：仔细观察，实践练习（15分钟）

教师请学员按照"习字四步法"练习"三"字。在练习过程中，教师进行个别辅导，同时抽查学员是否记住"习字四步法"。教师对书写认真、观察仔细的学员给予及时的表扬与鼓励。

（四）运用：独立分析，完成新字——"上"字（25分钟）

教师请学员运用"习字四步法"自学"上"字。在自学过程中，教师进行个别辅导，同时抽查学员是否记住"习字四步法"，或者就学员某一错误进行知识要点复习与讲解。对能够仔细观察、认真书写、书写正确的学员给予及时的表扬及鼓励。

学员独立完成新字的分析、对比、书写、检查。

（五）总结：教师点评，回顾重点（10分钟）

1.作业对比

教师请学员对比前、后两份作业，一份是上课开始时书写的作业，另一份是学习了"习字四步法"后书写的作业。

学员发现自己的两份作业差距很大，意识到了掌握"习字四步法"对于临摹的重要性，进而认识到书法习字需要方法，这样才会事半功倍。同时也让学员体悟到不论是写字还是做其他事情，都需要多思考、多分析、多总结。

2.全面点评

鼓励学员对优秀作业进行点评，随后教师补充点评。依据表1及从整体到局部的原则，告诉学员如何评判书写的优劣，并加入德育内容：做事也是如此，要从大局把控，从细节做起。教师依据表2对能够认真观察、思考、书写、检查的学员进行表扬和鼓励。课后，教师整理全员作业情况及课堂表现（表3）。

表1　学员作业评价表

评价要素	优良	合格	不合格
字体外形	能够准确表达出"三、上"字的字形为扁长方形	基本能够书写出"三、上"字的字形为扁长方形，但不够准确	"三、上"字的字形观察错误，出现正方形或竖长方形
基本笔画	"三、上"字中起笔、行笔、收笔皆按照笔画规范书写	"三、上"字中起笔、行笔、收笔基本能够按照笔画规范书写，但规范性不够	"三、上"字中起笔、行笔、收笔没有按照书写规范书写
间架结构	能够观察并较为准确地书写出两字，美观大方，章法合度，近似欧体范字	能够较为准确地书写出两字，但笔画与笔画之间搭接存在问题。基本符合欧体范字规范	两字书写不规范，笔画间架结构不符合欧体范字规范

表2　学员学习过程评价表

评价要素	优良	合格	不合格
"习字四步法"掌握情况	认真听课，能够按照"习字四步法"做到认真观察范字，反复进行对比训练书写，能够在书写后进行再分析、再书写	认真听课，基本能够做到认真书写练习，但书写时偶有抬笔写字的情况。对"回头查"一步理解不到位，错误修正较慢	听课不够认真，无法完整说出"习字四步法"，练习过程中，只完成了"看中写"一步，忽略对范字的观察与比对，造成书写不规范，书写错误雷同较多
书写姿势	握笔姿势正确。能够按照正确坐姿或站姿进行长时间书写	握笔姿势正确。基本能够按照正确坐姿或站姿进行书写练习，但动作有时变形——伸头、弓背	握笔姿势基本正确。基本能够按照正确坐姿或站姿进行短时间书写练习，但动作变形——伸头、弓背、双脚叠放或跷脚
注意力与精神状态	注意力集中、精神饱满、双眼有神，姿势规范，紧盯范字与作业，除正常休息时间，基本无小动作	注意力较为集中，姿势比较规范，上课过程中鲜少起身、说话，但偶有走神现象	听课不够认真，神情较为涣散，左顾右盼。书写练习时间短暂，频繁活动，注意力不集中

表3　学员作业、学习过程评价表（以某某学员为范例）

学员姓名	优良	合格	不合格
某某	该学员上课认真听讲，发言积极主动。能够掌握"习字四步法"，并能够运用此法书写"三"字；能够通过自主研判书写新字"上"，并达到书写规范的要求。但需要加强练习，以更加熟练地掌握"习字四步法"		

通过教师点评，学员全面了解书写的评价标准，也逐步体悟到认真学习的重要性。

（六）布置作业及整理学具（5分钟）

教师布置家庭作业：第一，根据教师讲解示范，复习书写"三"字（两张专业练习纸）；第二，独立分析书写完成"上"字（三张专业练习纸）。教师请学员整理和收拾学具。

学员记录作业，然后快速清洗毛笔、砚台，将墨、纸、砚、毛毡、笔架、镇尺码放整齐或收入书包。逐步养成良好的卫生习惯，逐步提升自主学习能力。

六、活动效果测评

（一）过程性评价

教学过程中，教师随时观察，通过学员对"习字四步法"的掌握情况、书写姿势、注意力与精神状态三方面进行过程性评价。此次评价以教师评价为主。

（二）结果性评价

讲解"习字四步法"后，学员完成课堂作业"三、上"字，教师主要通过字体外形、基本笔画、间架结构三个方面进行整体作业评价。此次评价以教师评价为主。

作者简介：

王哲，毕业于中国人民大学，研究生学历，现为中国儿童中心兴趣培养部儿童国学院负责人，书法教师，高级教师。

中小学书法教育发展前景展望与教学弊端的反思

丁少帅

[摘要] 书法是中华民族的文化瑰宝，是人类文明的宝贵财富。随着当代生产模式的转变，传统文化与现代工业文明发生交织碰撞，传统书法已然不可避免地呈现出式微的趋势。书法教育弱化等问题日益突出，中小学学生书写能力逐年下降、书法教师群体缺失严重，致使书法教育丧失其本质特征。因此"复归"书法教育特性，彰显传统书法的"人文气息"以及"艺术魅力"成为书法教育高质量发展的关键。

[关键词] 书法教育　文化缺失　国家政策　核心素养　传统文化

书法是一门蕴含于中国传统文化之中的独特艺术形式。其伴随着文字的出现，从最原始的"实用"功能转向为具有审美感知的"艺术"功能，并在文化领域内占据着相对独立的地位。书法文化在发展的过程中，已经不再局限于单纯的"书写形式与交流手段"，而是承载着文化内涵，超出了"书写"这一技术层次，成为对于传统价值观念、道德意识、审美情趣、艺术感知的情感认同。[①]正如梁实秋先生在其散文中写到的那样："现在用毛笔写字好像是介乎痛苦与快乐之间的一种活动。偶尔拿起毛笔，顿时觉得往事如烟，似曾相

识。而摇动笔杆，如有千钧之重，挥毫落纸，全然不听使唤，其笨拙不在'狗熊耍扁担'之下。"[②]中国书法在书写过程中，需要使"书写者"与"被书写载体"之间达成灵魂的共鸣，实现两者间的双向互动，从而将艺术创作搭建在"一个更高艺术感知模式"的平台之内，使其能够在长时间发展过程中产生稳定的良性循环。

中国书法历史悠久，从甲骨文、金文到小篆、隶书，再到东汉魏晋时期的行书、草书、楷书诸体，书法始终是以数千年的民族气质和文化素养为积淀，形成了特有的文化

---

① 邵毅平.青丘汉潮：中华文化的遗存与影响［M］.上海：中西书局，2017：15.
② 梁实秋.雅舍遗珠（修订本）［M］.南京：江苏人民出版社，2020：269.

属性与艺术内涵。但这种艺术教育却在民国时期被逐渐"瓦解"。尤其是受到西方学科体系的"侵蚀"，"占据中国传统文化教育核心内容的书法教育，便随之被弱化"①。这种弱化既表现在传统学科的没落，又表现在以"技术训练"代替"智力训练"模式的兴起。②民国以来的书法教育始终被归纳为"国文"教育的辅助性学科。恰如沈尹默先生所言，20世纪之前的书法学科，或是出于个人爱好，或是文人借以生存，但总体看来"只供有闲阶级作点缀装饰之用，本无其他崇高远大的目的"③。这就导致该学科逐渐呈现出"衰败"的气象。进入21世纪后，经济日渐富足，百姓安居乐业。国民教育得到了快速发展，人民对于文化艺术的追求，已然远远超出了原有的预期。书法发展也呈现了强而有力的"反弹"，这种反弹明显带有对旧有书学体制的"不满"情绪。基于书法传统教育逐渐从"国文"教育中脱离出来的大背景，书法教育慢慢呈现两种极端方向，一种是"其文化属性被抽离、忽略、轻视乃至遮蔽，以至书法界往往热衷于竞技而轻文"④；另一种是书法教育仍然在传统体制制定的框架内进行，比如当代大量的书法启蒙教育（青少年启蒙教育）的目的仍然具有强烈的"功利性"。与民国时期出现的大型文字社团"楷学励进社"的目标相类似的是，这种培养方式并非为创造艺术家而进行的努力，而是要通过反复且枯燥的规范性书写练习来抹杀学生"自我情性"，以达到"通过写好字操练品行，以书法作为思想修为训练的一个方面，而不是单纯地为艺术而艺术"的目的。⑤总之，开展书法教育是传承与弘扬中华民族书法文化的根本。面对书法教育培训的切实困境，我们需要采取有效措施来淡化不同程度的"教育弊端"所产生的消极影响，这也是本文所要阐述的一项问题。

一、书法教育的相关政策支持

自民国开始，书法教育的"衰败"便成了当时"人所共知"的现象。而对于书法学科的"挽救"，更多的人是寄希望于中小学书法教育的。他们认为这是书法教育发展的源头，可以帮助"衰败"的书法学科走出窘境。李心庄更是在《书学与人生》一文中惊呼道："考其实，皆由小学坏起。"⑥故而，自20世纪始，书法教育始终是随着政府条文、法规的颁布，以及学校校规的制定，对应更改书法课程的讲授要求的。以1912年颁布的《小学校教则及课程表》及1916年颁布的《国民学校令施行细则》为例，两则法规条款均有关于"书写教育"的内容，但都是要求将书法教育纳入语言学习的范畴，并且对学生学习的书体

---

① 马国俊.书法九论［M］.北京：读者出版社，2021：214.

② 陈振濂.中国现代书法史［M］.北京：人民美术出版社，2009：124.

③ 沈尹默.沈尹默论艺［M］.朱天曙，选编.上海：上海书画出版社，2010：145.

④ 刘娜，洪权.当下书法教育中文化元素的失语［M］//东莞市文学艺术界联合会，东莞文学艺术院.东莞书画丛书（第32辑）.广州：岭南美术出版社，2019：35.

⑤ 祝帅.社团、报刊与展览：民国时期新兴书法活动的传播空间［J］.艺术学研究，2021（5）：91.

⑥ 赵琳.艺术与实用：民国中小学书法教育的境遇［M］//中国书法家协会.全国第十一届书学讨论会论文集.上海：上海书画出版社，2018：827.

"规定"在楷书与行书两体之内。[①]因此，中小学书法教育发展呈现出"两线"并存的状态。首先，书法教育要符合当时社会对于教育的基本认知，符合时代背景所赋予书法学科的精准定位，同时也需要将传统要求与社会要求紧密结合起来。作为书法学科体系下的一个分支，民国时期的书法教育承接于百年蒙学教育体系，以楷书与行书作为学书的基础。这一点与清代颁布的《奏定高等小学堂章程》相类似。[②]民国的教育亦规定学生对于书法的学习要以"楷端"为主，因而民国时期的书法教育既具备了明清以来书法课程体系的要求，也涵盖了民国社会对于学生书学教育的殷切期盼。其次，书法教育要符合政治要求，需以政策法规为基准，即政策法规的调整对于书法学科的教育会产生极为重大的影响。这一点在传统的书学教育中也有体现。明清之前，虽然没有专门关于书写的法律出现，但时风以"干禄"为主，学书者希望借助"书写端正"来跻身科举仕途之中。故而有部分学者将其阐述为"馆阁体蒙学书法教育"[③]。"馆阁体蒙学书法教育"并非书写一种或两种书体，而是根据帝王的喜好有所调整，比如《广艺舟双楫》中记载："康、雍之世，专仿香光；乾隆之代，竞讲子昂。"[④]但大部分时间段内的"馆阁体蒙学书法教育"书写风格，仍然是以"唐人楷书立其体，然后用赵子昂的笔法气息改造之"[⑤]。书法教育应该同时注重以上两点要求，缺一不可。不过，往往前者的社会属性会使事物发展呈现出"自发性"的态势，政策方针则兼具"强制性"的特点，更为直接地影响到书法的发展走向。可以说，书法政策是书法发展的"第一动力"。

自21世纪以来，国家对于书法教育逐渐重视起来。首先，"世纪开篇之作"的《基础教育课程改革纲要（试行）》（2001年颁布）便规定学生在义务教育阶段要提高对于艺术学科的关注，加强学生对于文字的书写要求。其次，21世纪的政策导向无疑给沉寂已久的书法教育注入了一针"强心剂"。在《基础教育课程改革纲要（试行）》发布的次年，国家又发布了《教育部关于在中小学加强写字教学的若干意见》，再次强调了中小学书法教育的重要性。政策规定："中小学写字教学要使学生会写铅笔字和钢笔字，学习写毛笔字，使学生养成良好的写字习惯，正确的写字姿势，并有一定的书写速度。"[⑥]《教育部关于在中小学加强写字教学的若干意见》的发布，表明国家对于传统书法的重视，说明政府已经开始着力于传统文化的建设工作，弘扬中华文字的独特魅力，并努力尝试培养学生的审美能力，陶冶学生的艺术情操。最后，在《教育部关于在中小学加强写字教学的若干意见》发布后的数年间，我国的书法教育呈现出稳

① 丰俊青.由民国看当前的中小学书法教育观［J］.文史杂志，2019（4）：97.
② 张安萧.清代私塾书法教育研究［D］.沈阳：沈阳师范大学，2019：5.
③ 颜以琳.晚清馆阁体蒙学书法教育之弊端［M］//中国书法文化研究院研究生会.研究生书学学术周论文集.北京：首都师范大学出版社，2007：225.
④ 康有为.《广艺舟双楫》辨析［M］.李廷华，辨析.上海：上海书画出版社，2017：39.
⑤ 张金梁.中国书法史绎：卷六 反思之路［M］.上海：上海书画出版社，2014：361.
⑥ 尹建国.山东省实施《国家通用语言文字法》办法解读手册：法律条文解读与常见语言文字问题解答［M］.北京：语文出版社，2009：191.

步上升的态势，各地区的中小学积极响应政府号召，地方少年宫、地方书法培训机构等也如雨后春笋一般纷纷成立，较之于明清民国时期的书法教育，面貌已经焕然一新。

在此良好的发展态势之下，在2011年，教育部印发《教育部关于中小学开展书法教育的意见》（教基二〔2011〕4号，简称《意见》），《意见》在原有政策的基础上做了三点补充：第一是将书法单独列出，明确要求各地开设书法课程，并根据中小学课程机制，提出了具体方案与措施。比如"每周安排一课时的书法课""普通高中在语文等相应课程中设置与书法有关的选修课程"。第二是规定了学生学习书法的"范围"应是"通行的行楷字"，并且在《意见》原文中表示："明确使用毛笔书写的基本要求。学生要用毛笔字写楷书。"第三是规定各地方有关部门要配齐相关软、硬件设施，对原有讲授书法的骨干教师进行专业的业务培训，并以此为中心，逐步开展各项艺术活动，努力调动广大师生的积极性和主观能动性。各地政府部门也要加强把关意识与责任到位意识，将相关政策切实有效地落实到基层当中。①此项政策一经发布，各地政府一时间纷纷响应。以北京市教委为例，就在教育部印发《意见》的具体条文后不久，北京市教委就立刻（2011年10月31日）组织专业人员参与学习，并把相关政策第一时间下达给各县区教委，要求精准落实《意见》中的"各项条款"，并进一

步要求"各区县教委要加大管理力度，落实《意见》要求，改善书法课的教学条件，定期检查书法的开设和教学情况，通过多种途径，提高书法教学的整体水平"②。2013年，教育部印发了《中小学书法教育指导纲要》（简称《纲要》），《纲要》是迄今为止最具代表性的一份法规。《纲要》对各学段的硬笔和软笔书法学习内容和目标做了明确的规定，主要内容包括：书法教育的总体教学目标、硬笔书法教学的目标与教育内容、软笔书法教学的目标与教育内容、教学体系的建设与评价标准。③《纲要》对原有政策进行了必要的补充与说明：第一是明确提出了教学用书的编写及编撰标准，规定"小学中、高年级《书法练习指导》的编写，以硬笔楷书、行楷和毛笔楷书为主体，重视书写训练，适当编入精要的书写姿势、书写习惯、书写技法的指导内容，适当融入书法审美和书法文化的内容"④。第二是明确书写内容，给出了中小学书法学习的古代法帖和碑版的范本，将要求进一步落实到细处。其中包含楷书字帖五体十种、行书字帖四体四种、隶书字帖四体四种；不仅如此，《纲要》还列出了适合中小学生阶段欣赏的字帖书目，共计30种，内容涵盖篆、隶、楷、行、草五体。时间则上可追溯至秦汉时期，下可延迄于近现代的沙孟海、启功等。《纲要》附录中所列举的书法字帖，并不要求学生全部掌握书写规律，其目的是使学生通过鉴赏、阅读等方式提高自身的艺术鉴

① 冯臻.硬笔楷体字书写训练［M］.上海：复旦大学出版社，2018：101.
② 北京市教育委员会办公室.北京市教育委员会文件选编 2011［M］.北京：华艺出版社，2012：330.
③ 袁振国.中国教育政策评论 2013［M］.北京：教育科学出版社，2013：368.
④ 教育部语言文字信息管理司.中国语言生活状况报告（2014）［M］.北京：商务印书馆，2014：371.

赏力，而对于标明需要书写的字帖，学生只需根据个人爱好自由选择即可。《纲要》附录的规定在某种程度上杜绝了各地区因为教师自身水平与个人喜好等因素，使教学内容出现过度差异化的问题。这也为书法教学确立了一个相对"权威性质"的标准。

2017年1月25日，中共中央办公厅、国务院办公厅印发了《关于实施中华优秀传统文化传承发展工程的意见》，此项政策覆盖学科面较广，具有高屋建瓴的视野，深刻反映了国家对于整体战略目标的规划，布局清晰准确。相对于《国家中长期教育改革和发展规划纲要（2010—2020年）》，此项政策对于传统美德更为重视，反映了在当前经济高速发展的背景下，人民迫切渴望精神世界得到满足，原有的"缓慢发展"的传统文化已经不能满足人民日益增长的文化需求，因此需要大力振兴传统文化，努力提升优秀传统文化在现有文化领域内的占比，汲取传统文化的养分，实现"取其精华，去其糟粕"的战略目标。同时，《关于实施中华优秀传统文化传承发展工程的意见》的整体规划同建立"文化自信与民族复兴"的方针是相吻合的。《关于实施中华优秀传统文化传承发展工程的意见》明确表示青少年要从中华传统文化的宝库中汲取"有益思想"，要加强文化振兴的工程建设，挖掘好传统美学精神，积极"推动美学、美德、美文相结合"[1]。此后，关于国家对书法教育的政策还有许多，如教育部办公厅在2018年颁布的

《教育部办公厅关于做好2018年中小学幼儿园学生暑期有关工作的通知》等，但各项细致的通知都是在近十年的规划框架背景下进行的。各项政策在总纲要的要求下被不断补充与调整，针对各年龄段、各年级的教学政策也在日趋完善。

总之，近年来，在"增强文化自信、实现中华民族伟大复兴"的必然要求下，我国传统文化被逐渐重视起来。正如习近平总书记所说的那样："泱泱中华，历史悠久，文明博大。中华民族在几千年历史中创造和延续的中华优秀传统文化，是中华民族的根和魂。"[2]作为新时代的教育者，我们应当紧紧抓住时代的脉搏，把握当前社会所赋予的历史机遇。在党中央的英明领导下，努力弘扬传统文化，为书法教育事业"增砖添瓦"。

二、当前中小学书法教育的主要困境

书法是中华民族传统文化之瑰宝，是中华民族的宝贵财富。书法教育对中小学生的文化发展、智力提升以及审美意识的培养都具有举足轻重的作用。尤其是在核心素质教育模式下，推进书法教育是培养新时代中小学生德、智、体、美、劳全面发展的关键举措。尽管当前的教育政策比较开明，但书法教育发展仍然受到"时代化""审美专业化"的影响，产生了诸多问题。

① 武玉辉，刘承魁，刘毅.娱乐法律法规汇编：下册（音乐、演出、网络视听与游戏卷）[M].北京：中国电影出版社，2018：1219.
② 邓心强.中国传统文论与核心价值观创造性转化及发展研究[M].北京：中国书籍出版社，2020：287.

（一）书法学科定位不准确

虽然我国中小学目前已经逐步开设相关书法课程，但是在现行教育机制下，书法作为一门独立课程仍然难以在基础教育体系中占据独立地位。尽管从2020年以来，高等教育与研究生学科专业目录已经将书法与美术并列为一级学科，但是社会上对于书法的认知，要么依旧停留在传统的美术教育学科框架之下；要么干脆继承传统，将其放置于语文课程中进行①。似乎高等教育对于书法学科的调整，并未影响到中小学书法课程的开展与实施。

过去四十年间，学界对于书法学科定位的争论经久不衰，大部分学者对于书法究竟要何去何从是极为茫然的。有的学者认为书法作为独立的学科设置仍然缺乏必要的"学科话语体系，或是独到的研究方法"②，也有学者认为书法作为与美术并立的学科，是历史的规律使然。其实书法学科的独立，绝不仅仅局限于高等教育之中，更关乎中小学书法教育的前途，是整个书法学科脉络发展与走向的大事。在笔者看来，书法教育的独立，应该具有划时代意义。因为将书法学科划定在美术专业的领域之内，似乎只是看到了该学科所具备的美育功能，但书法的美育只是它作为艺术的一个方面，书法所承载的更多是它的文化内涵，也就是说书法的"书"必须建立在传统汉字的框架之下，所书写的文字既不能是钱玄同所提倡的"世界语"，也不能是瞿秋白所谈论的汉语拉丁新文字③，保留汉字作为书法的载体，是中国书法发展的基本要求。故而将书法放置到美术体系之中，是受到西方美学体系下"一元论"观点的影响。这种观点更加近似于林语堂先生所谈到的那种把书法艺术看作"抽象艺术"的观念，"所以创作或欣赏可以不考虑作品内容，而只强调线条的质量及艺术性"④。这显然是"形而上学"的观点，不符合历史的客观规律。或许书法作为一门独立的学科，而不是成为美学框架之下的子学科，正是由于书法艺术既不适用于美学理论的"一元论"观点，又不完全适用于"二元论"观点。也就是说并不能完全把书法看作对主观事物现实状态的真实反映。书法表达是受到创作者个人的思想艺术加工后的终极产物，是经过大脑的主观映化，从而产生的"新物品"，而这些加工"它"的原材料，便是中国传统文化内涵高度概括提炼后的"观念、思想、审美、认知"。考虑到这一点，便可以认为当前义务教育阶段的中小学校并没有把握好书法学科的内涵。以小学为例，虽然现在的小学对于书法教育的认知仍然停留在传统的"写好字""写规范字"的范畴之中。但在教育的过程中既不能保证"文字的准确性"，又不能做到"方法的精练化"，甚至要么出现繁简互用、纷见错出、随

① 侯忠明.中国书法艺术探索论稿［M］.北京：中央文献出版社，2009：124.
② 祝帅.书法生态转换对书学研究的挑战［M］//中国书法家协会.2012·中国书法金陵论坛论文集.上海：上海书画出版社，2016：237.
③ 陈振濂.书法学学科研究［M］.南京：江苏凤凰美术出版社，2019：349.
④ 白锐.当代书法现象索解［M］.桂林：广西师范大学出版社，2017：74.

意布置的情况；①要么是教师在教学过程中持有错误观点，并仍以类似的方法为准绳，反复要求学生循以练习。比如近二三十年以来，书法教学观念中认为"执笔方法正确与否，关系到控笔能力、运笔的灵活性、书写的速度"②。这样一来，反倒是将苏轼所讲的"执笔无定法"置于不伦不类的尴尬境地。③实际上，不管是硬笔书法还是软笔书法，"随势赋形"绝对是"首要形式"，也是学书的基础要求。所以古代书论中讲的没错，（传）卫夫人《笔阵图》就提到过："若真书，去笔头二寸一分，若行草书，去笔头三寸一分，执之。"④可见不同书体、不同姿势的执笔要求并不一致，如果还以"完全规准"的"死要求"，来应对变幻无穷的书法，本身就是一种错误的方法，如此怎么能教好学生呢？

不但如此，当前的中小学书法教育似乎逐渐把古代"笔正则心正"（或称"心正则笔正"）的观念给放弃了。虽然以现在的眼光去看，"笔正则心正"带有明显的唯心主义色彩，但这种观念的"消亡"，是要建立在"书者，如也"大肆传播的基础上的。⑤而目前教育似乎对"如其志，如其学，如其才，总之曰如其人而已"的说法持"怀疑"的态度，甚至想要通过"专业训练"，抑制这种"如其人"的状况发生。这就导致了在新的观点不被承认的前提下，还欲以放弃传统"笔正则心正"

的理念，则将传统书法的理论支撑给"全部推倒"，陷入"无方法论"的尴尬境遇，此又与技工何异？

当前中小学教育始终将书法纳入"美学鉴赏"或"文字释读"的课程中去，导致教育者并没有完全意识到书法教育的"育人功能"及"文化属性"，书法学科的内涵没有得以有效利用与发挥，这也是下一阶段中小学教育所要重点改进的目标。

（二）"泛化教育"与"精英化教育"的矛盾

学界历来对于"泛化教育"并没有一个比较准确的解释。一般认为"泛化教育"指的是"宽泛化"的教育，即教育内容超出了它本身所适用的范围，从而削弱了本体所要表达的实质与要求。⑥"泛"本义释作"漂浮"，后被引申为"广泛"的意思。因而"泛化教育"也被看作盲目追求"数量"而忽视"质量"；盲目追求完成规定的标准而忽视内在的联系；不重视学科的"独立属性"，过度强调"拿来主义"，使得书法教育被套在"美术教育"或"语文教育"的笼子之中。

"精英化教育"这一概念最早被美国教育学家马丁·特罗提出。"精英"一般是指社会学和政治学视野下的高层次人才，精英化教育则是一种以培养优质人才为导向的教育

① 王本兴.怎样写好书法［M］.北京：北京工艺美术出版社，2019：97.
② 高琰.怎样指导学生写规范字［M］//展守礼.教育教学改革论文集.北京：中国经济出版社，2008：251.
③ 陶明君.中国书论辞典［M］.长沙：湖南美术出版社，2001：120.
④ 乔志强.中国古代书法理论解读（经典版）［M］.上海：上海人民美术出版社，2016：76.
⑤ 乔志强.明清书论赏读［M］.上海：上海人民美术出版社，2020：91.
⑥ 赵婧婧.泛化、异化、弱化：仪式教育的三重困境［J］.湖州师范学院学报，2017（6）：99.

模式。我国高等教育便是经历了由"精英化"到"大众化"再到"普及化"的三个阶段。[①]但随着高等院校及中小学教育普及化的程度逐渐加深，"精英化"教育方式开始在"小范围"的圈子中盛行起来。大众化背景下的以院校为载体的"精英教育"是一种以培养各阶层、多类型的专业人才为目的的培养模式，是中小学进行分专业、分层次培养人才的教育化趋势。它并不完全是逆潮流的行为，而是相对符合时代和社会要求的行为，从而体现出"人尽其才"的教育需要。

长期以来，义务教育阶段内的各大学校，针对书法教学采取的通常是集中授课的方式，此种方式虽然能够缓解各地区学校书法教师长期匮乏的问题，但是难以有针对性地对学生所存在的问题进行具体辅导，从而影响学生书法学习的积极性。故而部分中小学书法教育开始逐步恢复与采纳"传统精英化教学"的方式。正如学者所谈到的那样："书法艺术作为文化艺术门类中的精英文化，其审美往往指向高雅旨趣，而且这种审美具有经典性，即所谓的书法经典。"[②]传统书法聚集于"精英"们的"殿堂"之中，成为其区别于其他阶层的"证明书"。甚至在殷商时期，学习文字便掌握了与神明对话的"直接通道"，是"贞人"群体的专属权力，不容染指。

进入现代以来，书法"精英化"教学最早从浙江美术学院（中国美术学院）开始出现，并由此创造出所谓的"浙美"模式。再到近几年，在北方院校则诞生出另一种体系化的

"河美"（河北美术学院）现象，这是"精英化教学"与"大众化教学"的一次对立与冲击（显而易见的是"河美"作为学院派，还并不完全属于"大众化教学"）。中国书法的"精英化教育"从传统高等教育中分离出来，并逐渐蔓延到中小学教育当中。中小学"精英化"教学模式是由专业的书法教师组织人数较少的学生，进行系统化、专业化授课的一种方式，其目的在于集中资源优势，用以培养高素质的书法"准人才"。同时这种分班教学的模式要求教师按照学生的兴趣进行分班、分类培养，从而产生出诸如"隶书班""楷书班""行书班"等班级。对于有一定天赋或者对书法有兴趣的学生，应将其积极吸纳到书法兴趣班当中，并按照其喜好制订专业的培养计划，这便是"精英化"分班教学的初衷。需要注意的是，"精英化"分班教育的"指向性"并不是全体学生，而是少数群体，这也有效地缓解了教师的备课压力。

作为"优点"，"精英化书法教学模式"有效解决了传统大课堂式"满堂灌"的教学弊端，能够更加精准地实施个性化书法教学。由于每个学生的情况不同，"精英化教学"便于教师采取个性化的教学方案。同时教师可以根据学生的短板而实施针对性的教学辅导；"精英化书法教学模式"也可以最大力度地集中优势教育资源，实施教学。通过"精英化书法教学模式"能够整合教学资源，以达到高效的课程教学效果。

因此，中小学教育出现了"泛化教育"

① 刘向锋，杜莉.医学教育改革与医学生就业：基于医学本科毕业生"学用失配"问题的视角［M］.济南：山东人民出版社，2015：67.

② 彭庆阳.《抱云堂艺思录》读书札记100篇［M］.北京：华文出版社，2019：175.

与"精英化教育"的矛盾。坚持"泛化教育"的学者认为艺术不应当只是"阳春白雪",更应该兼顾到"下里巴人"。如果仅仅让艺术围绕在"一个极小的群体"之中,那么它将无法进步,从而故步自封,慢慢走向"衰亡"。而支持"精英化教育"的学者观点也很明确,基于当前书法教学的现实条件,稳步发展更有利于书法教育教学的推进,而"稳步发展"不是"摊大饼式"的发展,是要把有限资源运用到最合适的群体中。"泛化教育"具有明显的缺点,导致它就是一种"摊大饼式"的教学,是只追求量化而不强调质化的表现。在"泛化教育"的模式下,往往是教师在课堂上机械性地讲解汉字书写结构、笔顺知识,而缺乏与学生之间的良性互动,导致受教育者在书法学习中感到极为枯燥。最常见的现象就是大部分学生反映书法课堂没有意思,课堂参与的积极性不高。其实"泛化教育"与"精英化教育"并非不可调节的一对矛盾体。我们应该中和这种矛盾,比如完全可以根据不同地区的具体情况进行教学策略的调整。在资源相对不足的地区,对普通学生的要求可以仅仅是写好规范字,但对于有着浓厚兴趣,愿意尝试接触书法的学生,则必须开设相关的社团活动,让他们接受到更为专业的书法教育。同时可以采取奖励与惩罚并进的奖惩机制,调动学生的积极性。对于一些相对比较发达的地区,比如北京、上海、广州、深圳及一些沿海省份,可以尝试多招聘一些高校书法毕业生,补充书法师资力量,弥补教学端口的不足。假如该校缺少编制,则可

以采用"劳务派遣"等方法,让这些教师以"兼职""外聘"的方式组织教学活动。或者让专业人才进驻课堂(专门聘请一些文化馆、艺术馆的书画老师,进行授课),同时开办一些文娱兼备的知识讲座。总之,目前来看,类似的"困难"确实普遍存在,找准问题关键并努力"克服困难"才是最重要的。我们既不能完全让教育"泛化",也不能强制每个学生都"达到相同的标准",更不能让艺术只掌握在少数人手中。"精英化"教育本身并没有错,但过度的"精英化",会让大众与书写者审美出现背离。这就是目前书法教育会受到"审美专业化"影响的重要原因。

(三)书法课师资配备不到位

在我国,最先开始高等院校书法专业招生工作的是位于杭州市的浙江美术学院,招生层次是本科生与硕士研究生(导师为陆维钊、沙孟海、诸乐三等)。其次是位于北京市的首都师范大学(导师为欧阳中石先生),招生层次是博士研究生。在首都师范大学招收书法博士研究生的次年,浙江美术学院的章祖安先生也开始着手准备进行博士研究生的招生工作。2004年,位于绍兴地区的绍兴文理学院首批申请书法学专业,并成立兰亭书法艺术学院,以培养中小学教师为目标,开始了中小学书法教育学院化的新阶段。

以兰亭书法艺术学院为例,从2010年提供的数据来看,当时四个年级共招生150人左右,这样平均下来每个年级招生不足40人。[①]截止到2015年,一个年级的招生人数

---

① 王连富,易雨晴.当下书法本科教育的反思及对策:以兰亭书法艺术学院为例[M]//祝遂之.2010杭州国际高等书法教育论坛文集.杭州:中国美术学院出版社,2010:109.

已经扩展到了80人，可见当前书法教育人才的短缺。2014年之前，兰亭书法艺术学院的专业设置分为两个方向。一个方向（主要方向）是"中小学书法教育"，也就是书法（师范类）。开设的主要课程是教育学、心理学，而技法课程是辅助性课程内容，这与专业美术院校的培养方针并不相同。另一个方向是"书法鉴定鉴赏"方向，以讲授"书画鉴定""博物馆概论""出版学概论"等课程为主。这一方向招生人数较少，生源比例仅占全年级学生人数的四分之一。从该学校近几年的教学规划中可以看出，未来十年内，兰亭书法艺术学院旨在书法（师范）方向基础上增加书法学（创作与史论）和书法学（艺术管理）两个方向。本科生招生规模进一步扩大，预计到2025年左右，全日制本科生招生数达到每年120人（书法教育60人、书法创作40人、艺术品管理20人）左右。争取进修生和校际交流生、留学生人数也要达到在校本科生的5%。

但是这种学校内部课程设置的改革仍然遇到很大的阻力，书法师范类方向的大量缺口和其他方向的就业困难形成了鲜明对比。不过高等院校的毕业生人数的增加并没有很好地反馈到各地区的中小学教育之中。大部分学校的书法教师还是由语文、美术以及其他学科教师兼任，虽然有些教师具备一些基本功，或是学校也会经常组织他们参加书法培训活动。但是仅仅通过短时间的集训，很难使其掌握书法的内在规律和技巧，也很难使其对书法这一传统文化产生更深层次的体会。从近年来各地区的分析报告中可以得出，中小学书法教师的占比仍旧相对"匮乏"。"大多数教师是'兼而不教'，这些教师只注重完成文化课的教学计划和有限的练字课程，已远远不能适应当前学生对书法艺术知识渴求的需要。"[1]甚至有些教师会觉得学生在练习书法的过程中所使用的墨汁会污染环境。特别是有些顽皮的学生，不听教师的劝告，会把墨汁洒得到处都是，清理起来极为麻烦。有些学校领导觉得没有足够的经费用于修建书法场地与铺设水龙头等清洁工具，即便完成管道的铺设，还要准备大量的空闲场地，而如此繁杂的准备，却只是为了一门选修课程，得不偿失。总之，当前书法教育教师群体呈现出"缺失"的状态，教学岗位也是如此。从而导致了大量毕业生有毕业证而无应聘的机会。

与中小学校教育环境相同的是，校外培训机构的教师也十分短缺。师资素养的优劣是校外书法培训机构发展与否的关键，校外培训机构书法教师流动性大，缺少稳定的师资团队，很难构建出一套行之有效的教学体系与方法。一些小的培训机构，往往一个学期要更换两到三名授课教师，通常是学生刚刚适应了一位教师的教学风格，就要更换另一位教师，这对于书法教育以及培训机构的长期发展都是不利的。校外培训机构教师并非都是书法专业毕业的，很多都是师承家学，或是些书法爱好者，存在着良莠不齐的情况。随着近年来学生家长对学生书写能力的重视，参加校外书法培训的学生人数越来越多。如

---

① 臧书德.无中生有：臧书德书法文论集［M］.武汉：长江文艺出版社，2014：104.

果师资的问题不得到有效的解决，必定会消磨家长对于书法学科的信任，这一问题需要引起重视。

三、中小学教育发展困境的解决策略

（一）转变教学理念，明确中小学书法教学的目标

当前解决书法教育困境的关键就是要转变传统的教学理念。进一步明确书法专业教学的目标：首先是在义务教育阶段内，学校要树立"以人为本"的教学思维，尊重学生的个性发展。结合学生的实际情况为其提供相应的教学方案。而尊重教育对象，注重学生的主体地位，是实现学科发展的重要目标。"书法教育作为一种高尚的情感教育，直接对应主体的心灵"[①]，因此对于教育者而言，要始终坚信自己绝不是学生学习阶段的"领导者"，而是"引导者"，要充分明白"水能载舟亦能覆舟"的道理。不能对学生的看法与建议置之不理。其次是教师要转变教学思维，正确认识传统书法教育的内涵。中小学书法教育并不是粗放式的教育模式，要重点突出对于学生情感认知能力的培养。让学生了解中国汉字的艺术之美，以及传承中华民族传统文化的必要性。最后是要明确小学书法教学目标，合理定位书法课程。针对小学书法

课程"可有可无"的现象，积极做出相对应的调整。同样，各地区的中小学也要尽快明确书法教学的方针，只有在建立起清晰的教学目标的前提下，才能有效促进书法教学的质量。学生学习书法，能够增强自身的民族自豪感与时代荣誉感，激发自身的爱国激情与热情；书法教学能够规范学生的书写能力，让学生养成良好的书写习惯，同时巩固学生的汉字认知能力；学习书法能够让"被教育者"积极吸纳中华民族传统文化中的精髓，把握书法艺术的独特文化价值，助力中华传统文化的弘扬与创新。

（二）因材施教，创新教学模式

书法教学要因材施教，不断创新教学模式。要在传统班级教学的基础上，充分借鉴"精英化"书法教育的优点，实施"小班"授课模式。学习兴趣是激发学生学习积极性的重要因素，在书法教学中，每个学生的兴趣爱好不同，因此学校要努力为学生构建多元化的课程模式，并充分利用多元化的课程模式，尤其是在课后"校内托管"的时间，引入书法等专业课程，这样既能解决家长"接送时间"与"上下班时间"相冲突的问题，又能将学生兴趣调动起来，让学生更加喜欢"托管式"教育。[②]在新的书法教学模式中，首先是考虑创设书法兴趣学习班，许多学校会把这种兴趣班叫作"书法社团"。当然，这跟明代的"党社"[③]和民国的"社团"又不一

① 贾宏福.大学书法教育功能的拓展：思想政治教育的一种艺术思路［M］//贾乾初.思考书法：山东大学（威海）书法研究院论文集.济南：山东大学出版社，2015：184.
② 游莎，周先进.弹性离校背景下中小学生课后服务的内涵、价值与目标［J］.教学与管理，2020（9）：34.
③ 何宗美.明末清初文人结社研究［M］.上海：上海三联书店，2016：367.

致（简而言之，明代"党社"与民国"社团"更像是松散组织的利益共同体）。创设"书法社团"的目的是让学生按照自己的兴趣去选择相对应的"书法学习班"，志同道合的学生在学习班内可以相互交流、相互学习，以此提高书法学习的效率；[①] 其次要创新书法教学的形式，调动学生参与课堂活动的积极性。书法教学相对比较枯燥，为了增强书法教学的趣味性，教师在书法教学中应该加强与学生的互动，将课堂设置得"活泼"一点，但这种"活泼"并不是随意。例如教师可以借助多媒体教学设备的优势，将枯燥的汉字书写，通过动画的方式展现给学生。当然也可以用生动的历史故事讲述给学生，以更好地帮助他们了解某个文字的来源与流变。视频学习的效果要远远高于常规的机械性教学模式，而且利用多媒体教学设备还可以时刻关注学生的学习状态，可谓一举多得。

（三）着力开发校本课程与教材，增强书法教育的人文气息

各级、各类学校要积极组织相关专家进行研讨，着力编写一部"较有说服力"的书法教材。书法教材的编写者既要有专业的高等院校的教授，还要有一线教师。教材的编写要从实际出发，不能把"中小学教材"写成"历史课本"，最好能使其兼具趣味性与教育性。教学的编写要突出重点与难点，要有明确的教学计划和教学大纲，不能泛泛而谈，更不能没有层次，比如要设置"基础模块""提升模块""拓展模块"，这样才能让教

师根据学生的接受水平进行合理调整。否则，内容编写得过多，无法保证整节课的进度，会打乱教师授课的节奏。内容编写得过少，又会让教师和学生空闲出大量时间，从而无所适从。因此，分层次地编写教材是最为合适的方法，它可以有效中和不同书体间内容多寡的差异性，把内容多的调少一点（如"唐代楷书"课程），将内容少的变多一些（如"先秦书法"课程）。教材在编写过程中要选择适合学生"发展"的教育方式与教学方法。学校还应在教育部门的指导下，组织形式多样的"教学反馈"活动，将试行过程中发现的有关该教材的优点和缺点都记录下来，以备在将来修订的时候予以调整。作为学校，也可以自行打造"校本教材"，组织教师编写书法的"内部教材"，将地域文化与校园文化充分融合起来，打造出具有自身特色的校园书法文化，形成良好的校园艺术氛围。除教材的编写，学校还可以利用周末时间，组织师生进行"书法名人故居"的参观活动，切身感受书法家的个人魅力及其书法成就。学校应努力加强校园文化建设，利用走廊墙壁，悬挂学生的书法作品，让每个学生积极参与其中，使"每一面墙会说话"，甚至还可以采取书写校名的方式，专门做一个"展柜"，放置于校门口显眼的位置，最后通过评比、投票的方式，评选出优胜作品，收藏于校美术馆中，同时给优胜者颁发收藏证书。然后再进行下一轮的书写比赛，以此循环往复。学生会在这种氛围下受到熏陶，不断加深对书法文化的理解与喜爱。

---

① 李汉宁.中小学书法教学法［M］.桂林：广西师范大学出版社，2013：96.

作者简介：

丁少帅，书法硕士，主要研究方向为书法史论和书法教育。现工作于徐州市丰县群益中学（高中部），任高一、高二、高三年级的书法教师，兼艺考教师，同时担任丰县一品书法中小学培训学校的校内教学指导教师。已在各大教育杂志、报纸、论坛发表教育论文数十篇。

基于民族教育哲学视点的汉字书法美育初探

周建强　杨宁宁　王悦桥

[摘要] 我国中小学的书法教育在国家、学校、教师与家长层面形成了要加强汉字书写及其书法教育的广泛共识，未来，基础教育阶段的汉字书写与书法教育教学将受到社会各界的高度重视。无论未来书法美育会不会成为国家课程或校本课程，建构书法美育学科或课程的教育哲学视域，对书法美育学科与课程及其书法美育教师而言都十分重要和关键。在中国传统教育哲学统摄烛照下，书法美育对写好中国汉字、讲好中国故事、传递好中国声音、表达好中国情意与点燃中国文化具有"画龙点睛"的作用。

[关键词] 民族教育哲学　汉字书写　书法美育　初探

引　言

2014年，习近平总书记指出，"殷墟甲骨文距离现在3000多年，3000多年来，汉字结构没有变，这种传承是真正的中华基因"。2019年，习近平总书记致信祝贺甲骨文发现和研究120周年时强调，"甲骨文是迄今为止中国发现的年代最早的成熟文字系统，是汉字的源头和中华优秀传统文化的根脉，值得倍加珍视、更好传承发展"。① 中国的汉文字非常了不起，中华民族的形成和发展离不开汉文字的维系。正如国学大师陈寅恪先生所言，"凡解释一字即是作一部文化史"，其实也可视作是一部思想史、哲学史。② 新时代，新的汉字观念正在形成：中国 汉字是世界上独一无二的文字，承载着中华民族的优秀传统文化。我们应该以认识汉字、书写汉字、欣赏汉字为荣，这才是真正的文化自信。汉字是中华优秀传统的代表和载体，而中华传

---

① 王瑞颖.一见·三句话，读懂总书记考察殷墟遗址的深意 [N].人民日报，2022-11-03.

② 侯旭东.字词观史：从陈寅恪"凡解释一字即是作一部文化史"说起 [J].北京大学学报（哲学社会科学版），2020，57（4）：88-98.

统文化是中华文明的重要组成部分和源头活水。我们可以从中汲取智慧和力量。汉字和以汉字为载体的中国书法是中华民族的文化瑰宝，是人类文明的宝贵财富。汉字书法教育对培养学生的汉字书写能力、汉字书写生成样态的审美能力及其文化审美品质具有极其重要的价值和意义。为推进中小学校书法美育教育，适应新时期全面实施素质教育的要求，珍视、继承与弘扬中华民族优秀文化，加强汉字书法教育教学的美育研究工作，基础教育阶段的书法教师亟须进一步激发中小学生热爱汉字、学习书法的热情，增强其文化自信与爱国情感。中小学书法教育以语文课程中的识字和写字教学为基本内容，以提高汉字书写能力为基本目标，以书写实践为基本途径，适度融入书法审美和书法文化教育。为了着力于民族教育哲学视域研究中小学校的汉字书法美育教育的实践规律及其践行范式，中小学校要加强全校师生对汉字书写及其汉字书法的技能训练，提高文化素养，不断促进与提升学校教师实施汉字书法美育的创生能力和实践水平。与此同时，中小学校要通过汉字书法美育构建"书香校园"文化，进而涵泳濡化学校师生的文化自信、人文修养和文化素养。中小学书法教育要注重基本书写技能的培养，明确汉字书法美育的教育教学实践要求。按照《中华人民共和国国家通用语言文字法》有关规定，硬笔汉字书写及其书法美育教学应使用通用规范的汉字，毛笔汉字书写及其书法美育教学要以经典碑帖的临帖习练为教育教学"范本"。无论从汉字书法的宏观"道"层面，还是从汉字书法的微观"术"层面，都是为了我国未来在大中小学校的汉字书法美育"一体化"生态体系构建。因此，对于我国汉字书法美育基于民族哲学视域的审视，已成为每一位语文教师、书法教师及所有一线教育工作者亟须解译的课题，即"书写中国故事与写好中国故事"所蕴含中华优秀传统文化及其美育密码。

一、我国美育研究的述评与汉字书法美育的教育哲学烛照

（一）我国美育研究的述评

黄济先生是我国新时期美育研究的重要奠基人。其美育研究因时而起、与时俱进，对我国新时代美育理论建设与美育实践发展具有重要贡献。基于马克思主义哲学和社会主义教育目的，他提出以美育人、全面发展的美育目的观，深入揭示美育与其他各育的关系，形成独立与融合相统一的辩证的美育地位观；系统梳理和阐释中国传统美学与美育思想；深刻审视美学与美育的内在关联，探析美育的内容与原则等美育实践问题。[1]20世纪80年代，我国的美学得到复苏，继而兴起美学热潮，美育成为热点。1980年，中华美学学会成立并召开第一次全国美学大会，美育成为这次重要会议的四大议题之一。[2]1981年，在"关于美学研究工作的谈

---

① 何齐宗，霍巧莲.黄济先生美育思想探要［J］.教育研究，2021，42（7）：71-80.
② 瞿葆奎.教育学文集：美育［M］.北京：人民教育出版社，1989：770-772.

话"中，周扬深入阐述了美育的意义、任务与内容。[①]在思想解放之初，我国美育面临着重建实践的重大使命与理论研究的课题。[②]黄济、陈元晖、瞿葆奎、陈科美等学者从教育学视域积极推动美育的价值重估与学科重建。[③]哲学是对世界基本问题和普遍问题进行研究的学科，是关于世界观的理论体系。汉字书写及其书法教育教学关涉民族文化符号对于汉语话语体系的符号表达，记录了人类社会成长发展进程中的思想意识与社会存在。汉字书法美育离不开其中孕育生成的哲学思想与哲学理论的思想引领和理论指导。这是我国汉字书写与书法美育在未来发展进程中独立成为一门国家课程、校本课程及其教育学科的必然发展选择，也是书写者与习练者个体生命文化自觉和传递中国话语声音的最美情意表达。柏拉图曾经说过："教育，从最高意义上讲就是哲学。"[④]因此，探索如何解构与建构教育哲学烛照下的中小学汉字书法美育，是真正实现全球化语境下对于中国智慧和中国文化的自然生命主体的自由觉解。

（二）汉字书法美育的教育哲学烛照的缺失

1.教育价值的质疑与主体性的否定

汉字书法不仅停留在会书写和会认读的实用功能层面，还建构在笔画、笔顺、结构字形基础之上的意蕴审美教育层面。现实生活中学习者，尤其是学生在学习过程中书写

汉字可能更在意的是汉字书写的速度和效率，过分看重和在意汉字书写的实际功用，忽视了汉字书写过程中所蕴含的思想文化及其审美意味。汉字书法美育是实现中华民族伟大复兴中国梦及彰显中国文化自信的重要体现，是从教育哲学价值论的视角观照汉字书法审美的价值意蕴。目前，汉字书法美育只关注了其经济价值，忽视了汉字书法的知识价值、伦理价值与艺术审美价值。会说标准流利的普通话和会写正确规范的汉字是现代中国人的基础素养和基本文化能力，也是中国人与国际对话的基础要件。如果将汉字书写的实用功能视为"源"，那么汉字的书法审美及其价值意蕴就是"流"。"问渠那得清如许？为有源头活水来"，源头固然重要，但如果"断流"，源头就是一潭死水。但是，如果只关注"流"却忽视"源"，那么"流"就是无源之水和无本之木。正确规范书写汉字是中国人最起码也是最基本的学习和文化要求，只将书写汉字定位在记录交际文化符号的实用功能层面，只停留在汉字符号的现实功用，这种固本断流的思想认知与价值判断是扼杀汉字生命力的短视行为，终将会消解汉字的文化价值和疏离汉字书法美育。

2.文化符号的象征与教育场域的寓意

我国汉字书法源于汉字符号系统的书写。作为记录汉语语音系统的文字符号，它的实用性基础功用逐渐发展，并衍生出了它的审美性。本文主要从书法审美的美育功能视角

① 瞿葆奎.教育学文集：美育［M］.北京：人民教育出版社，1989：770-772.
② 刘彦顺.中国美育思想通史：当代卷［M］.济南：山东人民出版社，2017：281.
③ 杨朔镔.改革开放初期美育的本体论重建及启示：以陈元晖、黄济、陈科美等教育学家为中心［J］.东北师范大学学报（哲学社会科学版），2019（5）：169-176.
④ 朱永新.新教育实验二十年：回顾、总结与展望［J］.华东师范大学学报（教育科学版），2021，39（11）：1-44.

审视书法美育的理论层面，解析出其蕴含的我国传统教育哲学的思想成长范式。由于我国汉字源于古汉字这种表意文字系统，无论是甲骨文、金文、大篆、小篆等汉语古文字系统，还是由此发展衍生出的隶书、真书、行书与草书等汉语今文字系统，汉语文字的象征表意性特征在汉字创生的原初就已融入汉字"成长"发展的历史演进过程中。东汉文字学家许慎在《说文解字》中提到了汉字的"六书"，即象形、指事、会意、形声、假借与转注，前四种是汉字的造字法，后两种是汉字的用字法。汉字象形表意的特点在篆书中体现得尤为明显和突出，比如鲁迅先生设计的北京大学校徽就是使用了汉字篆书象形的思想审美特点的典范。汉字书法将文字的实用功能和审美效能辩证统一了起来。汉字发展演进的过程体现了我国文字文化的直觉思维范式。随着计算机输入法和打字系统的迅猛发展，手写汉字的机会越来越少，汉字的正确规范书写也成为基础教育阶段的现实难题和教育困境。2013年教育部印发的《中小学书法教育指导纲要》中明确书法教育的总体目标："学习和掌握硬笔、毛笔书写汉字的基本技法，提高书写能力，养成良好的书写习惯；感受汉字和书法的魅力，陶冶性情，提高审美能力和文化品位；激发热爱汉字、学习书法的热情，珍视中华优秀传统文化，增强文化自信与爱国情感。"这些有关书法教育的政策文件强调了汉字书法美育的现实迫切性。但是如果语文教师和书法教师没有从教育哲学的视角建构书法美育的意义与价值，可能就很难有效推进我国的汉字书法美育。

3.汉字书法的教育审美与教学功用的现实消解

汉字书法美育应立足汉字符号的文化象征意蕴的审美教育观照，汉字是在中华民族历史演进过程中创生、创制的语言交际符号，这种汉语言的书写符号是民族文明与文化载体的意蕴象征，汉字书写及其汉字书法是建立在汉字符号形体、语音和意义三维层面认知思维、迁移想象等心理机制的复杂的智能活动。汉字书法美育不仅是传承民族语言文字及其文化血脉的过程，更是通过每一幅汉字艺术审美性的汉语言符号作品来表现其由视觉审美渐次进入思想审美最后达至汉字书法形式与内容、视觉观感与思想情意等多维度的哲学性的美学观照。

二、汉字书法审美的教育哲学观照

（一）"共性"与"个性"

从人类学的观点审视，一种语言造就了一个民族，一种文字符号成就了一段辉煌奋进的民族文明。汉字书法蕴含着民族思想范式、传统文化哲学思想与民族审美趣味等多种文化思想因子，是中华民族的国粹和优秀传统文化的最重要的经典范式，更是传承民族历史文化记忆与精神思想智慧的必由之路和必经之途。汉字书法美育是引导汉字书写习练者用柔弱毫末在尺牍之间竟显刚健苍劲、清丽隽秀等书法审美艺术之演绎，蕴含了疏密构图、正文与落款字体的变转、书写内容与书体的选择以及朱文、白文的补白等的艺术整体性考量，同时汉字书法作品中字符起落之间更是气韵流畅且意脉相连、意气贯通。汉字书法美育是由外而内的个性化解构与建构的辩证统一。汉字书法美育是用个性与共性、刚与柔、奇与正等一系列中国传统教育哲学思想话语来解译汉字书写与书法之间的生长发展点。

（二）"收"与"放"

我国汉字书写及其书法讲究"收放自如"，"收"是广采博收的学习吸纳和习练积淀，"收"是"操千曲而后晓声，观千剑而后识器"，"收"是"汉字书写"与"汉字书法"在美观欣赏层面的积累、比较和主体内化吸收。汉字书写及其书法的"放"是建立在"收"基础之上的创造性与语言表现智能的智慧再创造，"放"是汉字书写及其书法创造的个性化、艺术性、思想性、教益性、审美性和创造性的文化生命的自然自觉的创作表现。作为传承我国优秀传统文化的表现手段和重要载体，汉字书法教育具有陶冶思想性情、提高文化审美能力和"诗意栖居"的文化品位、传承中华优秀传统文化、增强中国文化自信与热爱祖国情感的育人功能。"收"是汉字书写及其书法知识技能层面的兴趣爱好和审美趣尚的追求。"放"是汉字书写及其书法在个体层面的实用性与艺术性基础之上建构生成的美育教育的社会性功用价值和"价值中立"的意义。

（三）规范与创新

汉字书法美育既要守正创新，又要让汉字书写及其书法审美艺术化成天下。汉字书法美育是传承中华优秀传统文化的最佳路径和最优化的方式，汉字书法美育不仅仅是学习内容，还是美育教育的重要载体和"成长"发展的教育路径。汉字书法审美艺术是书法美育精神思想丰盈的魂魄和生命脐带，是中华优秀传统文化学习与传承的最值得铭刻终身的途径范型。汉字书写及其书法创作的"守正"要坚守汉字书写符号的基本规范，这是汉字书法美育的基点和基础。汉字书写及其书法创作的"创新"也要在学习和传承中华优秀传统文化、坚持临摹和学习古代优秀书法家的汉字书法作品基础上，充分彰显汉字书写者的主体创造性和生命创造力。

（四）"言""象""意"

汉字书法美育的形式是汉字笔画、笔顺、偏旁部首及其结构布局等的外在线条符号的观感形式，内在书写内容则大多是我国古代的诗词歌赋、古名文、成语箴言、对联楹联等极富教育智慧和思想启蒙的励志文字。这虽然在某种程度上与西方二元对立的哲学思想契合一致，但一部完整的汉字书法作品更与"言""象""意"的我国古代传统哲学思想高度合一。汉字书法美育的"言"层面表现为汉字书法的书写内容为古今中外历史上诸多著名思想家、文学家等创制和当代名人及其汉字书法家本人原创的相关文字符号；汉字书法美育的"象"层面表现为汉字书法的书写内容，还有书法家运用"真、草、隶、篆、行"这五种基本书体及其衍生发展的其他书体范式"创造"或"创作"出的书法艺术形象；汉字书法美育的"意"层面表现为汉字书法的书写内容所蕴含与表达的思想情感和意趣情致，以及书法家通过自己"创造"或"创作"出的书法艺术形象所承载的书法家对于书法内容的理解体认及其情意旨趣的艺术化"投射"。

（五）"精""气""神"

汉语书写符号（汉字）的习得路径与机制对于习练者而言存在差异，母语是汉语的汉字书写习练者应该在规范书写汉字的基础上进一步向上求善求美，以达及书法审美的教育哲学层级。母语不是汉语的汉字书写习练者往往由汉字符号书写所呈现出来的外在观感形象生发出兴趣，进而理解这一汉字形体所承载的读音和意义指向。汉字书写及汉字书法的外在艺术审美观照达及内在思想意蕴情致的洞悉明悟，就是中国传统哲学思想之中的"精""气""神"。

三、基于中国传统哲学的汉字书法美育未来发展的思考与展望

（一）宏观美育视域：中国人生命的"诗意"舒展与穿越历史文化时空的行走

西周初期，从宗教中分离出的"乐舞歌诗"昭示了美育思想最初的觉醒。20世纪末至今的科技发展大有将写字技能从书法艺术中剥离的趋势，即书法的工具性与艺术性的分离。书法艺术性的式微导致了汉字之美在生活中的缺失，也凸显了书法美育的紧迫性。21世纪初，山东大学教授曾繁仁基于席勒的《审美教育书简》而提出"审美力"、"审美教

育现代性建构"与"致中和"三维审美教育论，真正从西方美育学中发展出了中国语境下的美育理论。①

汉字书法美育不同于国外美术绘画的线条色彩艺术，汉字书法美育是指用传统书写工具蘸上墨汁，在宣纸或其他纸张上按照从上到下、从右到左的书写规范书写汉字的传统文化艺术范式。汉字书法美育应该从真书楷体起步练习，真书楷体蕴含着汉字书写的法度规范之平直与曲折的辩证哲学。汉字书法美育不仅要追溯其源与流，坚守守正与创新、奇与正、刚与柔、疏与密、连与断等的传统哲学性思辨，还要坚守汉字书法美育统整综合的散点透视与单点立体透视的特质。为了让学生了解中华优秀传统文化，培养其中华文化的智慧和树立中国文化自信，促进其全面发展，必须充分发挥和尽力彰显我国汉字书法教育的育人功能。在基础教育阶段的汉字书法教育教学过程中，要尝试把汉字书法美育的知识技能通过过程与方法自然契合生成"情感态度与价值观"，追求传承好中华优秀传统文化，"写"好中国汉字，"讲"好中国故事，"练"好中国人的"精""气""神"和中国人生命的思想情意范式。让汉字书法美育与品德修养"同频共振"、共生共存、同向共进和辩证发展。②

（二）微观汉字书写教学层面：内容与形式、质与量、规范与个性的兼美共生

教育是弘扬汉字文化和文化自信必不可

---

① 徐霞."审美居先"与书法美育生态的构建：浅谈陈振濂书法美育思想的现代性和生存论倾向［J］.江苏教育，
　　2021（13）：36-38，44.
② 何齐宗.走向审美人格［D］.武汉：华中师范大学，2002.

少的一环。尤其是对于儿童来说，如果将汉字视为机械化的笔画组合，需要去死记硬背，那么学习速度是十分缓慢的，更重要的是，即使儿童记住了汉字的写法和读法，也不知道它从何而来，每一笔、每一画到底有何意义，只能是一种浅层次的学习，与文化相去甚远。新的统编版语文教材就考虑到了这一问题，并从学习方法上进行了较大的变革，不仅在"识字"板块出现了甲骨文，还涉及了象形字、会意字、形声字等造字原理，使孩子们能够通过溯源的方式学习汉字，了解汉字的"前世今生"。在课文的编排中，新的统编版语文教材采用了"字族学习"的方式，使孩子能够举一反三，迅速掌握大量汉字。

结　语

汉字书法美育融汇了汉字本身的文化美学血脉，汉字书写蕴含着文字形式符号与内容意义指向间的模糊性和语境性的辩证统一的文化艺术行为。极富象形性意蕴特质的汉字古文字笔画的曲折与汉字今文字笔画的平直方正蕴含着中国人思想思维的典型特征，汉字是有思想性格和精神魂魄的，汉字书法是汉字书写的文化审美超越，汉字书法美育是我国美育最应该垦拓的民族文化载体。汉字书法美育是充分彰显我国民族文化自信，扎根落实我国基础教育"立德树人"之"培根"、"强基"、"铸魂"与"润心"的重要手段和发展路径。

作者简介：

周建强，博士，现就职于首都师范大学教育学院，主要研究方向为中小学语文课程与教学。

杨宁宁，包头师范学院语文教育专业在读硕士。

王悦桥，包头师范学院语文教育专业在读硕士。

玩具剧场
——戏剧融入初中"五大洲美术之旅"的教学实践

吕　源

[摘要] 传统剧场空间与传统教室空间在物理特征、人的心理特征上具有极大的相似性，同时，戏剧作为艺术教育中的重要门类，能够给予艺术教学实践一定的灵感。本文在分析课堂中的实践案例的基础上探讨将戏剧引入课堂教育的可能性，并从具体的创作实践路径出发，设计出围绕戏剧且以学生为主体的课堂活动，推动学生学习戏剧文学，提升学生艺术素养，帮助学生表达自我、成就自我。

[关键词] 戏剧教育　艺术教育　课堂戏剧　组织策略

"五大洲美术之旅——玩具剧场"整合人美（人民美术出版社）版七至九年级的亚洲、非洲、欧洲、美洲、大洋洲的"五大洲美术之旅"课程内容，引导学生根据各大洲的自然与文化遗产、艺术作品提供的信息，自编剧情，制作玩具剧场进行戏剧展演。

一、课程背景："新课标"引领下的单元教学设计

（一）"新课标"指导课程设计

《义务教育艺术课程标准（2022年版）》

出台后，笔者发现之前的构想与课标的要求不谋而合。"新课标"强调课程内容与学生经验、社会生活相联系，强化知识的整合、设计综合课程和跨学科主题学习。第三学段六至七年级"世界美术多样性"在学习任务中，要求学生用造型元素、形式原理、欣赏方法等体会世界美术的多样性和差异性，第四学段并行开设了戏剧（含戏曲）、影视（含数字媒体艺术）等艺术课选项，要求学生对知识进行整体建构，即从知识技能的掌握发展到意义建构。提取的关键词就是联系、整合、跨学科、意义。

六、七年级的"学习任务1：领略世界美

术多样性"，对应的是"欣赏·评述"领域的世界美术赏析。具体来看，学习内容有三个要点：第一点，笔者归纳为作品欣赏，就是在前面课程中学习评述一幅作品所需要的内容描述、形式分析、画家意图和作品评价四个要点。第二点，讲民间美术作品，包括剪纸、皮影、面具、泥塑、刺绣、蜡染等，也就是工艺美术作品。第三点，用造型元素和形式原理来欣赏、评述建筑。这三个要点恰好包括了美术作品的四个种类：绘画、雕塑、工艺、建筑。这就为后面玩具剧场的设计提供了依据。

"新课标"提示了"教学重点"：要结合文博资源设计单元教学活动，运用美术欣赏方法，从表现形式、内容和文化背景等层面，引导学生以视觉笔记、学习体会、报告、角色扮演等方式进行表达，鼓励学生将拍照、文字记录、手绘和文字相结合，用网络等手段自主搜集资源，最终形成一个美术大观念——"世界各国的美术作品是不同文化的重要载体"。应该说"新课标"对世界美术这部分的教学建议是非常多元的，鼓励学生融会贯通，不拘泥于形式。

"情境素材"建议运用教材中"五大洲美术之旅"的内容，"学习活动建议"鼓励"探究、自主、合作，基于问题、基于项目、基于案例的学习"，可以说非常灵活开放，同时对学生的核心素养和综合能力的要求比较高。类比之下，"新课标"中戏剧和影视学习任务的共同之处就是会编剧。八、九年级戏剧有编演故事脚本、策划戏剧化活动、学会剧本构思与写作、运用戏剧方式进行知识学习。八、九年级影视同样有编导故事、真实的记

录、虚构的故事。因此，用"五大洲美术之旅"的学习内容，通过戏剧和影视的方式来讲故事。单元目标包括四个方面：

（1）知道至少6位不同历史时期中外著名的美术家及其代表作（审美感知）；

（2）能运用感悟、讨论、比较等欣赏方法分析、描述作品的主要内容和特点（审美感知、文化理解）；

（3）能口头或文字表述对"世界美术的多样性、差异性"的感受和认识（审美感知、文化理解）；

（4）小组合作采用写实的表现形式，创作有创意的剧情，绘制2个平面景片，1个立体剧场模型，拍摄制作1部戏剧展演视频（艺术表现）。

单元学习过程含有6个环节：自主探究、编创剧情、剧场改造、景片制作、角色道具和戏剧展演。其中，自主探究是最重要的，也是最难的，属于知识输入的过程，只有有了好的输入才有好的输出。

（二）戏剧感知

既然要戏剧展演，就要让学生了解戏剧是什么样的，笔者展示了经典话剧《茶馆》的片段。这是早年间的戏，舞台场景基本还原真实生活，人物也穿着当时的服装，在观众面前营造了一个虚构的真实。演员用台词和表演烘托情绪，笔者介绍片段中出场的王利发、常四爷、秦二爷，讲述时代大背景下小人物的悲剧故事。《茶馆》就像一滴水，折射出整个帝国的衰落，在政权更替的时代背景下，戏剧时空上演着百姓的生死存亡。

《茶馆》是非常写实的，而当代舞剧《咏

春》将武打与歌舞融合在一起，其舞台场景设计和人物造型非常简约大气，不能用像不像、真不真、还原程度高不高来评判它，看《咏春》似乎能看到舞台上凝聚着的一股气，一种中国功夫蓄积的力量感，引得人们血脉偾张。

（三）玩具剧场整合课程

戏剧可以在大的舞台上演，也可以在小的舞台上演，甚至可以微缩到一个鞋盒那么大的玩具剧场里。玩具剧场（图1）是19世纪的英国流行的一种纸玩具，有可供剪切、拼接制作而成的纸质场景模型、道具，还有各式人物，一个鞋盒可以做剧场，按照一定的搭建方法，将景片插在上面，还能根据需求随时换场。

玩具剧场也是瑞典导演英格玛·伯格曼童年时代特别喜爱的用来打发时间的小物件。在电影《芬妮与亚历山大》的开场，小男孩亚历山大正在摆弄的就是玩具剧场。这部影片自传色彩非常浓厚，伯格曼导演本人是这样看待玩具剧场的："这个小世界也许能够稍稍反映一些外部的真实世界，也许这个小世界能够让人们暂时忘记外面世界的痛苦和烦恼。"玩具剧场也是戏剧家或者舞台艺术工作者特别喜欢使用的一种排练工具。用玩具剧场来模拟人物调度，对戏剧起到锤炼的作用。

图1 玩具剧场

之所以用制作玩具剧场并展演的形式开展"五大洲美术之旅"的课程，有两方面的考虑：一方面，初中美术"五大洲美术之旅"是欣赏课，分散在人美版初中七至九年级的五册美术教材中，分别是"亚洲艺术之旅"（七上11）、"欧洲艺术之旅"（七下10）、"非洲艺术之旅"（八上10）、"美洲艺术之旅"（八下10）、"大洋洲艺术之旅"（九上11），比较繁杂，课时紧而内容多，教师讲起来枯燥，学生的学习效果不好。因此需要用以点带面的方式来组织教学，即每组选择一个大洲展开深入学习，再全班汇报集体授课，提高学习效率。另一方面，戏剧是综合的艺术，与学生学习过的定格动画课程有异曲同工之妙，就像从平面到立体的迁移，学生易于接受。所以笔者的"五大洲美术之旅——玩具剧场"课程就这样开展起来了。

在笔者看来，每个大洲的作品都是一个个的点，先要了解作品，在几个作品之间找联系，点动成线，线动成面，面动成体。"亚洲美术之旅"的切入点是建筑和建筑的比较，强调了伊斯兰建筑，做了西亚（以色列）和南亚（印度）的伊斯兰建筑对比。而大洲与大洲之间的比较就上升到文化层面了，向着文化理解进发。因此我们要尝试着理解世界美术的多样性，尊重别国的文化。四大文明古国有三个来自亚洲：古代中国、古代印度、古代巴比伦，五大洲的课里没有讲古代中国，讲得最多的是古代巴比伦，也就是伊拉克、以色列所在的两河流域的文明。比较少的笔墨讲了日本、韩国，以及东南亚的柬埔寨（吴哥窟）。"欧洲美术之旅"是占教材篇幅最多的，侧重于建筑、雕塑、绘画作品，其中法国、意大利居多。"非洲美术之旅"以埃及作品为最多，代表作品比较明显地分布于海岸线上的国家。"美洲美术之旅"谈得最多的是墨西哥艺术及拉丁美洲三大古文明（玛雅文明、阿兹特克文明、印加文明）。"大洋洲美术之旅"主要讲自然景观和土著文化。教材的一个个知识点就好比地上的一棵棵树，顺着树根向下摸索，会发现地下盘根错节，根与根都连在一起。这就需要教师尽可能深入地了解每个知识点，这样可以在学生学习过程中给予其恰如其分的点拨。

二、课程呈现：探索项目式学习模式

项目式学习分为7步（图2）。第1步，呈现问题情境，确定大洲主题。每一组选择一个大洲进行研究。第2步，自主学习教材，再把每个组的研究成果通过自主授课和戏剧展演的形式展示给同学们，这样全班同学就能够用最少的时间了解五大洲的概况，而且通过学习掌握学习方法。第3步，联系教材内容，编创戏剧剧情。第4步，剧场制作，改造剧场建筑、景片、角色和道具。第5步，组内排练改进，全班展演并录像。第6步，组间评价建议，组内思考完善。在时间允许的情况下，第5步和第6步可以重复开展，进行2轮的展演和评价。第7步，对展演视频进行后期加工，并在网络平台上分享。由此形成完整的项目式学习模式。

（一）呈现问题情境

笔者将作为教师的真实困惑告诉学生，希望他们在学习该欣赏类课程时能够更有动力和兴趣，希望他们能够向身边的小伙伴介绍一个区域的艺术，希望他们能取得更好的学习效果，并且希望能将他们的介绍长久保存，可以作为学习成果传递给下一届同学。笔者分享了讲"五大洲美术之旅"课程时曾经做过的一些探索。2015年，笔者初上"五大洲美术之旅"课程时的想法是做"电影院剧院设计"，笔者给学生看了一些现代先锋的舞台布景，有些同学结合书脊封面做了剧院设计，作品做出来后总感觉有点儿像立体贺卡，五大洲的知识不够落地。2016年，课程就落在对五大洲美术知识的精细化加工上，例如作图表、画地图，并在地图上标注美术遗迹的位置。此外，学生还在问卷星上做了调研，检验学习成果。2018年，笔者在网上看到一款玩具剧场的产品，考虑到学生之前拍过定格动画，有一定的编剧经验，便尝试带领学生按照从平面到立体的思路做成了戏剧剧场的立体装置，结果出乎意料：欧洲组同学拍有关第二次世界大战中的"柏林战役"的内容；亚洲组同学很喜欢日本画家葛饰北斋创作的《神奈川冲·浪里》，就让他们化身为故事里的惊涛骇浪；大洋洲组同学拍《月亮和六便士》里的高更在塔希提岛娶妻生子

的故事，学生更是讨论了一些感兴趣的话题，激发了探索欲望。学生的作品虽然足够令人惊喜，但也存在一定的遗憾，就是有的故事似乎和教材作品的关系没有那么紧密。于是笔者意识到前面实施精细化加工的环节还是要保留的，因为只有学生对各大洲的历史遗迹和文化作品足够熟悉，才能将其编入自己创作的戏剧作品中，否则，他们就很有可能凭借自己以往的经验编一个故事。基于上述认识，笔者设计了如下的驱动任务：我们要制作一个玩具剧场，即根据各大洲的自然与文化遗迹和文化艺术提供的信息，自编剧情，进行戏剧展演，要求玩具剧场中要包括建筑、景片及角色道具，并特别强调要把各大洲作品编进故事。作品完成后，我们会对各小组的作品进行评价和打分（表1）。

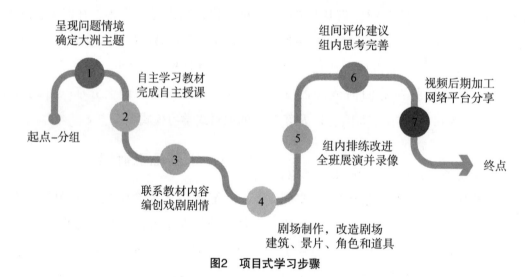

图2　项目式学习步骤

表1　学生自制玩具剧场

项目	第一章　五大洲美术之旅	第二章　玩具剧场	第三章　戏剧展演
学习内容	（七上11）亚洲艺术之旅 （七下10）欧洲艺术之旅 （八上10）非洲艺术之旅 （八下10）美洲艺术之旅 （九上11）大洋洲艺术之旅	纸剧场的制作 店铺门面设计（九上6） 废旧物改造（七上9） 线材造型（七下5）	展示，评价

项目	第一章 五大洲美术之旅	第二章 玩具剧场	第三章 戏剧展演
评价点	1. 授课8分钟（5分） 2. 小老师向同学提问/测验/布置课堂作业10分钟（5分）	1. 三幕剧剧本（2分） 2. 剧场外壳及装饰（3分） 3. 替换景片（3分） 4. 人偶角色（2分）	1. 展示流畅（3分） 2. 声情并茂（2分） 3. 体现大洲美术知识，一处加1分（5分）
分值	10分	10分	10分

（二）自主授课

自主授课事实上也是学生自主探究的过程。首先，简要复习欣赏、评述作品的方法要点，学生在"博物馆奇妙夜"的课程上已经学习过如何评述作品，在这里主要是进一步夯实基础，而且一些重点作品教材上也都给出了四步法的评价范例。接着，学生对大洲知识进行精细化加工，在地图上标注地理位置，温习地理知识。例如，欧洲组同学对艺术地图的地理位置标注得比较严谨，做了精细化加工，有的是图文结合的方式、有的是列表格。在采用列表格的方式时，横向上列出艺术性与风格、实用性、建筑规模、建筑结构和其代表性建筑，纵向上按照历史发展的顺序，列出古典时期建筑、中世纪建筑、文艺复兴时期建筑、近现代建筑和当代建筑（图3）。当然，也有的同学是按照几个大洲的代表作品进行列表的。这些表格和视觉笔记凝聚了学生对知识的加工和思考。学习之后进行授课，对全班同学分享，并在问卷星上设计题目，进行全班调研。此外，学校组织的走进博物馆活动也帮助学生建立了对文物的审美感知和文化理解，对课程有很大程度的支撑。大洲知识都掌握了，就有了好的输入，下一步就是输出了。

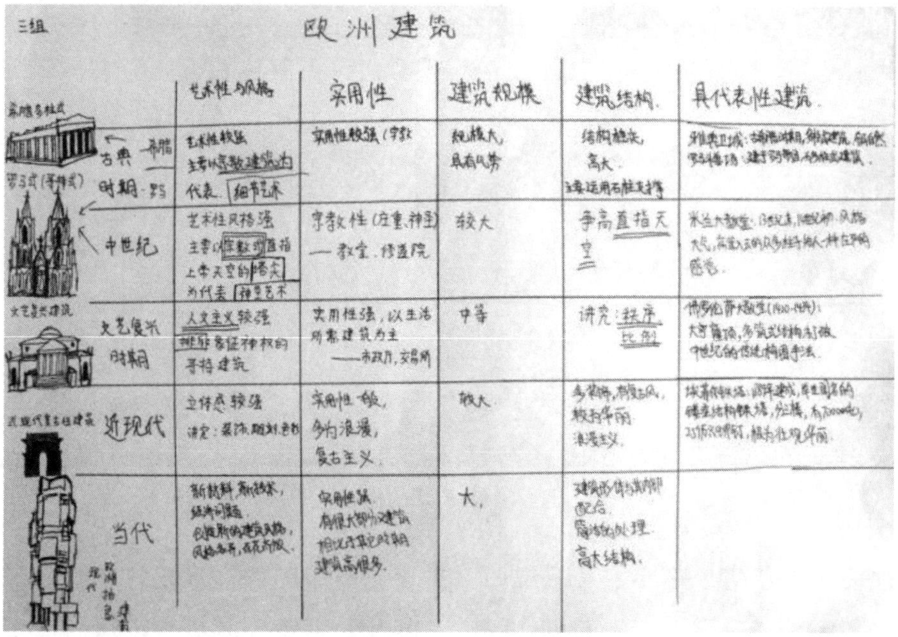

图3　学生视觉笔记

（三）编创戏剧剧情

戏剧剧情的编创要体现该大洲的主题，而且应尽可能多地将该大洲的美术遗迹和作品编进剧本，故事要有创意、有趣味。编剧本身与语文有千丝万缕的联系，笔者给学生介绍精细化剧本写作的结构。简单来说，剧本写作应掌握4个部分——起、承、转、合，就是故事的开端、发展、高潮和结尾。抓住这4个部分来写能够很大程度上避免学生编故事抓不到重点的情况。笔者提供《天才枪手》的样例给学生仿照：开端是女孩成绩非常优异，家境不是很好；发展是女孩帮班上的同学作弊，从而牟利；高潮是一个大事件——女孩合伙跨国考试作弊，被抓；结尾，女孩改过自新。为了让学

生编剧更加方便，笔者设计了玩具剧场的学习单。用最简单的话编一个故事，符合起、承、转、合的结构，即用四句话讲清楚一个故事。有了故事就可以做剧场了。

（四）剧场制作

用纸盒儿改造一个剧场，并进行装饰，包括设计景片、角色和道具等（图4）。为了方便学生、节省时间，笔者先梳理了五大洲美术的几个分类，按照建筑、雕塑、绘画、工艺的分类做好了作品列表，并引导学生：大洲的建筑恰好可以作为剧场的建筑；雕塑和工艺，尤其是人物雕塑，很适合作为角色和道具；绘画等平面作品可当作景片。有时候，在剧场制作的过程中也会碰撞出有意思的故事。

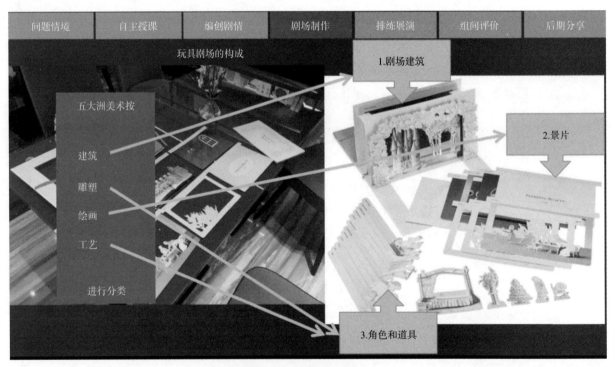

图4 玩具剧场的构成

笔者继续给学生介绍一些非常有意思的现代戏剧的舞美设计，以激发学生的创作灵

感。例如舞台背景的大眼睛，眼球部分可以掀开、翻转，演员可以从后面走出来。再如

吊在半空中的舞台装置，人坐船到海岛，舞台坐落于水上，有着能上天入地的自由的戏剧空间。还有翻开的书本，演员坐在骷髅的手上等一系列非常有创意的舞台设计，令学生眼界大开。学生可能不知道该舞台的意图，不喜欢骷髅的设计。对于学生的想法我们会充分尊重。看了很多作品后，学生开始设计剧场草图，要画三个草图，选一个完成

正稿。有的小组设计了一个可以打开的门，有的小组不仅设计了景片，还有人物造型。设计稿不仅是他们创意的过程性记录，更是玩具剧场的一部分。笔者能从画面中感觉到学生非常松弛的状态，这是一种让人非常喜欢的创作状态。在课堂上，同学们改造纸箱，团结协作装饰剧场，最终收到了很理想的效果（图5）。

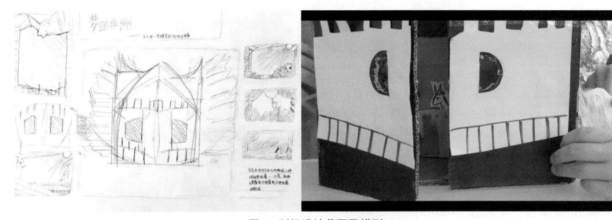

图5　剧场设计草图及模型

（五）戏剧展演

做完剧场就是最激动人心的展演了。玩具剧场很小，展演时要怎么让大家都看清楚？笔者花了些心思：学生在前面演，笔者用一个PAD对着录，同时将这个PAD投屏到旁边的大屏幕上。这样离得近的同学可以直接看玩具剧场里的表演，离得远的同学可以从大屏幕上看"实况转播"。笔者还用一个摄影机位把学生的表现记录了下来，这样就有了所有学生的活动过程的记录（图6）。最后剪辑时，可以利用这些影像记录做出画中画的效果，戏剧的幕后工作者——我们的学生也就都出镜了。学生会因此而感受到被重视，从而促进其表现欲望，提升其投入感。

（六）组间评价

做了就要评。我们每做完一个部分都会介绍，例如我们在建筑部分做了哪些改造，突出了哪个洲的艺术特色，用了怎样的色彩对比。设置这样的介绍模板，主要为了促使学生说重点，控制时间。介绍的过程也是自我检验的过程，检验自己是否达成了任务要求。我们还设计了相应的评价量规，有三级挑战，每达成了一个指标就多加1分。因为这是一个非常综合的作业，所以分配到每一个小项目里的分值都非常少。同样地，景片制作和角色制作也有具体的要求。在戏剧展演的10分里，分值最多的就是要体现美术遗迹和文化遗产相关知识，有一处就加1分，最高

加到5分。这样能非常有效地让学生主动思考作品之间的联系，从而编到故事里。组间评价的时候各组整体换场，一组评二组，二组

评三组……以此类推。每个组都有一张评价表，先完成自评，再由其他小组成员对他们的建筑模型、景片等进行打分，最后取总分。

图6　展演排练现场

（七）后期分享

后期分享主要是把作品传到微信群。在完成后期字幕、画中画合成、加统一的片头后，发到班级群。班主任将作品转发到了家长群，获得了不错的反响。学生李思纱说："在本学期的美术课上，我不仅学到了丰富的中外美术知识，更学会了如何进行团队合作和交流。只有发挥每个人的优势，取长补短，才能更好地完成每一个任务。"学生程渡说："在本学期的美术课上，我学习了玩具剧场的制作，我和同组同学绞尽脑汁想要做出一份好剧本。我们讨论了一节课的时间，并最终写出了一份关于载歌载舞的黑人兄弟的小剧本。我们按照剧本一步一步做，终于做出了一个较为完备的小剧场，并进行了展示，我们都感到特别充实。"学生能够学有所获是笔者最为高兴的事，学生的作品也能体现出他们的学习情况。

例如程渡同学组（该组主要是男生）做的

这部《载歌载舞的黑人兄弟》（图7），剧情短平快，起、承、转、合都很到位，高潮是小孩从金字塔出来时变身木乃伊，意料之外又情理之中，展演的优点是临场反应能力很强，人偶插错位置能马上补救说"金字塔里很黑，黑得连自己的同伴都看不到啦"，让人以为是有意的设计。该组的作品可以算是学业能力水平1的作品，但也存在一些不足之处：既然是讲木乃伊的故事，如果剧情中可以加入对死亡的认识、人物造型设计方面能够用上非洲埃及绘画作品的"正面律"，就更好了。

图7　学生作品《载歌载舞的黑人兄弟》截图

而作品《梦回非洲——关于我一觉醒来到了非洲这件事》（图8）的优点就非常明显了——画面设计非常丰富（能看出学生尽最大的可能做得很丰富）。这组集聚了动手及绘画能力都很强的女生，她们在场景设计上有很多想法，草做出一层一层的立体效果、树用揉纸的方式也做成了立体的，而且剧场做出对开门，幕与幕之间借用了非洲面具的设计，面具本来就有"遮挡"的意思，她们用面具的遮挡做出转场效果，很是巧妙。该组也是所有小组中美术作品使用最多的，如用非洲埃塞俄比亚的拉利贝拉岩石教堂、狮身人面像和哈夫拉金字塔做场景；用天国之鸟壁毯做神秘大门；用羚羊形头饰木雕做"穿越神器"，体现埃及人物正面律的人物形象……而且她们尽可能地把这些美术作品的功能及其原本的意义用在了作品里，让人物与道具产生一定的互动关系，这样的作品在同年龄段学生作品中应该说是非常出色了。这个作品属于学业能力水平2的作品。该作品的不足之处就是场景制作非常繁复，欠缺对剧情的推敲，作品讲述的是一个穿越故事，穿越虽然不需要理由，但会显得缺少思考。另外，该作品在语言的组织方面随意性比较大，欠缺了一些内涵。这也体现了处于青春期的学生的一种心理状态，就是有一点唯我独尊，她们可能自认为自己的作品是几个组里面设计得最为精美的，认为精美的就一定能够拿到特别高的分数，所以稍微有一点骄傲了。

接下来的作品《从未忘记》也算是学业能力水平2的作品。该作品的场景设计并没有《梦回非洲——关于我一觉醒来到了非洲这件事》那么好，胜出的原因在于他们的剧情内涵深，对文化理解的把握比较好。做这样的比较及进行作品评定都是为了引导同学们，并不是场景做得越丰富越好，做得再丰富，可能都不如一张照片拍得丰富，只要有足够的时间大家都可以做出丰富的场景，而能够发人深省的剧情才更能体现作品的水平，也更能锻炼学生的思维能力。提到这个作品笔者还想强调该组的联想能力。联想能力对编剧来说是非常重要的。该组学生在自学和自主授课阶段就体现了很好的联想能力，他们一开始就像老师导入一样先问大家："你们知道绿野仙踪吗？"大家都说知道。"绿野仙踪发生在美洲的密西西比，这个地方特别容易有龙卷风。"学生马上回想起前段时间美国受龙卷风影响很大，很多房屋受到损坏的新闻报道。而且，就美国密西西比容易产生龙卷风的现象，还可以联系地理气候原因，形成更深入的跨学科学习，学生从一个点迁移到另一个点，编织出一个网，就好像生活处处是亲切、熟悉的朋友，获得内心的滋养和自洽。

最后一个作品《光遇》（图9），场景比较简洁，剧情（对光的追寻）体现出学生顽强的生命力和向上追寻的力量。学生朗诵时感情充沛、文采斐然、腹有诗书气自华，属于学业能力水平3的作品。同样地，作品也有一定的遗憾：剧场中的人物大多是用一根白色的杆来牵引运动，有时会有一点跳戏或者是干扰思考和观赏，在以后的设计中不妨将白杆涂成与背景相近的颜色，让它"隐身"，或者改成定格动画的形式，直接将白杆去掉。当然，这也是笔者在设计作业时需要反思的。

图8　学生作品《梦回非洲——关于我一觉醒来到了非洲这件事》截图

图9　学生作品《光遇》玩具剧场模型

学生的作品呈现可能只有短短的几分钟，但制作的过程却不是这短短的几分钟能够表达得完的，有欢笑也有烦躁，有得意也有无奈，但不管怎样，只要动手做了，就一定能够在学生脑海中留下印象。如今，他们已经升入高中了，可是他们永远都会记得在西坝河曾经有过这样一段自我发现、自我表达、自我成就的学习经历，这也是笔者作为老师最为欣慰的事情了。

三、课程延展：构建美术＋戏剧＋影视课程群建设

"五大洲美术之旅"的内容丰富，美术、戏剧、影视三者可以碰撞出很有意思的创意作业形式。除了把美术和戏剧相结合做出玩具剧场，还可以把戏剧和影视相结合生发出舞台化的电影场景、把美术和影视相结合做出定格动画。

（一）戏剧＋影视：舞台化的电影场景

《春夏秋冬又一春》也叫作《冬去春来》（图10），是由金基德自编自导的影片，富有东方美学韵味。影片讲述了老和尚抚养小和尚长大的故事。电影里有一处场景，特别耐人寻味。老和尚进寺庙需要划船，他的寺庙像湖心亭的小岛，外面有一个大门，要先进大门，才进庙里，只不过电影中寺庙的四周都是自然之山水风景，没有围墙。按照常理船可以绕过大门直接进去，但老和尚一定要先划着船穿过大门，再进到庙里去，就好比是舞台化的场景，虚虚实实，没有围墙也不跨越，反倒生发出很多意味，耐人揣摩。

还一个比较典型的舞台化场景就是丹麦导演拉斯·冯·提尔的《狗镇》（图11）。整个电影就像是一个大舞台，每家每户是地上的一个框，摆放简单的桌椅板凳，让人觉得既真实又不真实。经常有大全景镜头俯瞰整个镇子。就在美术师唯恐画面不精美、场景不复杂的时候，出现这样的电影场景设计，无疑是非常先锋的，观众是在用看戏的经验来看电影。回想中国的影片，尤其是典型的京剧作品，里面的陈设更是简洁到极致。例如京剧《三岔口》，只有一张桌子，既是桌子也是床。补充一点，京剧的场景虽然简洁，但人物服装非常耐看、非常精美。

图10　电影《春夏秋冬又一春》截图

图11 电影《狗镇》截图

笔者在给学生上影视课时，就吸收了这方面的经验，简化场景设计，多从戏剧舞台美术中汲取营养。例如现代昆剧《瞿秋白》，舞台的左边是床，右边是审讯室，一块简洁的白色幕布，投出剪影效果，虚实相生。还有刘杏林作舞美设计的话剧《红楼梦》，从色彩运用上，场景是白的，人物服装大体也是白的，暗合了"落了片白茫茫大地真干净"这句话，这也是舞台设计的视觉主题。

对比西方流行的沉浸式体验，《大卫·霍克尼：更大更近（而不是更小更远）》就很难定义是什么类型的作品，几十台投影把霍克尼的作品投放到四面八方，观众身处其中，被动态的色彩包围。观众喜欢丰富的视觉效果，学生也不例外。以往的学生作品场景设计都比较复杂，认为繁复的才是好的，然而这恰是我们要提升认知的部分，即理解"少即是多"，只有这样，才能提高效率，节省有限的课堂时间。

（二）美术+影视（含数字媒体艺术）：定格动画

中国传统绘画通常都是简洁的，以《簪花仕女图》为例，学生让名作动起来，拍摄定格动画，让沉寂在卷轴中的美术作品"活"起来，赋予其新的生机与活力。

第1步：按照"起、承、转、合"编创剧情。学生编了如下故事：近景——红色女子站在窗前；全景——来到花园，花开正艳；特写——蝴蝶落于指尖；大全景——另一女子带小狗来招呼，小狗在两人之间来回奔跑；全景——小狗气喘吁吁趴在地上直吐舌头。写出相对完整的故事。第2步：绘制分镜头，学习景别。明确各个景别里人物的大小，画出分镜头。第3步：做动画。用Flipaclip卡通动画应用软件做出动画效果，做好之后进行修改调整，把原来的窗格替换掉，使色彩风格更加协调统一。第4步：后期制作，为视频加入声音、字幕、片头片尾，铺背景音乐。

除了让名作"动"起来，我们还可以把动画作业再进行拓展，做进阶挑战作业。模仿纪录片《画里有话》的艺术表现形式，以"五大洲美术之旅"为灵感来源，编创文案脚本，做一个1—3分钟的动画视频。可以以小组合作探究的形式完成创作，可以自拟题目，也可以给学生提供一些主题选择。例如：

（1）《中西绘画的线与色》——欧洲和亚洲绘画艺术是如何用线/用色的？有什么区别？

（2）《民间美术面面观》——非洲、美洲、大洋洲的民间美术作品，分辨其材料、用途和特点，它们体现了该文明的什么特点？

（3）《时空下的遗迹》——在教材上数一数亚洲和非洲文明遗迹出现较多的几个国家，并在地图上标注它们的位置，思考它们的地理特征有什么共同之处，并思考这对文明的产生有哪些方面的帮助？

经过思考和尝试，艺术教学的终极目标还是要落实核心素养——审美感知、艺术表现、创意实践、文化理解，提升学生的综合能力，让学生在艺术中获得心灵的自由。让我们一起在美术的沃土上贡献自己的力量，最终成就学生，成就自己，为学校和社会做出贡献！

作者简介：

吕源，北京中学，中学美术一级教师。

戏剧教育在青少年生涯发展与心理障碍疗愈中的重要作用

陈　淞

[摘要] 伴随着时代洪流的滚滚向前、社会日新月异、科技快速发展，每一个人的全面发展要求也越来越高。同时，社会的飞速发展、信息流的冲击、升学压力的加大，使得许多青少年迷失了自我，在"高温高压"下逐渐产生了各种各样的心理障碍。因此，如何帮助青少年树立生涯意识、发展生涯能力，通过创造性的手法疗愈学生的心理障碍，就成了教育者应该重点关注的问题。

[关键词] 生涯发展　艺术疗愈　心理障碍化解　青少年成长　全面发展

一、戏剧教育促进学生生涯意识养成与生涯能力发展

（一）戏剧教育激发学生梦想

戏剧教育的核心是引领、激励孩子进行艺术创作和创造，展现自我、不断摸索、坚持探索，用极高的观察力、想象力、创造力、信念感去塑造人物、表现情节、感悟主旨的过程就是学生进行梦想探索、梦想树立、梦想激励、梦想实践、梦想达成的过程。而生涯教育专家赵昂老师在其著作中强调"生涯教育就是梦想教育"[①]，对青少年开展生涯培养的实质就是对学生进行梦想实践的引导。

在现实生活当中，青少年追寻梦想的步伐总是止步于父母对其梦想本身"不切实际""不合常理"的指责和否定，以及对于孩子开展所谓"现实教育"的认知瓶颈当中。青少年对于梦想的探索与实践缺乏有利的土壤和环境，梦想的种子就在干涸的盐碱地和终日不见阳光的阴暗洞穴中枯萎而亡。这种现

---

① 赵昂，任国荣.通往未来之路：培养有梦想的孩子 [M] .北京：机械工业出版社，2020.

实情况大大影响并限制了对于青少年梦想教育乃至生涯教育的正向引导，让一个又一个生动鲜活的小小梦想被扼杀在萌芽之中，这对其未来发展路径的探索与规划、自我信念力的培养有着极大的腐蚀性，不利于青少年的成长和发展，对于其生涯思维的养成也具有一定的阻碍作用。

而戏剧教育正是为梦想教育、生涯教育而生的。在戏剧中，孩子们可以跟随自己的意愿随意创设情境，天马行空、奇思妙想，不用受到社会格式化评价或者量化考评的影响，在创造和开放包容中解放天性，回归本真，能够大胆去想、大胆去做，无论梦想是否真实、是否具有可行性，他们都可以在规定情境和自我假定中随意发挥，在戏剧环境中弥补现实生活的缺失，让戏剧成为梦想扎根和成长的沃土，从戏剧中找到自我的追寻和梦想的去向。孩子们只有在无拘无束中才能真正探索"自我"，这种自我是一定程度上不受外界影响的，可以自由发展而无所牵绊的。这种有环境成长经历的孩子，往往更具有"梦想力"，更敢于尝试、更敢于探索，也更具有发展前景、更能够掌握人生。

戏剧教育以其特有形式和独特优势，帮助孩子营造自由探索、自由实践梦想的空间，让梦想扎根于孩子心中，以此推动其开展生涯意识萌芽，成长为自己的样子。

（二）戏剧教育助力青少年探索兴趣

我们调查了100位年龄在6—12岁的青少年，问题是"你最喜欢做的事情是什么"（此处的喜欢是指特别热爱、十分想做、有较强依赖性并坚持一年以上），对于这样一个简单的问题，却有62%的受访者难以给出准确判断。在此之前，我们还做了一个关于理想职业的调查，调查对象分成两组：5—9岁为一组、10—16岁为一组，通过数据分析发现，5—9岁这一组对于理想职业有明确认知的比例在76.5%左右，而10—16岁这一组对于理想职业有明确认知的比例仅在49%左右。

通过这组数据，我们不难发现，大多数青少年对于自己的兴趣爱好存在模糊的状况，并且我们可以大胆猜测：由于受到考试成绩、主流评价、禁锢化教养的影响，伴随着年龄的增长，青少年对于自己的喜好，特别是目标职业喜好的清晰度逐渐下降。

兴趣的探索是生涯教育的重要内容。对应试教育的曲解和不合理发展使得青少年在兴趣探索这个问题上很难得到支持和帮助。长期下去，兴趣探索得不到全面开展，青少年在未来面临高考志愿规划专业选择时、在面临就业拐点时，就很难做出准确判断和精准选择，一旦选择错误，则会不可避免地出现职业困惑、职业倦怠等一系列问题。

戏剧教育能够不受时空限制，在有限的条件下，创设规定情境，从一个时空维度中感受多元化的角色体验。在生涯教育领域，我们常说，开展生涯教育要以体验和感受为主，要让孩子多接触不同的环境和场景，避免固化和标签化的教育模式。戏剧教育自身的特色刚好为这种理念提供了实现的基本保障和可能性。戏剧教育可以创造不同的"剧本"，青少年参与其中可以探索不同的角色，并以此角色为依托，感受在这样一个身份下，一个人的发展路径和真实生活，从而察觉和判断："我"是否与这个"身份"匹配，即我是否对这件事（亦可以说成职业内容）或者这样一个职业本身有着比较浓厚的兴趣。这种兴趣探索方法是其他探索形式所不具备的。戏剧教育通过戏剧知识技能的教授和培养，能够在不经意间实现兴趣的探索任务，同时完成生涯教育意识的熏陶和养成，这种教育形式是生动的、立体的、鲜活的，能够从根本上激发青少年的生涯潜力，从全景视角培养青少年的生涯能力，是生涯教育中不可或缺的组成部分。

戏剧教育用温度和广度引领青少年在学习戏剧的过程中，追寻所爱，探索自己真正热爱的、愿意长期为之无条件付出的活动甚至职业，使其能够树立目标，为之奋斗，并从中获得快乐和幸福感、满足感，这就是戏剧教育对于生涯教育的独到之处。

（三）戏剧教育推动青少年落实关键生涯能力的养成

青少年在终身成长中需要具备诸多的生涯能力，诸如合作能力、学习能力、组织能力、表达能力、领导能力、目标管理能力、自我驱动能力等，这些能力不会自发地养成，需要有意识地培养和发展。在生活中，我们往往难以有组织、有计划地设定教育情境，有针对性地对青少年开展养成式教育，也缺乏合适的契机进行刻意练习，这就导致了许多青少年在未来走向社会时无法面对挑战、抗击风险、达成目标，究其原因就在于其生涯能力的不足，不具备独立生活和发展基础，这也是我们发现愈来愈多的青少年难以在群体中成长、难以与他人达成共识、难以凭借自我努力实现自我愿景的原因。

戏剧教育是一种综合性教育手段，除了可以对青少年的戏剧艺术知识和技能进行教授与培养，还可以在活动中开展对青少年参与者生涯能力的专项培养。

戏剧不同于音乐和美术。戏剧是一门集体艺术，需要多人的配合才能完成，在创作团队中，有一人的言语、动作、行为不协调，那么整体的展示效果就会受到极大的影响，这就要求参与的人员紧密配合、团结协作，在剧本创作、排练排演中服从指挥、彼此沟通、相互理解、共同改变，在演出汇报过程中要以集体风貌展现各自风采，要在配合互助中形成良好演出效果，要包容他人的缺点和错误，尽可能通过自己的行动弥补他人的失误，保证作品的完整性和观赏性，以实现良好的呈现效果。创设了规定的情境和任务背景的戏剧教育，以过程和结果双导向为指引，有计划、有组织、有意识地培养青少年的合作能力，使其学会在合作中促进共赢、在合作中实现自我。

戏剧所要塑造的形象是不同于演员本身特质的，我们要深入了解戏剧中角色的任务特性、家庭环境、成长背景、受教育水平、职业内容、价值取向、人际关系等，只有将多方面要素打通、连贯，才能塑造一个个鲜活的、生动的戏剧形象。这个揣摩、了解、领悟、内化人物多方特点的过程，实际上也就是学习的过程，对于剧本内容的学习、对于剧目主题的学习、对于人物形象的学习、对于观演效果的学习、对于戏剧知识的学习，都是在培养、历练和打磨青少年参与者的学习能力。我们一直在讲，学习是一通百通的，如果能够在戏剧教育活动中有效学习，养成良好的学习习惯，如互助学习、自主学习、任务导向学习、实践性学习、研究性学习等，在学科学习中也会自然迁移而形成良好的效果，这就是戏剧教育对于学生学习能力的培养。更重要的是，在戏剧教育中的学习没有考试、成绩的压力，能够释放学生最原始的学习欲望与潜能，令其从心出发，体味成长的魅力。

戏剧教育活动是一个系统工程，需要较长期的筹备、组织、管理才能高效、高质量开展。戏剧教育活动可以在教师的指导、引导下，由学生自主开展、自主经营，这其中就存在比较成型的"社会分工"，各司其职、各守一摊，在统一指挥下有序开展。特别要注意的是，戏剧活动是创新创造的平台。在戏剧中，大家可以平等沟通、自由发挥，没有具体的领导者或者被领导者，大家都需要具备领导和组织管理能力，每个人都要肩负起将整个作品支撑起来的重要责任和使命。这对学生的领导力、组织力、执行力等的培养具有十分巨大的作用。同样地，我们在生活中难以有意架设如此之大的活动、汇集如此之多的人力，而戏剧恰恰为我们创设了不可多得的环境和氛围，也训练了青少年多元的技能素养，这些都是其他活动和教育形式、教育内容无法达成的，具有无法比拟的优势和特点。

戏剧即生活，一场戏就是一段别样的人生。戏剧可以让孩子们感悟另一种生活、演绎另一种人生。戏剧可以彩排但人生不能重来，所以在戏剧中，青少年可以不断试错、不断重振、不断强化自我，也可以在戏剧这样一个有组织的活动中不断训练自我、提升养素。戏剧有剧本可循，能力的训练可以在剧本中提前擘画、精准实施，这种刻意训练能够产生比无意训练强数倍的优质效果，这就是戏剧教育会有如此大的能量和魅力的原因。

（四）戏剧教育修炼青少年正向价值观念

青少年时期是人价值观念养成的关键时期，对个人人生价值取向的形成有着基础性作用和关键意义。在青少年时期养成正确的价值观念对其未来的可持续发展有着极为重要的作用，所以价值观念的修炼也是生涯教育的关注点。

通过调查我们发现，当下诸多青年就业者在选择职业时，将"薪资"、"舒适度"和"职务晋升"摆在了绝对重要的位置。诚然，这三个因素是我们每个人都会重点关注的，这是人之常情，可以理解。但是除此之外，我们是否要考虑更宏大的维度，比如对社会的贡献、对国家发展的推动作用、对人民群众的有益价值等。正是因为部分人在职业选择时存在这样片面的想法，才导致了基层一线地区、偏远艰苦地区、乡村欠发达地区的重要岗位少有人问津，对国家的协调发展造成了一定障碍。这实际上就是在青少年时期缺乏正确的生涯教育和价值理念引导而导致的。虽然我们无法保证在青少年时期进行了正确的生涯教育和价值理念引导，教育对象就一定会正向成长或者有正确的价值判断和价值选择，但是我们相信，如果尽早开展生涯教育，用正确的价值理念和职业价值观引导孩子，其未来发展出现偏离的情况会明显减少。

戏剧教育本身具有双重性和一致性，戏剧作为文艺领域的重要形式、作为文化的一种传递方式，对人具有潜移默化、深远持久的价值引领和思想熏陶作用，而教育作为直接对人进行教化、引导的手段和方式，对人价值观的养成和意志品质的生根发芽有着类似于阳光雨露的作用。因此，戏剧教育的疏导、灌输作用是戏剧与教育双方赋予的，是双重的，同样，二者殊途同归，共同指向人的全面发展和可持续成长。

由于这种独特性，戏剧教育在青少年价值观念培养上肩负着不可推卸的责任。在戏剧教育开展过程中，其自身就润物无声地对教育对象开展了价值观念熏陶，更重要的是，戏剧教育形式多样、灵活、生动，相比于传统的说教和简单观摩，对学生的影响更加深刻、更加具体、更加持久、更具有说服力。戏剧教育可以通过选取题材事宜、主题积极的儿童文学作品、经典小说作品、原创戏剧作品对青少年开展排演活动，同时也可以选择积极向上、具有教育意义的红色文学作品、历史题材作品开展创作，直接对学生进行思想政治教育，也就是理想信念、价值取向教育，这一点与生涯教育中的价值观念教育不谋而合。

通过分析剧本、体会情节、塑造人物、亲身经历、现场观演、氛围沉浸，在舞台、灯光、音乐、舞蹈、歌曲、表演中感受剧中的情境，真正理解故事背后的深刻内涵，树立正确的价值观念，形成正确的价值判断与价值选择，这就是戏剧的魅力，也是戏剧令人着迷之处，同时也是戏剧教育作为一种教育模式和教育体系被广泛应用的原因。

戏剧教育通过亲身感受的方式，给予了教育对象其他教育环境和场合下难以体验到的真实感，正是这种身临其境、切身体会，才会让这种价值感更为持久稳定，才能让价值观念的教育起到经久不衰的作用。戏剧教育在这一方面，有其独到之处。

生涯教育是每个青少年的必修课，越早开展越好，越早开展未来的成效就越凸显，开展生涯教育的核心目的就是让青少年养成生涯思维、掌握生涯能力。而这个核心目的的达成需要教育者的精心设计。戏剧教育作为一种综合性教育形式和沉浸性教育模式的代表，在生涯教育开展中有着其他教育形式无法比拟的优越性。以戏剧教育课堂和活动为基础和依托，全面渗透和嵌入生涯教育，能极大提高生涯教育的实效性，推动生涯教育创新发展，同时也能丰富戏剧教育内涵，反作用于生涯教育实现其创造性跨越。

二、戏剧教育推进青少年健康心理状态形成和发展

青少年在成长过程中会产生诸多因主、客观因素而导致的情绪波动，而情绪的波动就导致了诸多的心理障碍。我们通过调查中小学心理辅导机构发现，在以中小学生为主体的青少年群体中，出现较多的心理障碍包括焦虑、抑郁、恐惧、孤独等，只有真正缓解了这些心理障碍，才能使青少年恢复健康的心理状态，并且，我们还要让青少年持续保持这种健康的心理状态，向阳成长。

（一）戏剧教育转换时空场景，助力焦虑缓解

焦虑是一种复杂的心理，始于对某种事物的热烈期盼，形成于担心失去这些期待、希望。总的来讲，焦虑可以分为适应焦虑、考试焦虑、身体过分关注焦虑和选择焦虑。故而焦虑的产生源自特定的场景和事件环境。

所以，要想缓解青少年的焦虑情绪，为其营造健康的成长氛围，就要适当转换场景，让青少年从引发其焦虑情绪的环境中抽离出来。在现实生活中，孩子时刻处在学习环境之中，无时无刻不在感受着考试、评价、比对带来的焦虑感，也无时无刻不想从父母和教师的口中获得赞赏和鼓励，而这些都是造成青少年焦虑的因素。

戏剧教育为青少年构建了一个假想的世界，这个世界的"规则"是由参与者制定的，在这个世界里没有考试、评价、别人的眼光和无穷无尽的不理性比较，在这个世界里孩子们可以把自己从"现实"的桎梏中解放出来，释放自己的纯真本性；教师也不再是高高在上的主导者，在戏剧教育中我们倡导"教师入戏"，让学生与教师共同架构这个美妙的戏剧世界，避免学生与教师之间身份地位严重不对等的情况出现，让学生在自己构建的世界中真正获得释放，将不良情绪发泄出去，以达成良好的干预效果。

从某种程度上说，只有戏剧能给到孩子们假想世界。而要想让孩子走出焦虑情绪，我们就要营造另一个环境让学生融入进来，

使其实现一定的"自我保护"。一段时间的"逃避现实"或许真的是一种能够进行有效心理疗愈的方法。

（二）戏剧教育营造特定氛围，助力抑郁状况改善

抑郁是一种愁闷的心境，表现为情绪反应强度不足、压抑苦闷、长吁短叹、缺乏热情；负面自我评价，无价值感，悲观失望；反应迟钝、话语减少、食欲不振、乏力、活动水平下降，对生活学习失去兴趣，无法体验到快乐；回避与人交往；自卑、自责、自罪，甚至有自杀倾向；等等。[①]人们的抑郁症状多与个人在学习、工作和生活中遇到的困扰和挫折有关。青少年的抑郁倾向则一般来自家庭的压力、学业的负担、人际关系的挫伤和家庭变故等。

当出现抑郁情绪和倾向时，我们可以用戏剧手段进行疗愈，但当出现抑郁症的状况时，一定要及时到医院就诊。

戏剧教育在对青少年进行抑郁情绪疗愈方面有着得天独厚的优势。活动内容的丰富性、趣味性、娱乐性可以在一定程度上唤醒参与者的情绪反应，有助于用团体辅导的方式开展心理疗愈。戏剧治疗（疗愈）是后现代心理学派的重要手段，其以戏剧艺术为手段、以舞台表演为媒介、以身心结合为宗旨，通过言语的沟通、肢体的动作带动意识层面不断地重构和校正，从而起到心理治疗和干预的作用。戏剧治疗的表演过程中有大量的肢体表达，可以较好地帮助不善言谈或吝于

---

① 杨芷英.思想政治教育心理学：第2版［M］.北京：中国人民大学出版社，2021.

交流的人充分表达自我。同时，在演出过程中，参演人员如同戴上面具，可以将自己的内心世界切换到第三方的视角来更清晰地审视自我，避免了人们不愿意在他人面前说出心中困惑的尴尬，起到较好的干预作用。①

不难看出，戏剧的假定性、虚构性、带入性、沉浸性对抑郁倾向的疗愈起到了十分关键的作用，同时，这种方法对改善具有自闭倾向儿童的自闭状况也有着其他疗愈形式难以超越的价值。

（三）戏剧教育将教育对象凝结为群体，打破个体的孤立与封闭

戏剧是一个团体性活动，绝大多数的戏剧都需要多人的配合才能完成，这就要求必须将教育对象凝聚起来，形成一个有机整体，打破孤立与封闭的状况，从自我的闭塞环境中走出来。

当代青少年的孤独与恐惧感往往相对比较简单，说到底都是缺乏"有效陪伴"和群体生活所致——孤独是因为没有朋友或者伙伴一起学习、娱乐、交谈；恐惧是因为很多时间都是自己独处而没有依靠。以本文成稿的时间来看"青少年"（大致是2005—2016年出生的孩子）时期的孩子大多数是独生子女，缺乏兄弟姐妹的陪伴，除了班级型群体几乎没有更多的朋友圈，多数时间都是自己独立生活、学习。这一代青少年的父母大多数也正是改革开放后出生的一代，寻求自我的成长和实现，工作繁忙而高压，与孩子共处、交流的时间十分有限，这也是这一代青少年

孤独寂寞情绪常发和安全感丧失、恐惧感增加的原因。

针对这种情况，我们可以利用戏剧教育将孩子们聚集在一起，开展戏剧游戏、戏剧活动、戏剧训练、戏剧排演、戏剧创作等，让他们能够融入不同的集体、能够在不同的朋友圈里感受自己的价值。有了群体的活动和价值感的体验，孩子们就会更多地激发自身潜能，在团体中自我成长、自我拓展，走出孤独和恐惧，在阳光下、在集体中健康成长。

更重要的是，我们可以让孩子在戏剧中找到"另一个自我"，比如可以让具有孤独情绪的孩子塑造一个与自己情况相同的角色，在角色塑造和剧情推进中，找到"剧中的自己"是如何克服孤独、融入群体的。很多时候，孩子们遇到问题不是不能解决或者不会解决，而是不愿面对、不想解决，害怕走出安全范围和舒适圈。但通过角色的塑造就会让孩子们与"自己"产生一定的心理距离，以"帮助别人解决问题"的视角来直面自己的真实问题，可以将难以用言语表达的复杂情感，以及潜意识里被压抑的内容等没有顾忌地展现出来。这样的展现也能帮助来访者唤醒内在的创造力和想象力，不断进行自我认识的重新建构。戏剧的疗愈更像一个浓缩的生命故事，来访者通过表演探索解决问题的方法，并选择自己的人生道路。②

戏剧教育的虚构性、假想性、沉浸性、体验性，能够帮助青少年解决诸多不愿面对、不敢下手、不能干预的心理障碍。在戏剧中，

① 高怡文.戏剧治疗的回望与高等教育中的应用思考［J］.艺术教育，2020（2）：263.
② 林怡璇.艺术治疗师也是艺术创作者：谈戏剧治疗师的专业性［J］.台艺戏剧学刊，2008（4）：17.

他们可以戴上面具，进入新的世界，从"本我"中剥离出来，让自己的情绪和心理状况保持在良好的水平，形成健康的心理状态，并持续维护下去。

戏剧是伟大的，让人们看到了不同的世界，也看到了别样的自我。戏剧教育不仅仅教给学生如何演好一场戏或者如何创作好一台戏，更多的时候它在戏剧这个媒介之上引领孩子们获得全面的成长。

实践证明，戏剧教育在青少年生涯发展与心理障碍疗愈中有着不可替代、无法超越的重要价值。我们坚信在戏剧教育下，孩子们能够获得多维、立体的成长。我们相信在未来，生涯教育和心理健康教育的主阵地会逐步向戏剧教育"战场"推进，戏剧教育也会不负众望，培养更多健康、快乐的青少年。

戏剧点亮生活、生涯推进发展、心理保障健康，三者结合后的教育体系将更加符合社会发展的需要和人的终身成长。

作者简介：

陈淞，中央戏剧学院戏剧教育系本科生，中国教育学会会员。主要研究方向为戏剧教育与教育戏剧和思想政治教育。

戏曲非物质文化遗产沪剧在校园中的传播与传承研究
——以沪剧为例[*]

李纳米

[摘要] 本文在论述沪剧演出市场严重萎缩，Z世代观众流失严重；沪剧剧团大量解散，新生艺术人才断层；沪剧传播力度不足，缺少符合Z世代的传播方式等沪剧传播传承现实困境的基础上，提出了喜剧小品致笑机制、学生生活与沪剧破壁融合，打造"沪剧+喜剧小品+校园"品牌，助力沪剧传承的创意。本文还针对沪剧校园喜剧小品进校园创意的具体实施，提出在内容建设上要注重价值引领、突出交融创新；在表达手法上，故事化、喜剧化、艺术化、日常化、校园化叙述沪剧内涵；在传播策略上，建议将非遗融入学生、融入时代、融入生活、融入校园，千方百计提高学生对沪剧的参与感、获得感、认同感，最大限度激发沪剧传播传承活力，实现沪剧在校园内的活态传承。

[关键词] 非物质文化遗产　沪剧　传播与传承　校园

沪剧是上海市地方传统戏剧，起源于浦江两岸的田头山歌和民间俚曲，在流传中受到弹词及其他民间说唱的影响，演变成说唱形式的滩簧。2006年，沪剧经中华人民共和国国务院批准列入第一批国家级非物质文化遗产名录，遗产编号Ⅳ-54。

沪剧曲调优美、富有江南乡土气息、擅长表现现代生活、灵活性较强。这些特点使得沪剧具有独特的文化魅力。但笔者在对上海师范大学1007名在校大学生对沪剧认知情况进行调查后发现，国家级非遗沪剧传播现状堪忧，大多数在校大学生不了解沪剧。[①]"年轻人普遍认为戏曲看不懂、样式老、学不会。"

* 2022年度上海市级大学生创新训练计划项目"喜剧小品致笑机制在非遗沪剧传播传承中的应用与实践"（项目编号：S202210270176）的研究成果。

① 朱佳乐.关于沪剧传承发展的思考与建议 [J].上海艺术评论，2020（2）：84-86.

一、国家级非遗沪剧传播传承现实困境

（一）沪剧演出市场严重萎缩，Z世代观众流失严重

随着文化娱乐多元化的发展，Z世代观众面临更多的选择，沪剧在音乐剧和舞台剧的冲击下，缺乏相应的竞争力。在城市里，在追求时尚的大背景下，很多年轻人会选择去看音乐剧和舞台剧，喜欢在音乐剧、舞台剧中寻找刺激、宣泄情绪。而沪剧音乐委婉柔和，曲调优美动听，唱腔缠绵柔软，大多表达江南水乡的似水柔情和闲情雅致，这与现代年轻人的偏好不符。在乡村，因为上海市郊城市化步伐加快，沪剧送戏下乡也遇到困难。

（二）沪剧剧团大量解散，新生艺术人才断层

目前，在全国范畴内，沪剧团体只剩下一个国家剧院，即上海沪剧院，三个区县级剧团，即长宁沪剧团、宝山沪剧团和崇明沪剧团。老一辈艺术家相继退休。而青年一代的演员无论是艺术素质还是观众影响，都与老一辈艺术家存在较大距离。现在，只有沪剧院的中坚力量在维持着沪剧的血脉。

此外，沪剧表演班招生生源不足，愿意从事沪剧艺术工作的人越来越少。由于戏曲工作者待遇不高，家长普遍不愿意让子女学戏，即使有想进行艺术相关专业学习的学生，也大多会选择热门的影视、音舞专业。

（三）沪剧传播力度不足，缺少符合Z世代的传播方式

沪剧的宣传对象目前还是集中于原本的沪剧爱好者，受众面较小；宣传依靠国家的扶持，缺少自身的生命力，尤其在传播传承非遗的主力和戏剧文化领域的消费主力Z世代人群中缺少吸引力。

Z世代是从小接触互联网的一代，倾向于可视化、轻喜剧的表达。目前，使用新媒体进行非遗的保护与传承这一思路已经引起了广泛的关注和思考，亦有少部分非遗结合新媒体进行了传播，反馈良好。比如："非遗"闽剧传承人、一级演员林颖利用抖音宣传福州传统文化和非遗闽剧，只用了不到半年时间，她的单条视频就能获得两三百万人次的浏览量，受到网友欢迎。由此可见，非遗与新媒体相结合，对吸引大众注意，从而广泛传播、传承是有效的。

二、沪剧应用喜剧小品致笑机制，可实现沪剧传播效力的突破

2021年，《脱口秀大会》《一年一度喜剧大赛》和电影《你好，李焕英》强势出现。2022年，融合喜剧与悬疑元素的《扬名立万》成为黑马，喜剧突破人们传统观念里的只能存在于贺岁档和春晚舞台的刻板印象，越来越频繁地出现在各类视频网站，甚至大荧幕上，受到了广泛的好评。喜剧几乎成为热度和好评的"流量密码"，适配性极高，并可以作为重要元素和相当多的类型进行组合，发挥出意想不到的效果，实现传播效力的突破。

（一）沪剧融合小品的艺术形式，能让沪剧焕发出新时代的生命力

如今的沪剧传播还是具有较大的局限性，缺少深度内涵的挖掘和多种形式的表达，在Z世代中缺少吸引力和感召力。我们可以通过策划实施多种艺术形式，解决传播形式新颖度不够、多样化不足的问题，同时结合当下社会精神文明建设的需求、结合观众的热点，将沪剧作为重要品牌元素进行融合打造，让沪剧焕发出新时代的生命力。

（二）应用喜剧的致笑机制，可助力沪剧传承

当今沪剧的人才流失和传承问题主要是传播面不够宽阔，没有在大基数的Z世代人群中建立起良好的认知度和热爱度等因素造成的。而喜剧一直为大众所喜爱，应用喜剧的致笑机制，可以吸引更多新生力量了解沪剧、熟悉沪剧，从而喜欢沪剧、热爱沪剧、成为沪剧传播传承的一分子。

（三）有利于保护与传承沪剧非遗，并给其他相关使用新媒体进行非遗保护和传承项目以借鉴意义

非遗不仅凝聚先民的智慧、传承民族的文化根脉，还是民族精神在当今时代的体现，反映了世代相传的价值观、审美和知识。加强非遗传播工作，对于增强全社会非遗保护意识、形成非遗保护良好社会氛围、提高非遗保护传承水平具有重要意义。保护与传承非物质文化遗产，有利于树立民族自信心、提高文化软实力。

（四）采用新媒体手段传播非遗，有利于唤起大众的非遗保护意识

非遗保护的核心是大众参与，媒体是唤起大众参与的重要力量。人在实现非物质文化遗产的传承中占据着核心主体地位。从大格局观出发，我们都是非遗传承人，因此非遗延续更需要广大社会力量的积极参与。新媒体手段可以吸引更多大众从了解、知道非遗到热爱、传承非遗，唤起大众的非遗保护意识，提升民族文化自信。

三、"沪剧+喜剧小品+校园"发力Z世代

（一）小品与沪剧破壁融合，艺术形式新颖

小品作为一种观众认知度高、喜爱度高的艺术形式，与相对认知度较低、接受程度较低的沪剧进行破壁融合，用小品的轻松愉快化解沪剧的壁垒，打造出一种更为新颖的艺术形式，有助于让不了解上海、不了解沪剧的广大Z世代人群，在潜移默化中对沪剧留下深刻的印象，激发他们的好奇心和了解心理，甚至因此记住沪剧的一些经典片段。

（二）喜剧致笑机制与非遗文化结合，具有一定的创新性

喜剧作为观众最为喜闻乐见的一种艺术表现手法，与看似传统严肃的非遗进行结合，可以碰撞出更不一样的火花。将传统的讲授式的传播变得故事化，将以沪剧为核心内容

转化为以沪剧为线索，将沪剧的特性符号化，巧妙地融合在舞台故事中，让全国各地的观众，不受到方言的局限性，在欢声笑语和感动中，感受到沪剧的独特魅力。

（三）传播传承目标人群定位清晰，可从根本上帮助沪剧传承

以往的非遗传承项目大多数依靠新媒体，将新媒体传播作为核心内容，殊不知新媒体不过是当下较为新颖的一种传播工具，而非内容。非遗传承的关键还是要根据所梳理出的困境，以及项目成员的专业所长，以人为核心，从根本上解决无"人"知、无"人"传的现实问题。将传播人群进一步做出区分，定位至当下非遗传承中最重要也是最薄弱的Z世代人群，可以从根本上打开沪剧的知名度，助力沪剧传承。

四、沪剧校园喜剧小品进校园创意实施建议

（一）内容建设：强化民族精神，注重价值引领，突出交融创新

沪剧喜剧小品要融入思想观念、政治观点、道德规范等思想政治教育，将理想信念教育、中华优秀传统文化教育、中华优秀传统美德、职业文化、工匠精神、革命传统教育、国防教育、劳动教育等融入沪剧喜剧小品中，引导学生树立正确的世界观、人生观和价值观，坚定共产主义信念，坚定拥护中国共产党的领导，坚定不移走中国特色社会主义道路，坚定中国特色社会主义道路自信、理论自信、制度自信、文化自信，增强使命担当，矢志不渝听党话、跟党走，争做社会主义合格建设者和可靠接班人。

校园沪剧喜剧小品要采用学生喜闻乐见的形式，要与时俱进、与时代交互、同家国共情，要与现代年轻人的审美对接，要融合各种喜剧时尚元素，如网络语言、流行音乐、网红歌曲、酷炫舞蹈、潮流服饰、现代审美等，让人听得过瘾、观得新奇。只有好看好听、符合Z世代人群的审美，才能走进Z世代人群的内心，实现非物质文化遗产沪剧的活态传承。

（二）表达手法：故事化、喜剧化、日常化、校园化表达

沪剧喜剧小品首先要采用故事化的表达手法，只有采用故事化的表达，人们才愿意听，有兴趣听，有兴致听，听得进、记得牢，才能入脑入心；其次要采用艺术化表达，对现有资源进行创造性转化，实现与现代审美的对接，展现沪剧的美，体现沪剧的独具特色的魅力；最后要采用日常化校园化叙述，要融入学生的日常生活，使其成为学生日常生活的重要组成部分，"始终以现实题材表现时代"[1]。沪剧保护的核心是人，沪剧要走进我们现代学生的日常生活，才能迸发出生生不息的创造力，实现沪剧的活态传承，在活态传承中实现沪剧与当代人的精神连接。

① 王强.上海沪剧院：始终以现实题材表现时代［J］.文化月刊，2019（10）：24-25.

（三）传播策略：千方百计提高学生的参与感、获得感和认同感

沪剧的传播传承除了开设传统的沪剧欣赏讲座，更重要的是让学生参与。在大中小学试点沪剧选修课，成立校园沪剧社团，根据红色经典、校园故事、热点事件等编排校园沪剧喜剧小品，举办校园沪剧节和校园沪剧表演大赛等，既要培养学生对沪剧的兴趣，又要挖掘沪剧传承的好苗子，为进一步向沪剧剧团输送培养做好准备。

节假日的时候，可以组织校园沪剧社团与旅行社合作，邀请游客在上海旅游线路中欣赏沪剧表演，让沪剧走向生活、走向大众、走向青年。

打造"沪剧+喜剧小品+校园"线上品牌。通过抖音、快手等平台直播"沪剧校园喜剧小品"，使大家足不出户就可以欣赏到沪剧喜剧小品，最大范围地传播国家级非物质文化遗产——沪剧。

只有将沪剧融入学生、融入校园、融入时代、融入生活，提高学生对沪剧的参与感、获得感和认同感，最大限度激发沪剧传播传承活力，才能实现沪剧活态保护、活态发展和活态传承。

作者简介：

李纳米，中国传媒大学文化产业管理学院在读硕士，发表论文十余篇，主要研究方向为非遗传播。

浅谈中小学戏剧教育的美育功能何以实现

刘沁玥

[摘要] 戏剧作为一种综合性的艺术教育形式,具有的思想性、表现性和假定性等特征,使得戏剧教育在促进学校美育和德育深度融合方面具有天然优势。但在目前的教学实践中,戏剧教育仍存在"重技巧""重形式""重结果"等突出问题。基于此,本文从戏剧教育的艺术性、人文性、综合性三方面特性出发,探讨中小学戏剧教育实现美育功能的具体路径。

[关键词] 戏剧教育 美育 戏剧特征 教学实践

国内的戏剧教育发展才度过其"萌芽期",正紧跟基础教育改革的步伐崭露头角。随着戏剧、戏剧教育越来越受到国家的重视、政府的支持,"戏剧进校园"活动的开展也呈现出"遍地开花"的景象。

戏剧教育之所以赶上了这波发展热潮,还要归功于中小学美育课程政策的大力推行。2015年,国务院办公厅出台的《国务院办公厅关于全面加强和改进学校美育工作的意见》明确指出:"义务教育阶段学校美育课程要注重激发学生艺术兴趣,传授必需的基础知识与技能,发展艺术想象力和创新意识……有条件的要增设舞蹈、戏剧、戏曲等课程……

培养学生健康向上的审美趣味、审美格调、审美理想。"①在这份文件中,戏剧被纳入了美育的范畴,自此中小学致力于培养学生艺术兴趣、陶冶学生审美情操的育人重任也落到了"戏剧"的肩上。

尽管如此,戏剧课却仍未被纳入必修课程行列。戏剧进入中小学仍以选修课、辅助学科融合、短期剧目排演等形式为主要路径。而目前,国内大部分戏剧教育活动的教学重心仍处于"重技巧""重形式""重结果"的状态。"以学生为中心""以过程为导向""以健全人格为目标"的戏剧教育核心理念被逐渐弱化。这种状态下的戏剧教育活动是否还

---

① 国务院办公厅.国务院办公厅关于全面加强和改进学校美育工作的意见 [EB/OL]. (2015-09-28) .http://www.gov. cn/zhengce/zhengceku/2015-09-28/content_10196.htm.

能实现其"全人"教育的目标？戏剧又何以在教育过程中发挥其美育的功能？笔者将从戏剧的艺术性、人文性、综合性三方面来展开探讨戏剧教育如何实现美育的功能。

一、戏剧的艺术性需首先确立

戏剧的艺术性赋予了戏剧教育以美育人的根基。亚里士多德在《诗学》中曾说：诗意的产生似乎有两个原因，都与人的天性有关。首先，从孩提的时候起就有模仿的本能，任何动物的一个区别就在于人最善模仿并通过模仿获得了最初的知识。其次，每个人都能从模仿的成果中得到快感。可资证明的是：尽管我们在生活中讨厌看到某些实物，……但当我们观看此类物体的极其逼真的艺术再现时，却会产生一种快感。[①]可见，艺术的特质就是美，艺术的美感体验令人产生快感，人具备欣赏艺术的天性。

戏剧作为一门艺术，通过演员的表演呈现惟妙惟肖的鲜活形象与逼真情境，带给观众最直观的快感，以实现戏剧美所带来的审美愉悦及情操陶冶。从戏剧教育的历史发展来看，之所以戏剧教育能在欧美国家得到长足发展，究其原因无外乎：戏剧首先确立了艺术的独立性，其次又被纳入了中小学的课程体系，独立成为一门艺术学科；而后，戏剧的教育、治疗、公民管理等功能陆续得以显现和发展。

在国内，戏剧教育进校园活动开展得如火如荼，其中最受欢迎的形式，除了排演校

园剧、课本剧，就数与学科教学的融合最受追捧，戏剧教育正以"戏剧教学法"的身份，被一些热衷于拓宽教学方法、创新课堂样式、丰富课堂情境的学科类教师争相运用。从普及的角度看，这对戏剧教育在中国的落地和推广未尝不是起着积极作用的。然则，术业有专攻，戏剧教育无论多么深受学科教师的喜爱，它的艺术性都在简化的"戏剧习式"套用中被不断地削弱着，甚至是被完全割裂，只剩一副戏剧艺术的空架子。长此以往，戏剧缺乏艺术性，如何给人以美感体验？少了美的成分，又如何能够创设美感的戏剧情境，使美感意象从不可见到可见？令参与者体会到人类的共通情感？缺乏意象的可视化、人类共通情感的真实体验，又何来通过戏剧美的熏陶，完善人格、实现人性的完满？由此可见，戏剧教育要想实现美育的功能，就要明确对戏剧的认识，应首先确立它的艺术性，再进一步开掘其教育性、发挥其美育功能。

二、戏剧的人文性不容忽视

戏剧的人文性助益戏剧教育实现"完人"目标。谭霈生先生在《论戏剧性》中说道："戏剧艺术的对象是人。读者、观众所关切的也是人，人的遭遇，人的生活道路，人的命运……"[②]戏剧是关于人的艺术，它通过塑造活生生的舞台人物形象，再现人的生活本质、反映人的思想情感，探究有关人与自然、人与社会、人与他人的哲学命题，发人深思，引人共情。

---

① 亚里士多德.诗学［M］.陈中梅，译.北京：商务印书馆，1996：47.
② 谭霈生.论戏剧性：修订本［M］.北京：北京大学出版社，1984：70.

然而，在中小学开展的戏剧教育活动中，不乏学校或教师选择相较"潜移默化"更为"高效"的以教师示范为主，学生模仿为辅的教学方式：或是"生拉硬拽"，或是"照搬照抄"。在这种状态下，戏剧教育活动最常出现的情况是：忽视学生在参与戏剧的过程中，生发对自然、对社会以及对自我内心的观察、感悟与表达。也难以有效实现提升认知水平、促进社会性发展，提高人文素养的育人目标，更何谈发挥戏剧的美育功效呢？

英国戏剧教育先驱盖文·波顿曾说，"我在学校教授戏剧时，我的长期目的是：1.帮助学生理解他自身以及他生活的世界；2.帮助学生知晓如何以及什么时候来适应他生活的世界（或什么时候不去适应）；3.帮助学生通过戏剧作为媒介获得理解和满足"，"我总是问孩子们这个问题：我们是否能建立一个戏剧，来帮助我们找到为什么其他人会如此行事，进而反思我们自身行为的方式？"① 戏剧教育在欧洲发展至今，早已将其重心从对戏剧技能的培养转移到了对戏剧理解的开掘这一层面。

从戏剧艺术的创作过程来看，戏剧是人写人、人演人、人看人的一项艺术，它自文本创作开始到最终的舞台呈现都具备了天然的人文属性。从中小学戏剧教育的教学过程来看，戏剧作为传授知识的媒介，习得能力、提升素养的手段，都旨在为参与者创设形象的戏剧情境（一个允许犯错的境地），令参与者在逼真的生活场景中模拟人生，提前历练未来有可能遇见的种种情况。从而认识自我，认识他人与世界，学会辨别与包容。这种模拟人生的体验过程正是树立积极正向的价值观、提升其人文素养与道德品质的有效路径。可以说，在戏剧作品诞生之初，它便承载了这份"戏剧理解"与对人性的观照，戏剧教育自然也秉承了这份理解与观照。因此，戏剧的人文性同样不容忽视。中国的戏剧教育对"戏剧理解"的重视与对人文的深入开掘也应提上日程。

三、戏剧的综合性应合理运用

戏剧的综合性决定了戏剧教育的美育价值。从古至今，音乐、舞蹈、绘画、建筑、雕塑、诗（文学）、戏剧一路伴随着人类，快乐而充实地走向现代。戏剧在上述七类艺术中大约出现得最晚。这是因为，戏剧的艺术构成以综合性为重要特征，如果没有前六类艺术参与、融合其中，便无以形成。② 因而，戏剧被称为综合的艺术。同时它又是在编剧创作的文本基础之上，由导演进行二度创作，通过对灯光、音效、舞美等部门的统整，再集合各部门的创意，经由演员的表演，最终得以塑造出鲜活的舞台人物形象。因此，戏剧的综合性，除了体现在融合六门独立艺术于一体的综合性，还体现在戏剧从创作到呈现，再到被观众所欣赏的过程中。并且这种综合性的价值直指戏剧对于人的综合素养的提升，以及促进人的全面发展。

从戏剧创作者的角度看，戏剧在成为一个艺术作品之前，需要通过演员、导演、编

---

① 戴维斯.想象真实：迈向教育戏剧的新理论［M］.曹曦，译.北京：中国人民大学出版社，2017：27.
② 鲍黔明，廖向红，丁如如，等.导演学基础教程［M］.北京：文化艺术出版社，2007：绪论1.

剧及全体幕后工作者的共同努力才能完成；这其中，无论是部门间各自的二度创作，还是最后的通力合作，都是对戏剧的艺术技能、沟通交流、团队协作等综合能力的磨炼。而在中小学戏剧教育中的即兴创作环节，参与者集思广益、发挥想象、贡献创意，正是培养学生独立思考、决策协同能力的过程，体现了戏剧教育提升受教育者美感技能、促进社会性与认知发展的积极作用。

从戏剧演出者的角度看，戏剧作品是通过演员的"化身角色"来实现其从抽象到具象、从平面变立体的舞台语言表达系统之呈现的。在表演的创作过程中，不论是前期的解读剧本、揣摩角色内心、切身体验角色生活，还是后期的"现身说法"，真情实感地立于舞台之上，塑造鲜活的人物形象，皆是一场艺术美感的体验、人文情操的陶冶。而在中小学戏剧教育的角色扮演环节，参与者的入戏体验，既是培养角色同理心、学习换位思考、树立正确三观的过程，又是一段认识真善美、辨析真善美、理解真善美、创造真善美的学习历程。

从戏剧观赏者的角度看，当台下的观众直击台上真实发生的一切，"身临其境"地感受演员的精湛表演，享受综合艺术各部门所创造出的视听盛宴，接受戏剧所带来的灵魂震荡：在恐惧中反省思辨、感受崇高；在共情中宣泄情绪、净化心灵；在美感中陶冶情志、休养生息之时，观众便自然而然地完成了一场提升美的"进化"。而在中小学戏剧教育的观察讨论环节，以旁观者的身份见证当下发生的事件、体味情境中人物的心境，洞察真相、洞悉人性、形成独立见解的过程，皆是经由戏剧之手段增进受教育者审美素养、提升美感知觉的最有效方法。

无论是作为创作者，还是作为体验者，抑或是观察者，戏剧教育的活动历程自始至终都贯穿了戏剧艺术综合的特质，从多维视角开发戏剧的综合性，充分发挥其全方位的育人美化作用，戏剧教育在中小学中的应用自然能够实现美育的功效。

结　语

综上所述，戏剧因其本身所具有的艺术性、人文性、综合性，在众多的艺术门类中脱颖而出、别具一格。当戏剧的艺术性得到确立、人文性得到重视、综合性价值被合理开发及充分利用，并能同时在多维度熠熠生辉之时，戏剧教育的美育功能也就显而易见了。戏剧从一门艺术学科衍生成一门独立的教育学科，是历史的必然，而其艺术的美、人文的美、综合的美势必能成就戏剧教育的美育功能。

作者简介：

刘沁玥，中央戏剧学院戏剧教育系在读硕士，主要研究方向为戏剧教育理论与实践。《青少年影视德育通识教程》副主编，曾在北京第六十五中学、北师大二附中未来科技城学校、北京六一艺术团等单位担任戏剧教师；曾任人民影视德育事业部教学组负责人、北京电影（广东）培训中心教学总监。

审美视域下中小学影视教育研究*

辛 拓

[摘要] 审美是促进人类与世界和谐发展的动力源泉；艺术则是人类打开审美视域的万能钥匙；电影与电视不仅是人类文化史与艺术史上划时代的智慧结晶，更是人类顺应时代发展而正在进行的审美进阶。以回归本我的方式将中小学影视教育放在审美视域下研究，站在审美主体与审美客体的角度，透析美在关系中的中小学影视教育及其意义与宗旨，是探究其发展与模式的根本所在。

[关键词] 审美　中小学影视教育　感受美　鉴赏美　创造美

审美是促进人类与世界和谐发展的动力源泉；艺术则是人类打开审美视域的万能钥匙；电影与电视不仅是人类文化史与艺术史上划时代的智慧结晶，更是人类顺应时代发展而正在进行的审美进阶。

作为一种传播方式，影视艺术以其时代影响力、视觉冲击力、故事表现力、精神感染力奠定了广泛而坚实的受众基础，随着时代的发展与科技的迅猛普及，"大众化""年轻化"已成为当下影视受众与传播的中流砥柱。"将影视教育纳入中小学教学计划，有助于充分发挥优秀影片的育人功能"[1]是基于融媒体环境重塑青少年认知与审美的迫切需求，有助于规范基础教育建设，进而提升青少年感受美、鉴赏美、创造美的能力。

以回归本我的方式将中小学影视教育放在审美视域下研究，站在审美主体与审美客体的角度，透析美在关系中的中小学影视教育及其意义与宗旨，是探究其发展与模式的根本所在。

---

* 2022年吉林省高等教育学会高教科研课题"基于新时代美育改革的艺术类高校影视课程智慧课堂教学模式创新与实践研究"（项目编号：JGJX2022C63）的研究成果。

[1] 《教育部、国家发展和改革委员会、财政部、文化部、国家广播电影电视总局关于进一步开展中小学影视教育的通知》（教基【2008】15号）。

一、中小学影视教育中审美主体与次主体

审美主体由审美活动而产生，是人的生命体验在自我超越的精神追求中的主体化建构。[①]中小学影视教育中的审美以学生内在的心理机制为主，以教师的审美情感导向为辅，是综合二者的感知、想象、理解、移情等机能的模式化的心理建构，所以是一种审美主体与次主体共同作用下的审美活动，包含了两者的审美需求、审美态度、审美理想与审美趣味。

（一）美在感受

在影视艺术多元化传播的今天，互联网裹挟着以海量计的影视作品扑面而来，自媒体传播的便捷更将良莠不齐的视频内容如洪水般倾倒。青少年处于对世界认知与探索的初级阶段，面对如此众多反映现实世界的影像、色彩与声音的各种符号，更需要有审美经验的次主体作为辅助来进行审美活动。对影视符号的解读影响着审美主体的心理结构与影视传播的功效，影视艺术不是简单的感官娱乐与满足，更是对人类心灵、世间百态的折射。对于在影像环境中成长的青少年来说，感知视听语言尤为重要，掌握这一提升影视审美能力的利器，不仅可以更好地理解影视作品的内容，还可以形成自我评析、自我过滤的趋利避害的能力。

作为次主体的教师以审美经验为依据，

通过影视艺术真实可感的形式，调动学生的感官参与，引发学生丰富的内心感受，从而达到课堂共情的效果。一方面，审美主体与次主体在课堂中充分感受情感的魅力、精神的自由，从而达到心理的满足与心灵的升华。另一方面，审美主体通过对影视作品所展示的美的感受，进一步加深具有个性化的社会与生活的认知，塑造属于自我的心灵世界。

影视教育对培养个体审美能力具有独特的作用，不仅集文学、戏剧、摄影、音乐等艺术于一体，更有属于其自己的视听艺术特点。在一部优秀的影视作品中，精美的画面、跌宕起伏的情节、个性鲜明的人物，都会使审美主体对美的认知能力、对真善美的鉴别能力、对创造美的想象能力得以提升。

（二）美在体验

审美主体具有情感性、直觉性、整体性和创造性的审美体验是超越自我的重要途径。随着新媒体技术的快速发展，"参与式文化"使审美主体从媒介内容的参与者，转变成媒介内容的生产者，这种变化同样作用于青少年。当我们对影视的认知还停留在"看电影""写影评"的静态层面时，融媒体的环境和多屏传播的普及，已经为青少年的影视体验提供了无限的可能，这对于青少年在影视审美过程中从感受美转化为体验美具有积极的意义。

更新换代的移动设备和方便快捷的视频制作软件正逐渐成为青少年记录生活、张扬

---

① 陈伯海.一体两用 感而遂通：审美主客体论［J］.社会科学，2003（7）：101-107.

个性的重要工具，微博、微信、抖音等社交平台日益受到青少年的青睐，他们会通过视频传播和分享充分实践自我价值和审美体验。审美主体在视频拍摄与创作方面的亲自体验与尝试，不仅能够锻炼其学习与实践新媒体技术的能力，还能培养其思维创新、人际交往、团队协作的能力，更对其人生的全面发展起到有力的推动作用。

（三）美在表达

具备认识美、感受美、鉴赏美和追求美能力的人，不仅能感受并体验到美带来的快乐，还可以表达并创造出更美好且丰富的世界。

中小学生的思维正处于从具体形象思维过渡到抽象逻辑思维的阶段，影视教育恰能通过声音与画面、故事与人物、场景与音乐的再现与共情，达到对学生思维的全方位发散。

教师应在学生观影后通过引导教学、共同讨论、矛盾设置等教学方式实现完美的师生互动，从而让不同生活背景、不同心理建构的学生顺利地表达作为审美主体的看法、感受、联想等。教师应通过科学的教学设置，鼓励学生大胆表达自己的想法，从而塑造青少年的思想、性格、审美情趣、艺术品格。作为次主体的教师，更应在无限制、多鼓励、言者无过的教学评定中，让学生敞开心扉、释放胸臆。

与此同时，中小学影视教育彻底改变了学生被动接受的"无言课堂"，用以学生表达为主的教学方式替代填鸭式的教学方式，充分锻炼了学生的言语表达能力，而电影语言简洁、自然、生动的特点更与中小学生的语言表达训练的要求与规范不谋而合，成为训练学生逻辑思维清晰、口述表达规范、词句运用准确的有效途径。对于次主体来说，影视教育的课堂不仅能够及时考察学生的审美及表达能力，还能够考验自身的讲授能力与移情效果。

二、中小学影视教育中审美客体与超客体

审美对象（客体）是生命体验在超越性精神活动（审美）中的对象化显现，与审美主体作为超越性生命体验的主体化建构相呼应。中小学影视教育中的审美客体不仅是影视作品与影视创作，更是镜头记录的大千世界、芸芸众生。

（一）美在形式

融媒体时代的艺术创作与传播方式发生着巨大的变化，包括审美特征向虚拟性、交互性、非线性、碎片化转变；技术与艺术之间的相互促进与转化；等等。影视艺术的传播平台从传统的电影、电视平台拓展到了手机、网络等新媒体平台，产生了不同于传统影视作品的全新的审美效果，表现出世俗化的审美趣味、娱乐化的审美接受、技术化的审美表现、非线性的审美叙事、虚拟化的审美表征。

人类的审美认知是在主体与客体分离、人的主体性得到充分彰显的基础上进行的，但是现代虚拟技术对原有的审美认识构成了巨大的冲击，当主体完全融入虚拟现实时，

人的主体性无疑受到了巨大的威胁。"在后现代世界中，实在有时被认为已经隐退，或被'超实在'所取代。"[①]但是，"审美价值在于人类精神的愉悦，审美快感是对人类意识、精神能力的扩展和提高"[②]，所以，影视教育绝不是单纯地审"图像"，即使在影视表现形式多元化的今天，也不应背离了人类审美的初衷。一念天堂、一念地狱，数字虚拟技术所营造出来的图像时代，对影视艺术创作无疑是一次机遇，但也是一个肆意满足人类视觉欲望的陷阱。

（二）美在内容

当代青少年身处信息爆炸的数字网络时代和多元文化社会之中，心理与生理年龄的差距使其审美趣味更加开放且具有成年化倾向，经典、保守的纯真、幼稚化童话叙事内容的影片已经无法满足其需求。面对审美主体的巨大变化，如何改变影视作品的内容方向，从而迎合青少年的审美趣味，成为亟待解决的问题，"拍摄儿童的电影"或"为儿童拍摄的电影"也不再是衡量青少年影视作品的唯一标准。

中小学影视教育的根本始终在于影视艺术作品的选择，只有新颖的故事与创新的叙述，才能给信息爆炸时代的青少年带来新体验，才能引起他们的观赏兴趣。所以，创作青少年影视作品必须坚持寓教于乐，必须把深刻的思想教育内容转化成喜闻乐见的艺术形式，以青少年、儿童为创作本源，从其视角出发，深入其内心世界。与青少年相融合才能创作出青少年喜爱的影视作品，反之，创作就会陷入概念化、公式化、教条化，不仅不会受到青少年喜爱，更无法在创作上发展。

青少年、儿童影视作品应该像郭沫若说的那样："具有秋空霁月一样的澄明，然而决不像一张白纸。""具晶球宝玉一样的莹澈，然而决不像一片玻璃。"中华民族是一个"诗性的民族"，中国文化是一种"诗性文化"，这不仅表现在"诗"在中国文学艺术中占有重要的地位，更表现在诗的精神早已渗透进中国艺术的整体精神之中。这种中国人所特有的诗性的智慧一旦和儿童纯真的精神世界相通，就一定能开辟出一种属于中国式的"诗意空间"。

三、美在关系中的中小学影视教育

从目前的中小学影视教育状况来看，一线、二线城市已进行得如火如荼，但在三线城市仍存在很多问题。

（一）影视教育的受重视程度相对不足

艺术教育主要集中在戏剧、戏曲、美术、音乐、绘画等领域，但在影视教育方面，并没有相应的课程设置，课外实践活动所涉及的影视领域也很少，家长和孩子对影视教育的认知有限，没有相应的专业院校与之进行战略性合作，所以在影视教育方面略有缺失。在这样的环境与机遇下，三线城市的中小学影视教育具有很大的发展空间。

---

① 霍洛克斯.麦克卢汉与虚拟实在 [M].刘千立，译.北京：北京大学出版社，2005.
② 柏林特.环境美学 [M].张敏，周雨，译.长沙：湖南科学技术出版社，2006.

（二）影视教育（实践）性质与定位的偏差

影视教育仅局限在课外活动的方式上，并未涉及具体的课程设置和安排。学校和教师将影视教育放在"德育"的位置，作为丰富课余生活的一种休闲娱乐方式，强调影视作品的教育意义，但是对于高科技、融媒体发达的当今社会而言，良好的影视教育是顺应时代潮流、引领时代发展必不可少的教育方式。

（三）中小学影视教育专业教师的短缺

由于没有完备的教学安排和课程设置，影视教育的授课教师往往都是本校的语文学科教师、美术学科教师、思政学科教师等非影视艺术专业的教师，所开设的活动和课程也是出于个人兴趣爱好或学校的要求。在学校看来，任何一名教师都可以教授影视课程；在教师看来，放映电影、少量讲解与教育、组织学生交流就算完成了教学任务。没有专业教师的影视教育，也自然缺少专业的影视素养，缺乏影视艺术的专业性。

（四）教学与实践方式相对单一

影视教育方式主要以电影观摩为主，辅以少量教师讲解和学生讨论，甚至有的影视教育活动连讲解也没有，仅是观摩，即使有讲解的部分，效果也不尽人意，教学与实践方式相对单一，使得影视教育处于课余休闲娱乐的偏差地位。对于有讲解的教学过程，讲解的内容一般仅涉及文学鉴赏、美术鉴赏，几乎没有视听语言、剧本分析、电影理论等

专业知识的传授，因为对于授课教师来讲，许多专业知识自己也是一知半解，所以没办法进行专业的授课和讲解。

针对三线城市影视教育的现状，需要加快影视教育专业化、系统化、全面化的进展。第一，普及影视理念，加快教育进程。教育主管部门和学校管理层需要有主动意识，推进影视教育作为学校艺术教育的重要组成部分的进程，这是提升学生素质教育、审美能力的核心动力。通过对影视教育的重视与建设，促进学生的全方面发展，同时，也能通过影视课程的设置丰富校园文化活动的多样性，促进学校的品牌化、口碑化建设。对于学生和家长而言，影视教育理念的普及，有助于丰富学生的学习与生活，从小培养一个有趣味、有审美、懂艺术的灵魂。第二，高校联合培养模式与课外实践基地建立。借助周边环境优势，与高校共同合作，寻求联合培养模式和课外实践基地的建立。与高等院校的影视学院与专业建立合作关系，在促进中小学影视教育的同时带动大学生课外实践和就业。第三，影视课程设置明确教育目标定位。在校内进行影视教育，不能仅仅局限在丰富学生课余生活的阶段，要尽快推进影视课程的设置和安排，且把其当作中小学生素质教育的一个重要的组成部分来看待。通过影视课程的教学，切实提高中小学生的审美素养、艺术鉴赏水平以及艺术创造力，对其思维的丰富性、多样性起到助推的作用，进而影响他们对人生观、世界观、价值观的认知与形成，有助于中小学生性格的培养和境界的提升。影视教育应立足影视艺术的本体进行授课与实践，避免休闲娱乐的成分，

弱化德育思政的主题性培养，强化电影的艺术性、审美属性。让学生在欣赏影片的同时，真正体会电影的艺术魅力，认识电影艺术的本性。只有做到娱乐性、教育性、艺术性"三合一"的教育定位，才能真正让学生在艺术的殿堂中提升审美的能力与素养。第四，课内教学与课外实践的紧密结合。尝试在影视课程之外成立学生电影工作室，聘请专门的指导教师进行课外指导，通过社团形式的组织活动，锻炼学生综合能力，提高学生影视艺术的审美水平和创作能力。与此同时，工作室的学生可以进行影视课程教学和展示，用中小学生的思维方式与其进行沟通。积极挖掘家长资源，鼓励具有相关专业背景的家长成为影视课程和课外实践的指导教师，分学期以讲座的形式参与教学。鼓励学生积极创作，并分别以学校、学区、省份为单位设置电影比赛，促进学生的跨学校、跨省份合作，充分调动学生对影视艺术的积极性，利用校外影视活动反哺影视课程的教学。

中小学影视教育为学生打开艺术世界的大门，并对影视艺术形成完整的认知与审美。不仅让学生了解影视艺术独特的艺术规则、艺术语言和表达特性，更在影视审美活动中感受影视世界的魅力、体验影视制作与传播的乐趣、发现并创造更美好而丰富的世界。影视教育有利于青少年艺术思维的建立，使其能够用敏锐的眼睛发现世界的美，用纯净的心灵创造未来的美。与此同时，影视教育不仅能为我国培育优秀的影视人才奠定坚实的基础，更能提高国人整体的观影水平、促进电影工业从业者不断自我革新、不断挑战艺术的新境界和新高度，不断创作出更多优良的影视艺术作品，满足更多人的影视观赏需求。

影视艺术是人文精神和文化根脉承续的重要载体，丰富的影视题材、可塑的影视表达、多样的影视艺术形式，决定了影视艺术对历史的叙事、对当代的探讨。中小学影视教育的根本目标就是让青少年通过影像认知历史与文化，增强青少年对民族和国家的自信，树立未来的人生理想与目标。

作者简介：

辛拓，硕士研究生学历，吉林艺术学院讲师，主要研究方向为纪录片理论与创作、戏剧与影视教育，首届吉林省本科高校智慧课堂教学创新大赛一等奖获得者。

影视配乐视角下中小学影视教育课堂教学初探

完颜振清

[**摘要**] 笔者通过对中小学音乐课堂跨学科教学的观察，结合影视教育的发展现状，从影视配乐的视角出发，筛选出我国自改革开放以来影视配乐发展过程中具有代表性的两个时期来进行影视课堂教学探索。第一个时期为"中国意境"，以上海美术电影制片厂制作发行的众多动画作品为主；第二个时期为"红色记忆"，以近几年影视界重点发展的主旋律题材影视作品为主。通过分析这两个时期的影视配乐，根据中小学各学段学生情况进行教学构思，探索中小学影视教育课堂发展路径。

[**关键词**] 影视配乐 影视教育 美育 德育

2021年，教育部办公厅多次发布有关义务教育阶段"双减"工作的指示文章。作为"双减"任务的主阵地，校内教育教学质量的提升成为近几年中小学工作的重点。2021年10月，全国人大明确表示，"双减"拟明确入法，避免加重义务教育阶段学生的负担。在作业减负、校外培训减负的同时，校内所开展的"课后服务"工作，为中小学影视教育的发展提供了契机。通过兴趣社团课、选修课、校本课程的开展，在学生必修各类文化课程、艺术课程的基础上，笔者根据美育、德育两个方面的教学育人目标，筛选了我国1978—2022年的近百部影视作品，从中挑选

了具有代表性的两个时期：其一为传承传统经典文化，提高学生鉴赏美、创造美能力的"中国意境"时期，以上海美术电影制片厂制作发行的动画作品为例，结合其丰富的题材、优秀的影视配乐等多种元素，为学生开展美育教育；其二为"红色记忆"时期，以近几年影视界重点发展的主旋律题材影视作品为主，选取了如《集结号》《建国大业》等具有历史属性传承的主旋律影片，旨在通过浓厚的"红色记忆"来提高学生的爱国主义精神，加强学生的爱国主义思想，达成德育教育。

影视是一种实现视觉与听觉综合观赏的艺术形式，也是现代艺术的综合形态。笔者

作为中小学音乐教师，结合自身在音乐课堂中使用影视作品的教学经验，通过跨学科教学的思考，在学生欣赏影视作品、视觉感官受到刺激的同时，从影视配乐的角度出发，提高学生的听觉兴趣，注重讲解影视配乐在影视作品中的独特含义，来加深学生对于影视作品的理解与思考，从而达到教学目标。下面笔者将重点论述"中国意境"与"红色记忆"这两个时期影视作品配乐的特点及其教育意义。

一、美育：中国意境

1978年上海美术电影制片厂出品的动画《画廊一夜》，可谓开启了改革开放动画制作的新篇章，新篇章是指动画中所表现的思想，即使是现在看来，这部动画的意蕴也是超前的。动画全片没有对白，完全依靠其中的配乐主题、意象来展现剧情。"音画同步"的制作手法更是锦上添花，其中，动画人物"棍子"与"帽子"出场时运用了锣鼓乐来表现他们耀武扬威的神情，当他们站在不同的画作前时，会出现不同乐曲的变奏，如站在表现学生学习的画作前时响起的配乐是《学习雷锋好榜样》的变奏、站在表现运动会的场景的画作前时响起的配乐是《运动员进行曲》的变奏。片中用锣鼓乐的强弱来表现"棍子"与"帽子"对展览会的大肆破坏，而当画中的人物活过来时，片中的配乐表现得欢快又明朗，甚至人物的一举一动都有音效的配合，这种"音画同步"的制作不仅仅出现在这一部动画中。

1979年上映的《哪吒闹海》，作为一部长片作品，其中虽然拥有人物对白，但从影片的开始直至结束，剧中的配乐一直充当着背景描绘的角色，尤其是龙王水淹陈塘关，哪吒挥剑自刎之后，那快速拨动的筝声与随之而来的管弦伴奏，将哪吒之死的悲情气氛烘托到了极致。随之而来龙宫的画面却用着极其丰富的锣鼓乐来表达欢庆的气氛。可以想象，如果不是这种音乐蒙太奇的效果，想单靠画面达到一悲一喜的情景转换是远远不够的。龙宫之中的表演更是彰显了上海美术电影制片厂的绝活，其中妖怪的舞步与配乐同步，一举一动惟妙惟肖，即使是现在看来也会情不自禁地拍手称快。如果说《画廊一夜》表现的是"音画同步"的奥妙，那么《哪吒闹海》所表现的则是配器的奥妙，无论是描绘人物性格还是表现云雾缥缈的仙境，其中对于古筝、古琴、扬琴、锣鼓乐、管弦乐等配器的运用可谓尽善尽美。

1980年上海美术电影制片厂制作的布偶戏"阿凡提的故事"系列，更是运用配乐将新疆独特的民族风情展现得淋漓尽致。独特的民族乐器萨塔尔所拉奏的旋律，在故事的开始就将观众带到了新疆那美丽的地域。随后上映的《南郭先生》（1981）、《猴子捞月》（1981）、《人参果》（1981）亦是"音画同步"的典型代表。而1981年上映的根据敦煌壁画《鹿王本生》的故事改编制作的《九色鹿》更是将配乐运用到了极致，这部动画不仅运用配乐来表现西域奇景，其中的插曲《蓬莱是家乡》更是用戏曲的唱法将九色鹿安详的神态和神圣威慑力表现得活灵活现。

1984年上映的《鹬蚌相争》与1988年上映的《山水情》是上海美术电影制片厂水墨

动画的代表作，前者的配乐欢快、喜庆，清脆的笛声配合着鸟鸣和笙的合奏，使人沉醉于水墨的意境中久久不能自拔。一渔夫、一鹬、一蚌伴随着配乐，在山水之中斗智斗勇，配乐的强弱起伏映衬着争斗的强度，将故事表现得栩栩如生。

《山水情》被称作中国水墨动画片的绝唱，整个片子没有对白，长度只有十多分钟，但在当时一举拿下了若干国际动画大奖，这不仅因为《山水情》是一部水墨作品，更因其中所表达的中国禅境意象使全世界的观众为之深深着迷。开篇风声之中一片雪景，老琴师站在岸边等待渔船，此时响起的笛声代表着渔家少年的出场。到岸时，怀抱古琴的老琴师晕倒在岸边，被渔家少年所救。在这部作品中，琴声代表着老琴师的形象，笛声代表着渔家少年的形象。老琴师发现少年喜好琴声，为了报答渔家少年的相救，便将自己的技艺传授给他。相较于其他上海美术电影制片厂的作品，这部水墨片中有大量留白的部分，给予了水墨画意境阐述的空间。古琴、琵琶的使用是动画片《山水情》的一大特色，其中的背景音乐古琴曲《山水情》由著名琴师龚一演奏，单旋律的古琴音乐，具有散、慢、快的特点，自由而散漫。古琴艺术与我国的书法、水墨画艺术相似，都是追求线形生命节奏的气韵，古琴旋律、水墨画法薄中有厚、浅中有深，都是一种情感和直觉的体验。因此在《山水情》动画之中用古琴搭配水墨，随类赋彩，声情为主，色彩为辅，使其文学意味更浓，韵味更重。呼啸的风声伴随着老琴师的离去而显得格外凄凉，渔家少年追随不上老琴师的脚步，索性将古琴取出，

对着山、水弹奏起来，回忆里的种种一掠而过，水墨渐渐在画面上铺陈开来，在幽雅的古琴声中，老琴师与渔家少年惜别，画面之中的大气透视，老鹰、孤雁、江流等意象的出现，更是配合着琴声将观众引向了无边无际的山水之中。没有华丽的辞藻，亦没有伤感的画面，意蕴深远的音乐和传统的水墨便将这离别的痛苦、深厚的友谊，全部蕴藏在了韵味之中。这部作品不仅表现了水墨动画的高超技法，更凭借着轻柔寡淡的琴声来彰显中国道家"法天贵真"和禅宗"明心见性"的灵感，他不仅演绎了旷世知音的故事，也表现了深邃、悠远的韵味美和登峰造极的意境美。

上海美术电影制片厂发行的众多作品，真切地代表着我国博大精深的文化底蕴，无论是水墨还是剪影，是布偶戏还是敦煌壁画，其中的配乐有民族传统器乐，如二胡、琵琶、古筝等，也有少数民族独特的乐器，如萨塔尔、都塔尔等，更有展现中国意境的古琴曲《山水情》。这些纯器乐作品是源于民族自信的艺术表现形式，其通过影视作品所留存的"中国意境"是留给整个中华民族和整个世界的瑰宝。笔者认为在中小学影视教育的构想中，上海美术电影制片厂所制作的动画影视作品，可以作为跨学科教学的典型素材，其不仅涵盖了美术、文学、音乐等学科特性，更在作品中彰显了中国传统文化、哲学思想以及民族特色。影视教育作为一门艺术类课程，不仅要在教学上具备与学情符合的吸引力，还要基于学生的兴趣来开展，而动画作品往往是低龄段学生较为容易接受的教学素材。无论是生动有趣的《猴子捞月》还是凄

美的神话故事《哪吒闹海》，这些作品在达到艺术审美的同时，也深刻地蕴含着优秀的思想品德，值得当代中小学生细细品味。在教师正确的引导下，这些作品不仅能提升中小学生对于中国传统艺术的审美情趣，更能加深学生对于传统文化的兴趣，实现以美养德、以美启智、以美润心的教育目标。

二、德育：红色记忆

20世纪90年代，中国电影格局基本上由主旋律电影、商业电影、艺术电影三部分组成。"主旋律"本是音乐术语，原意为一部音乐作品或乐章的旋律主题。主旋律文化一直是中国共产党坚持社会主义精神文明建设的重要组成部分，是为经济建设和改革开放提供强大精神动力和智力支持的"软实力"。当娱乐片、剧情片、爱情片等类型电影大行其道时，主旋律电影在21世纪重新回归，并取得了优秀的成绩。1987年，国家广播电影电视部电影局局长腾进贤首次提出"突出主旋律，坚持多样化"的口号，在政府报告、政府会议及国家领导人的不断阐释下，主旋律作为社会主义文艺方针的重要地位确立了下来。

2007年，冯小刚执导的电影《集结号》，一反他以往在贺岁档的喜剧片题材，选用了较为严肃的战争题材。在配乐上选择了由杨坤、邓超、张涵予演唱的《兄弟》，这首音乐作品代表着影片的主旨，其配乐表达了信念、坚守、忠诚等主流价值。从歌词来看，"我一个人，独自在继续，走在伤痛里闭着眼回忆"表现的是一个小人物在大历史中的渺小、无助和绝望。《集结号》无疑为商业电影与主旋律电影相融合提出了一种可行性。在2009年由韩三平、黄建新执导的庆祝新中国成立六十周年的电影《建国大业》中，电影配乐由舒楠作曲。当蒋介石的镜头出现时，由小提琴拉奏的旋律——《没落之城》就会浮出，似乎响起的是腐败的国民政府挽歌。舒楠为这部电影创作的配乐《肃杀》《海上风云》《黑云压城》等主要以表现共产党场面为主，都用沉重、大气磅礴、强烈的音效来传达一种厚重的、坚强的力量感，而《不能承受之轻》《如何说》《梦魇》等配乐，都用一种哀婉的旋律来缓缓陈述国民党政府一步步走向衰亡，以及表达蒋家父子内心的无奈与挫败。

2010年，冯小刚执导的纪念唐山大地震32周年的电影《唐山大地震》，借用高科技技术真实再现了23秒7.8级地震的强度和场景，将当时国力贫弱的中国人民所不能承受生命之重的情境再现。其中的主题曲《23秒32年》由歌手尚雯婕演唱，委婉朴素的歌声无疑也同电影一样感人。2017年上映的由吴京执导的电影《战狼Ⅱ》，作为主旋律题材的电影，不再表现建党初期党的历程，而是表现了改革开放之后国家的繁荣富强。它的成功就在于结合了当下时代语境中人民的审美需求：在国际动荡的时候，国家对于每位公民的安全保障，通过电影艺术化的方式表现了出来，感动了每一位观众。此类电影还有2014年上映的《智取威虎山》、2016年上映的《湄公河行动》、2018年上映的《红海行动》等。党的十九大报告明确提出："社会主义文艺是人民的文艺，必须坚持以人民为中心的创作导向，在深入生活、扎根人民中进行无愧于时代的文艺创造。要繁荣文艺创作，坚持思想精深、艺术精湛、制作精良相统一，加强现实题材创作，不断推出讴歌党、讴歌祖国、讴歌人民、讴歌英雄的精品力作。"作为一种电影形态，主旋律紧跟建设社会主义的时代潮流，热爱祖国，弘扬民族优秀文化，积极反映沸腾的现实生活，强烈表现无私奉献精神，基调昂扬向上，能够激发人们追求理想的意志和催人奋进的力量。这种主旋律题材的电影是每个时代不可或缺的一部分，如《江姐》《开国大典》《焦裕禄》《建国大业》《建党伟业》《辛亥革命》《长津湖》《铁道英雄》《悬崖之上》《八佰》《红海行动》等，都代表着"红色记忆"长留我国人民心中。其中《建国大业》票房4亿元、《建党伟业》票房3亿元、《辛亥革命》票房2亿元、《长津湖》票房更是达到54.3亿元，这些主旋律题材电影的成功是时代精神的反映，也是社会主义核心价值观的集中体现。

具有"红色记忆"传承的主旋律电影似乎是21世纪对于20世纪90年代的回归，但也存在一些创新，当代的"红色记忆"电影打破了革命历史题材电影叙事模式，从多种角度对历史进行分析或再创作。淡化阶级观念，强调民族主义都是为这类题材赋值的重要内容，如《战狼II》等电影。即使"红色记忆"似乎已经与当代社会发展相去甚远，但仅仅从电影艺术的成果反响来看，"红色记忆"还长存于每位中国人心间。因为影视作品具有历史传承的属性存在，所以在中小学影视教育过程中，筛选出具有代表性的主旋律电影，结合中小学学段学生学情，能更有效地帮助学生树立历史观，正视国家历史，牢记爱国主义情怀，尤其是像《唐山大地震》《中国医生》这类记录国家自然灾害、疾病灾害的影视作品，更能加深学生对于时代的记忆。而在这些主旋律电影中，除了让人记忆深刻的历史情境，影视配乐也加深了画面的情绪感，并且通俗演唱的主题曲也更符合学生的审美诉求。影视教育通过观赏主旋律影视作品的教育方法，将家国情怀、爱国主义精神、人生观、历史观、价值观等尤为重要的思想观念，通过教师正确的引导传达给学生，帮助学生树立正确的思想认识，塑造学生的精神品格，完成以德育人、以文化人的教育目标。

三、影视配乐视角下中小学影视教育教学构思

2020年10月出台的《关于全面加强和改进新时代学校美育工作的意见》明确规定了学校美育课程以艺术课程为主体，除了常规的音乐、美术、舞蹈等课程，书法、戏剧、戏曲、影视等课程也被包括在内，由此可见，戏剧、影视、戏曲这些冷门课程逐步在中小学校开设是一种大势所趋。而影视作为一门新兴学科，其课堂教学没有传统的范式可以借鉴，教学设计的撰写、课程目标的设置、教学内容的思考等，都成为中小学开展影视教育课程的痛点。从更高层面来看，所在学校校级领导是否了解影视教育的重要性、学校课程安排是否能够容纳影视教育课程、开展的影视教育课程是否能够达到理想化的教学目标，都是基层中小学教师所面临的困境。

基于以上问题，笔者对中小学影视教育进行了深刻的思考，并在一线教学过程中进行了一些尝试。对于影视教育如何在中小学

中合理开设，笔者认为有两个方向可以发展。

其一，可以开设以实操为基础的影视教育课程。顾名思义就是结合影视拍摄过程中的技术性内容开展教学，通过中小学中的实践活动课程，引导学生认识影视镜头、影视画面、摄影造型、影视剪辑、配音、配乐等技术性知识，结合过程性教学的拍摄、表演、剧本写作、导演构思等基本教学，最终以学生自编、自导、自演的影视作品作为课程成果。通过实践性学习加强学生对于创造力、合作精神及审美鉴赏能力的培养。但这样的课程目标设置，无疑对于教师的专业能力有着极高的挑战。对于这种模式的学习，笔者认为处于影视教育的高层次阶段，必须有着高度配合的教学环境、专业知识扎实的影视教育教师以及对影视有着浓厚兴趣的学生，只有这些条件足够完备，最理想化的影视教育目标才能达成。

其二，可以开设以理论知识、欣赏为主的影视鉴赏课程。影视作为一门综合艺术形式，其本质上既包括美术（构图、造型、调色等）、音乐（配乐、主题曲等），也包括文学、戏剧、摄影、表演等多种学科特性。因此，影视教育在理论学习方面，存在着天然的跨学科因素，无论是从哪一种学科出发，都能以点带面地将影视教育融合其中。而影视鉴赏类的课程相较于教授学生拍摄影视作品的教学而言，难度大大降低，其不再要求必须会拍摄、表演、导演等专攻影视教育的教师才能开设课程。音乐、美术、戏剧、语文、英语等学科的教师都可以从影视鉴赏的角度出发，开设影视教育课程，并可以结合各学科教师的专业特性，从不同的视角出发，

选择符合学科特性的影视作品作为素材教学。这也符合中共中央办公厅、国务院办公厅联合印发的《关于全面加强和改进新时代学校美育工作的意见》的要求——"在学生掌握必要基础知识和基本技能的基础上，着力提升文化理解、审美感知、艺术表现、创意实践等核心素养"。

结　语

笔者基于以上思考，结合自身音乐美学专业学习的经历，选择了从影视配乐的视角出发，在学校开展影视教育课程，主要以音乐课为主阵地，跨学科地开展影视教育。笔者通过在学校课后服务工作时间，开展影视鉴赏社团选修课程，以及在一学期内组织"中小学影视教育周"活动，全面探索了影视教育在中小学课堂中所存在的可能性。在"审美与向善：戏剧与影视学名师大讲堂"系列讲座的学习过程中，"审美与向善"的主题给予了笔者极大的启发，因此笔者筛选了改革开放以来我国优秀的影视作品，从审美（美育）、向善（德育）两个角度出发，选择了"中国意境"与"红色记忆"两个时期来进行课堂教学。

"中国意境"时期的水墨、剪影、壁画、布偶戏等都是极具特色的美术作品，而其众多动画作品中所使用的配乐更是兼具了民族特色——古琴、古筝、琵琶、二胡、萨塔尔等乐器都是民族乐器的典范。因此，"中国意境"时期的影视作品欣赏，不仅能结合美术学科对于画面、色彩、构图等给学生进行知识讲解，更能结合音乐学科对于其中特色乐器、

旋律、配器等进行知识讲解。这些动画作品中蕴含的影视作品中独有的"音画同步""蒙太奇""大气透视"等影视作品独有的创作手法，也能激发学生对于影视的学习兴趣，达到美育目标。

"红色记忆"时期的主旋律电影通过一种情境再现式的画面感，不仅加深了学生对于国家历史的理解，更激发了学生的爱国主义精神，尤其是《长津湖》《长津湖之水门桥》《八佰》《悬崖之上》等电影，都通过纪实的影视镜头再现了抗日战争、抗美援朝的沉重记忆。《长津湖》的电影主题曲《最可爱的人》、《长津湖之水门桥》的主题歌《长津湖》都通过娓娓道来的歌声以及情境化的歌词——"即使冰雕，也要向前"达到了感人肺腑、令人潸然泪下的效果，而这也正是影视教育的真谛，即通过其历史属性，传承红色基因文化，引导学生向善心理，塑造学生在信息化时代对媒介的审美能力及批判取舍能力。

2018年11月21日，教育部、中共中央宣传部联合印发《关于加强中小学影视教育的指导意见》，提出"力争用3—5年时间，全国中小学影视教育基本普及"，各地区要以不同形式让影视教育进入中小学课堂，使看电影成为学生的必修内容。根据文件要求的3—5年普及要求，结合2022年中小学影视教育的开展情况，笔者认为中小学影视教育的发展任重而道远。首先，影视教育作为一门综合艺术形式，对于任课教师的专业有着极大的考验，导致很多教师望而生畏。其次，相较于音乐、美术等艺术学科，影视教育缺乏统一的教材，没有能够借鉴的课堂范式，该如何开展也是见仁见智的讨论，相较于形成体系的大学影视教育，中小学影视教育的开展多集中于一线城市、省会城市，全面推广影视教育仍存在很多困难。在当代信息洪流之中，学生可接受的信息媒介已经超出想象，而大部分学生对于信息媒介都没有使用能力、批判取舍能力和辨别能力，这直接导致学生的审美能力降低、品德素质降低。在笔者的音乐课上，大部分学生只会哼唱类似于"抖音""快手"等短视频平台的热门歌曲，而对于民族音乐、古典音乐、正规的流行音乐都没有审美鉴别能力。因此，笔者认为，无论通过何种视角、何种途径在中小学开设影视教育课程，能正确地引导学生在面对信息洪流时具有审美能力，调整学生心态至关重要。这种核心素养、综合素质的提升，是影视教育这种综合艺术所独具的特性。笔者从影视配乐的视角出发，希望通过影视教育课程的构建引导学生从"被动观看"转向"主动鉴赏"，丰富立德树人的教育手段，全面提升学生鉴赏美、创造美的能力。

作者简介：

完颜振清，北京师范大学汉中实验学校艺体社团中心主任兼艺体学科教研组长，主要研究方向为音乐美学、影视教育。

"影视+"跨学科教学的宝安实践

陈增旺

[摘要]"影视+"跨学科教学是以某一影片内容为基础，运用并整合其他学科的相关知识和方法开展综合学习的一种方式。本文以宝安区"影视+"跨学科教学为例，从背后的支撑体系、实践探索和取得的成效几方面入手，展现"影视+"跨学科教学的宝安模式，探讨"影视+"跨学科教学的理路与方向，从而更好发挥课程育人的重要作用。

[关键词]跨学科教学　"影视+"　教学模式　影视艺术

2018年11月21日，教育部、中共中央宣传部联合印发《关于加强中小学影视教育的指导意见》（简称《指导意见》），《指导意见》指明要充分发挥优秀影片在促进中小学生德、智、体、美、劳全面发展中的重要作用。2022年，《义务教育课程方案和课程标准（2022年版）》和《义务教育艺术课程标准（2022年版）》颁布，明确提出：影视（含数字媒体艺术）学科课程内容包括"欣赏"、"表现"、"创造"和"融合"四类艺术实践。影视作为艺术课程内容之一，首次被纳入义务教育阶段艺术课程标准，与音乐、舞蹈、戏剧（含戏曲）一起，共同发挥课程育人的重要作用。

一、"影视+"的基本内涵及其宝安表达

（一）"影视+"的基本内涵

"影视+"是一个广泛用于描述影视与其他领域融合的概念。这种融合可以涵盖多个方面，包括技术、文化、教育等。一是技术融合，不仅包括影视产业与最新的数字技术、虚拟现实、增强现实、人工智能等领域的融合，还包括使用新技术来改善电影和电视制作、后期制作、分发和观众互动。例如，虚拟现实和增强现实技术可以用于创造沉浸式

的观影体验，人工智能可用于内容推荐和制作。二是文化融合，主要指电影和电视作品与文化、历史、社会问题的融合，它可以通过影片的主题、角色、情节、对话等方式来体现。电影和电视作品可以成为文化表达的媒介，帮助传播和弘扬文化价值观。三是教育融合，在教育方面，"影视+"意味着将影视内容融入教育中，借助电影和电视媒介，讲解学术概念、历史事件、文学作品等，提升学生媒体素养，发展批判性思维，达成协同育人效果。

（二）"影视+"教育的宝安表达

近年来宝安区"影视+"教育，以学科协同育人为主线，聚焦"影视+"跨学科教学，目前已形成"影视+"思政、"影视+"人文、"影视+"艺术三大系列课程。

为确保"影视+"跨学科教学的顺利开展，我们还系统构建了区域影视教育课程实施指南，探索影视师资培养以及搭建影视教育平台等支持体系。

二、"影视+"跨学科教学的支持体系

（一）完成区域影视教育顶层设计

早在2019年，宝安区教育局就在教育部影视教育相关文件的指导下，做好了区域中小学影视教育的顶层设计并开展了影视教育学校课程项目实践，为艺术教育"新课标"落地打下了坚实的基础。2022年底，宝安区教育局印发《宝安区中小学影视教育课程实

施指南》（简称《指南》），《指南》包括指导思想、课程性质、课程理念、课程目标、课程实施、教学原则、学习路径、学业质量和组织管理等九个部分。同时，宝安区教科院发布《宝安区中小学影视教育课程学习影视片目推荐目录》《宝安区中小学影视教育实践室建设指南》《宝安区中小学影视教育课程管理平台建设方案》等一系列文件，进一步明确区域"影视+"跨学科教学方向并提供指导意见。

（二）打造区域影视教育师资队伍

一是宝安区教育局引入高校资源培训影视教育专业教师。2022年，邀请深圳大学等高校影视教育课程教授为宝安区影视教育教师授课；2023年，宝安区联合北京师范大学共建开展"宝安区第二届影视教育教师研修班"，培训内容涵盖"新课标"政策解读、影视教育学科融合案例演析、影视教育课程建设思路及方案等领域，覆盖语文、音乐、美术等学科，培训教师100人，打造了一支专业水平过硬的影视教育师资队伍。

二是加强日常影视学科教研活动。宝安区各中小学借助"万名教师赛好课"等项目，累计开展50余场区级影视教学研讨活动，30余名教师参与公开课、讲座展示活动，面向教师征集影视教育微视频课例150余节，有效促进了影视教学交流，提升了教师的专业能力。

（三）搭建"管理""展示"两平台

一是宝安区影视教育管理服务平台。采用"1+N"的系统架构，即一个"区教育局集

约化管理平台"、N个学校影视教育实践室，学校影视教育实践室现均接入宝安区教育局城域网的"宝安区影视教育管理服务平台"。影视教育管理运维系统实现全区影视教育电影版权内容及课程内容的编码、加密、传输、分发以及数据管理。根据《点播影院暂行技术规范》《电影院视听环境技术要求和测量方法》等技术规范标准，利用学校阶梯教室、多功能厅、班级教室等场所高质量打造影视教育实践室，改善和保障学生观影条件，建立起区域化建设标准。

二是宝安区影视教育师生展示平台。宝安区连续两届开展优秀电影展映展播、学生微视频创作大赛、经典电影学生配音大赛、影视教育课例评选大赛、活动主题名称征集等活动。在宝安区第二届学生影视教育月活动中，微视频创作、经典电影配音等比赛项目的参赛学生作品达430多件；在电影进校园展播活动中，参与学生人数近2万，同时涌现出一大批影视教育优秀课例。通过展示平台，落实全面育人目标，构建"影视+"跨学科教学的宝安模式，建立宝安影视教育品牌。

三、"影视+"跨学科教学的实践探索

"影视+"跨学科教学是基于学生学情，围绕具有真实意义和实践性质的研究问题，以某一影片内容为基础，运用并整合其他学科的相关知识和方法开展综合学习的一种方式。它对于培养学生跨学科素养、提高学生人文底蕴和综合素质、促进学生身心健康发展，具有十分重要的作用和意义。

（一）教学内容

宝安"影视+"跨学科教学内容包含三大系列，分别是"影视+"思政、"影视+"人文、"影视+"艺术课程，目前已形成300多节典型课例。比较有代表性的有宝安区海城小学安娜老师执教的"影视+"思政课例《小兵张嘎》、宝安区新桥小学何林英老师执教的"影视+"人文课例《草船借箭》、宝安区宝民小学胡昊老师执教的"影视+"艺术课例《雄狮少年》等。

（二）学习方式

"影视+"跨学科教学的学习方式主要分为两类，一是主题式学习，二是项目式学习。

主题式学习的基本环节包括五个部分：学情调研，确定主题；影片（片段）导入，创设情境；走进人物（情节），分享讨论；拓展对比，链接经验（生活、学科等）；升华主题，聚焦成长。比如西湾小学思政电影课例《我们的战士有一个共同的名字》以"课程融合下的影视教育实践"为主题，围绕主题展开的教学活动。

项目式学习的基本环节包括六个部分：课前调研、任务驱动、发现问题、合作探究、解决问题和分享展示。比如宝民小学《西游记》课例，在分享展示环节将学生分为6个组，分别展示看西游、赏西游、话西游、听西游、舞西游和演西游。

（三）学习评价

"影视+"跨学科教学评价坚持"以学习者为中心"的评价原则，教师为主导，学生

为主体。一是评价方式多元，学生自评、同伴互评、教师评价和家长评价相结合；二是倡导过程性评价，评价过程贯穿学习者学习的全过程；三是评价手段多样，除了运用传统的评价表评价，还鼓励运用信息技术评价、个性化创新评价（投票评价、线上点赞）等。通过丰富多彩的评价方式，激发学生的参与热情，提升学习效果。

四、"影视+"跨学科教学的实践成效

（一）"影视+"跨学科教学课例屡获省市大奖

课例"《寻迹少年》——小学电影美术项目式学习"荣获2022年广东省中小学教师信息技术应用能力提升工程2.0教学创新精品课例特等奖；课例"《音乐之声》电影项目式学习"荣获2023深圳市教师信息素养提升实践活动融合创新应用教学案例（基础教育）小学组一等奖、2023年广东省教育"双融双创"教师信息素养提升实践活动三等奖；区域信息化发展案例"宝安区中小学影视教育进校园实践"荣获2023年深圳市教师信息素养提升实践活动二等奖；英语电影赏析课例《疯狂动物城》（Zootopia）荣获2021年广东省中小学教师信息技术应用能力提升工程2.0教学创新精品课例一等奖。这些优秀课例推进了"小学高段英语主题电影课程资源的整合和教

学实践研究"等区域化课题研究实践，建立了多学科融合的影视教育课题研究团队，取得了初步课题实践成果。

（二）学生影视素养显著提升

学生影视月活动吸引了数万名学生参与，其中，微视频创作、经典电影配音等项目的比赛作品，无论从内容还是形式上都体现出当代中小学生正确的价值观和良好的审美素养，得到专业评委的一致赞赏。同时，学生自主将影视融入生活，乐于交流创作。比如航瑞中学学生历时3年拍摄完成的MV《入海》，作为航瑞中学首届毕业主题MV在毕业典礼上播放，感动了全场的观众。

（三）区域影视教育影响力初显

宝安"影视+"跨学科教学实践探索吸引了来自全国各地的教育同行。近年来，宝安区教育局接待全国各地考察团20余批次。如中国教育发展战略学会艺术教育专业委员会、北京师范大学科技集团、宜春市教育体育局、保定市竞秀区教育和体育局、佛山市南海区狮山镇教育局等单位。同时，我们也赴外地分享交流我们的做法。比如应邀赴共青团北京市委员会和清华大学合办的全国影视师资研讨班做专题讲座，介绍影视教育经验等。

作者简介：

陈增旺，深圳市宝安区教育科学研究院中小学美术教研员。

对中小学艺术教育的思考与展望

孙尘心

［期刊］《中小学艺术教育研究》第二期

［栏目］艺线访谈

［访谈对象］梁洪来（北京教育科学研究院基础教育教学研究中心中小学音乐教研室主任）

［访谈主题］对中小学艺术教育的思考与展望

［采访时间］2023年2月10日下午

孙尘心：梁老师您好，很荣幸能够和您一起探讨关于中小学艺术教育的问题。今天咱们的访谈主要涉及中小学艺术教育领域，包括三个方面："新课改"①后音乐教学的设置或目标发生了哪些重要变化、"合作学习""班级合唱"等在教学实践中渗透的成效、研究型学者应该多关注实践中的哪些问题等，非常期待您在艺术教育方面的新思路、新感悟、新视角。

第一个问题是，"新课改"后，您认为音乐教学的设置或目标发生了哪些重要的变化？

梁洪来：我们义务教育的课标是从2000年开始的，经历了两次（基本上是十年一次）改革。为什么要改课标呢？我个人认为目的

有两个：一是为未来服务，主要目的是顶层设计。二是从国家角度来看，现行的教育成果相对滞后。所以，现在开始做的其实就是20—30年以后，国家希望达到的、对应的国民素质高度。那么20—30年以后的国家会是什么样呢？这就需要在今天先行动起来。这个行动，可以是社会教育，也可以是家庭教育，但是能形成规模效应的主要还是学校教育，所以课标这个事是非常重要的，也就是说，从今天的课标就能够预见我国未来20—30年的教育成果的变化。

我国目前的最大特点是发展变化特别快，社会发展可能几年、十年就完全不同了，这

---

① 新一轮基础教育课程改革的简称。

和其他国家历史上的发展速度完全不一样。尤其在城市，父母都希望孩子能够超过自己，虽然带来了一些焦虑的气氛，但也带来了向上的、昂扬的学习动力。正是基于这些因素，我们推出了"新课标"，既要补过去的短板，又要借鉴先进国家的经验，还要能够保证现有的、公平的高考制度。这个带来的不只是两难，是"多难"，很多问题冲突地、急剧地、集中地发生，让大家觉得非常棘手。如果让外国的专家来解决我们现存的一些教育问题，他们肯定是解决不了的，因为他们没有这么大的人口基数。

所以，在这种情况下，我们的"新课改"必须具有超前性，具有对教育的理想化期望，我们既要去解决一些短板，填补一些漏洞，又要面对实践过程中碰到的一些新问题。所以，"新课标"既要考虑到我国庞大的受教育适龄儿童的人口基数，现有教师的素质和专业水平情况，经济发达地区与发展中地区、落后地区的不同现实情况，育儿家庭的普遍受教育程度等现实因素，又要考虑到预期目标的实现和成效。

"新课标"让我们看到的是两个方向：一个是面对未来，立德树人，为国家的长远发展服务。二是面对社会，正视现实，解决"教育为了什么"的问题。也就是"国家为什么培养人，培养什么样的人"这一根本性问题。

对音乐的欣赏或鉴赏涉及了内涵和外延两个方面。内涵指的是对音乐本身的感知能力、鉴赏能力，而外延指的是在音乐与其他学科结合方面的意识和教育引导，比如中国传统音乐怎样与诗词歌赋相结合，也就是音乐学科怎样与语文学科相结合、音阶游戏怎

样与数学相结合等。在顶层设计上，"新课改"一定是有据可循的。我们称为规律加规矩，先要学习和遵从，然后是突破和超越，它的前提是不能颠倒过来的。同时又要倡导大胆创新。

人类文化的传递，从开办学校开始，就进入了有规模、有计划的阶段，就极富创造性。不能把基础教育和特殊条件混为一谈，不能老拿个案来说事，要先解决一般性问题，再处理特殊性问题，这就是共性的和个性的问题。尤其在基础教育这个阶段，一定要说共性的而不是个性的，也不能拿孤立的或者根本没有调研过的事情举例说明。

孙尘心：第二个问题是，在教育教学中，您认为音乐学科的核心素养有哪些？学生应当学习到哪些最重要的能力？

梁洪来：音乐学科的素养体现着人的价值，既包括共同的共性价值，也包括合作的共性价值。这门直击人心的艺术——直接的表现力——是别的学科不教或很难达到的，而我们的日常教学，却处处如此，循环往复，于一点一滴之中普及和推广着这一事业的发展。

首先，从艺术实践上来说，丰富的表现力来自"我想迸发的时候能迸发，我想安静的时候能安静"，我们称这种主观上的动因为非智力因素，而人在社会中证明个人潜能或获得社会赞誉的过程，往往依赖于非智力因素。所以这种表现力的伟大意义，不仅是个人态度的体现，也是释放幸福感的源泉，由此也产生了艺术素养对人的第一价值。其次，从心理学上来说，思维逻辑的品质也需要培养、需要训练，这也是音乐学科专属的问题。思

考事情全面而不偏执，照顾自己也体谅别人；更能够理解、包容和合作。这些非智力因素的培养，需要我们音乐教育去探索、去执行、去达成。

艺术学科对整个社会的贡献，除了我们知道的娱乐性、审美性、认识功能、社会功能，还有六个能力：感知、记忆、想象、表现、创造、综合思维，其中，感知能力的培养重点在于分配，表现能力的培养重点在于人对丰富情感的控制。

我们分析出了这个结构，你就知道了哪些是需要教授的、哪些是需要坚持的、哪些是需要在教学实践中逐步渗透的。尤其在表现力方面，是钢琴更容易？还是歌唱更容易？包括即兴创作以及一些舞蹈性和即兴性的肢体语言？对于现在的老师来讲是越教越复杂。一旦老师的能力达不到的时候，就会产生抵触情绪。可是在我们现有课本里，这事你不能说做不好、做不到，而是可以作为一种活动形式、体验形式、感受形式和表现形式去理解，但终归这些内容还是得自己去练，无论通过什么路径你必须得把它提炼成属于你的、富有你个性或特点的课程，在课堂上传授给学生。这样，学生就不用死记硬背，就可以依循规律、按照不同的阶段，解决复杂的谱号和调号系统问题。这种实用主义的方法，解决了当下存在的很多难题，这意味着：第一，学生学会了背唱民歌；第二，学生能用首调把歌唱好听；第三，学生能够熟悉并找准键盘位置。在视唱中也得这样，要带着情感、懂得控制，不是一味地、野蛮地来表现那些显而易见的内容，而是要透过表象深究它背后隐性的、培养什么样人的内涵。

现在，我们再来看核心素养：一是我们得有正确的价值观；二是得有必备的品格；三是得有关键的能力。这次在"新课标"里直接写明了，我们说的正确的价值观，就是为国家培养人才。正确的价值观统一了，各学科教学的目标就不用讨论了，不同的是关键能力，因此，我们培养更多的是关键能力。具体怎么落实，是需要我们努力去研究的，即研究关键能力的特殊性和不可替代性。这些是我们音乐学科的发展趋势，也是研究型学者的一个研究方向。

孙尘心：听您说这么多，收获非常大，也很受启发，最后一个问题，您希望研究型学者多做哪些对中小学音乐教育具有帮助的研究？

梁洪来：我们理解一个作品需要听很多遍，但是课程不够，这些问题得从心理学上来解决。解决的基础是什么呢？应该是评价、应该是测量，这些都是综合性研究的关键点，直接指向学者们的研究成果。第一让大家看到可信的论证；第二在交流中研讨如何修改。大家听到的音乐世界是不一样的，每个人的生命走向也是有差异性的，那么怎样演唱更符合美感？更贴近自然？更能被众多的音乐爱好者所接受？在这一领域，独立发展的方向太多了，有条件的话，希望能够召集一些好的一线教师和高校的研究学者，多举办论坛、研讨会，大家提出一些在教学中出现过的问题和急需解决的问题，然后根据这些问题找准研究方向，持续推动，可能这样更能有效地解决存在的问题。

只是目前大部分学者还不清楚要研究什么，因为他们不在一线的岗位上，想去解决问题只能凭空想象。他们缺乏教学经验，找不到教学中的漏洞，或者在教学的过程中用什么方法比较好？课程需要做怎样的调整和优化？……而教学的实践告诉我们，只有具备了丰富的、特殊的乐理思辨能力，这些知识的转换和应用，才能水到渠成，才能自然地体现理论根基和实用价值的重要性。

我们说重整河山待后生。现在的年轻人一代比一代优秀，他们有民族的自觉、有文化的自觉，他们知道中国魂的深刻内涵、知道中国梦的伟大意义。所以，在音乐学领域这条道路上，哪些能做，做到什么程度，恐怕不是我们能解决和诠释的。但我们可以呼吁，可以从社会学角度、心理学角度、文化的本体角度发声，明确这是正确的事情，是一个应该做、值得做的事情。

尤其在歌唱非常落后的情况下，我们还是得从具体的方法进入，让老师有所依规，有拿得出的措施。我们不仅要学习许多繁杂的理论，还要学习开放的思想，这才是学习的过程和根本。所以，我们就希望能够有优秀的青年学子帮助我们做这个事情，让我们的民歌走进中小学，走进幼儿园，从孩子开始就学唱起来，只有这样，才能真正为我们的文化传承搭桥。

孙尘心： 非常感谢您今天的分享，您对我国中小学音乐教育的思考与展望，会让每一位音乐教育工作者产生新的感悟，而我们作为青年，也希望能通过自己的努力，为中小学音乐教育的理论研究与实践做出自己的贡献。

作者简介：

孙尘心，北京师范大学艺术与传媒学院艺术学理论2020级博士，主要研究方向为钢琴演奏、钢琴合作艺术、音乐教育。

"全国中小学艺术教育与影视教育师资人才培养公益项目"会议综述

侯亚轩

2023年8月20日，"全国中小学艺术教育与影视教育师资人才培养公益项目"第六期培训在天津师范大学举行。

"全国中小学艺术教育与影视教育师资人才培养公益项目"是在深入学习贯彻习近平新时代中国特色社会主义思想和党的二十大精神、深化艺术审美教育改革、加强艺术课程建设质量的总体方针政策指导下，为了达成推动建设全国中小学影视教育发展的核心目标，由北京师范大学艺术教育研究中心联合全国14家单位，在教育部高校戏剧与影视学类专业教学指导委员会支持下，推出的连续性人才培训项目。

该项目由北京师范大学艺术教育研究中心主任周星教授主持，邀请高校影视专业和相关研究机构资深学者作为授课教师，秉承公益理念，招收从一线城市到偏远地区热心中小学影视教育的学员，惠及全国各地的中小学一线教师、高校学者、教育系统工作者等，具有较高社会影响力。自2019年7月起，该项目已经连续举办五期，对全国数百名学员进行了培训。本期培训班由北京师范大学

艺术教育研究中心、中华爱子影视教育促进会联合主办，由天津师范大学承办。

参与本次会议的嘉宾有周星教授、厉震林教授、陈旭光教授、张阿利教授、范志忠教授、张燕教授和杨爱君教授。

一、影像价值观、文化视野与艺术评判

周星教授是北京师范大学艺术与传媒学院二级教授、博士生导师，北京师范大学艺术教育研究中心主任，国家级重点教学示范中心"传媒与艺术实验中心"主任，北京师范大学亚洲与华语电影研究中心主任，教育部高校戏剧与影视学类专业教学指导委员会主任，教育部"高校网络教育名师培育支持计划"专家，中华爱子影视教育促进会会长，中国高校影视学会学术委员会副主任，教育部新文科建设小组成员，教育部全国艺术教育委员会委员，中国文艺评论家协会视听专委会副主任，教育部中国教育发展战略研究会艺术专委会副主任，中国电影评论学会副

会长，中国艺术学理论学会副会长兼艺术教育委员会主任，北京市课程思政教学名师。

周星教授以"影像价值观、文化视野与艺术评判"为切入点，带领学员从思考当代中国电影的发展趋势与时代发展趋势的紧密联系入手，全方面认识和把握艺术教育、中小学影视教育与时代变迁的辩证关系，从具体的作品思考如何反思影像价值观、扩大文化视野、深化艺术鉴赏能力，并提出一系列思考模式和具体做法，鼓励学员尊重和培养艺术审美能力，在教育变革的过程中完善自身，提升影视教育专业化程度，最大限度实现艺术价值。

二、理解电影的五个关键词：窗户、镜子、梦、仪式与寓言

陈旭光教授是北京大学艺术学院教授、北京大学影视戏剧研究中心主任，教育部"长江学者"特聘教授，全国广电与网络视听行业"领军人才"，中国高校影视学会副会长，中国高等教育学会影视传媒专委会常务副会长，教育部高校戏剧与影视学类专业教学指导委员会委员，中国电影家协会理论委员会副会长，西部电影研究中心执行主任，《影视艺术》执行编委，"新三科"教材《影视》（西南大学出版社）主编，"中国影视年度蓝皮书"联合主编，国家社科基金艺术学重大招标课题"影视剧与游戏融合发展及审美趋势研究"首席专家。

陈旭光教授以"理解电影的五个关键词：窗户、镜子、梦、仪式与寓言"为理论关键词，以经典电影理论和电影工业审美为素材，

深入浅出地分析了如何运用窗户、镜子、梦、仪式与寓言来理解电影艺术发展，特别是教育工作者如何将理论思维运用到影片的读解和教学中，同时在教材、课程的设计中进一步运用电影思维，呈现一堂专业的中小学电影课。

三、全球视野与亚洲格局中的中国电影

张燕教授是北京师范大学艺术与传媒学院教授、博士生导师，北京师范大学亚洲与华语电影研究中心执行主任，教育部高校戏剧与影视学类专业教学指导委员会秘书长，福建省"闽江学者奖励计划"讲座教授，中国台港电影研究会香港电影委员会执行主任兼秘书长，中国高校影视学会副秘书长，全国广播电视与网络视听领军人才，北京市广播电视与网络视听领军人才。

张燕教授以"全球视野与亚洲格局中的中国电影"为框架，逐一分析了在时代发展的新格局、新视角下，电影全球视野发生的日新月异的变化趋势，以及在亚洲发展环境中，中国电影由大国走向强国必经的发展之路、发展潜力和未来的发展策略。

四、改革开放：电影导演美学的重估时代

厉震林教授是上海戏剧学院学术委员会副主任、电影电视学院院长、二级教授、博士生导师，教育部"长江学者"特聘教授，享受国务院政府特殊津贴，国家社科基金艺

学重大项目首席专家，现任上海市政协常委、民盟中央宣传委员会副主任。

厉震林教授以"改革开放：电影导演美学的重估时代"为题，探讨了中国电影的人文模式具有的显著特点及其所处东西方对话效应氛围、电影审美色彩语言的超色彩与超经验特点、经典影片有意识体现的人文化和社会化的空间构图呈现、叙事体例中包含的文化社会和工业因素、意识形态叙述中游离情节的隐含特征等，为中国电影导演美学进行了切中要害的特点分析。

五、中小学影视教育的创新与实践——以陕西为例

张阿利教授是西北大学电影学院院长，二级教授、博士生导师，陕西省电影家协会主席，教育部高校戏剧与影视学类专业教学指导委员会委员，全国艺术硕士专业学位教育指导委员会电影分委员会委员，中国高校影视学会副会长，中国电影家协会理事，理论评论工作委员会副会长，全国广播电视理论"十佳百优"人才，陕西省宣传思想文化系统"六个一批"人才，陕西省教学名师。

张阿利教授把自己多年从事电影教学研究的经历浓缩在"中小学影视教育的创新与实践——以陕西为例"演讲中，立足陕西电影发展经验，介绍了国家有关部委及陕西省有关部门关于中小学影视教育的若干政策与举措，重点分享了陕西省中小学影视教育的实践成效、创新路径与地域优势。此外，张阿利教授还列举了具体规划的展开途径，分析了科研活动中行之有效的模式经验等。

六、经典电影中的童年意象与审美表达

范志忠教授是浙江大学传媒与国际文化学院副院长、博士生导师，浙江大学求是特聘教授，国家万人计划哲学社会科学领军人才，教育部高校戏剧与影视学类专业教学指导委员会委员，全国艺术硕士专业学位教育指导委员会委员，中国夏衍电影学会副会长，浙江省文艺评论家协会主席，国家社科基金艺术学重大项目"新时代中国电影工业体系发展研究"首席专家。

范志忠教授从自己近期的思考和总结出发，形成"经典电影中的童年意象与审美表达"专题授课，从回顾中国经典影片中的童年意象出发，将电影中潜在的童年创作表达特点与时代发展对创作者赋予的主题表达和素材提炼经验相结合，在审美的范畴中探讨电影所蕴含的童年之美，对电影教育中涉及的美育经验进行了多维度的启发。

七、少儿电影创作、传播和研究

杨爱君教授是天津师范大学音乐与影视学院院长、教授、博士生导师，天津电影家协会副主席，中国儿童少年电影学会副秘书长，中国文艺评论家协会理事。

杨爱君教授以"少儿电影创作、传播和研究"为题目，总结梳理了天津师范大学音乐与影视学院十多年来在教学、研究、制作、交流活动方面积累的成果和经验。她指出，"少儿电影创研、传播和研究"是国内首个将少儿电

影的理论研究与实践创作汇聚于一体的来自高校教师团队的成果体现，下一步，将加紧完成多校合作的"经典少儿电影赏析"系列教材、中国电影家协会儿童电影工作委员会组织策划的《中国儿童电影蓝皮书2023—2024》等编订工作。

结　语

在培训总结发言中，周星教授表示，影视教育受到学科层面和实践层面的双重重视，艺术教育的本质就是尊重个体。教育者做实践和研究都应带着超越功利心的态度，将教育制度规划和艺术培养区分开，相信自己的选择，始终以耐心对待艺术、培养学生。审美与向善是近两年培训中传递的教育理念，影视教育的道路仍然在不断延伸，需要各位学员的努力，作为教育者，应当摒弃功利之心，静下心来，坚持培养自我个性，用自己的思考和实践探索出发挥个人能力与人格魅力的教育实践道路。

作者简介：

侯亚轩，北京师范大学广播电视专业硕士。